中国社会科学年鉴

中国辽夏金研究年鑑 2018

THE YEARBOOK OF CHINESE LIAO, XIXIA AND JIN DYNASTY RESEARCH

史金波 宋德金 主编

中国社会科学出版社

图书在版编目（CIP）数据

中国辽夏金研究年鉴．2018／史金波，宋德金主编．—北京：中国社会科学出版社，2020.9

ISBN 978－7－5203－6834－6

Ⅰ.①中…　Ⅱ.①史…②宋…　Ⅲ.①中国历史—研究—辽金时代—年鉴②中国历史—研究—西夏—年鉴　Ⅳ.①K246.07－54

中国版本图书馆 CIP 数据核字(2020)第 126849 号

出 版 人　赵剑英
责任编辑　王鸣迪
责任校对　林福国
责任印制　张雪娇

出　　版　中国社会科学出版社
社　　址　北京鼓楼西大街甲 158 号
邮　　编　100720
网　　址　http://www.csspw.cn
发 行 部　010－84083685
门 市 部　010－84029450
经　　销　新华书店及其他书店

印刷装订　三河市东方印刷有限公司
版　　次　2020 年 9 月第 1 版
印　　次　2020 年 9 月第 1 次印刷

开　　本　787×1092　1/16
印　　张　28.25
插　　页　4
字　　数　600 千字
定　　价　238.00 元

2018 年 4 月 24 日在中国社会科学院民族学与人类学研究所召开
《中国辽夏金研究年鉴》编辑工作会

2018 年 6 月 12 日贵州省博物馆举办西夏与播州文物展览，并邀请专家对话

2018年10月23日史金波在波兰雅盖隆大学考察中国流失到那里的西夏文文献

2018年11月9日《西夏学文库》出版座谈会

2018 年 11 月 9 日《西夏学文库》出版座谈会在宁夏大学召开

2018 年 11 月宁夏大学西夏学研究院与俄罗斯冬宫博物馆签署合作整理黑水城出土西夏文物协议

2018 年 8 月 5 日俄罗斯圣彼得堡中俄西夏学合作研究签约仪式

崇礼太子城遗址 2018 年考古发掘与遗址保护专家咨询会

第十四届辽金契丹女真史学术研讨会

第四届西夏学博士后论坛

第四届契丹学国际研讨会合影（一）

第四届契丹学国际研讨会合影（二）

中国辽夏金研究年鉴2018

目　录

第一篇　研究综述

2018 年辽史研究综述 …………………………………………… 边　昊　吴凤霞(3)
2018 年西夏学研究综述…………………………………………… 张　涛　于光建(19)
2018 年金史研究综述………………………………………………………… 苗霖霖(38)
契丹早期历史研究综述 …………………………………………………… 辛时代(48)
辽代契丹宗教信仰研究述评 ……………………………………………… 邱冬梅(62)
关于辽朝"一国两制"研究的回顾与思考 ………………………………… 张志勇(69)
2010 年以来国内西夏佛教文献研究综述………………………………… 张海娟(79)
西夏佛教寺院研究综述 ……………………………………………………… 师　越(92)
改革开放以来的西夏与周边民族关系史研究 ………………………… 徐文钊(100)
二十世纪以来的金代科举研究述评 ………………………… 蒋金玲　张　超(109)
改革开放以来沈阳地区辽金考古综述 ………………………………… 赵晓刚(119)

第二篇　会议综述

第十四届辽金契丹女真史学术研讨会综述 ……………………………… 贾淑荣(145)
"中世纪都城和草原丝路与契丹辽文化国际学术研讨会"
　会议纪要 ………………………………………………………… 莫　阳　董新林(153)
西夏建都兴庆府 980 周年学术研讨会综述 ……………………………… 刘媛媛(160)

第三篇　学术动态

史金波到波兰考察西夏文献并出席"第七届国际东方学会议" ………… 杨　浣(171)
第十四届辽金契丹女真史学术研讨会预备会在通辽科尔沁区
　政府召开 ………………………………………………………………… 贾淑荣(172)

绝学不绝　契丹不孤单
——第四届契丹学国际研讨会在河北大学举行 …………………… 傅　林(174)
河北崇礼太子城遗址 2018 年考古发掘与遗址保护专家咨询会
在北京召开 ………………………………………………………… 郝娇娇(176)
首届中日青年学者宋辽西夏金元史研讨会召开 ……………… 刘旭滢　张敬奎(178)
西夏学科参加“回鹘、西夏、元代敦煌石窟与民族文化学术研讨会” …… 段　靖(179)
2017《中国辽夏金研究年鉴》编辑工作会召开 …………………… 廖莎莎(180)
北方民族大学举办“第三届西夏文献解读研讨班” ………………… 段　靖(180)

第四篇　书讯·书评·新书序跋

《辽金史论集》第十六辑《序》 ………………………………………… 韩世明(185)
王明荪《辽城——中国北方草原城市的兴起》评介 …………………… 曹文瀚(187)
崔红芬《西夏佛教文献研究论集》内容简介 ………………………… 段　靖(192)
史金波《西夏风俗》内容简介 ……………………………………… 段　靖(193)
任长幸《西夏盐业史论》内容简介 ………………………………… 廖莎莎(194)
贾常业《西夏文字揭要》内容简介 ………………………………… 廖莎莎(195)
姜歆《西夏司法制度研究》内容简介 ……………………………… 廖莎莎(196)
史金波著《西夏经济文书研究》入选 2016 年度《国家哲学社会科学
成果文库》……………………………………………………………… 段　靖(198)
杨志高著《〈慈悲道场忏法〉西夏译文的复原与研究》入选 2016 年度
《国家哲学社会科学成果文库》 …………………………………… 廖莎莎(199)

第五篇　陈述专栏

《辽史补注》序 ……………………………………………………………… 顾颉刚(203)
《辽史补注》序 ……………………………………………………………… 陈寅恪(205)
《辽史补注》序言 …………………………………………………………… 陈　述(206)
《辽史补注》序例 …………………………………………………………… 陈　述(209)
《辽史补注》后记 …………………………………………………………… 陈　述(216)
弘扬德识才学兼具的中国传统史学精神
——以陈述先生及其史学巨著《辽史补注》为例 …………………… 程方平(218)
民族团结　古道今鉴
——纪念陈述先生 …………………………………………………… 巴图宝音(228)

宗师百年　德识永志
——纪念陈述先生百年诞辰 …… 陈志贵(231)
陈述先生百年诞辰学术研讨会 …… 马　倩　杨子琦(242)
思念父亲陈述 …… 陈　正(263)

第六篇　学术名家

不到长城非好汉
——记西夏史专家李蔚教授 …… 高士荣(271)

第七篇　博硕士论文提要

金代饮食生活研究 …… 黄　甜(279)
《经律异相》等夏译典籍谓词词头量化研究 …… 张永富(280)
西夏蒙元时期黑河下游历史地理研究 …… 贾玉雪(282)
西夏古籍文字样本数据库的创建及应用技术研究 …… 杨文慧(284)
中国藏西夏汉文书法研究 …… 许　婧(285)
西夏文构件研究 …… 李　雷(286)
西夏继承制度研究 …… 陈时倩(288)
西夏水月观音造像研究 …… 金　鹏(289)
西夏剔刻划瓷研究 …… 杜玉奇(290)
《中国藏黑水城汉文文献》四至六册俗字研究 …… 刘　贺(291)
佛教造像符号迦陵频伽的象征与表达 …… 张艺洋(292)
宋太宗时期对夏州李氏政策研究 …… 郭冰雪(293)
西夏汉官研究 …… 刘维栋(294)
榆林窟第29窟壁画研究 …… 朱生云(295)
西夏文《现在贤劫千佛名经》(上卷)考释 …… 贾　抟(297)
西夏文《大般涅槃经》卷二十二译释研究 …… 曾金雪(298)
西夏文献题记研究 …… 雷明亮(300)
辽宋夏金元时期鄂尔多斯高原军事地理研究 …… 梁景宝(301)
从出土唐卡看西夏的金刚亥母信仰 …… 王丽娟(303)
西夏文契约的担保与汉文契约担保的比较研究
——以史金波《丝绸之路出土民族契约文献集成(西夏文卷)》(待刊稿)为基础 …… 余惠娟(304)

西夏文借贷契约与唐汉文借贷契约的比较研究
——以史金波《丝绸之路出土民族契约文献集成(西夏文卷)》(待刊稿)为基础 …… 周　利(305)

第八篇　文摘·论点摘要

阿保机时代宗教与政治关系研究 …… 李　鹏(309)
阿保机"迁都"发微 …… 李　鹏(309)
"以强盛夸于中国":论辽兴宗的对宋外交 …… 蒋金玲(309)
辽朝皇帝庙号三题 …… 肖爱民(309)
辽朝官赙考 …… 李月新(309)
辽朝"人名"视域下的文化映像
——以石刻文字为中心 …… 张国庆(310)
新出土辽代耶律弘礼墓志考释 …… 李玉君　李宇峰(310)
铁岭市境内辽塔及辽代塔基的调查与研究 …… 周向永　刘文革(310)
护法与护国的守门将:辽庆州白塔 56 尊神将像研究 …… 成叙永(310)
云南契丹后裔落籍滇西考辨
——兼说元代在云南滇西的屯驻军 …… 蒋开磊(311)
金熙宗、海陵王时期女真人内徙考 …… 郝素娟(311)
金代金源郡王封爵研究 …… 孙红梅(311)
金朝女性谥号考 …… 苗霖霖(311)
金朝章宗宣宗立皇后事件探析 …… 闫兴潘(312)
儒释道三教融合视阈下金代宗教典籍的出版
——以佛、道二教为中心 …… 李西亚(312)
金代辽海地区士人与区域文化 …… 王万志(312)
金朝遗僧龙川大师考略 …… 崔红芬(312)
金代卫绍王朝进士辑录
——兼谈其在金元文化传承中的地位 …… 张宝珅(312)

第九篇　重点课题研究报道

《西夏经济文书研究》入选 2017 年国家社会科学基金中华学术外译项目 …… 段　靖(317)
教育部哲学社会科学重大委托项目《西夏多元文化及其历史地位》《西夏文大词典》开题会议 …… 廖莎莎(317)

国家社会科学基金特别委托项目“西夏文献文物研究”的重点项目、教育部
哲学社会学重大委托项目《西夏文大词典》第三次编纂工作会 ……… 廖莎莎（318）

第十篇 考古新发现

2018 年辽上京宫城考古发掘取得重要收获 ………………… 董新林 汪 盈（321）
内蒙古开鲁县发现辽代皇族墓葬 ……………………… 连吉林 长 海（328）
医巫闾山辽代帝陵考古取得重要收获
——辽宁北镇新立辽代建筑遗址发现辽乾陵陵前祭殿和
乾陵玄宫 ………………………………………… 万雄飞 苏军强等（334）
康平张家窑林场长白山辽墓群 ……………………………… 赵晓刚（341）
金上京遗址考古收获 ……………………………… 赵永军 刘 阳（348）
河北崇礼太子城遗址 2018 年考古发掘取得重要收获 ………… 黄 信 胡强等（358）
金代长白山神庙遗址 ………………………………… 陈 健 周昕悦等（364）

第十一篇 考古新发现与龙化州

“龙兴之地 契丹故壤”
——科尔沁考古大发现 …………………………………… 李 丽（371）
通辽市科尔沁区福巨城址考古勘探纪实 ………………………… 李 丽（376）
通辽市科尔沁区福巨城址辽代寺庙遗址发现记 ……………… 李 丽（380）
内蒙古开鲁县辽墓发现的墨书题记与辽之龙化州 …………… 连吉林（383）

附 录

2018 年辽金史论著目录 ………………………………………… 周 峰（391）

索 引 ……………………………………………………………………（428）

Contents

Chapter Ⅰ: Research Review

A Literature Review of Liao History in 2018 ……………… Bian Hao, Wu Fengxia (3)
A Literature Review of Tangut Studies in 2018 ………… Zhang Tao, Yu Guangjian (19)
A Literature Review of Jin History in 2018 ……………………………… MiaoLinlin (38)
A Literature Review of Early Qidan History …………………………… Xin Shidai (48)
A Literature Review of Qidan Religion in Liao Dynasty ……………… Qiu Dongmei (62)
Reviewing and Thinking on the Research of "One Country, Two Systems" in Liao Dynasty ……………………………… Zhang Zhiyong (69)
A Summary of Domestic Research on Tangut Buddhist Literature since 2010 ……………………………………………… Zhang Haijuan (79)
A Literature Review on Buddhist Temples of Tangut ……………………… Shi Yue (92)
Research on the History of the Relationship between Tangut and Neighboring Nations since the Reform and Opening Up …………… Xu Wenzhao (100)
A Review of the Research on Imperial Examinations in Jin Dynasty since the 20th Century ……………………… Jiang Jinling, Zhang Chao (109)
A Review of Liao and Jin Archaeology in Shenyang Region since Reform and Opening ……………………………………… Zhao Xiaogang (119)

Chapter Ⅱ: Conference Summary

A Literature Review of the 14th Academic Seminar on the History of Liao, Jin, Qidan and Jurchen …………………………………… Jia Shurong (145)
Meeting Minutes of "International Symposium on Medieval Capital City and Grassland Silk Road and Qidan Liao Culture" …………………………………………… Mo Yang, Dong Xinlin (153)
Summary of the Symposium on the 980th Anniversary of the

Founding of Tangut Capital in Xingqing Mansion ·················· Liu Yuanyuan (160)

ChapterⅢ: Academic Dynamics

Shi Jinbo Going to Poland to Inspect Tangut Literature and Attending the "7th International Oriental Academic Conference" ··············· Yang Yuan (171)

The Preparatory Meeting of the 14th Liao Jin Qidan Jurchen History Academic Seminar in Tongliao Horqin District Government ········· Jia Shurong (172)

Lost knowledge Isn't Lost, Khitan Isn't Alone
——The 4th International Symposium on Khitan Studies Holding in Hebei University ········· Fu Lin (174)

The 2018 Archaeological Excavation and Site Protection Expert Consultation Meeting of the Chongli Prince City Site in Hebei Holding in Beijing ········· Hao Jiaojiao (176)

The First Sino－Japanese Young Scholars Seminar on the History of Song, Liao, Xia, Jin and Yuan History Holding ········· Liu Xuying, Zhang Jingkui (178)

Tangut Discipline Participating in "Academic Seminar on Dunhuang Grottoes and National Culture in Uighur, Tangut and Yuan Dynasties" ········· Duan Jing (179)

2017 *China Liao Xia Jin Research Yearbook* Editorial Work Conference Holding ········· Liao Shasha (180)

Northern University for Nationalities "The Third Tangut Literature Interpretation Seminar" Holding ········· Duan Jing (180)

ChapterⅣ: Book News Book Review New Book Preface

The Sixteenth *Preface* of *Liao Jin History* ········· Han Shiming (185)

A Review of Wang Mingsun *Liaocheng*
——*The Rise of a Prairie City in Northern China* ········· Cao Wenhan (187)

A Brief Introduction of Cui Hongfen *Collections of Research on Tangut Buddhist Literature* ········· Duan Jing (192)

Introduction of Shi Jinbo *Tangut Customs* ········· Duan Jing (193)

Introductionof Ren Changxing *Salt Industry History of Tangut* ········· Liao Shasha (194)

Introductionof Jia Changye *Summary of Tangut Characters* ········· Liao Shasha (195)

Brief Introduction of Jiang Xin *Study on Tangut Judicial System* ······ Liao Shasha (196)
Shi Jinbo *Research on Tangut Economic Documents* Selecting into 2016 *National Philosophy and Social Science Achievements Library* ············ Duan Jing (198)
Yang Zhigao *Restoration and Research of the Tangut Translation of 'Compassion Dojo Repentance'* Selecting into 2016 *National Philosophy and Social Science Achievements Library* ···················· Liao Shasha (199)

Chapter Ⅴ: Column——Chen Shu

Prefaceto *Supplementary Notes of Liao History* ···························· Gu Jiegang (203)
Prefaceto *Supplementary Notes of Liao History* ························· Chen Yinque (205)
Prefaceto *Supplementary Notes of Liao History* ······························ Chen Shu (206)
Preamble to *Supplementary Notes of Liao History* ························ Chen Shu (209)
Postscript to *Supplementary Notes of Liao History* ······················· Chen Shu (216)
Carrying Forward the Traditional Chinese Historiography Spirit of Virtue, Knowledge, Ability and Knowledge——Taking Mr. Chen Shu and His Masterpiece *Supplementary Notes of Liao History* as an Example ·· Cheng Fangping (218)
Unite Nations, Learn from the Past ——Memorial Mr. Chen Shu ·· Batu Baoyin (228)
Master Leaves and His Moral and Knowledge Stays Forever ——Commemorating the 100th birthday of Mr. Chen Shu ········ Chen Zhigui (231)
Symposium on the Centennial Birthday of Mr. Chen Shu ······ Ma Qian, Yang Ziqi (242)
Thoughts of Father Chen Shu ·· Chen Zheng (263)

Chapter Ⅵ: Academic Master

One Who Fails to Reach the Great Wall Isn't a Hero ——Professor Li Wei, an Expert on the History of Tangut ········ Gao Shirong (271)

Chapter Ⅶ: The Thesis Content Summary of Ph. D. and Master

Research on Dietary Life in Jin Dynasty ································ Huang Tian (279)
The Quantitative Study to Predicate Prefixation in the Tangut Translation of Chinese Classics *Jing Lu Yi Xiang etc* ···························· Zhang Yongfu (280)

Study on the Historical Geography of the Lower Black River during the Tangut and Mongols Regime Period ································ Jia Yuxue (282)
Research on the Establishment and Application of the Sample Database of Tangut Script ·· Yang Wenhui (284)
The Study on Chinese Calligraphy in the Western Tibetan of China ········ Xu Jing (285)
The Study on Components of Tangut Script ································ Li Lei (286)
Research on Inheritance System of Tangut ························ Chen Shiqian (288)
A Study on Statues of Tangut Water Moon Kwan-yin ······················ Jin Peng (289)
A Study On Decorative Porcelains with Carved Designs of Tangut ········ Du Yuqi (290)
Research on The Secular Characters of *Historic Literature* (*Volume*4, 5*and* 6) *from Heishuicheng Keeping in China* ····························· Liu He (291)
The Symbol and Expression of Buddhist Statue Kalavin ·············· Zhang Yiyang (292)
Study on Song Taizong's Policy towards The Lee Family in Xia Zhou ··· Guo Bingxue (293)
The Research of Tangut Han Official ································ Liu Weidong (294)
Mural Research of Yulin Cave No. 29 ···························· Zhu Shengyun (295)
The Translation and Annotation of Tangut *Xian Zai Xian Jie Qian Fo Ming Jing* ·· Jia Bo (297)
The Translation and Annotation of Tangut *The Great Nirvana Sutra* (*Volume*22) ··· Zeng Jinxue (298)
Research on the Inscription of Tangut Documents ·················· Lei Mingliang (300)
The Military Geography Research of the Ordos Plateau during the Liao, Song, Xia, Jin and Yuan Period ································· Liang Jingbao (301)
A Study on the Vajravarahi's Belief in Tangut from the Unearthed Thangkas ·· Wang Lijuan (303)
A Comparative Study of Tangut Loan Contract and the Chinese Loan Contract ——Based on Shi Jinbo's "Integration of Nation Contract Documents Unearthed on the Silk Road (Tangut Volume)" to be Published ·· Yu Huijuan (304)
A Comparative Study of the Tangut Loan Contract and the Chinese Loan Contract ——Based on Shi Jinbo's "Integration of National Contract Documents Unearthed on the Silk Road (Tangut Volume)" Publishing ··········· Zhou Li (305)

ChapterⅧ: Abstract

A Study on the Relationship between Religion and Politics in Abaoji Dynasty ······ Li Peng (309)
Preliminary Research of Abaoji "The Capital Moving" ······ Li Peng (309)
"Boast China with Strength" Liao Xingzong's Diplomacy with Song Dynasty ······ Jiang Jinling (309)
Three Questions about the Temple Title of the Emperor of Liao Dynasty ······ Xiao Aimin (309)
Research on Officials of Liao Dynasty ······ Li Yuexin (309)
The Cultural Reflection on the View of the "Personal Name" in Liao Dynasty ——Focus on the Stone Carve ······ Zhang Guoqing (310)
Textual Research on the Newly Unearthed Epitaph of Yelu Hong of Liao Dynasty ······ Li Yujun, Li Yufeng (310)
Investigation and Research of Liao Tower and Liao Dynasty Tower Base in Tieling City ······ Zhou Xiangyong, Liu Wenge (310)
The Goalkeeper Who Protects the Law and the Country: Research on 56 Statues of Gods and Generals in White Tower in Qingzhou of Liao Dynasty ······ Cheng Xuyong (310)
A Textual Research on the Descendants of Khitan Settling in West Yunnan ——And the Garrison of the Yuan Dynasty in West Yunnan ······ Jiang Kailei (311)
Textual Research on the Internal Migration of Jurchens in the Period of Jin Xizong and Hailing King ······ Hao Sujuan (311)
The Enfeoffment of the Fief of Jin Yuan in Jin Dynasty ······ Sun Hongmei (311)
Textual Research on Female Posthumous Titles in the Jin Dynasty ······ Miao Linlin (311)
An Analysis of the Incident of Emperor Zhangzong and Xuanzong's Empress in the Jin Dynasty ······ Yan Xingpan (312)
The Publishing of Religious Books in the Jin Dynasty from the Perspective of the Integration of Confucianism, Buddhism and Taoism ——Focusing on Buddhism and Taoism ······ Li Xiya (312)
Scholars and Regional Culture in Liaohai Area in Jin Dynasty ······ Wang Wanzhi (312)
Textual Research on Master Longchuan, the Remaining Monk of the Jin Dynasty ······ Cui Hongfen (312)
Compilation of Scholars of Wei Shao Dynasty in Jin Dynasty ——And Its Position in the Inheritance of Jin and Yuan

Culture ·· Zhang Baokun (312)

Chapter Ⅸ: Key Projects

Research on Tangut Economic Documents Selected in the 2017 National Social Science Foundation Chinese Academic Translation Project ······ Duan Jing (317)

Major Commissioned Project of Philosophy and Social Science of the Ministry of Education *Multi-culture of Tangut and Its Historical Status*、*Tangut Dictionary* Opening Meeting ·························· Liao Shasha (317)

The Key Projects of Special Commissioned Project of National Social Science Foundation "Research on Tangut Literature and Cultural Relics"、Major Commissioned Project of Philosophy and Sociology of the Ministry of Education "Tangut Dictionary" The Third Compilation Meeting ··· Liao Shasha (318)

Chapter Ⅹ: Archeological Discoveries

The Important Gains of Archaeological Excavation of Palace of Liao Dynasty's Capital in 2018 ························ Dong Xinlin, Wang Ying (321)

The Discovery of Tombs about the Liao Dynasty Royal Family in Kailu County of Inner Mongolia ····························· Lian Jilin, Chang Hai (328)

The Important Results of the Archaeology of Emperor's Tomb of Liao Dynasty in Medical Witch Mountain
——Discovery of the New Liao Dynasty Building Site in Beizhen, Tomb of Liao Qian, the Hall in Front of the Tomb and the Palace ·· Wan Xiongfei, Su Junqiang etc. (334)

The Liao Dynasty Cemetery Community of Changbai Mountain in Kangping Zhangjiayao Forest Farm ································· Zhao Xiaogang (341)

Archaeological Achievements of Capital Ruins in Jin Dynasty ·· Zhao Yongjun, Liu Yang (348)

Significant Gains from Archaeological Excavations in 2018 of Chongli Prince City Site in Hebei ···················· Huang Xin, Hu Qiang etc. (358)

The Deity Temple Site of the Jin Dynasty for the Changbai Mountains ·· Chen Jian, Zhou Xinyue etc. (364)

Chapter Ⅺ: Archeological Discoveries and Longhua Prefecture

"The Place Where the Dragon Rises Is the Hometown of Qidan"
——Archaeological Discovery in Horqin ······ Li Li (371)
Record of Archaeological Investigation of Fuju City in Horqin District of Tongliao City ······ Li Li (376)
Discovery Records of Temple Sites in Liao Dynasty of Fuju City in Horqin District of Tongliao City ······ Li Li (380)
Inscriptions on Ink Books Found in the Cemetery of the Liao Dynasty in Kailu County of Inner Mongolia and Longhua Prefecture in Liao Dynasty ······ Lian Jilin (383)

Appendix

Liao Jin History Treatise Catalogue in 2018 ······ Zhou Feng (391)

Index ······ (428)

第一篇

研究综述

2018年辽史研究综述

边 昊 吴凤霞

2018年，是围绕契丹史、辽史进行学术交流较为活跃的年度。其中，大规模的学术会议主要召开两次，一次是由河北大学文学院、河北省国学传承与发展协同创新中心、赤峰学院历史文化学院、内蒙古契丹辽文化研究会联合主办的“第四届契丹学国际学术研讨会”（2018年7月21—23日，保定）；另一次是由中国民族史学会辽金暨契丹女真史分会主办，内蒙古通辽市科尔沁区委、区政府及内蒙古民族大学承办的“第十四届辽金契丹女真史学术研讨会”（2018年8月23—28日，通辽），两次会议都收到数十篇有关契丹、辽史研究的文章，学者们就契丹、辽史诸问题进行了较为广泛深入的沟通与交流。

2018年的辽史研究成果也很可观，据不完全统计，共计发表相关论文两百余篇，还有著作数部。在辽代文献整理与考释、考古与文物研究、政治史、经济史、军事史、社会与文化等方面均有成果问世，契丹辽史研究呈现出持续稳定的发展态势，下面分类予以概述。

一 文献整理与考释

2018年1月，学界期盼已久的《辽史补注》（中华书局2018年版）出版，书前《出版说明》称此书为陈述先生倾毕生之力所作，从20世纪30年代初开始，直至1992年陈先生去世之前，撰著时间长达六十年。这部书旨在对异常简略的《辽史》予以订补。作者《自序》讲：“补者效褚少孙之补《史记》，注者效裴松之之注《三国》。”对于陈述先生补注《辽史》“宁详勿略”的立意，早在1941年陈寅恪先生所作《序》中就表达了赞同之意，而1975年顾颉刚先生所作《序》因见《补注》部分书稿，更是充分肯定了其文献价值和嘉惠学人之功绩。的确，陈述先生《辽史补注》一书颇见功力，尽量囊括其所见辽代史料，考订翔实，是《辽史》补正研究的集大成之作。这一年，关于《辽史》的辨误与补考还有一些成果，比如张宏利的《〈辽史·属国表〉探析》［《辽宁工程技术大学学报(社会科学版)》2018年第1期］探讨和分析了《辽史·属国表》的史料价值和存在的问题。姚庆《〈辽史·百官志〉“宿卫司”事目考源疏正》(《中国典籍与文化》2018 年第 1 期) 针对《辽史·百官志》“宿卫司”记载出现的问题，就辽代宿卫司机构人员的选拔、奖惩、迁转及宿卫司职能等予以探究。乐日乐的《〈辽史·萧陶隗传〉辨误》[《内蒙古农业大学学报(社会科学版)》2018 年第 4 期] 指出《辽史·萧陶隗传》存在的几处错误，包括年号“大康”当为“大安”之误，人名“萧斡特剌”应为“耶律斡特剌”、“萧阿忽带”应为“萧阿鲁带”。尤李的《辽南京、金中都佛寺补正》(《佛学研究》2018 年第 1 期) 也属于深入挖掘文献史料的成果，作者运用传世文献和石刻资料新考出辽南京佛寺 30 座、金中都佛寺 25 座。张敏《辽代捺钵研究中图像资料的价值与局限性》(《保定学院学报》2018 年第 3 期) 重点分析了捺钵研究中图像资料的作用和不足。

辽代石刻文一向为治辽史者所重视，相关文献的考释每年都有一定量的研究成果，尤以辽人《墓志》考释为多，2018 年也不例外。赵薇《唐山发现的辽代许国公墓志铭考释》(《文物鉴定与鉴赏》2018 年第 1 期), 周峰《辽代刘铸墓志考释》(《西夏研究》2018 年第 1 期), 李玉君、张晓昂《辽代〈刘承嗣墓志〉考释》[《辽宁师范大学学报(社会科学版)》2018 年第 2 期], 万雄飞、司伟伟《辽代耶律弘礼墓志考释》(《考古》2018 年第 6 期), 刘喆《新出〈大契丹国故后唐德妃伊氏玄堂志并铭〉考释》(《宁夏大学学报》2018 年第 2 期), 冯璐、李宇峰《辽代韩椅墓志相关问题考释》(《兰台世界》2018 年第 10 期), 周峰《辽代韩宇墓志考释》(《地域文化研究》2018 年第 6 期), 周峰《辽代〈马审章墓志〉考释》(《辽金历史与考古》第九辑，科学出版社 2018 年版), 胡娟、海勇《辽〈耶律善庆墓志〉考释》(《辽金历史与考古》第九辑，科学出版社 2018 年版), 于秀丽、李宇峰《辽〈妙行大师行状碑〉考释》(《辽金历史与考古》第九辑，科学出版社 2018 年版), 王玉亭、葛华廷、陈颖《辽〈韩德源嫡妻李氏墓志〉校补》(《辽金历史与考古》第九辑，科学出版社 2018 年版), 李广奇《辽〈冯从顺墓志〉考释》(《辽金历史与考古》第九辑，科学出版社 2018 年版) 等都属于墓志考释成果，大多对墓主人的家族世系、仕宦经历以及与其相关的人物、事件、地理等作梳理和考证。杜晓敏《辽〈无垢净光大陁罗尼法舍利经记〉考释》(《辽金历史与考古》第九辑，科学出版社 2018 年版) 则是对辽代《无垢净光大陁罗尼法舍利经记》的主要内容予以疏正。

二 考古与文物研究

由司伟伟、万雄飞、崔蕾、于九江、刘昌执笔的《辽宁北镇市辽代耶律弘礼墓发掘简报》(《考古》2018 年第 4 期) 记述了 2015 年 9—11 月辽宁省文物考古研究所与锦州市文物考古研究所、北镇市文物处联合组成的考古队就北镇市富屯街道洪家街一被盗辽代墓葬的勘探发掘情况，根据出土的一方墓志确定该墓主人为辽代宗室耶律弘礼，揭示该墓葬形制和出土遗物，认为该墓发掘对于了解和推定医巫闾山的辽代帝陵布局具有重要意义。由刘乃涛执笔的《北京市延庆区大庄科辽代矿冶遗址群水泉沟冶铁遗址》（《考古》2018年第6期）是北京文物研究所联合北京科学技术大学科技史与文化遗产研究院、北京大学考古文博学院、延庆区文化委员会等单位对北京延庆区大庄科乡水泉沟冶铁遗址进行的考古发掘报告，文章对这一冶铁遗址的地层堆积、遗迹、出土遗物情况作了介绍，其结论是该遗址的冶铁炉始建年代为辽代。由董新林、汪盈执笔的《辽祖陵黑龙门遗址发掘报告》（《考古学报》2018年第3期）总结了由中国社会科学院考古研究所内蒙古第二工作队和内蒙古自治区文物考古研究所联合组成的辽祖陵考古队在辽祖陵的考古调查和发掘，明确其重要的学术意义在于填补了辽代帝陵和都城门址考古方面的学术空白。由尹承龙执笔的《天津市蓟州区下闸村辽代水井的发掘》（《北方文物》2018年第2期）一文介绍了2017年4月由天津市文化遗产保护中心联合蓟州区文物保护管理所对天津市蓟州区渔阳镇下闸村建筑工地发现的水井的抢救性发掘情况，揭示了水井堆积与形制结构、出土遗物，确定该井的使用年代为辽代，并指出从水井的结构形制看，整体考究，井壁规整结构紧密，显示出较高的造井技术和木工技艺。由韩金秋、王晓强、张英健执笔的《河北隆化县孙志沟墓葬清理简报》（《北方文物》2018年第4期），反映出河北隆化县孙志沟村被盗墓葬的清理情况，指出该墓为圆形竖穴土坑墓，形制较为独特，墓室内建有甬道，护板外侧为木炭层，一些文化因素却是辽墓中可见的。马凤磊、周兴启、郭勇执笔的《赤峰宁城县福峰山辽代墓葬》（《草原文物》2018年第1期）记述了赤峰博物馆、宁城文物局联合抢救清理的赤峰宁城县福峰山被盗辽代墓葬的情况，根据墓葬中残存的墓志确定其与已经发掘的秦晋国大长公主墓、萧闸墓、萧闉墓属于同一家族墓地，墓的男性主人为萧继远与秦晋大长公主的孙子，萧绍宗的次子萧宁，推断该墓是萧宁与安定公主夫妇合葬墓。李白军执笔的《大同和平社辽金墓群发掘简报》（《文物世界》2018年第5期）报告了由大同考古研究所抢救发掘的一批位于大同和平社的辽金墓的具体情况，揭示了该墓群的地方特点。陈金梅《辽宁北票馒头沟辽墓清理简报》（《辽金历史与考古》第九辑，科学出版社2018年版）概述了辽宁北票文物管理所清理的北票西官营子镇东馒头沟一被盗墓葬的特点和出土遗物，推定其为辽代早期八九品级官员夫妻合葬墓。聂卓慧的《吉林省梨树县城楞子城址的调查与思考》（《草原文物》2018年第2期）是梨树县城楞子城址的调查报告，文章认为该城址的北城的主体使用年代为渤海至辽时期，南城不确定，推测城楞子城址可能是短暂存在的辽代通州州治所在。

基于辽墓的发掘而进行的考古学研究本年度也有新的成果。刘坤《宣化唐—辽代墓葬研究》（硕士学位论文，吉林大学，2018年）对宣化唐—辽代墓葬进行了考古学分析。刘畅《赤峰地区辽代墓葬研究》（硕士学位论文，辽宁师范大学，2018年）以赤峰地区辽代墓葬为研究对象，探讨其地辽代墓葬材质、墓室数量、墓葬形制、随葬品等。刘阳《魂归母腹——辽祖陵营建理念探微》（《文物春秋》2018 年第 4 期）认为辽祖陵有别于汉唐帝陵的营建风格，采取了依托谷地、魂归母腹的建造理念。赵晓刚《辽代契丹贵族墓地守冢人居住遗存和祭祀遗存初探》（《辽金历史与考古》第九辑，科学出版社 2018 年版）分析了辽代契丹贵族墓地守冢人的居住遗存和祭祀遗存，并对两类遗存的特点予以概括。

关于文物的研究一直以来也受到考古、文博、史学、艺术等领域学者的格外关注。本年度相关的研究同样有不少新作，既有一个区域文化遗存的综合研究，也有分类别的专门研究。陈伯超、赵兵兵、马鹏飞、王南合著的《辽代砖塔》（华中科技大学出版社 2018 年版）从建筑艺术和营造技术两个方面系统地介绍和分析了辽代砖塔的特点及其发展演变。王德朋《沈阳地区辽代文化遗存概说》（《兰台世界》2018 年第 9 期）明确指出沈阳地区辽代文化遗存主要分为城址、墓葬和辽塔三大类，并对每一类的数量及分布状况做出了统计归纳，总结出了沈阳地区文化遗存的特点。文物的专门研究以陶瓷器物方面居多，比如：张丽《西京瓷路：大同出土辽金瓷器印迹》（《收藏》2018 年第 1 期），王馨瑶《辽代墓葬出土三彩器的佛教文化因素研究》［《赤峰学院学报(汉文哲学社会科学版)》2018 年第 1 期］，彭善国、高义夫《所谓辽代白釉划花黑彩瓷器的年代及相关问题》（《故宫博物院院刊》2018 年第 5 期），刁颖瑞《辽代陶瓷的装饰研究》（硕士学位论文，吉林大学，2018 年），刘璐《辽代鸡冠壶研究》（硕士学位论文，中央美术学院，2018 年），李楠《辽代陶瓷器皿鸡冠壶特征分析》（《遗产与保护研究》2018 年第 8 期），佟强、杨永琴《黑龙江省博物馆藏辽代陶瓷器管窥》（《文物天地》2018 年第 9 期），杨俊艳的《芍药牡丹相映红：辽代陶瓷上的牡丹与芍药纹》（《收藏》2018 年第 4 期）和《案上芳华：辽代的陶瓷文房用具》（《收藏》2018 年第 6 期），贾忱扬《辽代白瓷——溯源民族文化的延传与融合》（《大众文艺》2018 年第 3 期），巴牧仁《辽代陶瓷赏析》（《文物鉴定与鉴赏》2018 年第 10 期），高守雷、张童心《辽三彩印花海棠式长盘浅析》（《北方文物》2018 年第 2 期），李晓艳、李慧净《辽宁省博物馆藏辽墓出土耀州窑青瓷鱼龙形器功能小考》（《辽金历史与考古》第九辑，科学出版社 2018 年版），王鑫、赵聪寐《辽代陶瓷造型的设计学分析》（《包装工程》2018 年第 16 期），崔想《辽瓷的造型、装饰及美学艺术特征分析》（《艺术研究》2018 年第 4 期），付承章《论辽代陶瓷中的伊斯兰文化元素——以七连环图案为例》（《草原文物》2018 年第 2 期），等等，这些文章从不同的层面和角度探讨了辽代陶瓷尤其是特色陶瓷器。此外，关于金银器、铁器、铜器的研究有：李明华《巴彦塔拉辽代遗址出土的铁器及相关问题研究》［《赤峰学院学报（汉文哲学社会科学版)》2018 年第 10 期］，马超《辽上京博物馆馆藏辽代铜质文物研究》［《赤峰学院学报（汉文哲学社会科学版)》2018 年第 11 期］，杨娜《由朝阳博物馆的几件铜镜看辽历史文化》（《文物鉴定与鉴赏》2018 年第 11 期），李楠《探究契丹族金银器的动物纹饰的含义》（《文物鉴定与鉴赏》2018

年第15期）。侯璇《辽代带具初探》（硕士学位论文，吉林大学，2018年）对出土的辽代带具进行了类型和时期的分类并就相关问题进行了研究。权莎《宋辽金元时期压胜钱文物价值探究》（硕士学位论文，重庆师范大学，2018年）涉及辽代压胜钱的探讨。钱德海《试解庆州白塔、庆陵以及庆州城的神异密码》（《文物鉴定与鉴赏》2018年第6期），卢浩全《浅谈文物与空间、色彩的处理——〈以神秘的契丹—辽代文物精品展〉为例》（《大众文艺》2018年第11期），张彦霞、赵兴明、赵国材《察哈尔前旗契丹干尸成因探析》（《集宁师范学院学报》2018年第2期），陈秉义《民间收藏的契丹——辽埙》（《乐器》2018年第9期），赵海杰、陈金梅《朝阳龙城区出土的辽代石棺——兼谈辽代朝阳地区佛教的发展》（《辽金历史与考古》第九辑，科学出版社2018年版），王立伟《辽代墓葬石刻的常见问题刍议——以鞍山地区辽墓画像石为例》（《辽金历史与考古》第九辑，科学出版社2018年版），李彩英、高永利《契丹族墓室壁画中的儒家文化研究》（《贵州民族研究》2018第4期），刘丽娜《浅析辽代墓室壁画与契丹文化》（《文物鉴定与鉴赏》2018年第8期），孟春荣、李熙瑶《古代北方契丹游牧民族壁画装饰艺术内涵研究》［《艺术与设计（理论）》2018年第7期］，高堜《草原游牧文化与中原传统文化碰撞下的辽代玉器——以辽墓中出土的玉鸟为例》（《收藏家》2018年第7期）等，这些文章都从不同的侧面考察了辽代文物的历史价值和艺术内涵。

三 政治、军事、外交

林鹄所著《南望：辽前期政治史》（生活·读书·新知三联书店2018年版）是关于辽朝政治史研究值得关注的佳作。该书探讨了自辽太祖至辽圣宗六朝百余年间辽政权从部族体制向中央集权的官僚体制转变的发展历程，作者认为辽朝前期的汉化程度远比学者们此前的认识要深入。潘静《“八部聚议立王”和早期契丹的社会性质》［《内蒙古社会科学（汉文版）》2018年第1期］从史料来源探寻了“八部聚议立王”的说法，并分析了早期契丹的社会组织和社会性质。冯科《辽朝韩德让赐名赐姓考论》［《内蒙古民族大学学报（社会科学版）》2018年第1期］考察了韩德让赐名姓的变化，揭示了辽朝最高统治者的政治意图。乐日乐的《辽朝郎君考述》（《辽金历史与考古》第九辑，科学出版社2018年版）、《辽朝郎君再考述》［《内蒙古民族大学学报（社会科学版）》2018年第3期］和《辽“本班郎君”非本部族之郎君考辨》（《北方文物》2018年第3期）三篇文章均是对辽朝郎君的探讨，涉及辽朝郎君的名号、群体构成、出身、入仕等多个方面。蒋金玲《论辽代汉官的政治地位》（《宋史研究论丛》第二十二辑，科学出版社2018年版）认为辽代汉官是其政权里除契丹皇族、后族外的第三大势力，而辽代汉官政治地位是逐渐提升的，从政治边缘到中枢核心，这一转变是在辽圣宗时期发生并一直延续至辽末，这是契丹统治者和汉人精英双方“顺势而为”的必然结果。袁成《浅谈耶律倍为何成为“让国皇帝”》[《赤峰学院学报(汉文哲学社会科学版)》2018 年第 6 期] 认为除了世选制及述律后干预等因素之外，在妻子家族势力的对比中耶律倍逊于耶律德光是其失去皇位的重要因素之一。钟宇强的《辽圣宗时期剌只撒姑鲁家族权力的变化》[《辽宁工程技术大学学报(社会科学版)》2018 年第 2 期] 一文认为睿智皇后出自剌只撒姑鲁家族，并就圣宗朝前后其家族的势力变化予以阐述。赵福静《耶律余睹事迹初探》(硕士学位论文，内蒙古大学，2018 年) 探讨了辽末宗室耶律余睹降金及其相关史实。白雪《辽末南京地区政局相对稳定的历史原因》(《哈尔滨师范大学社会科学学报》2018 年第 4 期) 认为辽末南京地区保持相对稳定的原因在于辽朝的政策较为合理，一方面对辽南京汉族世家大族的拉拢稳定了社会上层，另一方面对辽南京农民采取较为宽松的土地政策有利于底层的稳定。李珍梅《从皇帝巡幸西京看辽代社会的兴衰》[《山西大同大学学报(社会科学版)》2018 年第 6 期] 从辽代不同时期的帝王巡幸西京的活动审视辽朝的兴衰。林丽群《试论辽代“民族分治”的治安思想》(《哲学文史研究》2018 年第 1 期)、付亚洲《辽代南京三司研究》(《广播电视大学学报》2018 年第 1 期)、沈玮玮《辽金元法制的汉化历程》(《民主与法制时报》2018 年 5 月 31 日) 也从不同层面论及辽朝统治的问题。

本年度有关辽代政治制度的研究势头依然强劲。杨军《辽代州县制的形成及演变》(《学习与探索》2018 年第 1 期) 梳理了辽代州县体制的发展演变过程，作者认为辽太祖耶律阿保机引入州县体制，至辽太宗统治时期辽朝南面官的地方管理体制趋于定型，州县管理体制成为辽代地方管理体制运作的基准，并对部族制、斡鲁朵制产生影响。陈俊达、杨军《辽代节镇建制的发展与演变》(《中央民族大学学报》2018 年第 4 期) 梳理了辽代节镇建制演变，总结了其类型，认为辽代节镇的发展展现了辽朝对晚唐五代制度的继承和改造。陈俊达、杨军《辽代节镇体制研究》(《古代文明》2018 年第 2 期) 对辽代节镇体制的结构及隶属关系作了阐述，强调辽代节镇除本州(治州) 外，亦下辖支州(属州)。节度使通过带本州刺史衔管理本州，同时加观察使衔统领支州。辽代的节镇在行政、军事、财政上直接隶属于中央，节镇是辽朝地方最高一级行政区划。王成名《辽代枢密院及其官员群体研究》(博士学位论文，吉林大学，2018 年) 探讨了辽代枢密院渊源、确立，其机构设置及职掌，其职官的选任等，明确辽代枢密体系承袭了前代的政体，又融入民族的特色，并总结了其影响作用。杨逍《辽代斡鲁朵及相关问题辨析》(《内蒙古社会科学》2018 年第 6 期) 对斡鲁朵的初置、职能及其与皮室军的关系进行了辨析。李碧瑶《辽代斡鲁朵的生态价值》[《赤峰学院学报(汉文哲学社会科学版)》2018 年第 8 期] 阐述斡鲁朵生态的形成过程，运行方式，揭示它对辽朝统治的作用。路辰《考古学视域下的辽代捺钵制度研究》(《山东理工大学学报》2018 年第 4 期) 从考古学的视角诠释了辽朝的捺钵制度。康建国、李月新《试论辽朝太祖时期的宗庙制度构建》[《赤峰学院学报

(汉文哲学社会科学版)》2018 年第 12 期] 认为辽太祖通过引入受命于祖的观念，而建立宗庙、修建祖陵并形成一套制度以维护皇帝的统治。王昕《辽代殿试考辨》(《文史哲》2018 年第 1 期) 考察了辽代科举中的殿试制度化的时间、“殿试进士”的含义以及“等第释褐”及第进士的授官问题。彭军超《辽金符牌制度沿革》(《哈尔滨学院学报》2018 年第 7 期) 论及辽金两朝的符牌制度沿革，并列举了目前发现的辽金时期符牌。

有关辽朝军事的研究本年度也有一些成果。丛密林《契丹骑兵研究》(博士学位论文，东北师范大学，2018 年) 主要从契丹骑兵的形成及军事素养的提升途径、契丹骑兵的相关军事制度、契丹骑兵武器装备、契丹骑兵的战时分工和战略思想、契丹骑兵的历史地位及影响五个大的方面探究了契丹骑兵。李碧瑶《辽代军事监察制度新探——兼析〈辽史·百官志〉“监军”、“都监”诸问题》(《北方文物》2018 年第 3 期) 认为辽朝建立了一套完整周密的军事监察制度，至少有行军监军、招讨司监军、驻军中的监军三种类型。孙炜冉《辽代军队中的渤海军人》(《黑龙江社会科学》2018 年第 4 期) 认为灭亡渤海后，渤海军人就成为辽朝军事体系的重要构成部分，但渤海军人在带来强大战斗力的同时其反叛也成为辽朝统治的隐患与威胁。王珏《辽代保州与东南边防研究》(硕士学位论文，河北大学，2018 年) 以辽朝的重镇保州为中心对辽的东南边防作了研究。覃旭《燕云十六州问题的由来及其归宿》(硕士学位论文，内蒙古大学，2018 年) 将燕云地区作为连接北方与中原的军事重地，揭示了宋辽对这一地区的争夺及其后果。曾国富《五代时期后晋与契丹战争论》(《武陵学刊》2018 年第 5 期) 探讨了后晋与契丹战争、后晋战败亡国的多方面原因以及双方战争的影响。

辽政权的民族统治政策及外交关系也是治辽史者十分重视的课题，2018 年相关的研究也有新进展。武宏丽《辽朝东南部边疆治理问题研究》(博士学位论文，长春师范大学，2018 年) 探讨了辽代经略辽东以及对东南部边疆的行政管理、军事统辖、边界地区管控等措施及效果。田晓雷、王万志的《辽朝对阻卜各部的治理述论》(《中国边疆史地研究》2018 年第 1 期) 论述了辽朝对阻卜各部的治理随着辽朝控制力的不同而发生变化。刘文俊《辽金时期北边部族探究——以阻卜为主》(硕士学位论文，内蒙古大学，2018 年) 以阻卜为例探讨了辽金与北方部族的关系。周路星《辽圣宗朝的和亲政策及其在对外战略部署中的作用》(《哈尔滨师范大学社会科学学报》2018 年第 3 期) 一文认为圣宗时期的和亲起到了稳定辽朝周边局势和促进经济发展的成效。魏帅朋的《辽与北汉的关系研究》(硕士学位论文，渤海大学，2018 年) 主要从军事联合和使者往来探讨了辽与北汉的关系。松井太著、巩彦芬译、杨富学校《契丹与回鹘的关系》(《河西学院学报》2018 年第 3 期) 一文认为回鹘曾是东亚强国，一度成为契丹的宗主国。回鹘在 9 世纪中叶西迁至西域、中亚，成为欧亚大陆东西贸易的主角。契丹与回鹘在政治经济文化等多个层面存在密切的联系和相互影响。王艳丽《浅析回鹘与契丹的关系》（《文物鉴定与鉴赏》2018 年第 9 期）也分析了回鹘与契丹的朝贡关系及契丹后族中的回鹘血统。徐睿、柴锐《宋辽贺正旦使研究》（《学术探索》2018 年第 6 期）分析了宋辽互遣贺正旦使的情况与贺正旦使选派、职责，并探讨了宋辽贺正旦使对民族融合的影响。郑毅《契丹王朝东北边政述论——以辽与女真关系为中心》（《辽金历史与考古》第九辑，科学出版社 2018 年版）概述了契丹王朝东北边政实施的背景、经过，并对其成败得失予以分析。夏庆宇《应对石敬瑭予以再认识》（《重庆工贸职业技术学院学报》2018 年第 3 期）强调后晋应视为契丹的属国，割让燕云地区并不属于割地，而后晋的建立也为契丹带来了一定的隐患。

四 经济与社会史

夏宇旭《辽代西辽河流域农田开发与环境变迁》（《北方文物》2018 年第 1 期）认为有辽一代西辽河流域的农业开发有大量人口的迁入，迅速提高了农业发展水平，但农用地面积扩大也导致原有脆弱的生态环境恶化，草场锐减，土地沙化，进而引发了人口再次迁移以减轻环境压力。孙炜冉《渤海遗民对辽代社会的经济贡献》［《云南民族大学学报（哲学社会科学版）》2018 年第 4 期］一文认为渤海遗民以其先进的生产技术推动了辽代农业、畜牧业、手工业和商业的发展。张晨光《吴松弟〈辽代人口新考〉驳议——兼谈辽代的“丁”》（《史学集刊》2018 年第 6 期）认为吴松弟利用统计数据来推算户均丁数，进而根据丁数推算新的户数，再结合户均人口推算人口数在方法上是独特的，但辽朝记载的丁数实为兵数，所以其所作《辽代人口新考》以丁数推算人口数的前提不存在，具体计算过程也有问题。贾秀梅《浅析辽初中原汉族人口的北迁》（《文物鉴定与鉴赏》2018 年第 7 期）也论及辽朝中原人口北迁的经济文化影响。刘丽影《浅析早期契丹农业发展原因》（《白城师范学院学报》2018 年第 5 期）认为早期契丹农业有内部发展需求和条件，也有外部因素的推动，后者主要是与中原的贸易及和亲。陆旭超《辽代农业赋税减免及原因分析》［《赤峰学院学报（汉文哲学社会科学版）》2018 年第 12 期］梳理辽代农业赋税减免的演变过程，归纳其农业赋税的减免主要有三种类型：灾害减免、劝农减免、战争减免，分析其原因在于统治者对农业的重视、灾害频发、战争频仍等。李明华《辽代冶金业的发展及其管理制度》［《内蒙古社会科学（汉文版）》2018 年第 2 期］梳理了辽代矿冶遗址的分布和金属器物的种类，阐述了辽代对冶金业的管理。李明华《辽代冶铜业概述》［《赤峰学院学报（汉文哲学社会科学版）》2018 年第 2 期］介绍了辽代冶铜遗址、铜器分类，并总结了辽代冶铜业的特点。顾亚丽《“朝霞”、“轻霞”竞风流——辽代纺织业发展探析》（《草原文物》2018 年第 2 期）对辽代纺织业的发展状况、原因、技艺成就和发挥的重要作用进行了比较全面的研究。杜海燕《辽代货币制度初探》（硕士学位论文，内蒙古师范大学，2018 年）从辽代建立货币制度的原因、当时的货币种类、流通状况与管理机构、辽代币制的作用和影响多个方面展开探讨。隋志刚《契丹文钱币“**丕失币万**”的相关问题研究》［《赤峰学院学报（汉文哲学社会科学版）》2018 年第 9 期］回顾该币前人研究的重点，对其铸造年代、方式及此币功用作了探讨。张国庆《辽代商贸市场及商务管理综论》（《辽金历史与考古》第九辑，科学出版社 2018 年版）依据文献及出土辽代石刻记载，对辽代商贸市场和相关的管理系统进行了研究。

都兴智《关于辽代外戚汉姓萧氏由来问题的探讨》（《地域文化研究》2018 年第 3 期）分析了学术界以往关于辽代外戚萧氏的几种不同看法，认为辽代外戚比附汉人萧氏才是正解。郑军帅、高美《再论淳钦后与耶律倍的母子关系——兼考韩知古被俘入辽的时间》［《辽宁工程技术大学学报（社会科学版）》2018 年第 3 期］以韩知古入辽为依据反驳淳钦皇后非耶律倍生母的观点。李月新《辽朝国家养老制度初探》（《辽宁师范大学学报》2018 年第 2 期）认为辽朝逐渐形成了以优享荣养高年官员为中心的中央养老与以版授高年为主的基层养老相结合的国家养老制度。闫献冰《从〈辽史〉中记载的禁行事项看辽代社会生活》（《文物鉴定与鉴赏》2018 年第 8 期）列举《辽史》所记辽代社会种种禁令限制，阐述了这些禁令对辽代社会生活的具体影响。马昊《辽代韩知古家族成员的寿命及其影响》［《辽宁工程技术大学学报（社会科学版）》2018 年第 3 期］统计了韩氏家族几代的家庭成员及其寿命，提出了影响其家族寿命的诸因素，侧面反映辽代上层社会的生活状态。张敏《辽代女性的社会关系探究》［《赤峰学院学报（汉文哲学社会科学版）》2018 年第 8 期］将辽代女性社会关系分为家族内和家族外关系，指出族内关系又分为夫家和父家，族外关系主要是邑社。常志永《辽代契汉通婚的态势与影响略论》（《兰州学刊》2018 年第 11 期）认为契丹与汉族杂居为契丹、汉族通婚交往奠定了基础，而较为开放的契丹婚俗也有力地促进了契丹、汉族通婚，同时，契丹、汉族通婚也推进了两个民族的经济文化交流，增强了北方人的体质，影响了北方人的性格。常乐《辽金时期燕云地区社会生活研究——以出土碑志为中心》［《郑州大学学报（哲学社会科学版）》2018 年第 5 期］以出土碑志为主要资料，对燕云地区这一特殊地带辽金两朝的统治政策、各民族通婚问题、文化交流问题作了研究。于盼《辽宋对峙下的边民群体研究》（硕士学位论文，西北大学，2018 年）探讨了辽宋对峙时期宋辽边境地区，处在不同政策不同文化背景下的边民群体的政治态度、经济生活、文化生活及社会认同。刘凌淞《契丹族起源问题探析》（《开封教育学院学报》2018 年第 3 期）梳理了契丹族属诸说、契丹名称最早出现的时间及“契丹”一词的含义。吴琼《从〈奉使契丹二十八首〉中看辽代社会生活》（《黑河学刊》2018 年第 1 期）分析了苏辙的《奉使契丹二十八首》中辽代的饮食、气候以及契丹、汉文化间的相互渗透。李智裕的《浅议鹿与契丹社会》（《辽金历史与考古》第九辑，科学出版社 2018 年版）主要探讨了鹿与契丹日常生活的关系，作者认为鹿既是契丹人狩猎的动物，是食品、贡品，也是他们祭祀及绘画中经常出现的生灵。

五 文化与思想史

张国庆《辽朝“人名”视域下的文化映像——以石刻文字为中心》（《地域文化研究》2018 年第 5 期）以石刻史料为主探讨了辽代人名与文化之间复杂的关系，比如以“奴”字为名是中原“贱名”习俗在契丹辽地的传承，以佛教名词为名是佛教文化影响之扩大，以儒学名词为名，显示的是汉儒文化影响之深远，而汉语名和契丹语名的互用，则彰显的是两个民族间的文化交融，等等。姜维东、郑丽娜《辽代避讳问题研究》（《史学集刊》2018 年第 6 期）探讨了辽代避讳制度的建立、行用原则、方式方法等问题。姜艳芳《浅析辽代契丹族文化》（《黑河学院学报》2018 年第 7 期）从文字、文学、艺术、医学四个方面来分析契丹文化的特色。方丽萍《北宋出使文学中的人文地理问题及其文化特征》（《学术论坛》2018 年第 1 期）依据北宋使臣出使所记辽地风物分析了宋人的心态及文化特征。李悦《浅析辽代契丹人的牡丹情怀》（《文物鉴定与鉴赏》2018 年第 9 期）认为契丹人喜欢牡丹和牡丹纹饰是吸收唐文化的结果。

苏楠《辽代节庆体育活动源起及其文化特征》（《体育科技文献通报》2018 年第 2 期）梳理了辽代节庆体育活动的起源发展，总结这些活动的主要特征及作用。刘德刚、夏晨光《辽代契丹人诗歌文学特色刍议》（《文物鉴定与鉴赏》2018 年第 1 期）明确提出辽代诗歌受到唐宋文学的影响，但是在风格体裁上也自成一派。刘澍芃《空间叙事批评语境下的〈焚椒录〉》（《江苏科技大学学报》2018 年第 3 期）从文学叙事空间角度对王鼎的《焚椒录》予以艺术分析。杨波、史小军《多元民族文化影响下的三国故事体系考察——以桃园结义与契丹青牛白马祭天地为中心》（《文化遗产》2018 年第 2 期）认为《三国演义》故事情节中有来自于契丹民族风俗文化的因素，是民族融合和交流互鉴的结果。王伟、夏晨光《契丹族的生育习俗》（《文物鉴定与鉴赏》2018 年第 8 期）认为契丹族的生育习俗保留了许多民族特色。胡畔《中原茶文化对契丹饮茶习俗的影响》［《赤峰学院学报（汉文哲学社会科学版）》2018 年第 9 期］把文献记载的契丹饮茶习俗和出土茶具等结合起来考察，反映了中原茶文化对契丹的影响。葛华廷《辽代契丹人墓葬壁画的“启门图”探析——以宝山 1 号辽墓为例》（《北方文物》2018 年第 3 期）认为辽墓壁画中出现的启门图是由汉朝以后中原墓葬壁画常见题材演变而来，反映了契丹的丧葬观念和丧葬文化的多元性。

彭瑞花《论辽代菩萨戒的流行》（《宗教学研究》2018 年第 1 期）从辽代菩萨戒《发菩提心戒》的版本、渊源、辽代帝王的推崇、民间法师的弘扬等方面论证了辽朝菩萨戒的流行。于博《从真容偶像看佛教对辽代丧葬习俗的影响》（《北方文物》

2018 年第 2 期）列举了真容偶像的形制和分布，认为是佛教影响了辽代丧葬习俗。宣林《辽金崇佛与云冈石窟的修缮》（《山西大同大学学报》2018 年第 2 期）认为辽金时期对云冈石窟的修缮为辽金崇佛的例证。尤李《辽南京留守耶律和鲁斡、耶律淳父子崇佛史事考》（《平顶山学院学报》2018 年第 4 期）考证辽南京留守耶律和鲁斡、耶律淳父子崇佛举措。李向玲《从阁院寺文殊殿看辽初寺庙建筑特色》（《中华建设》2018 年第 7 期）以文殊殿的结构以小见大概括了辽初的佛寺建筑特点。陆国斌《奉国寺大雄殿建筑艺术初探》（《艺术工作》2018 年第 5 期）总结了奉国寺大雄殿的建筑特色。王婷《大同华严寺薄伽教藏殿辽代彩塑服饰研究》（《文物鉴定与鉴赏》2018 年第 5 期）探讨了大同华严寺佛像服饰的彩塑。李元杰《大同华严寺辽代塑像服饰特点》（《文物鉴定与鉴赏》2018 年第 7 期）则概括了大同华严寺辽代菩萨塑像的服饰特点。李金娟《敦煌莫高窟壁画中的髡发人物》（《敦煌研究》2018 年第 1 期）以莫高窟的髡发人物画像为例，分析了佛教在中国的传播过程中对当地及周边民族习俗的吸纳。张振军《碑志所见辽代僧尼的圆寂与安葬》（《辽金历史与考古》第九辑，科学出版社 2018 年版）探讨了辽代佛教僧尼圆寂前后的安排与安葬过程。李刚《鞍山地区辽代景教源流探析》（《辽金历史与考古》第九辑，科学出版社 2018 年版）以出土的辽代景教有关文物为线索，剖析了景教东传至鞍山地区的几种途径。

本年度关于辽代绘画艺术也有一些成果。比如李孟彧《图式的形成——河北宣化下八里辽代壁画墓群中一组特殊形象的研究》（硕士学位论文，中央美术学院，2018 年），曹宇音《〈中国绘画史〉（节选）翻译实践报告》（硕士学位论文，浙江工商大学，2018 年），暴佳琦《辽代绘画元素引入插画设计探究》（硕士学位论文，陕西师范大学，2018 年），史前龙《辽代壁画中鹰猎题材研究》（《艺术评鉴》2018 年第 13 期），郑承燕《宋辽时期民间画师的际遇——以壁画中的“叉手”礼为中心》（《内蒙古艺术学院学报》2018 年第 4 期），范嘉、冬冬、孟春荣《契丹游牧民族装饰图案构成浅析》（《建筑与文化》2018 年第 8 期），等等。

陈秉义《中国古代契丹—辽音乐史料图文集》（上海三联书店 2018 年版）是有关于契丹—辽音乐史料的汇编，内容包括文字资料和图像资料，前者主要采自官修的正史和文人笔记、诗词歌赋等，后者采自考古发现的壁画、文物、残存历史建筑、民间收藏及互联网上的资料。陈秉义、杨娜妮合著《中国古代契丹—辽音乐文化考察与研究》（上海三联书店 2018 年版）一书，作者称之为有关契丹—辽音乐的考察报告，内容分为三部分“绪论”“本论”“余论”。其中，“绪论”概述了契丹—辽及其音乐文化、考察地点、方法、成果；“本论”涉及对契丹—辽萨满、捺钵活动的音乐文化的考察、辽塔等建筑上的乐舞伎乐人和伎乐飞天的考察、辽代壁画等绘画中的音乐文化考察、辽代铜镜上的音乐文化考察、辽代部分乐器的考察、辽与中原及周边各国的音乐文化交流等；“余论”论及三个问题：关于民间收藏的考证、界定和文物流失的问题，历史文物仿制“有所本”之我见，具体案例：关于民间收藏与契丹—辽有关的琴谱和琴歌之乐问。杨育新《辽懿州塔伎乐砖雕图像学探析——兼谈契丹（辽）寺观乐舞》（《乐府新声》2018 年第 1 期）、张扬《北京云居寺辽塔（石经幢）散乐图像的考察——兼谈契丹—辽时期的琵琶与三弦》（《当代音乐》2018 年第 3 期）、王加勋《辽代马头琴的发现证明了欧阳修的“奚人”说是可信的》（《乐器》2018 年第 2 期）都属于契丹辽代音乐方面的研究成果。

宋兆麟《辽代雕版艺术》（《民艺》2018 年第 2 期）介绍了最近发现的辽代年画及民间收藏的雕版。王冬冬《契丹民族饮食习俗探究——以朝阳地区出土的辽代文物为例》（《辽金历史与考古》第九辑，科学出版社 2018 年版）将朝阳地区出土文物中的饮食器具作了归纳，依据史书记载与考古学成果明确了契丹人的食品、饮品及饮食习俗。包玉良《辽代马具饰探索》（硕士学位论文，内蒙古师范大学，2018 年）将考古发现与辽代绘画相结合对辽代马具进行了较为系统的研究。孙立梅《“春水”纹饰与辽金生态观念》（《遗产保护与研究》2018 年第 10 期）一文揭示了辽金时期“春水”纹饰的运用及其内涵。

赵永春、王观《10—13 世纪民族政权对峙时期的“中国”认同》（《陕西师范大学学报》2018 年第 1 期）分析了辽宋夏金等政权的“中国”观、正统观，指出中国古代汉族和少数民族政权都自我认同为“中国”。王旭彤《两强并立格局下的国际合法性竞争——以辽朝“正统观”的演变为例》（硕士学位论文，广东外语外贸大学，2018 年）对辽宋并立格局下辽朝对于正统的争夺及其正统观念的变化进行了探讨。岳凯峰《从对立到兄弟：试论辽朝人对北宋的敬慕观》（《阴山学刊》2018 年第 2 期）从辽对北宋精英人物的敬慕分析了辽人观念的变化。常虹《从宋辽民族关系演变来看华夏民族认同》（《中学历史教学参考》2018 年第 16 期）也论及辽代的华夏民族认同。

李月新《辽朝礼典编修钩沉》（《史志学刊》2018 年第 1 期）一文梳理了契丹从立国前到辽朝建立后的礼制发展及礼典的编修。李月新《契丹柴册礼的仪式构建与精神旨趣》［《赤峰学院学报（汉文哲学社会科学版）》2018 年第 5 期］指出柴册仪不断发展完善，其仪式所代表的精神意向也不断变化丰富，柴册仪最终成为既带有契丹民族文化内涵又兼具国家政治意义的综合仪式。吴凤霞《辽金元三朝史学批评的主旨和气概》（《北方文物》2018 年第 2 期）和《辽金少数民族的史学批评及其意义》（《史学集刊》2018 年第 3 期）均论及辽朝的史学批评成就。

夏小超《从契丹语借词看契丹与外族的文化接触》（硕士学位论文，内蒙古大学，2018 年）以契丹语言文字中的借词为切入点探讨契丹族与外族的文化交流。香莲《〈辽史〉记载的“斡里”“斡鲁”“斡耳”“窝鲁”演变分析》［《赤峰学院学报（汉文哲学社会科学版）》2018 年第 1 期］和《统计分类分析〈辽史〉中出现的“夷离堇”之词》［《赤峰学院学报（汉文哲学社会科学版）》2018 年第 2 期］都是针对《辽史》中出现的一些译音词进行的研究，前者言及《辽史》所记载的“斡里”“斡鲁”“斡耳”“窝鲁”等译音词汇含义，后者只针对“夷离堇”一词的运用展开具体的分析。吉日嘎拉的《〈辽史·国语解〉“惕隐”的统计及分类分析》［《赤峰学院学报（汉文哲学社会科学版）》2018 年第 4 期］和《〈辽史·国语解〉词汇与蒙古语读音相近字对比研究》［《赤峰学院学报（汉文哲学社会科学版）》2018 年第 5 期］也都属于民族语文研究成果，主要考察《辽史》中某些民族语词运用。张少珊《关于几个契丹大字的拟音》（《北方文物》2018 年第 3 期）也是契丹文字研究的心得。

六 历史地理与环境

李鹏《松漠访古——辽上京道历史地理新考》（吉林大学出版社 2018 年版）探究了十二个有关辽代历史地理的问题，包括：辽代“新开河”古道考，辽代“北老河”古道考，辽代的“二水合流”，辽代永州、王子城与龙化州通考，木叶山考，等等，主要围绕辽上京道历史地理阐述自己的新认识。任冠《考古学视角下的辽中京道建设考补》（《故宫博物院院刊》2018 年第 2 期）考察了辽中京道州县城的地望和性质。任冠《辽中京的形制与沿革研究》［《内蒙古社会科学（汉文版）》2018 年第 2 期］指出辽中京形制介于唐宋都城之间，同时有鲜明的民族特点。任冠《辽代中京道的城市聚落系统》［《河南师范大学学报（哲学社会科学版）》2018 年第 3 期］认为辽中京道范围内的城市聚落系统分为两种模式：“同心圆”和“线性”。前者多见于东部和中部偏东地区，即农业经济的主要分布区，后者主要分布在中部偏西、西南部和东南部等地，为手工业、牧业主要分布区。刘晋华《辽代五京布局特征研究》（硕士学位论文，东北师范大学，2018 年）一文对辽代五京的形成过程、自然概况、布局特征作了综合考察，揭示了辽代五京布局的战略意图和五京制的影响。张景明、马宏滨《契丹族源与木叶山方位的考古学考辨》（《青海民族研究》2018 年第 3 期）主要针对契丹族源和木叶山方位提出了自己的看法及相关的佐证。孙文政《辽代黄龙府设置沿革考》（《北方文物》2018 年第 4 期）梳理考证了扶余地区管辖机构黄龙府的设置沿革。都兴智《沈州与东丹国》（《社会科学战线》2018 年第 9 期）针对沈州的建立时代与地名的几种说法提出了自己的看法，并对沈州与东丹移民及其所辖州县的关系进行了考证。李栋国《幽州东北古北口路新考》（《河北民族师范学院学报》2018 年第 4 期）考证了古北口路的路线。李鹏、张宪功《辽代降圣州、永安县及龙化县考》（《中国历史地理论丛》2018 年第 1 期）将田野调查、遥感考古技术与文献相结合对辽代降圣州、永安县和龙化县所在进行了考证。高福顺、梁维《辽代诸帝春捺钵地略考》［《赤峰学院学报（汉文哲学社会科学版）》2018 年第 3 期］统计了辽代诸帝春捺钵游猎的次数，并根据辽代诸帝春捺钵行迹，确定春捺钵地大略可划分为四个地理区域：辽朝四楼地理区域、南京析津府以东之延芳淀地理区域、上京与东京交界地带之长春州地理区域、西京大同府以北鸳鸯泺地理区域。葛华廷《〈辽史·地理志〉"武安州"条释疑》(《辽金历史与考古》第九辑，科学出版社2018年版)对武安州的建置和地理位置进行了考释。

李亚光、赵宏坤《〈辽史〉所见辽宁地区自然灾害及应对措施》[《辽宁工程技术大学学报(社会科学版)》2018年第2期]主要以《辽史》所记有关辽代辽宁地区的自然灾害为依据，指出辽代辽宁地区的自然灾害以气候灾害为主，如旱灾、水灾、雪灾等，这些灾害的发生给社会秩序和农业生产带来了危害，政府也采取一些防治措施，并通过赈济、蠲免、宽省的手段进行安抚，一定程度上减轻了自然灾害的负面影响。

王茂华、王曾瑜《辽宋金时期京津冀地区城市空间形态与群体格局》[《河南师范大学学报(哲学社会科学版)》2018年第6期]也涉及了辽代在今京津冀地区所建的城市分布、功能、形态及影响。张健、李一霖《辽金时期的沈阳地区景观概况研究》[《沈阳建筑大学学报(社会科学版)》2018年第5期]概述了沈阳地区辽金时期城市建设、景观的状况和特点。

七 书评及综述

高福顺《汉契一体华夷同风——〈祖州城〉中英文译注本跋》[《赤峰学院学报(汉文哲学社会科学版)》2018年第2期]肯定日本学者岛田正郎执笔的《祖州城》的学术价值，也对李俊义教授致力于乡邦文化研究的境界予以褒扬，赞赏李俊义、王玉亭、李彦朴、鞠冰梅、陈立乾、边秀丽等学者的努力以及《祖州城》中英文译注本的学术贡献。孙伟祥《从新角度审视辽朝社会——〈科举与辽代社会〉评介》(《北方文物》2018年第2期)认为高福顺《科举与辽代社会》一书以科举制度为切入点重新审视辽代社会，视角独特新颖，并特别肯定了作者详尽恰当地运用史料及开阔的史学视野。肖爱民《抽丝剥茧理谱系、阐微决疑撰文章——〈辽朝后族诸问题研究〉评介》[《内蒙古师范大学学报(哲学社会科学版)》2018年第4期]认为史风春的《辽朝后族诸问题研究》整理了辽朝后族的发展脉络，对于族帐划分和萧敌鲁、萧室鲁、萧阿古只、萧思温和天祚帝一后三妃等几个主要家族世系进行了详细的考索，提出了一些新观点，推动了辽史相关研究的发展。李俊义《刘凤翥先生在契丹学领域的学术贡献》(《辽金历史与考古》第九辑，科学出版社2018年版)总结和评论了刘凤翥先生在契丹文字、辽史、辽代石刻文字的搜集整理研究、契丹文字文物辨伪及培养契丹文字研究人才等方面为契丹学研究做出的突出贡献。张无为、孙国军《契丹文化的艺术触摸与思考——评李学萍小说〈契丹驸马〉及相关问题》[《赤峰学院学报(汉文哲学社会科学版)》2018年第2期]评论了李学萍小说《契丹驸马》兼论中国现代对契丹历史文化研究的文艺观照。修梅林《在历史的田野中追踪历史——评陈秉义、杨妮娜的〈契丹—辽音乐图像学考察〉》(《乐府新声》2018年第2

期）认为陈秉义、杨妮娜的《契丹—辽音乐图像学考察》通过对契丹—辽音乐图像遗迹的追踪与考证，提供了有限复原“原本的生动”的音乐史著述成果。

2018 年，关于辽史专题研究的回顾和总结也有一些成果问世。梁维《二十世纪辽代春捺钵问题研究回顾与展望》（《黑龙江民族丛刊》2018 年第 3 期）、刘壮壮《二十世纪以来的辽金农牧业史研究综述》（《中国社会经济史研究》2018 年第 2 期）分别述评了百余年辽代春捺钵和辽金农牧业史研究的成果。孙国军、杨福瑞《传承与发展：契丹学学术史的回顾与反思》［《赤峰学院学报（汉文哲学社会科学版）》2018 年第 10 期］则对 20 世纪和 21 世纪前十年的契丹学学术史作了总结评论。王馨瑶《2001—2015 年辽代陶瓷研究综述》［《赤峰学院学报（汉文哲学社会科学版）》2018 年第 7 期］将 2001—2015 年关于辽代陶瓷的研究成果分为十二个大项进行述评。党郁《2017 年内蒙古文物考古研究所考古发现综述》（《草原文物》2018 年第 1 期）2017 年一年间内蒙古自治区的发掘工作与考古项目回顾，涉及多伦县辽代贵妃墓和辽上京宫城遗址的调查和发掘。张儒婷《新世纪以来辽代东北亚关系研究综述——辽朝境内区域关系篇》（《中国民族博览》2018 年第 10 期）对 21 世纪以来与东丹国有关的问题、辽朝境内中央与属国属部之间的关系、辽时女真与宋的关系三大方面的研究成果作了评论。耿涛《部落联盟·国家·酋邦：契丹早期社会形态研究述评》（《哈尔滨师范大学社会科学学报》2018 年第 1 期）对契丹早期社会形态的不同研究进行了探讨。孙伟祥《辽朝后族研究综述》（《黑龙江民族丛刊》2018 年第 3 期）对辽代后族的渊源、族帐构成和地位作用等相关问题的研究作了分类梳理和总结评论。王禹浪、王俊铮《辽代木叶山地望研究述评》（《满族研究》2018 年第 1 期）对几种木叶山地点的说法进行了归纳并给出了自己的评价。花兴《契丹文学研究述评》［《内蒙古民族大学学报（社会科学版）》2018 年第 5 期］对于中华人民共和国成立前后特别是中华人民共和国成立后，关于契丹文学从宏观到个案的研究作了评论。石可、咏梅《内蒙古地区出土辽代黄金器物研究概述》（《山西大同大学学报》2018 年第 4 期）对内蒙古地区出土的辽代黄金器的研究状况及研究方法进行了梳理。达福兴《云南契丹后裔研究述评》（《保山学院学报》2018 年第 3 期）对目前关于云南契丹后裔的研究作了分类总结。李进欣《辽代头下军州研究综述》（《辽金历史与考古》第九辑，科学出版社 2018 年版）将近些年关于头下军州的研究细分为几个具体的方面并一一述评。刘德刚、刘小红、石金民《阜新地区出土辽代契丹小字墓志综述》（《辽金历史与考古》第九辑，科学出版社 2018 年版）介绍了阜新地区出土的契丹小字墓志。张亚林、赵聪寐《辽代陶瓷造型研究述评》（《陶瓷学报》2018 年第 4 期）分析了有关辽代陶瓷研究的现状和存在的不足。王善军、郝振宇《辽西夏金宗族研究综述》（《宋史研究论丛》第二十二辑，科学出版社 2018 年版）涉及辽代宗族研究成果的述评。

值得肯定的是，2018 年辽史研究在多个方面都有新的推进。整体趋势是文献与考古、文物研究、政治与文化史研究势头不减，相关文章所占比重较大；经济史、历史地理方面研究相对较少，但也不乏精品之作。积极求新是这一年辽史研究表现出的主流倾向，这体现在研究的视角、研究的方法上，更体现在史料挖掘利用上。当然也有今后研究需要注意的问题，比如有些问题的认识基于不太准确的史料，史料的搜集和运用仍然需要严谨审慎，有的论断力求新颖却证据不足。需要说明的是，限于识见，上述综述难免有所遗漏或评论不够准确之处，还望作者与读者批评指正。

2018年西夏学研究综述

张　涛　于光建

西夏学是一门利用传世史料、出土文献及考古文物等，对西夏历史、社会与文化进行研究的学科。[①] 20世纪以来，随着甲骨学、敦煌学等新兴学科兴起，西夏学也逐渐进入人们视野，逐渐受到关注。[②] 众多专家学者筚路蓝缕、一路走来，产生了丰硕的成果，丰富了西夏学的内容。2018年许多学者发表了自己的学术成果，对西夏学的发展做出了重要的贡献，推动了西夏学向前迈进。下面将分著作方面和论文方面两部分对2018年西夏学研究成果进行梳理。

一　著作方面

2018年学界出版的西夏学著作共计17部。其中，文献整理成果主要有《俄藏黑水城文献（27）西夏文佛教部分》《法国吉美国立亚洲艺术博物馆西夏文献》《俄藏西夏历日文献整理研究》《西夏文〈宫廷诗集〉整理与研究》《〈天盛律令〉典当借贷门整理研究》。

俄藏黑水城出土文献是20世纪出土文献方面重要发现，而《俄藏黑水城文献》则是对这一重要出土文献的整理成果。今年出版的第二十七册西夏文佛教部分便属此系列。第二十七册主要收录西夏文藏传佛教文献九十余号，以蝴蝶装写本居多。[③] 此外，史金波主持的《法国吉美国立亚洲艺术博物馆藏西夏文献》[④]，对西夏文写本《妙法莲花经》卷二、卷六、卷八进行了全彩仿真影印，基本还原文献原貌，并附汉文经文，且收录馆藏西夏文物图版。

除两部大型文献整理出版成果之外，还有彭向前对俄藏ИНВ. NO. 8085历书中

---

① 史金波：《敦煌学与西夏学的关系及其研究展望》，《敦煌研究》2012年第1期。

② 史金波：《西夏学概说》，《西夏学》第一辑，宁夏人民出版社2006年版。

③ 俄罗斯科学院东方文献研究所，上海古籍出版社，中国社会科学院民族研究所编：《俄藏黑水城文献（27）西夏文佛教部分》，上海古籍出版社2018年版。

④ 此书由中国社会科学院西夏文化研究中心与法国吉美国立亚洲艺术博物馆合作，史金波、克里斯蒂娜克拉美罗蒂主编，甘肃省古籍文献整理编译中心整理制作，中华书局、天津古籍出版社出版。

年代、朔日、闰月、月大小、二十四节气等做了对译考释整理复原。[①] 梁松涛对俄藏ИНВ. NO. 121V 与 ИНВ. NO. 876 西夏文《宫廷诗集》进行全文释读研究。[②] 于光建对俄藏西夏文《天盛律令》（甲种本）中《催索债利门》《出典工门》进行录文对译整理研究。[③] 另外，孙伯君、聂鸿音对黑水城等所出西夏文文献中关于“大手印”法的文本进行录文整理译释，与藏传佛教汉译典籍《大乘要道密集》等所收的相应或相关文本予以比较、分析。[④] 孙新颖对俄藏五个编号为《无量寿经》的西夏文佛经进行了全面的译释考证和专题研究，考证出写本 ИНВ. №2309 是译自曹魏康僧铠的《佛说无量寿经》，而刻本 ИНВ. №812、953、697 和 6943 为译自藏文本的《大乘圣无量寿经》，西夏本的重新译出为中国佛教史和西夏文献学的研究提供了一份新的材料。[⑤]

此外，由国家“十三五”重点出版规化项目和国家出版基金项目《西夏学文库》系列，本年度也出版论著十部，主要为学者关于西夏学相关研究的论文结集。主要有：史金波《西夏历史文化钩沉》[⑥]、聂鸿音《西夏文献论稿二编》[⑦] 与《西夏学述论》[⑧]、陈育宁与汤晓芳《西夏历史文化探幽》[⑨]、杜建录《西夏文献研究》[⑩] 与《西夏经济史论稿》[⑪]、孙宏开《西夏语言研究》[⑫]、沈卫荣《西夏佛教文献与历史研究》[⑬]、梁继红《凉州与西夏》[⑭]、王培培《夏译汉籍中的古代汉语对音研究》[⑮]。

除以上外，西夏文物考古资料对西夏历史的构建及西夏学的发展也是至关重要。牛达生《西夏考古论稿（二）》[⑯] 涉及石窟寺塔、官印擦擦、碑刻、印刷术与书籍装帧、钱币与货币经济等方面研究论文结集。

二 论文方面

西夏学在学术成果不断丰富，学术品质日益提升的今天，学界众多学者在充分挖

---

① 彭向前：《俄藏西夏历日文献整理研究》，社会科学文献出版社 2018 年版。
② 梁松涛：《西夏文〈宫廷诗集〉整理与研究》，上海古籍出版社 2018 年版。
③ 于光建：《〈天盛律令〉典当借贷门整理研究》，上海古籍出版社 2018 年版。
④ 孙伯君、聂鸿音：《西夏文藏传佛教史料——“大手印”法经典研究》，中国藏学出版社 2018 年版。
⑤ 孙新颖：《西夏文〈无量寿经〉研究》，中国社会科学出版社 2018 年版。
⑥ 史金波：《西夏历史文化钩沉》，甘肃文化出版社 2018 年版。
⑦ 聂鸿音：《西夏文献论稿二编》，甘肃文化出版社 2018 年版。
⑧ 聂鸿音：《西夏学述论》，甘肃文化出版社 2018 年版。
⑨ 陈育宁、汤晓芳：《西夏历史文化探幽》，甘肃文化出版社 2018 年版。
⑩ 杜建录：《西夏文献研究》，甘肃文化出版社 2018 年版。
⑪ 杜建录：《西夏经济史论稿》，甘肃文化出版社 2018 年版。
⑫ 孙宏开：《西夏语言研究》，甘肃文化出版社 2018 年版。
⑬ 沈卫荣：《西夏佛教文献与历史研究》，甘肃文化出版社 2018 年版。
⑭ 梁继红：《凉州与西夏》，甘肃文化出版社 2018 年版。
⑮ 王培培：《夏译汉籍中的古代汉语对音研究》，甘肃文化出版社 2018 年版。
⑯ 牛达生：《西夏考古论稿（二）》，甘肃文化出版社 2018 年版。

掘汉文史籍、出土文献与考古资料的基础上，对众多关于西夏学的具体问题进行了讨论。据不完全统计，2018 年关于西夏学具体问题研究相关论文 200 余篇。内容主要涉及西夏社会历史、西夏历史地理、西夏契约研究、佛教文献研究、西夏医药研究、《天盛律令》研究、西夏文献整理、语音语言文字、黑水城世俗文献、西夏文学研究、西夏文物考古、党项历史研究、西夏与周边民族关系、西夏遗民研究等十六个方面。

（一）西夏社会历史

西夏是 10 至 13 世纪中国境内重要民族割据政权。西夏立国，疆域囊括夏、银、绥、宥、静、灵、会、胜、甘、凉、瓜、沙、肃数州之地，形成农牧并重的社会经济形态和以党项传统为基础的多元历史文化与宗教信仰。

西夏职官制度研究是西夏政治史的重要组成部分，也是西夏社会历史研究的重要的基础性课题。传世汉文史籍史料、黑水城出土文献和考古资料中有关西夏职官制度的记载，为我们探寻西夏职官制度的情况提供了丰富和珍贵的资料。[①] 魏淑霞对《金史·交聘表》中涉及的西夏官名进行分类归纳整理，认为表中所见职官名反映出西夏职官制度趋于完善，并且党项羌人与汉人群体在政治参与中逐渐从共存趋于融合。[②] 西北民族大学刘维栋通过西夏的汉官来源、西夏对汉官的政策以及汉官参与西夏政治与外交情况、汉官的宗教信仰方面等分析了西夏的汉官群体。[③] 北方民族大学陈时倩考察西夏继承制度后，认为西夏的正军承袭具有强制性，西夏军抄继承制度广泛存在西夏社会且具有灵活性，西夏妇女拥有有限的财产继承权。[④]

西夏佛教制度研究。佛教在西夏社会中具有崇高的地位，上层统治集团也非常重视佛教，并大力弘扬与发展佛教。西夏针对佛教有完善的管理机制，试经制度便是重要的管理方式。聂鸿音认为西夏试经制度继承唐宋形制但又有所简化，并指出西夏试经是以语言分科并不同于中原的以内容分科。[⑤] 文健从僧官任命、试经度僧、寺籍管理和赐衣制度等方面探讨了西夏佛教管理中的中原文化特色。[⑥] 西夏崇尚佛教很大程度上是受到周边政权信仰佛教的影响。北方民族大学白乖乖梳理了西夏与回鹘、宋、辽、金、吐蕃等周边政权之间在佛教方面的交流及其受到的影响。[⑦]

西夏榷场贸易是西夏商业的重要形式之一，更是研究西夏社会经济问题的重要方向。黑水城曾出土关于西夏“南边榷场使”汉文文献，是研究西夏榷场贸易的重要

① 魏淑霞：《西夏职官制度若干问题研究》，博士学位论文，宁夏大学，2016 年。
② 魏淑霞：《〈金史·交聘表〉西夏职官名考述》，《宁夏社会科学》2018 年第 6 期。
③ 刘维栋：《西夏汉官研究》，硕士学位论文，西北民族大学，2018 年。
④ 陈时倩：《西夏继承制度研究》，硕士学位论文，北方民族大学，2018 年。
⑤ 聂鸿音：《西夏试经补议》，《北方民族大学学报》2018 年第 2 期。
⑥ 文健：《略论西夏佛教管理特色——以〈天盛改旧新定律令〉为例》，《西夏研究》2018 年第 3 期。
⑦ 白乖乖：《西夏与周边民族的佛教关系》，硕士学位论文，北方民族大学，2018 年。

史料。陈瑞青对文书中所涉“替头”问题进行考察发现，西夏“替头”广泛存在于军队士兵或官府文吏中，并且是掮客或栏头（收税人）的替身，不能简单理解为中介或代理人。① 关于西夏转运司研究，潘洁认为西夏转运司的设置受到宋朝的影响，并对转运司分类、职能进行了分析。②

赋役研究向来是经济史研究的重要部分，理清西夏的赋役发展情况更是对于西夏社会经济问题的研究具有重要意义。本年度在西夏赋役研究中，李温认为西夏税制对唐宋税制有所继承，探讨了《天盛律令》中关于西夏税制的情况。③ 潘洁爬梳《天盛律令》中相关赋税条款，并参照出土租税文书，比照唐宋时代文献，对西夏时期的地租、夫役、税草进行了详细考述。④ 潘洁还对《天盛律令》及出土的西夏文租役草账册中西夏文“地簿”进行考察，分析其登记单位、管理机构、登记对象及推行目的。⑤

西夏社会经济结构是呈现出农业、畜牧业、手工业多元化发展状态。其中，畜牧业在党项民族经济社会中占有重要地位。西夏在发展畜牧业经济时既保留自身游牧特点，又结合唐宋畜牧管理方式，发展出自己特色的官牧体系。今年高仁对西夏东南沿边的畜牧经济探究时认为，西夏东南沿边的畜牧经济时不能笼统只作为一个经济带加以考察，其内部不同地区相应的存在很大差距。⑥ 许根生对西夏的马政与畜牧业进行了讨论。他认为西夏关于马匹管理方式对唐宋制度有所继承，西夏的马政较辽金相比发展最好；他考释黑水城出土马政文书发现西夏存在大规模种植苜蓿，且种植技术成熟；西夏牲畜畜养技术发达。⑦

西夏手工业也是具有相当规模的发展，西夏时期酿酒业是手工业重要组成部分。杜建录通过对西夏著名“酿酒图”分析，考证了西夏的酿酒工艺，并对酒务、曲务、酒肆、酒器等进行了分析，并对西夏酒文化特色做了阐述。⑧

除通过政治与经济的角度来对西夏社会历史进行分析解读外，2018 年还有学者对西夏的农村家庭生计情况与西夏的社会关系做了考察。郝振宇认为西夏农户土地数量大都集中于 40—100 亩段，农户居住类型呈聚落型，家庭收入以粮食为主兼及畜牧业，家庭支出分赋税支出和日常支出。⑨ 孙广文考察西夏社会关系时通过对党项时期的社会关系、部落政治逐渐崩溃与中央集权制度下的等级关系、以礼法观念为中心的

---

① 陈瑞青：《也说西夏“替头”》，《宁夏社会科学》2018 年第 4 期。
② 潘洁：《试述西夏转运司》，《西夏研究》2018 年第 2 期。
③ 李温：《西夏赋税制度及其立法》，《西夏研究》2018 年第 2 期。
④ 潘洁：《西夏租役草考述》，《中国史研究》2018 年第 1 期。
⑤ 潘洁：《试述西夏地簿》，《西夏研究》2018 年第 3 期。
⑥ 高仁：《西夏东南沿边畜牧经济》，《西夏学》2018 年第 1 期。
⑦ 许根生：《西夏马政与畜牧业探析》，《西夏研究》2018 年第 4 期。
⑧ 杜建录：《西夏的酒与酒文化》，《民族文化》2018 年第 2 期。
⑨ 郝振宇：《西夏农村家庭生计问题论述》，《中国经济史研究》2018 年第 5 期。

西夏社会伦理关系三个方面，对西夏社会关系重构历程进行了分析。①

（二）西夏历史地理

西夏历史地理研究是西夏学中基础性的课题，地理不明，往往会给其他问题的探讨或解释带来诸多不便。② 因此，对西夏地理进行探究对西夏学的发展至关重要。黑水河流域是西夏境内重要地理单元。西北大学贾玉雪通过对黑水与黑河流域地理环境历史变迁、西夏蒙元时期居廷道与黑水城、西夏蒙元时期黑河流域经济与人口地理这些方面的考察，分析了西夏蒙元时期黑河下游历史地理变迁规律。③ 北宋西北边界与辽朝、西夏接壤的诸路广泛分布着界壕。北宋边境界壕在防御辽朝、西夏，划定番汉疆界等方面具有重要作用。宁夏大学胡守静对宋代西北秦凤路、泾源路、环庆路、鄜延路、熙河路诸路界壕在里程、走向、形制等方面对诸路做了较为全面的梳理与考证，并制作《北宋西北界壕简表》。④

西夏军事地理研究是西夏地理研究的重要组成部分。宋夏边境清远军是宋夏战争时期的重要城池，今年亦有学者对清远军故城遗址进行了考察。张多勇撰文认为清远军是“灵环道”重镇与要塞。并且结合传世史籍与实地踏勘考证出北宋清远军地望位于今甘肃省环县甜水堡南三公里的古城堡古城遗址。考证西夏清远监军司地望位于环县甜水堡瓦渣城遗址处。⑤ 缪喜平对清远军古城考察时，同意张多勇对北宋清远军地望考察的观点。并对北宋“灵环道”的走向与经行初步复原。⑥ 宋夏好水川之战既是讨论宋夏关系史问题不可或缺的一环，又是研究西夏军事地理的重要部分。有关好水川古战场遗址问题，尚平撰文对好水川战场位置进行重新考证，并对好水川之战的形势和路线图进行重新绘制。⑦

（三）西夏契约研究

西夏契约文书研究是西夏学重要组成部分。海外藏黑水城出土契约文书与中国藏黑水城、敦煌、武威等地出土契约文书是目前所见契约文书主要组成部分。出土西夏契约文书是反映西夏社会的第一手材料，具有极高文献价值与史料价值。目前国内已经对这些出土文书进行了整理刊布。契约文书整理刊布使得对西夏社会历史进行精细

① 孙广文：《等级与秩序——试论西夏社会关系重构》，《西夏研究》2018 年第 4 期。

② 杨蕤：《西夏地理研究》，人民出版社 2008 年版。

③ 贾玉雪：《西夏蒙元时期黑河下游历史地理研究》，硕士学位论文，西北大学，2018 年。

④ 胡守静：《北宋西北界壕考》，硕士学位论文，宁夏大学，2018 年。

⑤ 张多勇：《宋夏对峙时期清远军考察研究》，《西夏研究》2018 年第 4 期。

⑥ 缪喜平：《北宋清远军地望与“灵环道”走向考察研究——兼议清远军失陷对北宋边防的影响》，《宁夏师范学院学报》2018 年第 3 期。

⑦ 尚平：《宋夏好水川战场位置再探》，《宁夏师范学院学报》2018 年第 9 期。

化的研究提供了极大的便利。①

今年相关成果有：罗将对黑水城出土西夏文卖地契中的违法条款进行分析，并与敦煌契进行比较。他认为黑水城出土卖地契对于唐宋契约多有吸收继承，违约条款内容更加丰富，具有本民族特色。但其中高昂罚金是不同于敦煌契约之处。② 韩树伟探讨了黑水城契约文书所反映的习惯法因素，发现契约文书基本继承了中原契约形制，但也具有自身民族特点。③ 赵彦龙、扶静对黑水城出土的两份买卖契进行了探究。作者从契约性质与契约程式的角度对土地买卖契与牲畜买卖契考察后认为，西夏买卖土地契与牲畜买卖契的性质均以白契为主，且为绝买契。两份契约程式均为契首＋主体＋契尾三部分组成的形式。④⑤ 关于黑水城契约文书借贷契的研究，赵天英对黑水城出土的编号 NO. 5870 十九件关于普度寺出贷粮食的西夏文草书契约进行了转写译释。⑥ 于光建则是对俄藏 ИHB. NO. 954《光定未年典驴贷粮契》进行重新译释并定名，考证该组文书中利率及典物估价，发现民间典当行为基本遵循《天盛律令》有关规定。⑦

（四）佛教文献研究

西夏政权建立之前，其主体民族——党项羌具有悠久的佛教信仰传统。西夏建国以后，统治阶级更是将佛教信仰在其统治范围内发扬光大。西夏佛教信仰不仅受到本身传统因素的影响，更是与周边政权具有相当密切的联系。佛经作为宣扬佛教内容的重要载体，印行佛经来传播佛教更是西夏政权的重要统治措施。西夏统治者多次向周边民族政权求购佛经，并在国内多次大规模举行译经、校经、施经等活动。在黑水城地区出土大量以汉文、西夏文佛经为主文献便很好地证明了这一点。

当前学术界对于出土西夏佛教文献的研究多以文献考释为主，今年也不乏这方面的成果。主要有：麻晓芳《西夏文〈药师琉璃光七佛本愿功德经〉的草书译本》⑧与《西夏文〈药师琉璃光七佛本愿功德经〉残卷考》⑨、魏淑霞《西夏文〈密迹金刚

---

① 王颖：《西夏契约文书研究的现状、问题与展望》，《西夏学》第 14 辑，2017 年第 1 期。

② 罗将：《黑水城出土西夏文卖地契中的违约条款探析——兼与敦煌契比较》，《青海民族研究》2018 年第 1 期。

③ 韩树伟：《黑水城出土西夏文契约文书之习惯法研究》，《青海民族研究》2018 年第 1 期。

④ 赵彦龙、扶静：《西夏买卖土地契的性质与程式——西夏契约性质与程式研究之二》，《西夏研究》2018 年第 3 期。

⑤ 赵彦龙：《西夏牲畜买卖契约的性质与程式——西夏契约性质与程式研究之四》，《宁夏师范学院学报》2018 年第 9 期。

⑥ 赵天英：《俄藏黑水城文献 NO. 5870 西夏文草书借贷契研究》，《中华文史论丛》2018 年第 1 期。

⑦ 于光建：《俄藏 Инb. No. 954〈光定未年典驴贷粮契〉新译释——兼论西夏典当经济研究的几个问题》，《西夏研究》2018 年第 4 期。

⑧ 麻晓芳：《西夏文〈药师琉璃光七佛本愿功德经〉的草书译本》，《宁夏社会科学》2018 年第 2 期。

⑨ 麻晓芳：《西夏文〈药师琉璃光七佛本愿功德经〉残卷考》，《西夏学》2018 年第 1 期。

力士会第三之六〉考释》[①]、王龙《黑水城出土西夏文〈仁王经〉补释》[②]、庞倩与王龙《中国国家图书馆藏西夏文〈不空羂索神变真言经〉考论》[③]、郭垚垚《俄藏西夏文〈金光明经〉卷二“分别三身品”残卷考释》[④]、张映晖《黑水城出土西夏文〈百千印陀罗尼经〉考释》[⑤]、张九玲《西夏本〈佛说延寿命经〉考释》[⑥]、王龙《西夏文草书〈显扬圣教论·成瑜伽品第九〉考补》[⑦]、吴雪梅与于光建《新见宁夏佑啟堂藏西夏文〈金刚经〉残片考释》[⑧]。

除以上对佛教文献的考释整理外，还有学者对佛教文学作品进行了探究。孙伯君对俄藏 ИHB. NO. 4166 西夏文刻本《三代相照文集》进行全面梳理考证。[⑨] 郭垚垚对西夏文语录体佛理著作《二十五问答》中“答者”的身份进行考证，认为此作品中“答者”是指南阳慧忠国师。[⑩] 张旭则对西夏佛教俗讲类文学作品《华严感通灵应传记》进行了考察，发现此《传记》为西夏文臣所撰，并梳理华严感应源流，考订《传记》中故事与史料异同，认为此《传记》来源于慧英和胡幽贞的两卷本系统。[⑪]

（五）西夏医药研究

西夏医药方面的学术研究也是西夏学的特色之处。当前，西夏医药的学术研讨材料依托主要是黑水城出土涉医文献。黑水城出土的西夏医药文献，填充了西夏医药资料的空白。对其整理、释读与研究，成为西夏医药学的研究第一手资料。[⑫]

今年西夏涉医文献的研究仍以文献考释为主。主要有：梁松涛对俄藏黑水城文献第十册编号 ИHB. NO. 6476 西夏文医书文献研究。作者撰文对“治热病要论”部分四则医方[⑬]、“妇科病救治方”部分四则医方[⑭][⑮]、“治疳疮医方”部分八则医方[⑯][⑰][⑱]均分别进行了考释、定名与探究。除此之外，梁松涛还对俄藏黑水城文献第十册编号

---

① 魏淑霞：《西夏文〈密迹金刚力士会第三之六〉考释》，《西夏研究》2018 年第 2 期。
② 王龙：《黑水城出土西夏文〈仁王经〉补释》，《西夏学》2018 年第 2 期。
③ 庞倩、王龙：《中国国家图书馆藏西夏文〈不空羂索神变真言经〉考论》，《西夏学》2018 年第 2 期。
④ 郭垚垚：《俄藏西夏文〈金光明经〉卷二“分别三身品”残卷考释》，《西夏学》2018 年第 1 期。
⑤ 张映晖：《黑水城出土西夏文〈百千印陀罗尼经〉考释》，《西夏学》2018 年第 2 期。
⑥ 张九玲：《西夏本〈佛说延寿命经〉考释》，《西夏学》2018 年第 1 期。
⑦ 王龙：《西夏文草书〈显扬圣教论·成瑜伽品第九〉考补》，《西夏学》2018 年第 1 期。
⑧ 吴雪梅、于光建：《新见宁夏佑啟堂藏西夏文〈金刚经〉残片考释》，《宁夏社会科学》2018 年第 4 期。
⑨ 孙伯君：《西夏文〈三代相照文集〉述略》，《宁夏社会科学》2018 年第 6 期。
⑩ 郭垚垚：《西夏文〈二十五问答〉中“答者”考补》，《宁夏社会科学》2018 年第 6 期。
⑪ 张旭：《〈华严感通灵应传记〉考略》，《宁夏社会科学》2018 年第 1 期。
⑫ 赵天英：《〈黑水城出土西夏文医药文献整理与研究〉读后》，《西夏研究》2016 年第 3 期。
⑬ 梁松涛：《黑水城出土四则西夏文治热病医方考述》，《河北中医》2018 年第 6 期。
⑭ 梁松涛：《黑水城出土二则西夏文妇人产后医方考述》，《湖南中医药大学学报》2018 年第 1 期。
⑮ 梁松涛：《黑水城出土两则西夏文治妇科病方考述》，《山西中医学院学报》2018 年第 2 期。
⑯ 梁松涛：《黑水城出土西夏文三则治疮医方考述》，《陕西中医药大学学报》2018 年第 5 期。
⑰ 梁松涛：《黑水城出土西夏文三则治恶疮医方考述》，《长春中医药大学学报》2018 年第 1 期。
⑱ 梁松涛：《黑水城出土二则西夏文治杂病医方考》，《浙江中医药大学学报》2018 年第 2 期。

ИHB. NO. 4979 和编号 ИHB. NO. 4384 西夏文医书文献进行破译、校注、考察研究。作者发现此两则医方为宽中散与八味丸，认为二则医方底本应来源于中原亡佚医籍，反映出西夏医药发展与中原医药文化紧密联系。[①] 作者还对俄藏黑水城文献第十册编号 ИHB. NO. 911 西夏文草书医书文献进行破译考校定名研究。通过考察作者认为此医方底本可能依据某种已亡佚汉文医籍。[②] 梁松涛通过对这些涉医文献的考察，发现这几组西夏医方或为西夏民间医家所撰，或为西夏民间偏验方，具有自己的地域特色和民族特色。从西夏文医方中反映出西夏医药发展与中原医药的密切联系。除此以外，还有汤晓龙对英藏编号 Or. 12380 – 2457c 和 Or. 12380 – 2458 两件西夏文残片进行考释[③]，崔玉谦、刘丽君对日藏 39 – 39B 汉文刻本《太平惠民合剂局方》残片进行了考释。[④]

除对西夏涉医文献考释之外，还有学者对西夏医政进行了探究。丁洁韵从《天盛律令》中关于西夏医政的有关内容的记载，从医疗机构的设置、管理以及医学人员的职责、权利等方面对西夏的官方医学模式进行梳理。[⑤]

（六）《天盛律令》研究

《天盛改旧新定律令》是西夏仁宗朝时期修订颁布的一部系统、完备的国家法典，是研究西夏社会法治内容的重要第一手材料，具有极高的史料价值。2018 年关于《天盛律令》的研究主要集中在综合性研究、成书年代与残片补释、法律层面研究、社会经济等方面。[⑥] 在残片补释方面，有关学者通过对一些残片的释读一定程度上补充了汉译本[⑦]中残缺的律文文献。许鹏对俄藏 ИHB. NO. 4429《天盛律令》残叶考释、录文，发现此残叶内容属《律令》第一卷内容，版本与俄藏甲种本第一卷相同。[⑧] 孔祥辉对英藏 Or. 12380 – 3762 十件残片与 Or. 12380 – 3354 一件残片进行录文考释整理，发现残片内容属《天盛律令》卷十“官军敕门”所佚第 29—33 条内容，且与英藏 Or. 12380 – 3672 为同一批文献。[⑨] 作者还对俄藏 ИHB. NO. 6239 未发现两件《天盛律令》残叶进行考释译证，发现此残叶内容系《天盛律令》卷四《敌军寇门》

---

① 梁松涛：《黑水城出土二则西夏文治脾胃医方考述》，《甘肃中医药大学学报》2018 年第 1 期。

② 梁松涛：《黑水城出土西夏文古佚方“顺气化痰丸”考释》，《河南中医》2018 年第 6 期。

③ 汤晓龙：《西夏文〈明堂炙经〉补考》，《宁夏社会科学》2018 年第 9 期。

④ 崔玉谦、刘丽君：《〈日本藏西夏文文献〉收录汉文刻本〈太平惠民合剂局方〉残片考》，《西夏学》2018 年第 1 期。

⑤ 丁洁韵：《从〈天盛律令〉看西夏与宋医政制度之异同》，《中医药文化》2018 年第 2 期。

⑥ 孙效武、杨蕤：《近二十年来〈天盛律令〉研究综述》，《西夏研究》2016 年第 4 期。

⑦ 此处汉译本指史金波、聂鸿音、白滨译注：《天盛改旧新定律令》，《中华传世法典》之一，法律出版社 2000 年版。

⑧ 许鹏：《俄藏 ИHB. NO. 4429〈天盛律令〉残页考释》，《西夏研究》2018 年第 4 期。

⑨ 孔祥辉：《英藏〈天盛律令〉Or. 12380 – 3762 残片考补》，《西夏研究》2018 年第 4 期。

所佚残条。[①] 此外，孔祥辉还对俄藏未编号两页西夏文《天盛律令》残叶进行考释。经译释，可以确定其中一页可补《天盛律令》卷十《官军敕门·边等官获末品条》相关内容，另一页可补卷十四《误打争斗门·杀节亲私和》前后内容。[②] 潘洁对新获两件俄藏《天盛律令》刻本残叶 Tang－55－69－0002 和 Tang－55－69－0001 进行译证考释，发现两残片内容系卷十四《误殴打争斗门》中完整的"相伤为凭据"条和"杀节亲私和"条，以及"大小相殴中死"的开头第一句。[③]

除此之外，还有学者对 2000 年版汉译本《天盛律令》部分内容进行重新译释补正。魏淑霞以俄藏《天盛律令》卷一一"来使往门"部分条款对比 2000 年版汉译本相应内容，进行重新译释与补正。[④] 和智对史金波等译注《天盛律令》卷二、卷五、卷一一、卷一三、卷一七和卷二〇的漏译和错置条款进行补充和订正。[⑤]

还有学者就《天盛律令》中所反映出的社会、经济、法律等问题做了论述。秦士艳对《天盛律令》中所反映出的农牧业并重、禁榷、荒政与节用等经济思想进行了讨论。[⑥] 戴羽以《贞观玉镜统》与《天盛律令》为考察中心，对西夏杖刑、笞刑、劳役刑与死刑四种主刑及黥刑、拘管刑、罚马刑三种附加刑的刑法渊源做了考述。[⑦] 于熠则论述西夏法律历史沿革过程及多元文化因素对西夏法律的影响。[⑧] 除以上外，任长幸就《天盛律令》的研究成果做了述评。[⑨]

（八）西夏文献整理

西夏学得以发展壮大，其重要依托便是西夏文献的整理释读。文献主要分为佛教经典与世俗文献两大类。关于西夏文献的研究主要在文献释读、定名、缀合、源流及版本探究方面。今年在文献考释整理方面：史金波考证俄藏 ИНВ. NO. 6990a 书仪为西凉府签判书仪并进行考释。[⑩] 孙伯君撰文对俄藏 ИНВ. NO. 2554 中西夏文写本《育骏方》与《推定肚子雌雄法》进行录文译释整理研究。[⑪] 梁松涛同样对俄藏 ИНВ. NO. 2554 中西夏文写本《乌鸣占》进行录文译释，发现西夏文《乌鸣占》与宋

---

① 孔祥辉：《俄藏 ИНВ. NO. 6239 号〈天盛律令〉残叶考补》，《西夏学》2018 年第 2 期。
② 孔祥辉：《两则未刊俄藏〈天盛律令〉残片考释》，《西夏学》2018 年第 1 期。
③ 潘洁：《两件〈天盛律令〉未刊残叶考释》，《西夏学》2018 年第 2 期。
④ 魏淑霞：《〈天盛改旧新定律令〉卷一一"使来往门"译证》，《中华文史论丛》2018 年第 1 期。
⑤ 和智：《〈天盛改旧新定律令〉补考五则》，《中华文史论丛》2018 年第 1 期。
⑥ 秦士艳：《论〈天盛律令〉体现的经济思想》，《河北北方学院学报》2018 年第 6 期。
⑦ 戴羽：《西夏刑罚制度渊源考述——以〈贞观玉镜统〉〈天盛律令〉为中心》，《西夏学》2018 年第 2 期。
⑧ 于熠：《党项民族的法律演进：西夏法律历史沿革与多元文化属性的形成》，《社会科学家》2018 年第 9 期。
⑨ 任长幸：《西夏〈天盛律令〉研究述评》，《渭南师范学院学报》2018 年第 3 期。
⑩ 史金波：《俄藏 NO. 6990a 西夏书仪考》，《中华文史论丛》2018 年第 1 期。
⑪ 孙伯君：《西夏文相马、养马法〈育骏方〉考释》，《北方民族大学学报》2018 年第 2 期。

代某占卜文献联系紧密。[①] 聂鸿音对英藏 Or. 12380 – 1840 西夏文《将苑》残叶进行录文译释发现，通过西夏文译本可以推断出所依底本有残佚，早期《将苑》应为 42 章，今本多出 8 章为后人增补。[②] 王惠民则对西夏文草书《瓜州审案记录》收藏与研究现状进行梳理。[③]

除对西夏文文献考释外，还有学者对西夏时期汉文文献进行了考释。黎大祥对甘肃武威亥母洞石窟寺出土的三件汉文文献进行录文考释，认为文献反映出西夏寺院经济高利贷经营、商业经营、典当经营。[④] 马春香对甘肃武威西夏墓出土两方买地券的文体考察认为，此两方买地券是以《地理新书》买地券模本为底本，并吸收了祝文的元素而成，且在宋金及元前期此种买地券文体广泛运用于中国北方民间葬仪中。[⑤] 陈瑞青通过考察《黑水河建桥敕碑》文体性质，发现此碑文在形式上采用敕文，但实际内容则属于祭文，反映了西夏仁宗为了推崇高僧、笼络汉藏信众，将碑文“文”“体”分离现象。[⑥] 除此之外，付泰森对典籍类汉文西夏文献的历史及类别进行了考察。[⑦] 高一竑对甘肃省博物馆馆藏西夏汉文文书情况进行了略述。[⑧] 佟建荣对西夏文献版本方面问题做了探究，她将俄藏 TK158 与 TK159 两件《夹颂心经》刻本文献比勘分析发现，TK158 与 TK159 为一组原刻与翻刻文献。[⑨] 聂鸿音则对西夏应用文模板考察时发现，西夏并没有真正意义上的“书仪”，应用文写作并未融入党项人当地传统。[⑩]

世俗文献涵盖契约、医药、律令、夏译汉籍、占卜文书、涉元文书、涉宋文献等等。段玉泉考察西夏所流传《孝经》至少存在两种以上翻译版本及多种翻译文体，并对此前未解读的俄藏十二章经文与英藏本同存世、汉文本进行对勘解读。[⑪] 李晓春与彭向前撰文考释了与汉文《礼记》所载不同的西夏文草书《礼记》一则文字，推测异文原因在于吕惠卿作注依据他本或其本人进行改编。[⑫]

目前，关于黑水城占卜文书研究主要分为文书整理校勘和专题研究两大类。[⑬] 秦永光对俄藏 ИНВ. NO. 3582（2 –2）西夏文抄本《百六吉凶歌》残叶进行录文对译考

---

① 梁松涛：《西夏文〈乌鸣占〉考释》，《西夏学》2018 年第 1 期。

② 聂鸿音：《诸葛亮〈将苑〉考补》，《文献》2018 年第 1 期。

③ 王惠民：《西夏文草书〈瓜州审案记录〉叙录》，《敦煌学辑刊》2018 年第 2 期。

④ 黎大祥：《甘肃武威亥母洞石窟寺的几件西夏汉文文献考释》，《西夏学》2018 年第 2 期。

⑤ 马春香：《武威出土西夏买地券的文体探讨》，《西夏学》2018 年第 2 期。

⑥ 陈瑞青：《西夏〈黑水河建桥敕碑〉文体性质初探》，《西夏学》2018 年第 2 期。

⑦ 付泰森：《论典籍类汉文西夏文献的历史及类别》，《边疆经济与文化》2018 年第 4 期。

⑧ 高一竑：《甘肃省博物馆馆藏西夏汉文文书略述》，《档案》2018 年第 3 期。

⑨ 佟建荣：《黑水城所出的一组原刻与翻刻实物资料——〈夹颂心经〉考察记》，《宁夏社会科学》2018 年第 2 期。

⑩ 聂鸿音：《西夏应用文的写作模板及其起源》，《宁夏师范学院学报》2018 年第 9 期。

⑪ 段玉泉：《〈孝经〉两种西夏文译本比较研究》，《中华文史论丛》2018 年第 1 期。

⑫ 李晓春、彭向前：《西夏文草书〈礼记〉异文一则》，《西夏研究》2018 年第 1 期。

⑬ 赵小明：《黑水城汉文占卜文书研究的回顾与前瞻》，《昌吉学院学报》2016 年第 1 期。

释整理研究。[①] 韦兵对英藏 Or. 12380－359A 西夏文书残叶录文对译考释，并将文书定名为《推星命洞微百六大限逐岁吉凶文书》。[②] 赵坤发现西夏占卜文化中既有自身游牧色彩，又对汉地卜法有所吸收运用。西夏易占水平较星占水平来讲比较有限，造成差异原因在于西夏境内汉族与少数民族知识背景存在差异。[③]

西夏历法是从中原历法借鉴而来，特别是对宋朝立法多有继承。西夏历日书种类多样，内容丰富。目前已经发现的西夏历书有刻本西夏文历书、写本西夏文—汉文合璧历书、汉文刻本历书、汉文写本历书。[④] 丰富的出土西夏历日书文献为我们考察西夏历法情况提供了重要文献材料。彭向前对俄藏 ИНВ. NO. 8085 西夏文夏桓宗天庆十二年（1205 年）乙丑残历进行释读整理，并对年历中纪年干支、朔日干支、闰月、月大小、二十四节气等作了最大程度的复原，认为西夏历日文献中存在长期对行星运行的观察记录。[⑤]

西夏文学文献是中国古代文学的重要组成部分。它具有多民族文学融合交汇的特点，既有党项羌民族文学的独特之处，又深受中原地区汉族文学、少数民族文学、西北少数民族文学、藏传佛教文学的影响。西夏文学的研究向来是西夏学研究中一个薄弱环节。一系列西夏出土文献的整理出版，为西夏文学的研究提供了鲜活而又丰富的原始材料。今年西夏文学研究的成果有：孙伯君对俄藏 ИНВ. NO. 5198 西夏文写本考释，发现其与《整驾西行烧香歌》内容勘同。并对《宫廷诗集》中相关内容版本考证，进行重新译释整理。[⑥] 聂鸿音对西夏党项民族文学考察，认为党项本民族的诗歌脱胎于民间的格言，其形式为无韵的杂言体，但是比其他民族的诗歌更强调上下句语义的对仗。[⑦] 汤君认为西夏文学具有西夏语为主、多语种共生、阶层分化明显的作者群体、非典型文学的特点。[⑧] 王艳春对西夏文《新集锦合辞》西夏谚语集中的日月意象进行分析考察。[⑨] 姜歆对杨家将故事中关涉西夏史事做探究，分析了杨家将故事反映出宋与西夏的社会状况。[⑩]

黑水城出土世俗文献为研究元代西北地区历史提供了重要的文献资料。立足黑水

---

① 秦永光：《黑水城出土星命书〈百六吉凶歌〉残叶考》，《西夏研究》2018 年第 1 期。

② 韦兵：《〈推星命洞微百六大限逐岁吉凶文书〉：英藏黑水城文献 359 占卜书残叶考释与定名》，《西夏学》2018 年第 2 期。

③ 赵坤：《西夏占卜类型的理论差异与知识接受——以卜法、易占、星占为中心》，《西夏学》2018 年第 1 期。

④ 史金波：《西夏的立法与历书》，《民族语文》2006 年第 4 期。

⑤ 彭向前：《俄藏黑水城出土西夏历书研究——以 Инв. №8085 夏天庆十二年（1205 年）乙丑残历为例》，《西夏学》2018 年第 1 期。

⑥ 孙伯君：《西夏文写本〈整驾西行烧香歌〉释补》，《西夏研究》2018 年第 3 期。

⑦ 聂鸿音：《从格言到诗歌：党项民族文学的发展历程》，《宁夏社会科学》2018 年第 4 期。

⑧ 汤君：《试论西夏文学的中国古代文学史价值》，《宁夏社会科学》2018 年第 3 期。

⑨ 王艳春：《西夏谚语中的日月意象》，《西夏研究》2018 年第 4 期。

⑩ 姜歆：《杨家将故事关涉西夏史事考述》，《西夏研究》2018 年第 4 期。

城文献涉元文书，考察元代黑水城地区行政体制情况是今年学者的主要关注点。陈广恩结合黑水城出土文书，考察了亦集乃地理位置，并作为元代西北地区的兵站、甘肃行省利用军需供给节制西北诸王和驻军、元朝对亦集乃路的治理与经营等情况。[①] 朱建路对中国藏编号 F116：W552 考释，考订此文书由亦集乃路总管府为攒运军粮事而圆议之前形成的议札和河西陇北道肃政廉访司照刷案牍的刷尾组成。[②] 张恒对俄藏《宣光二年甘肃等处行中书省亦集乃分省咨文》汉文文书重新释录解读，肯定文书对了解元代“把截、守御官”、理问官和断事官在具体地方事务中职能的扩展和延伸情况，以及对明确元代行省的分省设置原因和官员的基本设置情况考察具有重要价值。[③] 郭明明与杨峰撰文对阿拉善博物馆馆藏 A705・A01 文书残件考释定名，认为此文书对于研究黑水城地区民间群体的交际往来、亦集乃路下辖站赤建制以及吐蕃行宣政院的院使等问题具有重要的史料价值。[④]

还有学者对黑水城出土文献中宋代文献做了探讨。马振颖、赵世金对黑水城文献中所见的宋代避讳字进行了探究。[⑤] 邵天松认为黑水城文献中宋代汉文社会文献有助于扩大宋代汉语词汇研究语料的范围，黑水城出土汉文文献的整理与校勘，语文辞书的编纂与修订，对于汉语词汇史的研究具有重要的价值。[⑥] 另外，作者还对黑水城出土宋代汉文社会文献公文术语研究发现，公文术语可分为文书类别词语、层次结构词语以及程式词语。这些不同类型的公文术语往往具有特殊的意义，是公文区别于其他文体的重要特征。[⑦]

（九）语音语言文字

西夏语是我国唐宋时期西北地区党项羌民族所使用的民族语言。西夏文则是由党项羌为主体民族建立的西夏政权所创造出用来记录西夏语的民族文字。2018 年在西夏语音、语言、文字等方面的成果有：孙伯君通过对西夏遗存韵书的西夏字归类和佛经陀罗尼的梵夏对音材料的考察，发现西夏语中牙音和舌头音声母均有腭化倾向。[⑧] 张竹梅认为以零散韵字来证明，会发现西夏文献《五音切韵》韵图中韵字“单开双合”排列的说法不成立。[⑨] 陈鑫海认为党项语第一小循环与其他循环的区别不在于韵

---

① 陈广恩：《黑水城文书所见元朝对西北的经营——以亦集乃路为考察中心》，《西夏学》2018 年第 1 期。

② 朱建路：《黑水城所出元代议札文书探研》，《宁夏社会科学》2018 年第 2 期。

③ 张恒：《黑水城所出〈宣光二年甘肃等处行中书省亦集乃分省咨文〉再探》，《西夏学》2018 年第 1 期。

④ 郭明明、杨峰：《黑水城出土的一件元代书信文书考释》，《西夏学》2018 年第 1 期。

⑤ 马振颖、赵世金：《黑水城文献中所见的宋代避讳字研究》，《西夏研究》2018 年第 1 期。

⑥ 邵天松：《黑水城出土宋代汉文社会文献的词汇研究价值》，《西夏研究》2018 年第 1 期。

⑦ 邵天松：《黑水城出土宋代汉文社会文献公文术语研究》，《广西师范大学学报（哲学社会科学版）》2018 年第 4 期。

⑧ 孙伯君：《西夏语牙音与舌头音的腭化音变》，《语言研究》2018 年第 1 期。

⑨ 张竹梅：《以零散韵字为例证西夏文献〈五音切韵〉非“单开双合”排列》，《西夏研究》2018 年第 1 期。

母而在声母，可以考虑将其声母构拟为带有喉擦音色彩的辅音“C－”。① 许鹏通过梳理西夏文世俗文献语料发现，西夏语人称呼应类动词可以在句子中替换使用，也可以同义复合为双音节词。② 作者仍以西夏文世俗文献语料为中心，对西夏双音节词的结构类型及西夏语语素做了考察。③ 有学者介绍了2016年出版的克劳森《框架西夏字典》，此字典是现代西夏学家编写的第八种字典，其特色之处在于字典的排列法表现了编者对西夏构字部件的独特理解。④ 国内学者麻晓芳对该字典的序言部分，进行了翻译介绍。⑤ 邓章应、吴宇以俄藏 ИНВ. NO. 2539《同义》（甲种本）为研究对象，对《同义》原文献3处字形异讹进行考证，并给出了汉译。⑥

段玉泉考释出《番汉合时掌中珠》中“急随钵子”为煮茶或温酒之器物。⑦ 王培培对书中“碧（王田）珠”考释，认为“碧（王田）珠”与“碧瑱”“甸子”“碧甸子”均指同一物品，并推断西夏“碧（王田）珠”很可能指绿松石。⑧ 木仕华结合中国西南藏缅语诸民族和北方阿尔泰语诸民族语言中有关黑水的诸多名称，对西夏黑水的名义做了释析。⑨ 西南大学李雷在对《文海》等辞书合理使用的基础上，总结构件功能和特点，梳理构件构字情况，并尝试归纳了西夏文特殊的构字模式。⑩ 张佩琪对西夏语的副词子句进行综合探究，对句子类型、语法手段、从属标记方面进行了探讨。⑪

在西夏文数据库建设方面，孔祥辉回顾了西夏文数字化与语料库的建设，并认为语料库建设对推动世俗文献与佛教文献研究有重要意义，未来语料库的建设步伐会不断加快，新技术革命将影响语料库建设，应该建设科学型语料库。⑫ 宁夏大学杨文慧对西夏文样本库的建立及应用技术进行了探究，通过对西夏古籍图像预处理和文字提取、对西夏文样本数据库进行设计并实现，试图创建西夏古籍文献样本数据库。⑬

（十）西夏文物考古

西夏文物考古材料是探究西夏学的重要新材料。西夏文物考古材料内容丰富，涵

---

① 陈鑫海：《从内部规律和外部比较看党项语第一小循环的构拟》，《西夏学》2018年第1期。
② 许鹏：《西夏语人称呼应类动词的双音化》，《西夏学》2018年第1期。
③ 许鹏：《论西夏语语素和双音节词的结构类型——以世俗文献为中心》，《西夏学》2018年第2期。
④ 聂鸿音、孙伯君：《克劳森〈西夏字典〉述评》，《西夏研究》2018年第1期。
⑤ 高奕睿著、麻晓芳译：《〈克劳森框架字典〉序言》，《西夏研究》2018年第3期。
⑥ 邓章应、吴宇：《西夏文〈同义〉考释三则》，《西夏学》2018年第2期。
⑦ 段玉泉：《〈番汉合时掌中珠〉“急随钵子”考释》，《敦煌学辑刊》2018年第3期。
⑧ 王培培：《“碧（王田）珠”考》，《宁夏社会科学》2018年第1期。
⑨ 木仕华：《西夏黑水名义考》，《西藏民族大学学报》2018年第5期。
⑩ 李雷：《西夏文构件研究》，硕士学位论文，西南大学，2018年。
⑪ 张佩琪：《西夏语的副词子句》，《西夏学》2018年第2期。
⑫ 孔祥辉：《语料库视域下西夏语料库建设及研究》，《西北民族研究》2018年第4期。
⑬ 杨文慧：《西夏古籍文字样本数据库的创建及应用技术研究》，硕士学位论文，宁夏大学，2018年。

盖西夏王陵、遗址，塔寺、石窟、出土的碑铭、钱币、瓷器、金银器、塑像、壁画等方方面面。针对这些考古文物资料的关注与重视，学界近年来产生的新成果不断。今年，学界关于西夏石窟考古、石窟壁画、西夏王陵、西夏墓葬、西夏服饰、西夏图像纹饰、西夏文物方面，也产生了丰硕的成果。

西夏石窟考古方面。沙武田从洞窟营建史的角度对敦煌西夏石窟进行全面系统考察。① 石建刚与杨军撰文对陕西志丹县何家坬石窟进行详细介绍，考证石窟开凿于北宋年间，是一座以北宋沿边党项熟户为功德主主体开凿的佛教洞窟。② 石建刚对石窟所反映的净土信仰考察，认为石窟造像和题记反映了党项民族特征既受陕北汉文化影响又有文化与民族杂糅的现象。③

西夏石窟壁画方面。汤晓芳认为敦煌 409 窟着团龙服、执龙翠、伞的王者形象是西夏皇帝，而西千佛洞执伞“回鹘可汗”是回鹘王。④ 汤晓芳还对黑水城出土西夏猴面雕塑及榆林窟壁画、东千佛洞西夏壁画中猴面人物图像做了考察。⑤ 赵晓星认为榆林窟第 2 窟正壁文殊图像应是以五台山文殊为中心，将《文殊师利般涅槃经》和《文殊真实名经》的相关内容组合到一起。⑥ 刘文荣通过对瓜州东千佛洞西夏第 7 窟《涅槃变》考察，认为图像以世俗乐舞的形式反映了从中原流入的踏歌在西夏的流行，以及通过踏歌艺术礼佛供养的情境。⑦

西夏王陵方面。宋娟与王胜泽撰文考证西夏陵六号墓出土金牌纹饰为“荔枝纹”，并推断出六号陵墓主为德明。⑧ 何晓燕对西夏陵出土花卉纹瓦当与滴水研究发现，瓦当纹饰以莲纹、菊纹、石榴纹等为主。西夏瓦当与滴水融合了佛教艺术与民族特色。⑨ 安北江对《中国藏西夏文献》所收录西夏王陵五块残碑碑文所涉及封号、年号、人名、战事、食邑以及有关民族文化认同、封王制度等问题进行考论。⑩ 杨蕤与王昌丰撰文从西夏历史文化具有多元性、对中华文明贡献独特、世界历史维度上西夏

---

① 沙武田：《敦煌西夏石窟营建史构建》，《西夏研究》2018 年第 1 期。

② 石建刚、杨军：《北宋沿边党项熟户的净土殿堂（一）——陕西志丹县何家坬石窟调查与初步研究》，《西夏研究》2018 年第 1 期。

③ 石建刚：《北宋沿边党项熟户的净土殿堂（二）——陕西志丹县何家坬石窟的思想内涵与民族属性分析》，《西夏研究》2018 年第 2 期。

④ 汤晓芳：《对敦煌 409 窟壁画人物“回鹘国王”的质疑》，《西夏研究》2018 年第 3 期。

⑤ 汤晓芳：《西夏雕塑和壁画中的猴面人物》，《西夏学》2018 年第 1 期。

⑥ 赵晓星：《榆林窟第 2 窟正壁文殊图像解析——西夏石窟考古与艺术研究之三》，《西夏研究》2018 年第 5 期。

⑦ 刘文荣：《党项民族踏歌考——以瓜州东千佛洞西夏第 7 窟〈涅槃变〉所见乐舞图像为中心》，《艺术探索》2018 年第 3 期。

⑧ 宋娟、王胜泽：《从宁夏博物馆藏“荔枝纹金牌饰”看西夏六号陵的墓主身份》，《宁夏社会科学》2018 年第 1 期。

⑨ 何晓燕：《西夏陵出土花卉纹瓦当、滴水研究》，《西夏学》2018 年第 1 期。

⑩ 安北江：《〈中国藏西夏文献·西夏陵残碑卷〉汉文残碑相关问题考论》，《宁夏师范学院学报》2018 年第 6 期。

历史文化处于文化板块的过渡地带三个维度进行总结，归纳出符合西夏陵实际状况的“突出的普遍价值”。[①] 余雷分析考察西夏王陵营建时序原则、陵园规制演化、陵园建设时序。[②]

西夏墓葬方面。于光建认为甘肃武威地区出土7座西夏墓葬，反映出文化特征是西夏文化的缩影，具有多元性特点。[③] 王胜泽对庆城县西夏墓出土的16块墓室砖雕图像进行考察，认为这些图像构成了天界、祥瑞、地界，是一个具有时间流动性有意义的图像组合。[④]

西夏服饰研究。任怀晟与魏亚丽撰文考证了莫高窟第409窟、《西夏译经图》《官员和侍从》《佛教祖师与帝王》《梁皇宝忏图》《梁王宝忏图》和《西夏国王像》中的西夏皇帝服饰。[⑤] 任怀晟与田孟秋撰文对西夏朝服的冠饰考察发现，“博山”冠饰是西夏朝服的重要标志。西夏朝服的帽冠没有簪导，戴冠者并不披发。[⑥] 魏亚丽与关静婷撰文考察了西夏绘画作品中的通天冠。[⑦] 魏亚丽还对西夏服饰中的植物纹样进行了考察，发现在西夏服饰植物纹样中梅花纹、卷草纹、莲花纹最为常见。[⑧]

西夏图像纹饰方面。王胜泽考察西夏佛教图像发现，佛教图像除了宣扬宗教思想之外，还体现着一种皇权意识。[⑨] 廖旸通过讨论星曜曼荼罗的细节，发现其中既有汉地佛教传统元素又有河西信仰因素，认为此曼荼罗为讨论西夏仪式佛教、星学卜占等提供了鲜活的材料。[⑩] 马振颖与赵松山撰文对西夏文写本、刻本中出现的形式多样、数量众多的小图案进行研究，并分析其来源，探讨出现在写本、刻本中的原因及作用。[⑪] 王艳云通过对比分析西夏黑水城文献与敦煌文献之间图像的新样文殊、印本装饰等方面，认为两者之间存在着图像源流、传承及艺术风格等方面的内在联系。[⑫] 李芳考证1997年银川出土迦陵频伽莲瓣联珠纹金头饰为西夏时期产物，分析认为其上迦陵频伽图案与唐文化一脉相承。[⑬] 李玉峰认为兽面纹与莲花纹饰为西夏瓦当纹饰主流。[⑭] 作者还对西夏金刚杵的造型与纹样进行了探析。[⑮] 王悦对西夏艺术品中狗的形

---

① 杨蕤、王昌丰：《西夏陵“突出的普遍价值”的多维思考》，《北方民族大学学报》2018年第4期。
② 余雷：《“以形论时”——西夏王陵营建时序探析》，《西夏研究》2018年第1期。
③ 于光建：《甘肃武威西夏墓特点述论》，《华夏考古》2018年第1期。
④ 王胜泽：《庆城县西夏墓出土砖雕图像组合研究》，《宁夏社会科学》2018年第5期。
⑤ 任怀晟、魏亚丽：《图像中的西夏皇帝服饰》，《西夏研究》2018年第3期。
⑥ 任怀晟、田孟秋：《西夏朝服的冠饰研究》，《西夏学》2018年第2期。
⑦ 魏亚丽、关静婷：《西夏绘画作品中的通天冠》，《西夏学》2018年第1期。
⑧ 魏亚丽：《试论西夏服饰中的植物纹样》，《西夏学》2018年第2期。
⑨ 王胜泽：《西夏佛教图像中的皇权意识》，《敦煌学辑刊》2018年第1期。
⑩ 廖旸：《从黑水城星曜曼荼罗看汉藏夏之间的文化勾连》，《敦煌研究》2018年第4期。
⑪ 马振颖、赵松山：《西夏文写本、刻本文献中的小图案研究》，《西夏研究》2018年第4期。
⑫ 王艳云：《索像于图——黑水城与敦煌西夏文献之间的图像个案联系》，《西夏学》2018年第1期。
⑬ 李芳：《西夏迦陵频伽莲瓣联珠纹金头饰相关问题考述》，《西夏研究》2018年第1期。
⑭ 李玉峰：《西夏瓦当纹饰探析》，《美术与设计》2018年第4期。
⑮ 李玉峰：《西夏金刚杵的造型与纹样探析》，《西夏学》2018年第2期。

象塑造进行考释。①

西夏文物方面。马万梅考证出内蒙古高油坊古城遗址出土西夏时期人物金耳坠中人物为佛教“化生童子”，并认为其反映出西夏继承“化生”佛教意象且吸收两宋“化生”世俗内涵。② 张笑峰讨论了西夏刀牌的形制特点、制度渊源以及执刀牌者及其职能。③ 王艳云对西夏出土的瓷塑玩具进行了整理比较研究。④ 胡嘉麟对上海博物馆藏一件西夏文铜镜的四臂观音像进行考察，发现西夏佛教造像系统存在直接受到途经回鹘的印度东北地区波罗艺术影响，并对铜镜真言进行译释。⑤ 章治宁归纳西夏擦擦单尊造像艺术风格特点，发现西夏擦擦造像具有工艺讲究、造像藏汉风格交融、佛教世俗化倾向明显等特点。⑥ 张文立与孙昌盛对吉林大学考古与艺术博物馆藏五枚西夏文铜官印从官印形制、印文释读、官印特点等方面做了考证。⑦ 施兰英与范芷岩通过对宁夏承天寺韦陀殿新见铭文的考释推断出承天寺重建年代最早不超过清嘉庆九年。⑧

党项历史是西夏历史重要组成部分，特别是夏州拓跋政权的建立，是党项西夏建国的重要环节。对于西夏早期党项历史的探究一直是学界关注的方面，成果主要集中在党项族源考证、定难军与党项崛起、党项内附、夏州政权考察等方面。段志凌与吕永前撰文认为唐《拓拔驮布墓志》是党项拓跋氏源出鲜卑新的实物证据，并且同“鲜卑说”史料与学者观点可相互印证，此墓志还对探查唐中央如何看待归属蕃将态度问题有所帮助。⑨ 陈玮对河南三门峡北宋陕州漏泽园出土入宋党项配军砖墓志三块进行考释，并讨论墓志中蕃部配军来源及丧葬问题，认为此砖墓志是反映宋代西北边境党项人在中原内地活动的重要文物资料。⑩ 胡瑾讨论了党项的族源问题，对定难军建立与党项拓跋部的崛起进行分阶段考察，认为定难军在拓跋部崛起过程中具有重要的作用，也可发现夏州在西夏建立过程中具有特殊政治地位。⑪ 陆离利用近年发现的四川石渠洛须吐蕃时期藏文石刻题记并结合其他史料记载对唐代吐蕃与党项部族的关

---

① 王悦：《西夏艺术品中对“狗”形象的塑造》，《西夏研究》2018 年第 4 期。

② 马万梅：《内蒙古高油坊出土西夏化生童子金耳坠考释及其文化意象》，《宁夏社会科学》2018 年第 3 期。

③ 张笑峰：《西夏“刀牌”考》，《宁夏师范学院学报》2018 年第 2 期。

④ 王艳云：《西夏瓷塑玩具》，《西夏学》2018 年第 2 期。

⑤ 胡嘉麟：《西夏文铜镜的真言文法与四臂观音像研究》，《西夏学》2018 年第 2 期。

⑥ 章治宁：《西夏擦擦单尊造像艺术探析》，《西夏学》2018 年第 2 期。

⑦ 张文立、孙昌盛：《吉林大学考古与艺术博物馆藏西夏铜官印》，《西夏学》2018 年第 1 期。

⑧ 施兰英、范芷岩：《宁夏承天寺重建年代考——以韦陀殿所见铭文为据》，《西夏学》2018 年第 1 期。

⑨ 段志凌、吕永前：《唐〈拓拔驮布墓志〉——党项拓跋氏源于鲜卑新证》，《古代史与文物研究》2018 年第 1 期。

⑩ 陈玮：《新出北宋陕州漏泽园党项配军墓志研究》，《西夏学》2018 年第 2 期。

⑪ 胡瑾：《定难军与党项族拓跋部崛起之间的关系》，《宿州学院学报》2018 年第 8 期。

系进行考辨。[1]

（十一）西夏与周边民族关系

以党项羌为主体民族的西夏政权在其立国的近两百年间，与周边民族政权宋、辽、金、吐蕃、回鹘等建立密切的联系。西夏与周边政权的互动联系、共同发展，造就了中华民族多元化特点。特别是宋夏关系、辽夏关系、金夏关系等，是学术界关注的热点议题，亦产生了丰硕成果。2018 年在宋夏关系方面成果有：左凯文探讨了宋夏对峙时期，宋朝政府主要通过部署重兵、修造堡寨、安抚当地蕃部、屯田贸易加强环庆地区统治，维持两国在环庆地区和平。[2] 王道鹏探析北宋西北熟户小胡族在归附宋王朝统治序列时反映出的政治认同、地域认同、国家认同，但由于传统夷夏观念的存在使得小胡族部对宋王朝的认同感并非不可动摇。[3] 赵一利用北宋安悆墓志关于元丰四年宋夏两国灵州之役相关记载，分析认为宋军灵州战败的原因主要是粮草不继，以及攻城武器的缺乏。[4] 田晓霈对宋真宗年间曹玮筑笼竿城、羊牧隆城、静边寨、得胜寨山外四寨，从建置背景、地理概况、军事意义方面进行考述。[5] 王亚莉撰文分析宋夏边境弓箭手设立原因、机构管理更迭、弓箭手条例颁布等问题，并在招募待遇方面对番汉弓箭手作了比较。[6] 刘喆以澶渊之盟为界，分两阶段对北宋与西夏、交趾联动关系进行分析，盟约之前三者联动较为模糊，盟约之后互动较为明显，地理位置与国家实力是重要影响因素。[7]

金夏关系方面，马旭俊对金夏交聘礼仪从沿革、具体内容等方面进行详细考述。[8] 作者还撰文对金夏交流途径及特点做了分析。[9] 还有学者讨论了西夏与回鹘关系，王龙综合考察了存世西夏文献中明确提及回鹘的资料并加以翻译，展现西夏与回鹘的密切关系以及双方奉使往来的方方面面，为西夏与回鹘的关系补充部分佐证。[10]

（十二）西夏遗民研究

西夏遗民是西夏研究领域重要课题，是解开西夏灭亡后党项民众去向这一重大历

---

① 陆离：《从四川石渠洛须照阿拉姆石刻藏文题记看唐代吐蕃与党项的关系》，《西藏民族大学学报》2018 年第 4 期。

② 左凯文：《宋夏对峙中北宋对环庆二州的经略》，《陇东学院学报》2018 年第 4 期。

③ 王道鹏：《论北宋西北熟户的发展与国家认同——以党项小胡部族为例》，《中国边疆史地研究》2018 年第 1 期。

④ 赵一：《安悆墓志考释——兼谈宋夏灵州之役》，《宁夏师范学院学报》2018 年第 6 期。

⑤ 田晓霈：《宋真宗年间曹玮筑“山外四寨”考论》，《西夏学》2018 年第 2 期。

⑥ 王亚莉：《北宋时期宋夏缘边弓箭手招置问题探析》，《西夏学》2018 年第 2 期。

⑦ 刘喆：《试论北宋、西夏和交趾的联动关系》，《西夏学》2018 年第 1 期。

⑧ 马旭俊：《金夏交聘礼仪考述》，《西夏学》2018 年第 2 期。

⑨ 马旭俊：《金夏经济交流途径与特点》，《西夏学》2018 年第 2 期。

⑩ 王龙：《西夏文献中的回鹘——丝绸之路背景下西夏与回鹘关系补证》，《宁夏社会科学》2018 年第 1 期。

史之谜的钥匙。探究西夏遗民的演变和发展，有助于了解宋元时期北方少数民族发展、融合的历程。[①] 2018 年的研究成果主要有：任建敏考证梳理了元代西夏遗裔也儿吉尼在广西任上的官职升迁历史、广西行省的设置及行省官属人员的事迹。[②] 刘志月探析了元代西夏遗民师氏家族，着重分析家族第三代师克恭的世履与政绩及理学世家的形成。[③] 胡蓉通过对元末诗人王翰的个案分析，揭示了元代西夏遗民在保持民族认同和民族特性的同时逐渐本土化的过程。[④]

三 结语

近些年来，随着海内外所藏的西夏文献陆续整理出版以及西夏文字的释读逐渐完善，西夏学的研究也逐渐走向成熟与繁荣。综上所述，2018 年西夏学研究成果丰硕，特别是在社会制度、语言文字、文物考古方面成绩斐然，其他专题领域也有拓展和深入。纵览 2018 年度学界所产生的丰硕成果，可以发现有以下特点：

一是新材料的发掘整理。陈寅恪先生曾言："一时代之学术，必有其新材料与新问题。取用此材料以研求问题，则为此时代学术之新潮流。治学之士，得预此潮流者，谓之预流。"[⑤] 纵观 2018 年学术成果，既有俄藏第 27 册出土文献的整理出版，又有学者对出土文献的整理释证。除利用俄藏、中藏等文献外，还有学者利用碑刻题记、摩崖石刻等新材料阐释新问题。新材料的整理利用对探究西夏学的深度与广度具有极大的推动作用，引领着西夏学发展的新潮流。

二是议题涉及范围广。2018 年度学界成果涵盖西夏社会历史、西夏历史地理等十六个方面，可谓对西夏学内容的极大丰富。此外，不仅探究内容宽泛，还有新方法、新视角的运用。学者们利用民族学、图像证史、美术史、文献学等多学科知识交叉，对西夏学众多议题进行深入阐发与思考，拓宽了研究方法与范围，丰富了学者的研究视野。

三是青年学者成果较多。通过 2018 年度发表成果的学者们年龄结构来看，可以发现的是，主要以中青年学者为主。青年学者大多具有扎实的学术训练与良好的学术背景，更具有开阔的学术视野，是西夏学界的生力军。新方法、新视野、新材料，使得更多中青年学者们参与到西夏学的探究中来，共同推动着"大西夏学"不断向前迈进。

---

① 张琰玲：《百年西夏遗民研究综述》，《西夏研究》2018 年第 3 期。

② 任建敏：《西夏遗民也儿吉尼与元末广西行省的设置与维持》，《西夏学》2018 年第 1 期。

③ 刘志月：《元代西夏遗民理学世家考论——以〈师氏先茔碑铭并序〉为中心》，《西夏学》2018 年第 2 期。

④ 胡蓉：《"〈述善集〉多族士人圈"及其文化倾向》，《西夏研究》2018 年第 1 期。

⑤ 陈寅恪：《陈垣〈敦煌劫余录〉序》，载《金明馆丛稿二编》，上海古籍出版社 1980 年版。

四是丝路西夏文创让“绝学”“活”了起来。西夏学历经百年发展，筚路蓝缕，到如今各领域研究百花齐放。语言文字、社会历史研究、文献与文物整理等成果丰硕，在不断丰富着西夏学内容，促使其繁荣发展。值得一提的是，随着国家和各级政府部门对西夏学研究的重视，西夏历史文化研究也不再只停留在书斋之中，通过影视、科普、文化创意等形式走出象牙塔，走向大众。特别是宁夏大学西夏学研究院设计研发并推出的既具有地域鲜明特色，又贴近时代、贴近生活、贴近大众，富有创意的“丝路宁夏”和“丝路西夏”系列文化创意产品，受到了广大游客和社会各界的好评，解决了以西夏陵国家考古遗址公园为代表的西夏文化旅游景区产品单一、文化内涵缺乏、旅游项目同质化、自我造血功能不足等问题，促进了地方文化旅游融合发展。同时，宁夏大学西夏学研究院的丝路西夏文创让西夏学“绝学”“活”了起来。

2018 年金史研究综述

苗霖霖

2018 年金史的著述颇丰，出版学术专著四部，分别是王雷的《金代吏员研究》（社会科学文献出版社），刘辉的《金代儒学研究》（中国社会科学出版社）和宋德金、陈高华、徐吉军的《辽金风俗》（上海文艺出版社）以及张鹏的《辽金皇家艺术工程研究》（浙江大学出版社）这四部著作分别从官制、文化和社会风俗以及建筑艺术等方面对金朝历史进行研究，对于研究汉化对女真社会的影响有着重大的意义。

2018 年度公开发表金史研究及相关学术论文 98 篇，其中不仅有研究综述、书评、考古发掘报告，更有涉及金朝的政治、经济、文化、社会等多方面内容的研究，还有对金朝出土文物和相关文献的研究。

一　研究综述与书评

2018 年度发表金史相关研究综述 4 篇，涉及金朝的经济、文化和社会等三方面内容。其中孙红梅的《吉林省西部辽金文化景观综述》（《白城师范学院学报》2018 年第 1 期）和张健、李一霖的《辽金时期的沈阳地区景观概况研究》（《沈阳建筑大学学报》2018 年第 5 期）分别考察了吉林省西部地区和沈阳地区的辽金遗址遗迹，总结了当地辽金时期历史文化景观的特点和发展沿革。刘壮壮的《二十世纪以来的辽金农牧业史研究综述》（《中国社会经济史研究》2018 年第 2 期）指出二十世纪以来学界对辽金时期农牧业的研究从发展动因、发展脉络、管理政策、区域农业开发、农业生产工具、土地制度、赋税制度、耕作制度、农牧关系、自然灾害、屯田水利等多方面展开，但对农牧思想、粮食生产、农业环境与技术、草原地带民族农牧经济结构转型与社会演进之间的相互关系等方面的研究较少。王善军、郝振宇的《辽西夏金宗族研究综述》（《宋史研究论丛》第 22 辑）指出近百年来辽西夏金宗族史研究成果中涉及宗族姓氏、宗族群体、宗族个案、宗族后裔等方面，从宏观层面对辽西夏金宗族组织进行整体性研究或比较研究以及相关的理论创新，仍有待进一步加强。

2018 年度发表的书评共有 5 篇，其内容不仅有对专著的点评，更有对专著内容的补充与修订。撒海涛、张冰的《〈金代宗室研究〉评介》(《白城师范学院学报》2018 年第 3 期) 不仅对李玉君所著《金代宗室研究》的内容以及学术创新点进行了介绍，还指出了该著作中存在的一些问题和语句错误。耿涛的《〈金朝“异代”文士民族认同之路〉评介——兼议“汉化”命题》(《宋史研究论丛》第 22 辑) 指出李秀莲所著《金朝“异代”文士民族认同之路》采用“民族认同之路”的概念阐述金朝多元文化的交融共生以及“异代”文士与金朝政治的互动关系，并在此基础上分析了金朝“汉化”的得与失。王久宇的《吹毛求疵录——〈儒家统治的时代——宋的转型〉(中译本) 一书的辽金历史叙事》(《哈尔滨师范大学社会科学学报》2018 年第 2 期) 指出《儒家统治的时代——宋的转型》一书既反映了德国著名汉学家迪特·库恩长期研究中国历史的鲜明特色与开阔的眼界，还对该书在辽金历史问题叙述中存在不准确甚至错乱的情况进行了修正。薛莹辉、王玉亭的《〈全金石刻文辑校〉疑校九十例》(《辽金历史与考古》第九辑) 对王新英所著《全金石刻文辑校》中存在的标点误施、字词误辨、用典失校等问题进行了修正，并补充了原著中部分录文未识别之字。薛瑞兆的《以抄袭与造假而编织的一代进士名录——对李桂芝先生〈辽金科举研究·金朝进士名录〉“比较”的回应》(一、二、三) (《内江师范学院学报》第 7、9、11 期) 从“无据著录”“重复著录”“著录种种非金进士”和“著录事项颇多谬误”等四方面对李桂芝《辽金科举研究》检得“1825”名进士同薛瑞兆《金代科举》检得“1527”名进士之间的差异以及造成这种差异的原因进行了解析。

二　考古发掘报告与文物研究

考古资料是支撑辽金史研究的关键，2018 年度发表的考古发掘报告及相关研究成果共有 22 篇，其中的研究成果涉及出土碑刻、文物研究和介绍等多方面内容，对推进金史研究有着重要的意义。

考古发掘报告方面，大同市考古研究所的《大同和平社辽金墓群发掘简报》(《文物世界》2018 年第 5 期) 指出该墓群中的辽金墓葬以土洞墓、砖室墓为代表，墓群出土的葬具大部分为大头小尾弧形盖和长方形盝顶式石棺，为研究大同地区的辽金墓葬提供了宝贵的实物资料。山西省考古研究所、汾西县文物旅游局的《山西汾西郝家沟金代纪年壁画墓发掘简报》(《文物》2018 年第 2 期) 对郝家沟村北金墓的形制、墓室彩绘以及墓葬壁画等内容都进行了细致的介绍，并根据该墓出土的买地券记载，指出墓主葬于金大定二十二年 (1182 年)。吉林省文物考古研究所、吉林大学边疆考古研究中心的《吉林安图县金代长白山神庙遗址》(《考古》2018 年第 7 期) 指出吉林安图县遗址为金朝修建的祭祀长白山的神庙故址，并根据其建筑组群的形制、布局和性质将遗址名改称为金代长白山神庙。河北邢窑博物馆的《河北临城山下金代窑址发掘简报》(《文物》2018 年第 8 期) 不仅对发掘区域内的地层和出土文物进行了介绍，更将二者相结合，指出该瓷器窖藏时代为金代中期。

出土文物研究方面，瓷器、玉器、铜镜和官印历来是金朝文物研究的重点，相关成果也层出不穷。解华顶、张海滨的《安徽柳孜运河遗址出土定窑系瓷器研究》（《考古与文物研究》2018 年第 4 期）通过对安徽柳孜运河遗址第二次考古发掘出土的瓷器进行分类、分期、年代以及工艺的研究，指出柳孜运河遗址出土的定窑瓷器大部分为金代大定年间，且以印花器为主。白波的《浅析金代玉器的使用和来源》（《艺术研究》2018 年第 3 期）和姚金的《浅析金代玉器的艺术特点》（《艺术科技》2018 年第 11 期）分别对金代玉器的数量、种类、来源、使用以及民族特色、艺术特点等方面的内容进行了研究。李乐的《葫芦岛市博物馆馆藏金代铜镜简介》（《辽金历史与考古》第 9 辑）和郭晶的《本溪博物馆藏金代铜镜再认识》（《辽金历史与考古》第 9 辑）分别对葫芦岛博物馆和本溪博物馆藏金代铜镜的形状、纹饰和特征等方面的内容进行了介绍。杨旭东、王立伟的《岫岩满族自治县满族博物馆馆藏金代官印》（《辽金历史与考古》第 9 辑）通过对馆藏图剌吉谋克印、万户之印、都统所印和行军都提控印等四方金代铜质官印的解读，分析研究了辽金政权对岫岩地区政治上和军事上的统治概况以及相关的金代官职设置、兵制配备及其沿革变化等问题。张米的《金代纪年万户印铜印解读》（《文物天地》2018 年第 5 期）通过对官印的出土时间、地点以及官印的刻文、尺寸的解读，指出金朝万户印的形制、大小、文字等方面特征，还对万户印涉及的官职和官僚机构进行了考察。李秀莲的《从金代“曷苏昆山谋克之印”到明代哈三千户所》（《地域文化研究》2018 年第 4 期）认为金代“曷苏昆山谋克之印”解读为“铁山谋克之印”，与今黑龙江省铁力市旧名铁山相契合，与铁利府、铁骊部没有关系。此外，李辰元、武松、冯恩学、李延祥的《吉林乾安后鸣字区遗址出土辽金时期金属遗物初探》通过对遗址群内出土的金属器样品进行冶金考古科学检测，揭示了该遗址金属遗物的成分特点和制作工艺，为研究该地区辽金时期冶金技术的发展状况及揭示辽金春捺钵活动的文化内涵提供必要的数据支撑。随着考古发掘的不断进行，墓葬壁画与棺椁纹饰也成为研究热点。易晴的《探析墓葬图像中“寝”的象征——以宋辽金元墓室壁画中的〈侍寝图〉为中心》（《美术学研究》第 6 辑）指出宋元墓室图像中的《侍寝图》所着意描绘的“寝”的空间是我国古代祖先祭祀制度在宋辽金元时期民间墓葬中的一种体现。图像中墓主人的“无形之神”的确立，是我国古代墓葬“事死如事生”的具体体现。夏天的《宋辽金时期墓葬装饰灯檠初探》（《中国国家博物馆馆刊》2018 年第 11 期）根据灯檠分布的地域特色，将其划分为河南及邻近地区、河北地区和山西地区三大区域，还通过对燃灯者的形象、灯碗的摆放程式和使用痕迹等的考察，说明金朝的丧葬习俗和治丧理念。山西省考古研究所、长治县博物馆的《山西长治县出土金代石棺》（《考古学研究》2018 年第 6 期）指出长治县出土的金代石棺的装饰技法以细线刻为主，棺盖、棺身分别有装饰线刻，为确定同类型石棺的时代提供了参照。

碑刻墓志方面，主要有以单独碑刻墓志为研究对象、以家族碑刻墓志为研究对象以及以石刻文字本身为研究对象三种方式。单独的碑刻墓志研究主要有孙伯君的《神木县花石崖女真文题刻考释》（《中央民族大学学报》2018 年第 6 期），该文指出神木县花石崖女真文题刻与右侧汉文题记同时刻写于正大五年（1228 年），并将汉文石刻与女真文石刻内容相结合，文章指出该女真文题刻很像是颁给河东路第二将兼知弥川寨事的一道圣旨。周峰的《金代王琳墓铭考释》（《黑龙江社会科学》2018 年第 1 期）和《金代陈廙墓道表考释》（《哈尔滨师范大学社会科学学报》2018 年第 4 期）分别以墓志、墓表为依据，考察了王琳和陈廙的生平及其主要活动，并对两通墓志（表）中涉及的官制进行了探讨，有利于对金朝官制的了解。此外，《陈廙墓道表》所记述的内容，对于研究陈氏家族及金末金蒙战争也有着重要的学术价值。家族碑刻墓志研究主要有邓国军的《金代稷山段氏墓碑辑校》（《国学》第六辑）根据《故武威郡段公墓表》《故赠中奉大夫武威郡侯段公碑》《武威郡侯段公铎墓表》记载的内容考察了段氏家族成员段季良、段矩和段铎祖孙三代仕宦及家庭情况，并论述了泰和初的社会风俗、段氏家族的家风传承与子孙教育问题。张鹏的《金代女真功臣墓葬艺术研究——以乌古论窝论家族墓葬为中心》（《美术研究》2018 年第 5 期）以乌古论窝论家族 4 座墓葬为中心，并结合《乌古论窝论墓志》《乌古论元忠墓志》以及乌古论元忠妻《鲁国大长公主墓志》等铭文记载，探讨了乌古论窝论夫妇和乌古论元忠夫妇的功过、赏罚问题，并通过对乌古论窝论和乌古论元忠父子二人墓葬规模的考察，指出墓志撰刻、墓葬形制、随葬品等方面的变化，正是两种政治策略与历史发展的直接展现。对石刻文字本身的研究，也成为目前石刻研究的一个新亮点。刘阳的《金上京城遗址发现文字砖刍议》（《北方文物》2018 年第 1 期）对金上京城采集的文字砖的形制和砖文内容进行了介绍，并指出该文字应为女真文，用于建筑中做特殊标记。王守民的《论金代书体、书风及其演变》（《中国书法》2018 年第 2 期）通过对金代墓志作品的归类、列表和分析，总结了金代墓志的分布规律、书风形成及其书体创作创新的方法，厘清了文论与书论视域下的金代墓志审美观转变的脉络。

此外，以考古资料为中心，解读当时的社会风尚习俗，也成了目前碑刻研究的又一重要方式。叶帅的《金代博弈活动的初步研究——以考古材料为中心》（《黑龙江民族丛刊》2018 年第 4 期）将传统史料和考古发现结合，指出金代博弈活动主要有围棋、象棋、骰子、骨牌、鹿棋、连棋等，金代博弈活动还具有种类繁多、流传广泛，并有着一定的群体性特征和较高的女性参与度等特点。常乐的《辽金时期燕云地区社会生活研究——以出土碑志为中心》（《郑州大学学报》2018 年第 5 期）以燕云地区出土的碑志资料为中心，考察了当地在辽金时期的社会状况，并指出燕云地区的文化以汉文化为主导、多民族文化融合发展，同时该地域还呈现出汉人门阀士族衰微、庶族地主崛起的社会历史发展趋势。苑杰的《太原地区金代建筑分析》（《文物世界》2018 年第 4 期）以太原现存的金代木结构建筑——清源文庙大成殿与不二寺三圣殿为研究对象，从梁架结构、铺作用材等方面对比分析，进而指出太原地区金代木构建筑属北方建筑风格。

三　文化方面的研究

金朝是少数民族建立的政权，其最初延续着女真传统文化，但随着迁都与汉化的推行，实现了文化上由女真文化向汉文化的转变，相关研究成果也大都由此开展研究。

文化传统方面，孙连娣的《金代射柳文化考述》（《石家庄铁道大学学报》2018年第2期）将金朝相关史料记载和考古资料结合，指出金朝射柳活动具有一套完备的活动仪式，且有固定的举行时间和地点，并对射柳活动所使用工具和射击方式也进行了说明。李思宇的《迁都燕京后中原文化对金代饮食结构的影响》（《辽宁工程技术大学学报》2018年第2期）将金代历史分为迁都燕京前后两个阶段，采用对比的方法分析在中原文化的影响下，金代饮食结构的变化，并指出迁都燕京后女真人食用的农作物、肉食、蔬菜品种大大增加，主食和菜肴也更加丰富和精致，政府对酒、茶的管理也开始加强。赵永春、赵丽的《金朝婚礼文化与尊老孝亲观念》（《地域文化研究》2018年第5期）认为金朝依据尊老孝亲文化精神制订了比较完善的婚礼文化政策和制度，并将女真早期订婚、拜门、纳币、留妇家、归婿家等婚礼婚俗文化程序，纳入汉文化纳采、问名、纳吉、纳征、请期、亲迎等“六礼”婚礼文化之中。李秀莲的《金代女真国家文明的发生及其社会形态研究》（《哈尔滨师范大学社会科学学报》2018年第1期）和叶帅的《关于金朝开国史相关材料的再思考与新认识》（《学习与探索》2018年第5期）都以金朝建国前的历史为研究对象，前者指出女真国家文明孕育在氏族部落阶段，后又历经部落联盟、高级部落联盟阶段，最终发展为专制国家发展，实现了社会形态的大跨越。后者则认为金朝立国之初存在着一个建国在先称帝在后的特殊历史阶段，加之一些特殊原因，导致了宋辽金三方史料记述金朝建国时间的矛盾。

文化教育方面，李良玉的《略论金代的历史教育》（《廊坊师范学院学报》2018年第1期）指出金代皇帝热衷于史学，并注重以史为鉴，不仅在学校开展历史教育，更将史学引入科举，进一步提高了人们的读史热情。张昊的《论“金以儒亡”与金朝推行汉化的影响》（《边疆经济与文化》2018年第3期）通过对金朝引入儒学后进行汉化改制的分析，说明儒学对金朝整个统治和改革方面所起到的积极作用以及民族统治自身的局限性和历史发展规律，进而否定“金以儒亡”的观点。随着金朝科举制的实行，通过科举入仕已经成为选拔官员的重要方式，对此学界也一直持续关注。王峤的《金朝“龙虎榜”考论》（《黑龙江社会科学》2018年第4期）通过对金朝大定十九年和至宁元年两榜进士的考察，指出大定十九年进士任官较高，而至宁元年进士大都未任高职，并得出两榜进士仕途的差异与当时社会的政治环境密切相关。姚雯雯的《金朝进士群体在女真皇族教育中的儒家文化功能》（《贵州民族研究》2018 年第 2 期）指出金代皇族教育中的施教者大都由进士担任，对于提升女真皇族文化素质，促进汉文化与女真文化的融合起到了积极作用。

地域文化与宗教文化也是金朝文化的重要组成部分，相关研究成果也相对较多。王万志的《金代辽海地区士人与地域文化的发展》（《宋史研究论丛》第22 辑）指出金代辽海地区是汉、渤海、女真和契丹各族杂居的地区，以汉、渤海文化为主要特征，各民族文化融合发展。马晓林的《金元汪古马氏家族先祖史的书写与认同》（《文史》2018 年第 4 期）将马氏家族先祖史与历史背景相结合，梳理出这支回鹘人从西域至临洮、辽东、净州的迁徙过程，最终定居且形成汪古认同，这种认同正是其族群文化认同的反映。金朝建国前女真人信奉的是原始宗教，建国后才逐渐接受并推广佛教，相关研究成果也大都集中于女真原始宗教与佛教方面。刘智博的《女真人原始宗教信仰在征伐战争中的作用》（《边疆经济与文化》2018 年第 4 期）指出女真人的原始宗教信仰寄托于通过“神灵托梦”“自然崇拜”等形式助力征伐战争、鼓舞将士士气、作为战争的“合法性证据”，进而得出女真原始宗教信仰在一定程度上推动了征伐战争的进行这一结论。王德朋的《论金代佛教的历史渊源》（《兰州学刊》2018 年第 9 期）指出萨满信仰为女真人提供了最初的宗教体验，辽代建造的佛教寺院为金代佛教传播提供了空间依托，辽和北宋属地的归金和僧人涌入金朝，为其提供佛教寺院和佛学人才，与周边政权及民族的交流加深了女真人对佛教的认识。宣林的《辽金崇佛与云冈石窟的修缮》（《山西大同大学学报》2018 年第 2 期）指出辽金建立后便推崇佛教，并多次修缮云冈石窟及其周边寺庙，极大地促进了佛教在这一时期的发展，也为辽金时期民族矛盾的缓和、民族融合的加强起到了重要作用。王德朋的《金代佛教艺术论纲》（《辽金历史与考古》第九辑）指出金代佛教艺术在继承唐宋遗风的基础上，在佛教建筑、书画、文学等方面都取得了新进展。赵静的《辽金佛经刊刻与流传》（《中国出版》2018 年第 21 期）指出佛经刊刻在辽金建国后就逐渐兴起，其刊刻佛经具有以大乘佛教著述为主、刊刻地点分布广泛、借鉴宋朝的佛经刊刻等特点。

四 政治方面的研究

政治制度方面是历来学者研究较多的领域，成果也较多的涌现。孙佳、陈桃的《女真制度的积淀与转化对金初路制确立的影响》（《长春教育学院学报》2018 年第 1 期）认为金初路制的建立除了受辽朝道和五京制度、宋朝路制的影响外，女真国家政体的建立、女真军事部落大联盟区域性结构的历史积淀、女真猛安谋克向地方行政组织的角色转化，都为金初路制的确立奠定了基础。孙佳的《金熙宗以后多重路制的司法分工与互动》（《史学集刊》2018 年第 4 期）指出金熙宗以后的多重路制包括兵马都总管府路、转运司路、盐使司路、提刑司路（按察司路）等，多重路制之间存在着司法分工与互动，共同完成金朝地方司法事务的诸多环节。吴晓杰的《金代婆速路探析》（《河北北方学院学报》2018 年第 3 期）指出金代婆速路是金朝边疆的重要行政区划和防御腹地，更成为金与高丽间的军事和外交重地。婆速路的沿革是金朝路制改革的反映，更是金朝兴亡的真实写照，同时在很大程度上也对金与高丽关系产生了重要影响。彭军超的《辽金符牌制度沿革》（《哈尔滨学院学报》2018 年第 7 期）从史料中梳理出辽金两个朝代在不同历史时期符牌的演变与形制、功能的变化过程。郑成龙的《金朝群牧研究》（《满语研究》2018 年第 1 期）指出群牧制度设立于金初，消亡于金末，并有一套较为完备的群牧职官体系，官员的选任与考核管理也相当严格。王雷的《金代吏员制度评价》（《内蒙古民族大学学报》2018 年第 3 期）认为金代的吏员制度在扩大入仕途径、选拔人才、除弊革新等方面均有值得肯定之处，但也在制度公平、冗员、标准单一以及吏治腐败等方面还存在着弊端。姚雯雯、吴传刚的《论金朝政治制度建设及历史影响》（《黑龙江民族丛刊》2018 年第 2 期）指出金朝政治制度的形成与发展反映出从部族体制向帝制王朝转型中的特殊政治生态，主要体现为改革中央官制、建立地方行政体制、完善司法和监察制度、继承科举选官制度等方面。张映晖的《金朝后期的弩军制度》（《满语研究》2018 年第 2 期）指出金朝弩军分为中央军和地方军，中央弩军守卫京城和皇室的安全，地方军负责维护地方治安。政治制度的对比也成为研究金朝政治制度的一种方式，其对比对象不仅有与金处于同一时期的宋、辽二朝，也有与之时代相隔甚远的清朝。孙娜的《宋朝监察制度与辽、金监察制度的比较》（《文化学刊》2018 年第 5 期）将宋、辽、金的监察制度进行比较，认为宋辽金三朝监察机构都有相当大的职权，而且都深受儒家文化和政治气候的影响；宋朝的监察制度更侧重中央，而辽金监察制度则多侧重地方。马林莹的《勃极烈制度与议政王大臣会议制度比较研究——从制度改革的相似性出发》（《黑龙江工业学院学报》2018 年第 4 期）指出这两个贵族大会议事制度均在王朝第一代继承者统治时期，并从社会现实、年龄因素、心理变化、汉儒熏陶四个方面探讨这种相似转折背后的原因，并分析了议政王大臣会议制度比勃极烈制度存续时间长的原因。

官制研究也是研究金史的一个热点，成果也较为集中和丰硕，主要关注点在职官的选任、职权以及处罚等几个方面。职官选任方面，牛润珍、高珊的《金代史官考》（《史学史研究》2018 年第 2 期）和张冰、杨军《金代南京（汴京）留守选任与转迁考论》（《宋史研究论丛》第 22 辑）分别对金朝的史官和南京（汴京）留守的选任与民族构成等内容进行了考察，并得出史官选任中并无民族芥蒂，而南京（汴京）留守的选任和转任中则始终贯穿着女真“本位主义”思想。孙久龙的《金代礼部职官籍贯分布探究》（《宋史研究论丛》第 22 辑）指出金朝礼部官员以燕云地区等传统儒家文化地区为主，此种现象与金朝的用人政策、各地区文化发展水平等有相当密切的关系。官职权限方面，孙佳的《金朝兵马都总管府路性质新探——以其安置民户、督导经济、平决府州县的职能为中心》（《东北师范大学学报》2018 年第 4 期）通过对金朝兵马都总管府路关于民政、民生职能的考察，明确了兵马都总管府路是金熙宗以后金朝一级地方行政建置，并提出了金朝“行政路”和“职能路”的概念。田晓雷的《金朝中央政务研究——以尚书省左右司为中心》（《中央民族大学学报》2018 年第 3 期）通过对金朝尚书省左右司设置与职权演变的考察，指出左右司设立之初权力较大，世宗之后其权力逐渐被削弱，至金末已经成为以处理尚书省省务为主的政务出纳机构。孙文政的《金初泰州军政长官考略》（《齐齐哈尔大学学报》2018 年第 11 期）指出金太祖、太宗、熙宗时期，先后置军政合一的地方行政机构泰州都统司对泰州实行有效治理，使泰州经济社会得到了前所未有的发展。官员惩处方面，崔莎莎的《金代贪官及其身份特点》（《辽宁工程技术大学学报》2018 年第 1 期）通过对史书记载的贪官的民族、身份和社会地位的分析，指出金朝贪官比较集中出现在金世宗时期，以女真族官员最多，且贪官大多数在金朝拥有较高的政治地位。武玉环的《金代职官犯罪与刑罚述论》（《辽金历史与考古》第九辑）对金代职官犯罪的种类和刑罚进行了分类说明，并指出金代职官犯罪的审理程序一般由御史台（或尚书省）表奏，刑部或大理寺审理，司法官量刑，再由大理寺核准。此外，苗霖霖的《金朝品官谥号考》（《宋史研究论丛》第 22 辑）认为金朝对官员赐谥始于太宗朝，世宗、章宗二朝达到顶峰。金朝对官员赐谥并无民族芥蒂，获谥官员以三品为界，且官员谥号以二字谥和美谥为主，一字谥和平谥、恶谥较少出现。

金朝与宋、夏间的和战贯穿该政权的始终，处理对外关系一直是金朝皇帝关注的问题，史书的相关记载颇多，学者的研究近年来也不断增多。鞠贺的《金朝遣高丽使臣选派考论》（《宁波大学学报》2018 年第 6 期）指出金朝出使高丽的使臣在太祖至熙宗时期通常从地方官员中选派，海陵至金朝末年则大多由中央官员担任。金朝选派的官员级别主要集中在正四品到从五品之间，且大都具有较高的文化素养和外交才能。里景林的《辽金使者身故于宋相关礼节探讨》（《辽宁工程技术大学学报》2018 年第 4 期）指出宋朝对身故于国内的辽金使者的丧礼超过常规，传递出宋人对北朝友好关系维护的意愿。史金波的《西夏、高丽与宋辽金关系比较刍议》（《史学集刊》2018 年第 3 期）认为西夏与高丽在宋辽金三朝地位相似，但由于西夏军事、经济力量较强，其在宋辽金三国的地位重于高丽。

五　社会风尚与民族、地理方面的研究

人物研究方面，帝王功臣研究一向是人物研究的重心，相关研究成果也较多。周喜峰的《完颜阿骨打与金王朝的建立》（《奋斗》2018 年第 24 期）介绍了辽末女真

人的生存境况，以及女真首领完颜阿骨打的身世及其建立金朝的过程。李俊的《试论金卫绍王完颜永济的执政得失》（《辽宁工程技术大学学报》2018 年第 5 期）在承认卫绍王性格优柔寡断及一系列政策性失误的前提下，肯定其即位之初稳定政局的举措以及试图扭转金朝颓势所做的努力。关璐莹的《简析论金章宗对女真文化的复兴政策》（《中国民族博览》2018 年第 12 期）指出章宗看到金朝的腐化、战斗力下降的状况，基于国防角度的考虑，采取了开女真策论进士科、兴建女真学校和加试骑射等方式复兴女真文化，维护女真尚武传统。刘秀莲、方智的《"正隆南征"的原因与其历史意义的消殒》（《黑龙江社会科学》2018 年第 1 期）指出海陵大规模南迁猛安谋克户，他们由于不适应中原地区的生产生活，故而为盗为贼，为了解决猛安谋克问题，必须灭掉南宋，这才是海陵"南征"的真正用意。刘肃勇的《金朝修建燕京汴京宫城指挥家辽阳渤海张浩》[《辽宁省博物馆馆刊（2016）》，辽海出版社 2018 年版] 指出张浩先后受海陵王指派修燕京宫殿城池和北宋汴京旧宫殿城池，他也由此赢得了金朝宫城建筑指挥家的美名。李秀莲的《女真完颜家族的崛起》（《哈尔滨学院学报》2018 年第 3 期）指出女真人函普打下了完颜部崛起的基石，绥可率部迁徙使完颜家族获得了发展的机会，后经昭祖到穆宗几代努力，建立起了以完颜家族为核心的大联盟，并最终成为女真族反抗辽朝统治的先锋。

民族方面的研究则多集中于民族起源、民族关系与民族服饰等方面。民族起源方面，李秀莲的《金之先出靺鞨氏》（《哈尔滨学院学报》2018 年第 2 期）指出建立大金国的女真完颜部出于隋唐时期的靺鞨七部，并最终成为女真部落联盟的核心，而女真人的另一部分出于黑水靺鞨，他们在反辽的历史中走向统一。民族关系方面，马业杰的《金代东京路少数民族分布格局的变化》（《辽宁工程技术大学学报》2018 年第 4 期）指出金朝建立后根据东京路内各民族在反辽过程中的不同立场采取了不同政策，并导致这一区域的民族分布的变化，促进了该地区的民族融合，推动了中国北疆地区的建设。吴荣政的《女真族迅速发展的原因探究》（《佛山科学技术学院学报》2018 年第 6 期）认为女真人设立科举选拔人才、大办学校培养人才、设译经翻译经典等行为直接促进了女真族的发展和兴盛。民族服饰方面，杜雪、谢静的《金代女真族女性服饰对汉族女性服饰的影响》（《设计》2018 年第 5 期）和樊思辰《浅析金代女真族服饰特点》（《大众文艺》2018 年第 5 期）分别从女真服饰对汉族服饰影响，以及汉族、契丹服饰对女真服饰影响两个角度研究了女真服饰问题，说明金朝服饰的多民族融合性特点。

地理方面的研究主要从城镇建设和生态观念两个方面展开。在城镇建设方面，葛华廷的《金初上京新城琐议》（《辽金历史与考古》第九辑）指出金初在契丹周特城的基础上建上京新城的直接原因是安置因暑热暂时不能东迁的西南诸部降人。徐国恒《金代钧州建制考》（《许昌学院学报》2018 年第 9 期）和李琼、仝建平的《金代平水县相关问题考辨》（《史志学刊》2018 年第 4 期）都以碑刻资料为研究切入点，分别考察了钧州和平水县的建制与沿革。孙文政的《金长城管理机构设置沿革考（Ⅰ）：金东北路与临潢府路》（《河北地质大学学报》2018 年第 2 期）、《金长城管理机构设置沿革考（Ⅱ）：金西北路与西南路》（《河北地质大学学报》2018 年第 3 期）两篇论文分别以金东北路与临潢府、西北路与西南路长城为研究对象，指出他们分别是女真人为防御蒙古、西夏、西辽等势力而建筑的军事防御工程，并设置招讨司进行管辖，这一建构为金长城的建筑与管理以及金代边疆的治理与稳定都发挥了重要的作用。丁绍通、韩宾娜的《辽宁地区辽金古城分布与环境关系研究》（《佳木斯大学社会科学学报》2018 年第 2 期）应用地理信息系统空间分析方法，对辽宁地区辽金古城空间分布特征进行了研究，指出遗址空间分布格局的形成主要受到自然环境的影响。麻铃的《金代的交通与城镇经济发展》（《现代交际》2018 年第 18 期）指出金朝时期吉林交通的发展不仅增强了金朝上京与俄罗斯远东等地区的交流发展，还促进了沿海地区的经济繁荣和城市的兴起，进而使东北地区的社会经济进入到一个空前繁荣和发展时期。生态观念方面，孙立梅的《“春水”纹饰与辽金生态观念》（《遗产保护与研究》2018 年第 3 期）梳理了辽金“春水”纹饰在日常生活中的运用及其生态内涵，指出辽金春水纹饰是人类适应自然环境的产物。王岩的《金代女真人生态环境保护举措初探》（《北方文物》2018 年第 3 期）指出金代在长期生活实践中，不断协调人、自然与社会三者关系，颁布了许多有关环境保护的诏令，体现着女真族政权生态意识和生存智慧。

六　文献研究

文献研究方面的成果主要集中于对史书记述的金朝相关内容进行的考证。刘壮壮的《〈金史〉所见“海葱”考》（《农业考古》2018 年第 4 期）通过对古今文献中“海葱”名物的辨析，结合《植物名实图考》中“葱”的命名方式，以及《金史纪事本末》《三朝北盟会编》《弘简录》等史籍的相关记载，推定《金史》中所见“海葱”，是一种生长在靠近海边的可食用的葱。姜雨、孙红梅的《从〈松漠纪闻〉看金初刑法特点》（《内蒙古民族大学学报》2018 年第 6 期）指出《松漠纪闻》中关于金初刑法的记载可以看出金初刑法主要有保留女真习惯法的民族性、吸收宋辽之法的兼容性和不断发展完善的渐进性等三大特征。汤勤福的《宋金〈礼志〉比较研究》（《史学集刊》2018 年第 4 期）通过宋金《礼志》记载的比对，考证出《金史・礼志》脱漏亡佚礼目数十条，并指出金朝主动模仿汉制礼仪，始于熙宗，并经海陵、世宗、章宗三朝逐渐按照唐宋礼典完善金朝礼志。

契丹早期历史研究综述

辛时代

从登国三年（388）契丹登上历史舞台，到天佑四年（907）阿保机成为契丹可汗肇建契丹国家，在五百多年间，契丹完成从氏族部落到国家的发展历程。长期以来，国内外辽金史学者、东北民族史学者对于相关问题进行了不同程度的研究，并且取得了令人瞩目的学术成果，出版和发表了不少这方面的论著。现将前辈学者的研究成果分别予以介绍。

一　综合研究

契丹早期历史的综合研究，主要在20世纪中叶以后。赵卫邦的《契丹国家的形成》一文是比较早对契丹早期历史进行综合论述的论文，分为“部落及部落联盟的崩溃”“国家组织的形式与发展”和“社会经济关系的性质及其转变”三部分，对契丹国家的形成作了较为深入的探讨，是国内早期较为全面研究契丹建国前历史的论文。① 华山、费国庆合撰的《阿保机建国前契丹社会试探》基本沿着古八部、大贺氏、遥辇氏三个层次，考察了契丹部落从部落向国家形态过渡的社会变革。② 陈述的《契丹政治史稿》一书在第二、三编中围绕契丹的起源与族属，大贺氏、遥辇氏时期的契丹联盟长，以及对迭剌部与阿保机的祖先等问题进行了重点考察，在第四编中对契丹早期的柴册仪与官吏世选问题也有所涉及。③ 蔡美彪的《契丹的部落组织和国家的产生》按照社会发展阶段，阐述契丹从氏族部落过渡到国家产生的演变过程。④ 台湾学者王民信的《契丹史论丛》一书是其辽史契丹民族史研究的7篇论文合集，与契丹早期历史研究有关的5篇：契丹民族溯源、契丹古八部与大贺遥辇迭剌的关系、遥辇阻午可汗二十部考、契丹的柴册仪与再生仪、辽史“契丹语官名”杂考。相关

---

① 赵卫邦：《契丹国家的形成》，《四川大学学报》1958年第2期。

② 华山、费国庆：《阿保机建国前契丹社会试探》，《文史哲》1958年第6期。

③ 陈述：《契丹政治史稿》，人民出版社1986年版。

④ 蔡美彪：《契丹的部落组织和国家的产生》，《历史研究》1964年第5、6期。

结论对我们的深入研究仍有启发意义。[①] 张正明的《契丹史略》第一、二章对契丹建国之前的社会状况进行了论述，第三章考察了辽朝契丹社会生产情况，追溯了建国之前的农、牧、工商各行业的发展，对本论文的撰写有很大的参考价值。[②] 舒焚的《辽史稿》系统地考察了契丹民族在建国前、辽朝和西辽三个历史时段的发展脉络。其中第一、二、三章重点研究了契丹建国前的社会状况。[③] 爱宕松男《契丹古代史研究》一书利用北亚游牧部族知识结合社会学理论探讨了建国前契丹族的历史及其部族的形成、结构与发展，指出契丹部族自始至终都是由耶律、肖两姓组成的集团，它们之间有一种半族结合的关系，随后从北朝契丹氏族、唐朝契丹大贺氏、遥辇氏以及契丹部族制国家形成的契丹历史发展中作长时段的考察与论证。[④] 于宝林《契丹古代史论稿》对契丹的形成和发展进行了比较全面的论述，同时，结合有关文献对契丹人生活的自然、地理环境加以考察，同时就契丹语言问题也作了有益的探讨。[⑤]

另外，金毓黻著《东北通史》,[⑥] 姚从吾主编《东北史论丛》[⑦]，岑仲勉主编《隋唐史》,[⑧] 杨树森编著《辽史简编》,[⑨] 张博泉编著《东北地方史稿》,[⑩] 白寿彝、陈得芝主编《中国通史》,[⑪] 武玉环著《辽制研究》,[⑫] 程妮娜编著《东北史》,[⑬]《古代中国东北民族地区建置史》[⑭]，《中国地方史纲》,[⑮] 王仲荦主编《隋唐五代史》,[⑯] 佟冬主编《中国东北史》,[⑰] 宁梦辰主编《东北地方史》[⑱]，李治亭主编《东北通史》[⑲]，赵永春主编《中国东北民族关系史》[⑳] 等论著也对契丹建国之前部落组织的形成、发展等问题作了一般性的探讨。

---

① 王民信：《契丹史论丛》，学海出版社 1972 年版。
② 张正明：《契丹史略》，中华书局 1979 年版。
③ 舒焚：《辽史稿》，湖北人民出版社 1984 年版。
④ ［日］爱宕松男著，邢复礼译：《契丹古代史研究》，内蒙古人民出版社 1987 年版。
⑤ 于宝林：《契丹古代史论稿》，黄山书社 1998 年版。
⑥ 金毓黻：《东北通史》，重庆五十年代出版社 1943 年版。
⑦ 姚从吾主编：《东北史论丛》，正中书局 1976 年版。
⑧ 岑仲勉主编：《隋唐史》，中华书局 1982 年版。
⑨ 杨树森编著：《辽史简编》，辽宁人民出版社 1984 年版。
⑩ 张博泉编著：《东北地方史稿》，吉林大学出版社 1985 年版。
⑪ 白寿彝、陈得芝主编：《中国通史》，上海人民出版社 1997 年版。
⑫ 武玉环：《辽制研究》，吉林大学出版社 2002 年版。
⑬ 程妮娜主编：《东北史》，吉林大学出版社 2004 年版。
⑭ 程妮娜主编：《古代中国东北民族地区建置史》，中华书局 2011 年版。
⑮ 程妮娜主编：《中国地方史纲》，吉林大学出版社 2007 年版。
⑯ 王仲荦主编：《隋唐五代史》，中华书局 2007 年版。
⑰ 佟冬主编：《中国东北史》，吉林文史出版社 2006 年版。
⑱ 宁梦辰主编：《东北地方史》，辽宁大学出版社 1999 年版。
⑲ 李治亭主编：《东北通史》，中州古籍出版社 2003 年版。
⑳ 赵永春主编：《中国东北民族关系史》，中央广播电视大学出版社 2008 年版。

二 具体研究

（一）契丹族源和名号研究

契丹的族源问题和名号问题是契丹史研究的一个基本的、也是无法回避的问题。冯家升的《契丹名号考释》一文的结论是，契丹之名见于北魏时期；契丹族的祖先为宇文鲜卑；“契丹”一词得自宇文鲜卑的酋长的音变。① 盛襄子的《契丹源流说略》认为，契丹源于鲜卑，并简述了契丹族群的起源及发展、消亡的历史变迁。② 即实的《契丹国号解》认为，鲜卑段部位于三大鲜卑的中部，契丹之“丹”即“段”之音转，契丹之名得自鲜卑段部，有“大中”之意。邱久荣的《〈契丹国号解〉质疑》对即实的观点提出质疑：鲜卑段部是东部鲜卑，而非中部。③ 二段部被灭后，其余部多被降置于后赵统治地区，而没有北迁组建契丹的可能。④ 景爱的《契丹的起源与族属》认为，契丹的名号最早见于太武帝太延三年（437）。鲜卑、匈奴是契丹人的共同的祖先。⑤ 嵇训杰的《关于契丹族名称、部落组织和源流的若干问题》一文认为，契丹出现在东汉末，当时被称为“箪于”，之后又有审吉、弥加、木津或木丸津等族名。大贺和迭剌、遥辇等部之间的差异性，是由于很久以前的部落分割，和分隔所造成的。分割后的大贺等部，各在自己的区域内活动，独立营生，子孙繁衍，逐渐发展成契丹族内同源异流的东、西两大支系。⑥ 孙进已的《东北民族源流》的第三章《契丹和库莫奚的源流》认为契丹有可能是属于东部鲜卑二十余邑中的一邑，虽然属于宇文部统辖，但它却不是宇文部的后裔，与匈奴宇文莫槐以及葛乌菟无关。⑦

（二）青牛白马传说研究

青牛白马传说是契丹民族的起源传说。现代学者的解读大多数立足于传说形成时间、所反映的契丹社会、历史面貌。赵光远的《试论契丹族的青牛白马传说》认为青牛白马故事是对契丹始祖八子分八部说法的一种歪曲的反映，当初契丹人创造青牛白马传说，神人与天女被视为全体契丹人的共同祖先，阿保机建立政权以后，神人与

---

① 冯家昇：《契丹名号考释》，载孙进已等编《契丹史论著汇编》，辽宁省社会科学院历史研究所翻印，1988 年。

② 盛襄子：《契丹源流说略》，载孙进已等编：《契丹史论著汇编》，辽宁省社会科学院历史研究所翻印，1988 年。

③ 即实：《契丹国号解》，《社会科学辑刊》1983 年第 2 期。

④ 邱久荣：《〈契丹国号解〉质疑》，《中央民族学院学报》1983 年第 4 期。

⑤ 景爱：《契丹的起源与族属》，《史学集刊》1984 年第 2 期。

⑥ 嵇训杰：《关于契丹族名称、部落组织和源流的若干问题》，《中国史研究》1985 年第 2 期。

⑦ 孙进已：《东北源流考》，黑龙江人民出版社 1989 年版。

天女成了耶律和萧二姓的代表。[①] 任爱君在《关于契丹族源诸说新析》一文中指出，青牛白马说法是辽朝统治者对其初期历史的掩饰所采取的一种“神化”方式，云南施甸蒋氏“秘画”是对《辽史》“祭山仪”的简单再现，不能成为青牛白马说的直接证据。[②] 杨富学的《契丹族源传说借自回鹘论》认为，青牛白马传说由述律皇后根据回鹘族源传说杜撰而成：青牛白马传说中的两河一山，即土河、潢河与木叶山，对应着回鹘族源传说中的薛灵哥河、秃忽剌河与和林山。[③] 刘浦江的《契丹族的历史记忆——以“青牛白马”说为中心》认为，“青牛白马”传说出现年代是在 8 世纪中叶，具有原始宗教信仰形态下的图腾崇拜性质，木叶山的地望应是阿鲁科尔沁旗的天山。[④] 孙国军、康建国的《“青牛白马”传说所反映的契丹历史》一文通过对“青牛白马”传说的解读，认为奇首可汗的妻子应该是一位奚人，而“青牛白马”传说的出现，则是辽朝皇族与后族权力制衡的结果。[⑤] 杨军的《契丹始祖传说与契丹族源》认为，奇首可汗传说和契丹白马青牛传说是两则不同源的始祖传说，前者起源较早，奇首可汗在历史上的原型就是领导宇文鲜卑迁入辽西的莫那，后者反映出契丹的两大来源：一是源自宇文鲜卑的早期契丹人，一是在唐朝开元、天宝以后，融入的室韦、回鹘成分。[⑥]

（三）契丹建国前的历史活动研究

登国三年（388）契丹与库莫奚分背后，以独立的部族出现在历史舞台上。关于契丹早期的活动区域，孙进已、张柏忠的《契丹早期地域考》认为，从北魏到唐朝，契丹族的活动范围不断变动：契丹与库莫奚分背时居于今赤峰市东部，后南下居白狼水东。隋时，契丹聚合以后，居位于西起老哈河流域，东到努鲁儿虎山一带。到唐代，契丹主要居于潢水之南。[⑦] 曹汛的《万佛堂石窟两方北魏题记中的若干问题》对辽西万佛堂“景明三年慰喻契丹使韩贞等人造窟题记”和“太和二十三年营州刺史元景造窟题记”两方北魏题记所涉及的历史背景、内容、地理、建置以及相关人物等方面进行了探讨。[⑧] 任爱君的《契丹与库莫奚的先世及其关系略述》一文指出，契丹与库莫奚的先世以“同类”而流落于松漠地区，结成一个松散的部落联合体。奇首可汗是这个部落共同体的首领。分背之后，契丹进入罕山一带，库莫奚则游牧于查

---

① 赵光远：《试论契丹族的青牛白马传说》，《北方文物》1987 年第 2 期。

② 任爱君：《关于契丹族源诸说新析》，载齐木德道尔吉主编：《蒙古史研究》第七辑，内蒙古大学出版社 2003 年版。

③ 杨富学：《契丹族源传说借自回鹘论》，《历史研究》2002 年第 2 期。

④ 刘浦江：《松漠之间：辽金契丹女真史研究》，中华书局 2008 年版。

⑤ 孙国军、康建国：《“青牛白马”传说所反映的契丹历史》，《赤峰学院学报》2012 年第 8 期。

⑥ 杨军：《契丹始祖传说与契丹族源》，《首都师范大学学报》2014 年第 6 期。

⑦ 孙进已、张柏忠：《契丹早期地域考》，《辽金契丹女真史研究》1986 年第 1 期。

⑧ 曹汛：《万佛堂石窟两方北魏题记中的若干问题》，《文物》1986 年第 6 期。

干木伦河与乌力吉木伦河流域之间。[①] 近年以来，这种观点遇到了新的挑战。陈永志的《契丹族源地非松漠之间考辨》指出契丹早期的活动地域，应是在朝阳以及西拉木伦河、老哈河交汇处以东到朝鲜半岛、丹东这一区域内。松漠之间是库莫奚的活动范围。契丹与库莫奚“分背”实际上指的是各有活动范围，当时是以松岭（古称松陉岭）为界。[②] 此外，这一观点在他的博士论文《契丹史若干问题研究》以及由博士论文而成书的《契丹史若干问题研究》中得到重申。李鹏《“松漠”考——兼论契丹起源地》一文考证，松漠是北魏时期对科尔沁沙地的泛称，即今通辽市中部的开鲁县、科尔沁区和科左中旗及周边地区。奇首可汗的龙庭，是通辽市的福巨城址。契丹在“松漠”中活动地域的中心，位于通辽市西辽河平原腹地的科尔沁区。[③]

关于契丹早期的历史活动。任爱君的《登国年间北魏与契丹史事探赜》梳理了契丹在部落形成初期与两个对契丹产生重大影响的势力——库莫奚、北魏政权之间的有关史实。[④]《往事与现实：耶律阿保机的先辈们创造的历史（一）——从始祖雅里到四世祖耨里思生活的历史时代》与《往事与现实：耶律阿保机的先辈们创造的历史（二）——从曾祖撒剌德、祖父匀德实到其父辈们生活的历史时代》线索式地展示了自阿保机的祖先雅里、耨里思、撒剌德、匀德实到其父辈的一百六十多年的历史时段里，契丹社会组织的发展、延续、改造与调整的历史过程。[⑤]

（四）契丹部落组织研究

部落是契丹社会基本单位之一，也是研究契丹社会发展的重要切入点。孙进已的《契丹部落组织发展变化初探》认为契丹是古八部中的一部，后来才转为整个部族的族称；隋唐时期契丹部落在古八部基础上有所增加；天宝年间，遥辇氏阻午可汗在大贺氏所剩五部基础上，新增纳尾、频没、奚嗢，再加上左、右大部合为十部。[⑥] 李桂芝的《关于契丹古八部之我见》研究表明，契丹古八部已不是彼此有血缘关系的部落，而是一个松散的、临时的军事联盟，各部落仍保持相当大的独立性。在唐初，契丹古八部向大贺氏八部发展，其首领的选举由公选制转变为世选制。[⑦] 武玉环的《辽代部族制度初探》一文对契丹建国前后部族制度的调整加以探讨，概述了契丹古八部隋十部时期、契丹部落联盟时期部族制度的特点，并指出辽代部族制度是在建国前

---

① 任爱君：《契丹与库莫奚的先世及其关系略述》，《昭乌达盟蒙族师专学报》1989 年第 2 期。

② 陈永志：《契丹族源地非松漠之间考辨》，《内蒙古文物考古》1997 年第 1 期。

③ 李鹏：《“松漠”考——兼论契丹起源地》，《北方文物》2017 年第 1 期。

④ 任爱君：《登国年间北魏与契丹史事探赜》，《昭乌达盟蒙族师专学报》1990 年第 4 期。

⑤ 任爱君：《往事与现实：耶律阿保机的先辈们创造的历史（一）——从始祖雅里到四世祖耨里思生活的历史时代》，《赤峰学院学报》2008 年第 9 期；任爱君：《往事与现实：耶律阿保机的先辈们创造的历史（二）——从曾祖撒剌德、祖父匀德实到其父辈们生活的历史时代》，《赤峰学院学报》2008 年第 11 期。

⑥ 孙进已：《契丹部落组织发展变化初探》，《社会科学辑刊》1981 年第 4 期。

⑦ 李桂枝：《契丹古八部之我见》，《中央民族学院学报》1992 年第 1 期。

部族组织的基础上加以改造，形成了以部族为基本单位、军事行政相统一、兵民合一的契丹族人占统治地位的部族制度。[①] 胡铁球、左理的《契丹的兴起与部落组织的有序化及农业的关系》通过叙述和分析契丹建国前的三个发展阶段：古八部时期、大贺氏时期、遥辇氏时期的势力及其发展状况，得出契丹的发展受两个因素影响：部落组织是否有序和农业发展的程度，且这两个因素互相促进，共同推进了契丹民族的不断发展和壮大。[②] 肖爱民撰有关于契丹遥辇氏阻午可汗二十部研究的系列文章，其中《关于契丹迭剌部的几个问题》一文认为迭剌部，又称大部落、北大部、北大浓兀、左大部，是遥辇氏部落联盟和早期契丹王朝的重要部落，它与乙室部原为一部，阻午可汗在整编部落时被一分为二。[③]《“分三耶律为七，二审密为五”辨析》指出，《辽史》所谓“分三耶律为七”是把皇族耶律氏分成皇族四帐、五院、六院和遥辇氏九帐族；“二审密为五”是把后族萧氏分成国舅乙室已大、小翁帐和国舅拔里大、少父帐及国舅别部。元朝修撰者将辽朝的事情误为阻午可汗时期。[④]《关于契丹左大部与右大部》认为，契丹左大部与右大部，实际上是遥辇氏部落联盟中的两个特权部落的称号，左大部又称北大部、北大浓兀，即迭剌部，右大部即乙室部。[⑤]《辽朝大贺氏考辨》一文指出，《辽史》所载的三耶律包括大贺氏，在遥辇阻午可汗时代，遥辇与大贺氏共被分为六，组成所谓的二十部。而据考证辽朝皇族三族中根本不存在所谓的大贺氏一族。[⑥] 任爱君的《9 世纪中后期契丹社会的组织结构与发展状态——以世里氏家族研究为中心》的核心观点是 9 世纪中后期，契丹社会组织结构所形成的“世选”制度，标志着部落贵族家庭享有政治特权的基本形态，它与遥辇氏汗国时期所形成的贵族家庭的统治方式相适应。[⑦] 田广林《契丹古八部质疑》一文指出，所谓契丹“古八部”，最早出处是元修《辽史·营卫志》，《辽史·营卫志》所载的古八部是约取《魏书·契丹传》所记“东北群狄”，契丹古八部是缺乏史实支撑的虚幻概念。[⑧] 杨军《契丹部族组织中的石烈》研究认为，阻午可汗重组时，将大贺氏、遥辇氏、耶律氏分入其中的 7 个石烈，拔里、乙室已分入另外 5 个石烈。石烈称号是一种

---

① 武玉环：《辽代部落制度初探》，《史学集刊》2000 年第 1 期。

② 胡铁球、左理：《契丹的兴起与部落组织的有序化及农业的关系》，《宁夏大学学报》2003 年第 3 期。

③ 肖爱民：《关于契丹迭剌部的几个问题——契丹遥辇氏阻午可汗二十部研究之一》，《北方文物》2006 年第 1 期。

④ 肖爱民：《“分三耶律为七，二审密为五”辨析——契丹遥辇氏阻午可汗二十部研究之二》，《内蒙古社会科学》2005 年第 2 期。

⑤ 肖爱民：《关于契丹左大部与右大部——契丹遥辇氏阻午可汗二十部研究之三》，《内蒙古民族大学学报》2005 年第 2 期。

⑥ 肖爱民：《辽朝大贺氏考辨——契丹遥辇氏阻午可汗二十部研究之四》，《内蒙古师范大学学报》2005 年第 4 期。

⑦ 任爱君：《9 世纪中后期契丹社会的组织结构与发展状态——以世里氏家族研究为中心》，《内蒙古社会科学》2008 年第 6 期。

⑧ 田广林：《契丹古八部质疑》，《社会科学战线》2008 年第 11 期。

借自突厥官名，一种为契丹语官名，将石烈比照县之后，也称石烈长官为县令。[①] 王博楠的硕士学位论文《关于遥辇契丹的几个问题》证明遥辇氏取代大贺氏是一个动态的过程。洼可汗就是可突于杀掉大贺氏末君邵固后所立的屈列。所谓“遥辇氏八部”并不限于八部，而“三耶律”在遥辇氏时期并不存在。[②] 李大龙、刘海霞的《唐代契丹衙官研究》从唐代契丹衙官的设置入手，对唐朝北疆诸多民族政权中衙官的设置情况进行了分析。[③]

（五）世选制度研究

契丹社会的世选制度实际上确立了部落贵族家庭世代享有的特权统治形式。这一制度很早就引起历史研究者的注意。清代学者赵翼在《廿二史札记》就列有“辽官世选之例”条，明确提出“辽初功臣无世袭，而有世选之例”的情况。二十世纪以来，现代学者对这个问题进行了若干探讨，陈述的《契丹世选考》[④]、姚从吾的《说辽朝契丹人的世选制度》认为，世选为契丹旧俗，并就世选制度的基本内容以及推选大王、可汗问题作了系统的论述。[⑤] 日本学者岛田正郎的《辽代北面中央官制的特色》提出世官制度是契丹各政治势力之间相互妥协的产物，其中血缘关系依然发挥重大作用。[⑥] 吴凤霞的《契丹世选制的发展变化及其历史作用》一文从契丹部落联盟时代到辽朝灭亡长时段探讨了契丹世选制度的产生、发展、变化的情况及其历史作用。指出契丹世选制度出现于部落联盟时期，契丹建国以后，逐渐被世袭制度取代。而辽朝北面官制度系统中的世选制仍然存延到辽朝灭亡。[⑦] 她的另一篇文章《耶律阿保机对世选制的调整与利用》指出，阿保机变革旧制的一个内容就是对传统世选制的改造。从理论意义上实现了契丹可汗世选向皇位世袭的转变，也对官吏的世选作了重大的调整。[⑧] 杨茂盛的《试论契丹的宗族——家族斗争及其世选制》一文阐述了契丹是宗族部族社会，论及了宗族与家族之间的斗争，以及两者与世选制度之间的关系。[⑨] 王善军《世选制度与契丹的家族势力》认为，契丹民族在其发展过程中，将“习惯地由同一家庭选出他们的后继者的办法”逐渐确定为世选制度。世选制度为契

① 杨军：《契丹部族组织中的石烈》，《黑龙江社会科学》2011 年第 6 期。

② 王博楠：《关于遥辇契丹的几个问题》，硕士学位论文，辽宁师范大学，2012 年。

③ 李大龙、刘海霞：《唐代契丹衙官研究》，《中国边疆史地研究》2012 年第 3 期。

④ 陈述：《契丹世选考》，载孙进已编：《契丹史论著汇编》，辽宁省社会科学院历史研究所翻印，1988 年。

⑤ 姚从吾：《说辽朝契丹人的世选制度》，载孙进已等编：《契丹史论著汇编》，辽宁省社会科学院历史研究所翻印，1988 年。

⑥ ［日］岛田正郎：《辽朝北面中央官制的特色》，载孙进已等编：《契丹史论著汇编》，辽宁省社会科学院历史研究所翻印，1988 年。

⑦ 吴凤霞：《契丹世选制的发展变化及其历史作用》，《内蒙古社会科学》1993 年第 2 期。

⑧ 吴凤霞：《耶律阿保机对世选制的调整与利用》，《辽宁工程技术大学学报》2012 年第 5 期。

⑨ 杨茂盛：《试论契丹的宗族——家族斗争及其世选制》，《北方文物》1996 年第 1 期。

丹皇族、后族及新旧贵族家族势力的维持提供了政治上的保障。再加上经济上的头下军州制及军事上的私兵制、部族兵制等等因素，又为家族势力的维持提供着经济和军事上的保障。[①]

（六）唐朝与契丹的藩属关系研究

有唐一代，唐朝与契丹建立和保持着长期的藩属关系。日本学者松井等的《契丹勃兴史》一文从契丹与周边民族关系着眼，概括叙述了契丹建国前五百多年的历史，并着重考察北魏以来契丹同周边强邻的关系的变迁，从而论证了契丹在唐末勃兴的原因。[②] 孟宪君在《浅谈契丹与唐王朝的关系》概述了契丹与唐朝之间的关系，主要涉及羁縻、建置、朝贡、贸易、和亲、战争等几个方面。强调唐朝与契丹关系对契丹社会化进程的影响：契丹依附唐王朝发展得快，而背离唐王朝时发展得缓慢。[③] 李彦平的《唐朝与东北少数民族契丹、奚的和亲》研究表明，唐朝均以宗室之女与契丹、奚和亲，对契丹、奚的和亲同时发生，同时结束。唐朝与契丹、奚的和亲，虽然主观上是出于政治利益的需要，但客观上稳定了边疆局势，促进了契丹、奚与唐朝的经济、文化交流。[④] 王成国在《唐代契丹民族略论》一文中指出契丹与唐朝的关系是封建大国境内少数民族局部势力与中央王朝的从属关系。在政治上，唐朝承认契丹民族政权的合法性；在经济上，唐朝通过与契丹互市贸易等经济活动促进了契丹社会经济的全面发展。[⑤] 王成国《论唐代契丹》在重申这种观点。[⑥] 王义康的《唐代经营东北与突厥》指出，唐王朝经营东北的目的能否实现，即东北诸族是否内附唐，取决于唐与突厥双方力量的消长变化。后突厥的复兴是促使幽州成为军事重镇、平卢节度使建立的直接或间接因素。[⑦] 程妮娜的《汉唐东北亚封贡体制》一书长时段地考察了汉唐以来，中原王朝与东北亚周边的少数民族或政权之间封贡体制的构建和完善。其中的第八章第一节涉及契丹与唐朝之间的朝贡关系，总结了契丹与唐朝封贡关系发展的四个阶段。[⑧]

营州之乱是唐朝与契丹关系史上的重大历史事件。李蓉的《辽西两番对则天朝政局的影响》一文叙述营州之乱前后经过，指出唐朝平定营州之乱过程中暴露了府兵制败坏、内部用人不当、忽视对东北经营等诸多问题，同时营州之乱对武则天朝储

---

① 王善军：《世选制度与契丹的家族势力》，《社会科学战线》2004 年第 1 期。

② ［日］松井等著，刘凤翥译：《契丹勃兴史》，载中国科学院民族研究所编译：《民族史译文集》第十集，科学出版社 1981 年版。

③ 孟宪君：《浅谈契丹与唐朝的关系》，《昭乌达蒙族师专学报》1987 年第 2 期。

④ 李彦平：《唐朝与东北少数民族契丹、奚的和亲》，《社会科学战线》1996 年第 3 期。

⑤ 王成国：《唐代契丹民族略论》，《社会科学辑刊》2001 年第 4 期。

⑥ 王成国：《论唐代契丹》，《社会科学战线》2004 年第 2 期。

⑦ 王义康：《唐代经营东北与突厥》，《陕西师范大学学报》2011 年第 6 期。

⑧ 程妮娜：《汉唐东北亚封贡体制》，中国社会科学出版社 2014 年版。

位之争、东突厥复兴、渤海兴起以及玄宗时期的军事政策与布局产生重要的影响。[①]李文才的《论“营州事变”的成因及其影响》研究表明，武则天时期在民族政策方面的失误，以及武周统治集团内部的武李之争，乃是造成“营州事变”的主要成因。事变所造成的影响，涵盖了武周社会政治、经济、军事、边防、民族、对外政策等各个方面，尤其是对东北地区民族关系的影响更为深远。[②]都兴智在《略论契丹李尽忠之乱》中指出，营州之乱使唐朝北方和东北地区的民族关系更加复杂化，对华北及整个东北局势引起了恶性连锁反应。[③]宋卿的《唐代营州都督府相关问题探赜》指出，契丹叛乱造成了唐朝营州都督府的级别从上都督府到下都督府的变动，治所由柳城迁到幽州。[④]

唐朝在边州设立了管理机构，在契丹设置的松漠都督府，以加强对契丹的羁縻统治。黄永年的《唐代河北藩镇与奚、契丹》一文详细考述了幽州藩镇在抵御契丹奚族南下中的战略作用。[⑤]程妮娜在《论唐代中央政权对契丹、奚人地区的羁縻统治》[⑥]一文与契丹有关的主要观点是：唐朝边州负责抚慰、安置契丹部落，管理契丹的朝贡、契丹与唐朝边疆地区的经济活动，契丹都有义务为唐朝防御边疆、打击各种侵扰边疆的行为、镇压边疆民族的叛乱。她的另一本专著《古代中国东北民族地区建置史》中设有专门章节《部落联盟类型的羁縻府州》重新阐述了自己的上述观点。[⑦]石冬梅《唐前朝的东夷都护府》一文认为，东夷都护府及其前身东夷校尉府主要负责管辖内附的奚和契丹的事务，但后来由于唐廷国力和民族政策的原因，被迫放弃了这个都护府，后来以押两蕃使代之。东夷校尉府、东夷都护府与安东都护府没有关联。[⑧]任爱君的《唐朝契丹部落发展的历史关系——兼谈大贺氏家族的衰微和契丹部族发展趋向》的主要结论是，唐朝的羁縻统治导致了大贺氏王族的衰落，加速了契丹部族的分化：本土部落走向强盛，建立契丹自己的民族政权；辗转进入燕云地区的契丹部落，逐渐融入当地的社会生活，形成了所谓的“幽州契丹”。[⑨]他的另一篇文章《唐代契丹羁縻制度与“幽州契丹”的形成》指出，唐朝拉拢大贺氏契丹首领及其部落集团，加紧了对契丹本土其他部落的分化与瓦解。遥辇氏取代大贺氏，使契丹本土部落走上独立发展的道路。而契丹内属部落则与当地民族共同创造了燕云地区

---

① 李蓉：《辽西两番对则天朝政局的影响》，《西南师范大学学报》2002 年第 1 期。

② 李文才：《论“营州事变”的成因及其影响》，《河北学刊》2002 年第 4 期。

③ 都兴智：《略论契丹李尽忠之乱》，《东北史地》2008 年第 2 期。

④ 宋卿、程尼娜：《唐代营州都督府相关问题探赜》，《求是学刊》2016 年第 4 期。

⑤ 黄永年：《唐代河北藩镇与奚、契丹》，《中国古代史论丛》1982 年第 2 辑。

⑥ 程妮娜：《论唐代中央政权对契丹、奚地区的羁縻统治》，《吉林大学社会科学学报》2002 年第 6 期。

⑦ 程妮娜：《古代中国东北民族地区建置史》，中华书局 2011 年版。

⑧ 石冬梅：《唐前朝的东夷都护府》，《青海社会科学》2006 年第 1 期。

⑨ 任爱君：《唐朝契丹部落发展的历史关系——兼谈大贺氏家族的衰微和契丹部族发展趋向》，载齐木德道尔吉主编：《蒙古史研究》第九辑，内蒙古大学出版社 2007 年版。

从前没有的独特的文化现象，并对中原地区政治局势产生深远的影响。[①]

（七）阿保机与契丹建国研究

阿保机通过对契丹传统体制的改造，消除守旧势力的阻碍，成功地登上可汗的大位，建立起契丹自己的民族国家。赵振海的《辽太祖阿保机“以家代国”的斗争》考察阿保机建国的过程：首先取代遥辇氏的汗位，随后平定诸弟之乱，最后“变家为国”，建立契丹国。[②] 孟广耀的《耶律阿保机建国称帝年代考论》分析认为，阿保机建国称帝的时间在907年，而不是916年。[③] 肖爱民的《耶律阿保机“盐池宴”考辨》考证盐池宴事件发生于遥辇氏联盟后期，阿保机任挞马沙里期间对室韦诸部进行了征服，肇阿保机“化家为国”之端，并由此揭露出“化家为国”的真相。[④] 任爱君撰写了多篇阿保机建国的研究文章，其中，《神速姑暨原始宗教对契丹建国的影响》一文认为，大巫神速姑利用原始宗教的力量，导演了“龙锡金佩”的神迹，为阿保机成功夺取汗位立下大功。契丹统治者操纵宗教导致了宗教信仰中的一切原系神格化的东西，逐渐人格化。神速姑成了这一过程的牺牲品。[⑤]《从舍利到帝王：耶律阿保机“化家为国”的历史背景及时代内涵》指出，迭剌部内部的权力斗争，使世选权力由大家族向个体家庭方面转化，契丹可汗逐渐空有其名。阿保机夺权成功，除了借助原始宗教的力量，还取决于对迭剌部的改造，从而使以个体家庭为社会的基本单元与集权化政体紧密结合。[⑥]《契丹“盐池宴”、“诸弟之乱”与夷离堇任期问题》认为，《新五代史》“盐池宴”与《辽史》“诸弟之乱”的记载，是对阿保机取代遥辇氏的不同叙述。阿保机将迭剌部夷离堇和大迭烈府夷离堇职能分离，有效地控制了部落社会各种组织机构，促成了契丹社会军政权力的重新集中。[⑦] 王小甫在《契丹建国与回鹘文化》一文指出，9世纪中叶以摩尼教为国教的回鹘汗国崩溃为契丹传统社会的飞跃与变革提供了新的精神武器，阿保机以结亲形式取得了回鹘族人的支持，并藉其摩尼教神话自己，从而得以突破传统，建立国家。[⑧] 孟凡云的《耶律阿保机的神化活动及特点》指出耶律阿保机在契丹族内外矛盾尖锐之际，利用萨满教引进新的宗教理论和实践规范，进行了一系列的神化活动，提高自己的威信和号召力，达到了

---

① 任爱君：《唐代契丹羁縻制度与“幽州契丹”的形成》，《中国边疆史地研究》2008年第1期。

② 赵振海：《辽太祖阿保机“以家代国”的斗争》，《华中师院范学学报》1985年第3期。

③ 孟广耀：《耶律阿保机建国称帝年代考论》，《内蒙古大学学报》1981年第1期。

④ 肖爱民：《耶律阿保机“盐池宴”考辨》，《北方文物》2003年第4期。

⑤ 任爱君：《神速姑暨原始宗教对契丹建国的影响》，《北方文物》2002年第3期。

⑥ 任爱君：《从舍利到帝王：耶律阿保机“化家为国”的历史背景及时代内涵》，《社会科学辑刊》2004年第2期。

⑦ 任爱君：《契丹“盐池宴”、“诸弟之乱”与夷离堇任期问题》，《史学集刊》2007年第6期。

⑧ 王小甫：《契丹建国与回鹘文化》，《中国社会科学》2004年第4期。

化家为国的目的。[①] 杨军的《释鲁之死考述》一文考察了释鲁之死的原委，分析其背后实际上是耶律家族内部的帖剌系和玄祖系争夺的结果，由此导致了阿保机成为迭剌部的夷离堇。[②] 他的另一篇文章《“变家为国”：耶律阿保机对契丹部族结构的改造》认为，阿保机建国过程中，一方面人为地中止了皇族的裂变，加强了皇族的力量；另一方面又改革旧俗，脱离季父房另立自己的“家”，将皇位继承权限定于其“家”之内。通过这种方式，阿保机最终实现“变家为国”。[③]

（八）其他研究

关于契丹历史人物的研究。李艳阳的《契丹始祖奇首可汗事迹考》认为奇首是一个真实的历史人物，奇首可汗的驻牧地，大体上就是广义上的“松漠之间”，奇首的主要生平活动，发生在东晋建元二年（344）前燕破灭宇文鲜卑至北魏登国三年（388）拓跋珪北击库莫奚这一历史期间。[④] 马驰在《李光弼生父生母考》一文指出，李光弼生父李楷洛系入朝蕃将，与唐玄宗时代的契丹君王、松漠都督楷落只是姓名雷同，两者在其他方面毫不相干。孟凡云的《契丹可突于被杀考》认为，可突于被杀是唐将张守珪杀降冒功性质的行动。[⑤]

关于契丹与周边政权（除中原王朝以外）关系研究。契丹处于一个复杂的地缘环境当中，在契丹民族形成和部落发展时期，其周边除了中原王朝外，还出现过高句丽、渤海、奚、室韦、霫、柔然、突厥、回鹘等部族或政权。大概由于文献资料的限制，中外系统地、专门地对契丹与某一部族或政权的关系展开论述的成果并不多。其中，孙炜冉的《契丹与高句丽关系考述》研究表明，契丹既仰仗高句丽的力量庇护，又时刻警惕为高句丽所兼并。他们之间的战和关系反映了彼时东北亚局势的变化，最终在唐朝军事压力下，契丹成为捣毁高句丽政权的马前卒。[⑥] 边保应的《后突厥时期唐、突厥、契丹在北疆的军事角逐及其影响》一文的核心结论是后突厥时期，唐朝、后突厥的军事角逐从未停止过，相互间或联合，或对立，导致契丹视形势在两大集团之间摇摆不定，加速了契丹内部大贺氏、遥辇氏的权力交迭。[⑦] 刘治川的《契丹与突厥的关系及影响》指出，契丹的兴起与突厥的关系较为密切，契丹对突厥时而依附时而叛离，这种关系对于契丹的发展既有利也有弊，虽然契丹依附于突厥被迫接受其

---

① 孟凡云：《耶律阿保机的神化活动及特点》，《北方文物》2005 年第 4 期。

② 杨军：《释鲁之死考述》，《内蒙古文物考古》2010 年第 1 期。

③ 杨军：《“变家为国”：耶律阿保机对契丹部族结构的改造》，《历史研究》2012 年第 3 期。

④ 李艳阳：《契丹始祖奇首可汗事迹考》，《辽宁师范大学学报》2008 年第 1 期。

⑤ 孟凡云：《契丹可突于被杀考》，《中南大学学报》2011 年第 5 期。

⑥ 孙炜冉：《契丹与高句丽关系考述》，载李乐营、梁启政主编：《高句丽与东北民族研究》，吉林大学出版社 2013 年版。

⑦ 边保应：《后突厥时期唐、突厥、契丹在北疆的军事角逐及其影响》，硕士学位论文，内蒙古师范大学，2011 年。

统治，但在客观上增强了契丹民族凝聚力，同时契丹也主动与中原王朝接触。[①]

关于契丹部落官制，之前学者诸如王民信、于宝林等著作中都有专门研究。除此之外，也有不少的论文作过相关探讨。高申东的《契丹夷离堇考》指出，在遥辇氏部落联盟中，夷离堇不只限于迭剌部，其他各部的酋长、部落之下的石烈、营的首长也称夷离堇。契丹建国以后，改诸部夷离堇为令稳，也将夷离堇作为一种荣誉称号授予其属国、属国的部落首领或上层分子。[②] 高升斗的《莫贺非鲜卑语辨》一文认为，莫贺非又作莫贺、莫贺弗、莫弗是突厥语族的高连语或匈奴语，而不是蒙古语族的鲜卑语。莫贺非以 baghatur 为对音，意思是英雄、勇士。[③] 刘春华的《“莫贺弗”试析》研究表明，“莫贺弗”为我国东北古代民族语言中“勇健者”之意，“莫贺弗”最初成为柔然的官号，又成为突厥等族对大官的美称。“莫贺弗”之称含义的发展变化，反映了我国古代各民族之间错综复杂的关系及民族之间相互融合的事实。[④] 陈金生的《试论契丹“挞马”组织的性质及其影响》指出，阿保机侍卫亲军是“挞马”组织成员为核心而组建起来的，这些成员多以“入侍”的形式，宣誓效忠于首领，由此产生了契丹族以贵戚、大臣子弟入侍汗庭的制度，促进了契丹社会王权的诞生和专制政体国家的出现。[⑤] 日本学者岛田正郎在《辽朝于越考》中认为于越是表称原来即在北亚游牧民族内所茁生，具有最高或次高政治权威的职官之普通名词。[⑥] 唐统天的《契丹“于越”考——兼与岛田正郎及威特夫先生商榷》提出于越一职实际上很可能是由契丹影响到回鹘，于越一直控制在皇族手中，尤其更以横帐三父房为主。在此基础上，对于越的私有财产、军队、职官机构作出探讨。[⑦] 何天明的《辽代大于越府探讨》研究表明，大于越最初是契丹族遥辇氏部落联盟时期的职官，在辽代的不同时期，这个职官的实际权力、地位、铨选条件是不一样的，不能与“三公”并论，应当结合辽代的具体情况分析。在特定的历史阶段，大于越由契丹贵族担任，直接左右着辽朝的政局。[⑧] 陈耀宇的硕士论文《辽代于越职官研究》指出，于越是产生于唐代中期北方游牧民族中的职官，其最基本的特征来源于‖g‖一词，也就是富有经验和智谋的长者。而契丹民族的于越，其雏形可能是供职于契丹王牙帐内的、具有近侍性质的职官，当时称之为“衙官”。太祖建国后，由于国事日益繁重和巩固王权的需要，又开始削弱于越的实际职掌，直至位尊而权微的荣誉性称号。[⑨] 另外，K. A. 威特夫

① 刘治川：《契丹与突厥的关系及影响》，《辽宁工程技术大学学报》2014 年第 4 期。
② 高申东：《契丹夷离堇考》，《昭乌达蒙族师专学报》1987 年第 2 期。
③ 高升斗：《莫贺非鲜卑语辨》，《北方文物》1992 年第 4 期。
④ 刘春华：《“莫贺弗”试析》，《西北民族研究》2001 年第 1 期。
⑤ 陈金生：《试论契丹“挞马”组织的性质及其影响》，《甘肃联合大学学报》2013 年第 6 期。
⑥ ［日］岛田正郎：《辽朝于越考》，《宋史研究集》第四辑，台北：“国立”编译馆，1969 年。
⑦ 唐统天：《契丹“于越”考——兼与岛田正郎及威特夫先生商榷》，《东北地方史研究》1988 年第 1 期。
⑧ 何天明：《辽代大于越府探讨》，《内蒙古大学学报》2006 年第 1 期。
⑨ 陈耀宇：《辽代于越职官研究》，硕士学位论文，青海师范大学，2014 年。

和冯家昇两位先生合著的《辽代社会史：907—1125》,[①] 韩儒林的《穹庐集》,[②] 岑仲勉的《突厥集史》[③]，杨富学的《回鹘语文对契丹的影响》,[④] 罗新的《柔然官制续考》,[⑤]《虞弘墓志所见的柔然官制》,[⑥] 白冬玉的《鄂尔浑突厥鲁尼文碑铭的 cùlgl (cùlgil)》[⑦] 等论著在北方民族官制方面的研究，对于契丹早期历史的研究来说，有着重要的借鉴和启发意义。

近年以来，关于契丹早期的考古研究也层出不穷。比如，项春松的《克什克腾旗二八地一、二号辽墓》一文对克什克腾旗二八地发现的一、二号辽墓的墓葬形制、随葬器物以及其他出土物进行了介绍。[⑧] 鲁晓帆的《唐李永定墓志考释》对归化契丹贵族李永定的家世、事迹等进行了考释。[⑨] 葛承雍的《对西安市东郊唐墓出土契丹王墓志的解读》考证了契丹王李过折的事迹和其后代为唐朝效力的事例，分析了开元年间（713—741）唐朝与契丹的关系、唐朝的边疆策略，以及契丹政权内部的矛盾等问题。[⑩]

总体看来，中外学界的研究涉及契丹建国前的多个方面，在一定程度上为后来的研究奠定了坚实的学术基础，并为后来相关问题的深入研究提供了诸多启发和参照。但不可否认的是，目前的研究仍然存在着不足之处和一定的问题，有进一步探讨的空间。这些问题主要有如下几点：第一，缺乏横向和纵向关照视角。比如，松漠都督府所领 10 州中缺略的 1 州，学界对此就存在着诸多分歧，难分高下。但如果与同期设置的饶乐都督府横向比较，问题或许就可迎刃而解。关于契丹建国前的职官，现代研究者大多就契丹民族的情况加以有限的探讨，而没有将其置于北方游牧帝国体制大背景下进行纵向研究与解读。第二，史料利用和挖掘不够充分。从事契丹建国前历史问题的研究者大多从事东北亚民族史，或辽金史领域研究，对于隋唐、五代文献挖掘得较为浅显，利用得也不够充分。比如，《册府元龟》记载的衙官熟苏和粹，完全可以纠正前人研究对于契丹衙官的有关认识，但是目前没有发现研究者进行相关征引和分析；唐朝契丹人《李永定墓志》出土于上个世纪七十年代，《唐代墓志汇编续集》《全唐文补遗》等书中皆有录文，对契丹君长的考订和大贺氏宗主部落的重新认识，都具有重要的史料价值，但是相关的研究成果几乎没有采用。《全唐文》收录的唐武

---

① ［美］K. A. 魏特夫、冯家昇：《中国辽代社会史：907—1125》，费城：美国哲学学会 1949 年。

② 韩儒林：《穹庐集——元史及西北民族史研究》，上海人民出版社 1982 年版。

③ 岑仲勉：《突厥集史》，中华书局 2004 年版。

④ 杨富学：《回鹘语文对契丹的影响》，《民族语文》2005 年第 1 期。

⑤ 罗新：《柔然官制续考》，《中华文史论丛》2007 年第 1 期。

⑥ 罗新：《虞弘墓志所见的柔然官制》，载北京大学历史系编：《北大史学》第十二辑，北京大学出版社 2007 年版。

⑦ 白玉冬：《鄂尔浑突厥鲁尼文碑铭的 cùlgl（cùlgil）》，《西域研究》2011 年第 1 期。

⑧ 项春松：《克什克腾旗二八地一、二号辽墓》，《内蒙古文物考古》1984 年第 3 期。

⑨ 鲁晓帆：《唐李永定墓志考释》，《首都博物馆丛刊》1994 年第 9 期。

⑩ 葛承雍：《对西安市东郊唐墓出土契丹王墓志的解读》，《考古》2003 年第 9 期。

宗赐给契丹王屈成的两封书信，无疑是研究契丹与唐朝关系的重要文献，但是至今未引起学界的重视。第三，有些问题并未展开研究，甚至空白。比如，李桂芝提出过大贺氏分前八部和后八部的说法，但是前八部和后八部都有哪些部落构成？却没有给予进一步的阐释。不少研究成果都涉及过契丹向中原王朝，尤其是向唐朝朝贡的研究，但是对于朝贡路线、朝贡名目、领衔使者，以及唐朝方面的接待、回赐、授官等问题鲜有考察。探讨契丹建国前的历史问题，不能回避契丹崛起问题。契丹如何摆脱周围各种势力羁绊而成功地崛起呢？中外研究者尚未有全面、系统的考察。

辽代契丹宗教信仰研究述评

邱冬梅*

一 引言

辽是曾称雄于中国古代东北亚地区，由契丹族建立的帝国王朝。契丹族是活跃在中国北方草原地区的古代少数民族之一。辽契丹族大概在北纬 40 度以北区域活动，这一地区在气候条件上属于温带及寒温带季风性气候，冬寒冷且长，夏湿热且短，春季多风沙天气。特殊的地理自然环境和气候条件决定了其采取“逐寒暑，随水草而放牧”的经济生活方式。造就了契丹人与大自然共处过程中形成的极富特色的生存文化和信仰文化。辽史研究已成为国际显学，其成为记载辽契丹族宗教信仰的主要史料来源，早期研究所用的文献史料除《辽史》外，主要还有《金史》《契丹国志》《辽代石刻文编》《辽代石刻文续编》等，而近期刘浦江整理的最新点校本《辽史》修订本①及陈述的《辽史补注》② 为辽代契丹族宗教信仰及其他方面研究提供了最为可靠和全新的文献史料。

辽代契丹族宗教信仰本身经历了一个历史发展与内部外部发生变迁的过程，形成一个动态的，具有时代和契丹民族特色的宗教文化体系。辽代契丹族早期宗教信仰中，以信奉萨满教为主，信奉万物有灵，以自然崇拜和祖先崇拜为基本形态。随着中原农耕文明引入辽地以后，契丹人在宗教信仰的外部类型上，开始向佛教信仰倾斜，在辽代统治者和贵族阶层中崇佛敬佛现象日益突出［朱亚峰《契丹人的宗教信仰与佛教的传播》，《赤峰学院学报（汉文哲学社会科学版）》2006 年第 5 期］。原来的萨满教信仰受到了冲击，在萨满教内部形态上也发生了变迁。到了辽中后期，契丹人的宗教信仰类型变得多元化，由以萨满教为主，到佛教信仰的广泛推行，在宗教外部类型上，中原汉族的道教、儒教文化也被辽代契丹人慢慢接受（刘德刚《论辽代契丹人的宗教信仰》，《辽金历史与考古》2010 年第 5 期）。辽后期契丹人的宗教信仰类

---

* 作者简介：邱冬梅，女，博士，工作单位：长春中医药大学。主要研究方向：辽金史及东北古代民族萨满教。

① 脱脱著，刘浦江整理：《辽史》，中华书局 2016 年版。

② 陈述：《辽史补注》，中华书局 2018 年版。

型中，佛教、道教、儒教、伊斯兰教、景教、摩尼教，加上原始的萨满教遗存等，呈现出多种宗教文化并存的状况。

总之，不管是辽契丹族宗教信仰外部类型的变迁，还是不同时期内不同宗教类型的内部形态变迁，辽代契丹人的宗教信仰变化起伏之大是我国古代诸多北方草原民族宗教信仰中最具特点的。近百年来，学界关于辽代契丹宗教信仰研究取得了丰硕成果，笔者所见的国内外学界相关研究著述，也多按照辽代不同时期的宗教信仰外部类型及特点而开展的，尊崇辽代契丹人宗教信仰外部类型的分类特征和国内外学者的研究特点，现将国内外学界研究现状做一述评，以期对辽代契丹族的宗教信仰研究及相关研究的推展有所裨益。

二　辽契丹萨满教信仰研究

辽代契丹萨满教研究是中国古代北方民族萨满教研究的一部分，也是原始宗教研究的重要组成部分。国内对辽代契丹萨满教的早期研究集中于上个世纪 70—90 年代，主要是历史学、民族学视域下的问题性研究。随着研究水平的提升，以及与国外学界的频繁交流，使国内学界研究取向有了新路径与态势。进入 21 世纪，研究对象和内容愈加专门化，对辽代契丹萨满教的学术研究转而趋于微观研究。以往学界研究基本可分为以下两个阶段：一源于各学科内的问题性研究阶段，自 20 世纪 70—90 年代；二发展于综合性的专题研究阶段和整体性综合研究阶段，自 21 世纪至今。具体如下：

1. 各学科内的问题性研究阶段

20 世纪 70 年代，史学界开始关注此问题的学者主要是梳理史料进行讨论的。陈述、朱子方、武玉环等开始论及辽代契丹萨满教问题；民族学、民俗学界，冯家昇、张国庆等开始从辽代契丹萨满教与原始习俗、神话等关系角度讨论，尤其关注萨满教形态内容中的自然崇拜部分。此阶段的综合性研究成果少，有朱子方《辽代的萨满教》，结合史料记载分析祭天祭山拜日及巫的职司地位问题。总之，这一阶段研究成果不多，处于问题发觉及材料梳理阶段。

2. 综合性的专题研究阶段

进入 21 世纪后，学界开始进入综合研究阶段，主要聚焦于以下几个专题：

（1）依据史学和民族学分析方法，试图重建辽代契丹文化的社会面貌，注重传统萨满教信仰与政治社会文化之间的联系。以契丹柴册仪、再生仪研究为代表。将柴册仪视为辽代契丹萨满教信仰的表现，具有辽代诸帝建构中的政治和文化因素（陈述《契丹政治史稿》、朱子方《论辽代柴册礼》），王民信《契丹的柴册仪与再生仪》、武玉环《契丹族〈再生仪〉刍议》等也不同程度地论述了契丹萨满教与政治、中原文化的关系。

（2）依据考古学理论，探讨文化对地理环境的适应，其中包括不同经济类型对游牧文化、宗教信仰、丧葬墓葬制度的影响和制约。使用考古资料介绍辽代契丹特有的葬俗内容及形式（贾洲杰《契丹丧葬制度研究》、张国庆的《辽代丧葬文化考述》），注重从萨满教信仰角度对相关考古资料进行分析，探讨辽代契丹人葬俗葬制中体现的契丹人生死及灵魂观念等问题（葛华廷《羊与辽代契丹人的葬俗》、李逸友《辽代契丹人墓葬制度概说》等）。

（3）依据原始宗教理论，从原始宗教形态内容及特征分析入手，结合史学理论和民族学分析法，探讨辽代契丹及史前北方草原民族原始萨满教形态、宇宙观、世界观与二元结构之间的关系等问题。从宗教形态理论出发，探讨辽代契丹人萨满教形态中的祖先崇拜，包括祭祖仪式的内容及时间（张国庆《契丹辽帝的造像与祭祖》）等；契丹萨满教的自然崇拜与祖先崇拜形态内容关系问题，论证祭山、祭天地与祭祖的关系，探讨辽代契丹人祭祖内容的演变及祖先崇拜的社会功能问题（席岫峰、宋志发《试析契丹族人的祖先崇拜活动》）等。

（4）从宗教的政治功能角度，分析萨满教及萨满巫师对早期辽代国家形成起到的影响及作用，同属游牧经济的其他萨满教信仰的北方草原民族也遭遇了相似际遇（任爱君《神速姑暨原始宗教对契丹建国的影响》）。根据考古墓葬内容，结合辽代契丹萨满的职司分类和继承方式等，分析墓主的萨满身份以及对当时辽代国家政治活动的影响（冯恩学《吐尔基山辽墓墓主身份解读》）等问题。

3. 整体性综合研究阶段。此阶段主要以硕博学位论文方式进行整体性综合研究。主要有邱冬梅的《辽代契丹萨满教研究》（吉林大学博士学位论文 2017 年）和齐建芝的《辽代契丹族萨满教研究》（西北民族大学硕士学位论文 2007 年）。目前尚未有专著出版。

三 辽契丹佛教信仰研究

契丹人原无佛教信仰，唐朝末期，崛起于松漠之间的耶律阿保机统一了契丹各部，为了进一步扩大经略，在文化上吸纳盛行于幽燕地区的佛教，以达到消解民族矛盾、安抚投北汉人的目的。早在唐朝天复二年（902），辽太祖耶律阿保机就在契丹腹地的龙化州（西拉木伦河上游，今内蒙古自治区翁牛特旗以西地方）创建开教寺，开始传扬佛教文化。辽朝中后期的社会思潮转向崇尚佛教，上至帝王将相下至底层民众无不虔诚信仰佛教，佛教的影响力渗透到整个国家的政治、经济、文化、社会等诸多方面。

在中国佛教史研究中，辽代契丹佛教长期没有引起学者的足够重视。国外最早关注此研究的是日本。

二战前，在“东洋史学”“亚细亚主义”等思潮影响下的日本学界对阿尔泰语系诸民族表现出了浓厚的兴趣，成立了满铁调查部、东亚考古学会、日满文化协会、东洋文化研究所、东方文化研究所等学术团体组织（曹铁娃、曹铁铮、王一建《20 世纪上半叶日本学者对蒙辽地区辽代佛教建筑的考察与研究》，《世界宗教文化》2013 年第 1 期）。著名日本学者鸟居龙藏、桑原骘藏、田村实造等人参与了辽代佛寺、墓葬、祭祀遗址的考古发掘，摄像记录等调查工作，开启了国外对辽代佛教研究的先河。

20 世纪前半期有分量的研究几乎都是日本学者做出的。根据其研究内容大致分成四个类别：综合性研究、有关石经的研究、有关佛教美术的研究、有关佛教思想的研究（松森秀幸《日本关于辽代佛教的研究》，《佛学研究》2008）。其中以神尾弌春《契丹佛教文化史考》、野上俊静《辽金的佛教》和竺沙雅章的《宋元佛教文化史研究》为最具代表性的成果，影响较大，至今仍对辽金佛教研究有重要的参考价值。日本学者竺沙雅章在《宋元佛教文化史研究》中认为“在 10—12 世纪的东亚佛教文化圈中，辽朝无疑是居于中心地位的”。此说突破了以往“中原文化中心论”之成见，肯定了辽朝佛教的历史地位，具有一定的学术参考价值。

辽代佛教在中国佛教发展史上有着重要的地位和影响，它上承唐末五代，下启金元佛教，为金元的佛教发展奠定了基础。

20 世纪后半期则以中国学者的成果居多（尤李《辽代佛教研究评述》，《中国史研究动态》2009 年第 2 期）。下面分几个专题取其要者，分类予以简要评述。

1. 有关辽代佛教政策的研究。辽初契丹统治者对于佛教只有利用而无信仰，太宗时佛教进入契丹社会，圣宗以后臻于极盛，统治者不遗余力推崇佛教。辽代佛教一则因为僧侣人口的冗滥超出了社会的正常承受能力；二则因为佞佛之风侵蚀了契丹人勇武雄健的民族精神，以致后人有“辽以释废”之说。（刘浦江《辽金的佛教政策及其社会影响》，《佛学研究》1996）。辽政权所推行的佛教政策大致体现在以下几个方面：崇佛敬法、授官加爵、饭僧对佛教的狂热崇敬，这三个方面是辽皇室的一大特征，对后继者金朝的统治层有一定警诫意义（温金玉《辽金佛教政策研究》，《全球化下的佛教与民族——第三届两岸四地佛教学术研讨会论文集》，光明日报出版社 2009 年版）。辽金两朝恰恰在统治方面，既要处理自身的社会稳定与信仰文化，更要与汉族保持融洽关系，维护民族间的团结，所以对于汉人所信奉的佛教尤其表示尊崇。在尊奉中有限制，这大抵是辽金两朝对佛教的政策。

2. 辽代帝王与佛教的关系研究。唐统天《辽道宗对佛教发展的贡献》（《社会科学辑刊》1994 年第 4 期）认为辽道宗大力提倡佛教，即所谓“欲使玄风，兼扶盛世”。其贡献主要表现在身体力行推动佛学研究，扩大完善《契丹藏》、续刻房山云居寺石经，道宗不仅在所统治的辽王朝区域内极力推动佛学的发展，而且同西夏、高丽进行了交流。周齐《辽代帝王与辽代佛教的关系》［《辽金元佛教研究（上）》，大象出版社 2012 年版］则从历史的角度阐述了辽代历代帝王都没有排斥佛教，辽太祖时代奠定了崇敬佛教的信仰基础，辽太宗时期推进了崇信佛教的信仰倾向，圣宗时期佛教进入繁盛发展，兴宗、道宗、天祚时期隆佛及佞佛等是辽代几个时期的重要表现。另外涉及辽代帝王与佛教关系的文章还有王月珽的《辽朝皇帝的崇佛及其社会影响》（《内蒙古大学学报》1994 年第 1 期）等。

3. 辽代寺院经济的相关研究。白文固《辽代的寺院经济初探》（《社会科学》1981 年第 4 期）重点探讨了契丹民族接受佛教的途径，以及辽境内的寺院的经济情况，寺院拥有大量的土地、寺户，社会上盛行一种民间支持寺院佛事的社团组织，即所谓的“千人邑社”组织，也强化了寺院的经济基础。张国庆《辽代的寺田及其相关问题探究》（《中国农史》2010 年第 4 期）指出辽人崇佛，以“寺田”为核心要素的寺院经济非常发达。辽代寺院田地的来源，大致有继承、捐施和购买三种渠道；寺田的捐施、购买、占有、继承以及争端等，都有相关的法律文书，并刻石为证；寺田的耕耘者，确为双重纳税的寺庄“二税户”；寺田和寺院园林中，种植着契丹辽地特有的各种粮蔬与果木；寺田“产品”的盈余，还催生了僧人的放贷经营活动，使辽代的寺院经济呈现多元化趋势。另外，这方面的论文还有田华《浅谈辽代寺院经济的一些问题》、蒋武雄《辽代佛教寺院经济初探》等。

4. 关于辽代佛教宗派的研究。辽代佛教宗派的总体特点是“显密圆通”（朱子方《辽代佛教的宗派、学僧及其著述》，《辽金契丹女真史研究》1986 年第 1 期）。密教来源非常复杂，它继承了唐密，也含有杂密和直接源于印度的因素（尤李《论辽代密教的来源》，《国学研究》27 卷，北京大学出版社 2011 年版）。佛教在统治者的大力支持下，不仅寺宇巍峨，僧侣众多，而且佛教义学盛行，佛学研究发达，著述丰富，佛教各宗派林立，华严、密宗、法相唯识、律宗、净土都获得了空前发展，禅宗除了在辽中期处于沉寂状态外，在辽初和辽后期也有一定的发展，天台和俱舍虽有传播，但相对而言势力弱小，影响不大［法缘《辽代佛教及其宗派》，《辽金元佛教研究（上）》，大象出版社 2012 年版］。

四 辽契丹儒教、道教信仰研究

辽代承天太后没有停留在建章立制的层面上，而是着眼于推进契丹社会封建化的长远战略。巧妙地运用了契丹社会生活中原始母权的影响力，积极推行儒化方略，培养了实行封建化改革的圣君明主和高度汉化了的官僚队伍，加速了契丹社会的封建化进程（周宝荣《契丹承天太后的儒化战略》，《史学月刊》2003 年第 3 期）。

儒家思想对于促进契丹国家的民族安定起到重要作用。为调和经济上分散与政治上要求统一的矛盾，辽太祖选择了中国传统的专制主义的政治制度和能够较有效地服务于这种政治制度的儒家思想（姜艳芳《儒家思想传入契丹族论略》，《求是学刊》1997 年第 6 期）。

辽朝在建国初就开始推行“尊孔崇儒”的文教政策，提倡儒家文化成为辽朝社会生活的时尚。辽朝的"尊孔崇儒"文教政策在实施过程中形成了鲜明的契丹民族特色：一是儒学契丹化；二是儒、佛、道三教并兴，和谐发展。经过辽朝统治者的大力推行，儒家文化在北方游牧地区得以广泛传播，为"华夷同风"做出了重要贡献（高福顺《尊孔崇儒　华夷同风——辽朝文教政策的确立及其特点》，《学习与探索》2008 年第 5 期）。虽然契丹人的民族思想对于儒学在契丹国的发展有所牵绊，但其也赋予了契丹儒学异样的民族色彩，并使契丹民族文化得以快速发展（王淑琴《论辽代契丹国儒学传播中的民族思想》，《贵州民族研究》2016 年第 2 期）。

总之，儒家文化在辽朝的政治、经济、思想文化、教育等领域，都起到了非常重要的作用。在政治领域推行仁政，强调以德为本，以孝治天下；在经济领域发展农业，"诏有司劝农桑，教纺织。以乌古之地水草丰美，命欧昆烈居之，益以海渤勒水之善地为农田"；在教育领域推广儒学①，设置国子监、上京国子学等；在丧葬习俗上，开始造坟立碑并按照儒家道德规范，或夫妻合葬，或归葬祖坟［桑秋杰《儒学对辽代社会的影响》，《长春师范学院学报（人文社会科学版）》2011 年第 30 卷第 3 期］。儒学思想对辽代的社会影响也在考古方面得到了体现。首先，通过对辽代出土文物、墓志铭、壁画等考古资料，分析研究儒学在辽代的吸收和发展，从而推动了儒学思想对辽契丹的汉化及封建化进程，提高了契丹族的文化素质（许宁宁《从辽代考古资料看儒学在辽代的发展》，《历史勾陈》2014 年第 1 期）。对于辽代壁画中所描绘的契丹服饰风尚、道德观念及娱乐爱好等活动，亦可以折射出契丹人崇尚儒家文化的价值取向（李彩英、高永利《契丹族墓室壁画中的儒家文化研究》，《贵州民族研究》2018 年第 4 期），更是当时民族融合活动的直接反映［李玉君、张新朝《从民族融合视角看儒家文化对契丹族墓葬壁画的影响》，《渤海大学学报（哲学社会科学版）》2016 年第 1 期］。

道教方面的研究主要有王卡《辽代的李弘起义与道教》（《宗教学研究》1988 年第 1 期），舒焚《辽上京的道士与辽朝道教》（《湖北大学学报》1994 年第 5 期），郑永华《辽代燕京道教初探》［《北京联合大学学报（人文社会科学版）》2013 年第 11 卷第 2 期］，高福顺《辽代道学教育述论》（《黑龙江社会科学》2015 年第 5 期）。从辽代考古壁画角度进行论述辽代道教信仰的主要有孙勐《辽代道教文化与信仰的考古学考察》（《中国道教》2010 年第 5 期），邢康《从考古材料看道教在辽地的流传》（《内蒙古民族师院学报》1988 年第 1 期）等。

除此以外，关于辽代伊斯兰教、景教、摩尼教的研究成果很少见。

---

① 关于儒家思想对辽代教育的影响，张晓燕的硕士论文《儒家思想对辽代教育的影响》进行了专门论述，内蒙古师范大学硕士学位论文，2017 年。

五 辽契丹宗教信仰研究展望

整体而言，学界对辽代契丹宗教信仰研究重视不够。研究理论和方法有待突破，以获得新发现与新认识。以往研究，形成了考证学、考古学为主流的研究传统，除继续保持优良传统外，还应积极借鉴和吸收国内外心理学、文化人类学、民俗学、历史学等方面的理论和方法，进行跨学科的综合性研究，多层次多视角地探究契丹宗教文化现象。

研究内容上还存在继续拓展的学术空间。如导致契丹宗教信仰转型的原因分析，这一领域的探讨涉及一系列重要的人口移动、产业结构、地理环境、政治军事制度等变量，多重维度综合考量，才能将社会现象背后发挥作用的各种因素加以整体性的分析和把握。萨满教向佛教信仰过渡乃至多元宗教格局最终形成的内在原因的探讨，辽契丹信仰取向变化很大，如何将宗教变迁置于当时社会背景之下，探讨辽代契丹宗教内容的诸多细节、转换、演变等问题，也是值得进一步深入探讨的研究内容。

关于辽朝“一国两制”研究的回顾与思考

张志勇

辽朝建立后，基于对中华民族文化的认同，形成了中原农业文化与北方游牧文化交融与互动的局面。辽朝统治者针对辖区内不同生产方式与生活方式的民族，为了强化契丹贵族的统治地位与巩固其长久统治，“因俗而治”，“一国两制”。这充分体现了契丹统治者高超的政治智慧和创造性治国理念。本文基于文化认同视角，拟就辽朝的“一国两制”问题作深入而又系统地梳理与探讨。

一　关于辽朝“一国两制”研究的学术史梳理与回顾

1. 国内相关研究的学术史梳理

自上个世纪80年代，费孝通先生正式提出“中华民族多元一体”的理论架构，并以大量的事实，阐述了中华民族作为统一多民族的历史演变，在学术界引起强烈反响和广泛认同。与此同时，张博泉先生将辽朝政体正式概括为“一国两制”，从而引起契丹辽史研究专家学者的深入思考与不断探索。

（1）关于“一国两制”提出与表述上的不同观点

张博泉（1987）指出：“‘一家两国’和‘一国两制’，既是历史上的问题，也是个现实问题。历史上的‘一国两制’和今天实行的‘一国两制’是有本质的区别，不可同日而语。”① 并侧重探讨“多元”和“两制”的形成与影响。尹德蓉、刘树友、杨福瑞、张国庆（2017）等学者主张表述为“一国两制”②。但是也有不同观点。仁爱君（1992）主张表述为“一国二制”，并认为随着时间的推移逐步演化为“南北兼治”，是“分治”形态的继续发展，是适应国家统一体需要的结果，也是多民族融合发展的产物③。程妮娜（2001）表述为“华夷分治”的社会制度④。郑毅（2013）

---

① 张博泉：《试论历史上“一家两国”与“一国两制”》，《史学集刊》1987年第4期。

② 张国庆：《“汉法”与“国俗”：草原帝国的“一国两制”》，《光明日报》2017年7月10日。

③ 仁爱君：《应当重新认识契丹辽朝“一国二制”——兼谈其南北兼治的政治体制》，《昭乌达蒙族师专学报（汉文哲学社会科学版）》1992年第2期。

④ 程妮娜：《东北史》，吉林大学出版社2001年版，第163页。

提出辽朝的政体特色用"一元两制"来形容似乎更能体现其实质。所谓"一元"即是以辽朝皇权为核心的封建集权政治；所谓"两制"就是"一元"政体在多民族地区的不同表现形式①。此外还有赵振绩的契丹"二元政制"、杜烈原的辽代"二元体制"、关亚新的辽代"一朝两制"等提法。

（2）关于"一国两制"的内涵与特点研究

辽代"一国两制"可以简单定义为"一个国家，两种制度"。但是关于其内涵与特点学术界有不同看法。大多数专家学者都认为辽太宗时为了适应南北地区不同的生产与生活方式，制定了"因俗而治"的统治政策，即"以国制治契丹，以汉制治汉人"。于是在辽朝的中央统治机构，便分别设置了北、南面官两大系统。北面官负责契丹等少数民族事务；南面官仿唐朝的制度设立，负责治理汉族聚居区事务，"因俗而治，得其宜矣"②。尹德蓉（1998）认为北、南分制，即契丹人与汉人"因俗而制"，是辽代统治的一大特色③。仁爱君（1992）认为："一国二制"是契丹辽朝"因俗而治"政策的历史表现，南北政治体制的兼容并蓄、杂糅发展，是契丹国家体制发展的主要特色④。郑毅（2013）"一元"与"两制"同时存在于辽朝中央和地方政体中，并形成了中央高度集权与地方"因俗而治"共存的"一元两制"政治体制⑤。

（3）关于"一国两制"形成与发展方面的研究

关于形成与发展过程，主要有两种观点：一是认为经辽太祖初创，到太宗时期确立。尹德蓉（1998）认为，辽太宗时期"一国两制"的双轨制度便以国策确立下来，并为有辽一代所沿用。二是太祖始奠，经太宗完善，到世宗才真正确立⑥。仁爱君（1992）认为太祖时因俗而治，初步奠定了"一国二制"；太宗时确立；至辽世宗大同元年（公元 947 年）形式趋于完善⑦。关于形成与发展的原因条件，杜烈原（1989）认为契丹前期统治者放弃狭隘的民族立场，决心仿汉进一步推行封建制度这是主观条件；燕云地区对契丹人社会制度封建化的影响与作用，农牧并重和"胡汉分治"是辽朝推行二元体制的根本原因⑧。仁爱君（1992）认为契丹族"一国二制"

① 郑毅：《"因俗而治"与"胡汉一体"——试论辽朝"一元两制"的政治特色》，《黑龙江民族丛刊》2013 年第 6 期。

② （元）脱脱：《辽史（卷 45）百官志一》，中华书局 1974 年版，第 685 页。

③ 尹德蓉：《论辽代"一国两制"双轨行政制度》，《江汉论坛》1998 年第 9 期。

④ 仁爱君：《应当重新认识契丹辽朝"一国二制"——兼谈其南北兼治的政治体制》，《昭乌达蒙族师专学报（汉文哲学社会科学版）》1992 年第 2 期。

⑤ 郑毅《"因俗而治"与"胡汉一体"——试论辽朝"一元两制"的政治特色》，《黑龙江民族丛刊》2013 年第 6 期。

⑥ 尹德蓉：《论辽代"一国两制"双轨行政制度》，《江汉论坛》1998 年第 9 期。

⑦ 仁爱君：《应当重新认识契丹辽朝"一国二制"——兼谈其南北兼治的政治体制》，《昭乌达蒙族师专学报（汉文哲学社会科学版）》1992 年第 2 期。

⑧ 杜烈原：《辽代二元体制与契丹社会制度的发展》，《辽金契丹女真史研究》1989 年第 1 期。

是以“因俗而治”为指导思想；处于不同发展层次的人口及管理汉族人口，又维护契丹等游牧民族集团的现有发展形态，继续部族制的生活习惯，是现实基础和客观条件；主观上于契丹统治者的“开明”统治分不开①。郑毅（2013）认为作为辽朝“一国两制”政体源头的“因俗而治”政策的产生，正是源于契丹祖居故地的自然环境及其所处的空间地理环境；中原农耕民族和漠北游牧民族的文化影响力；漠北游牧民族的传统文化习俗和政治制度也对契丹产生深刻影响②。

（4）关于“一国两制”主要内容与表现研究

多数专家学者认为辽朝“一国两制”主要内容与表现是国家统治机构，即中央和地方的行政管理机构。杨保隆（1991）认为自辽太祖确立“因俗而治”政策后，又经太宗、世宗的发展形成了中央实行北、南面官制度，地方推行州县与部族并行制度泾渭分明的统治体系③。也有不同观点。冉守祖（1993）认为辽朝“因俗而治”的民族政策，主要表现在政权机构、法制、经济等方面④。郑毅（2013）提出辽朝州县、部族与斡鲁朵行政区划的“一元两制”；皇位传承制度“多元”世选制向“一元”世袭制的演变；枢密、宫禁为核心、北南面官制为两翼的职官制度的“一元两制”；汉军、部族军与宫卫军军队构成的“一元两制”⑤。

（5）关于“一国两制”作用与影响方面研究

举凡谈及辽朝“因俗而治”与“一国两制”的专家学者都要论及其作用与影响。杜烈原（1989）认为“二元体制”促进了契丹社会的发展、促进了辽国社会生产力的发展、增强了辽国军事与政治力量⑥。尹德蓉（1998）指出“以国制治契丹”，有利于契丹的进步和强大；另一方面，“以汉制待汉人”，有效地防止了这些地区的社会倒退⑦。历史证明，辽朝北、南分制的双轨制度适应了政治经济极不平衡的辽代统治，是成功而值得借鉴的一份宝贵遗产。郑毅（2013）认为辽朝一整套“一元两制”的政治体制，成为后来王朝的政治模板，发挥了极其重要的历史作用⑧。此外，李敬武先生也对“一国两制”的作用进行了阐述。

---

① 仁爱君：《应当重新认识契丹辽朝“一国二制”——兼谈其南北兼治的政治体制》，《昭乌达蒙族师专学报（汉文哲学社会科学版）》1992 年第 2 期。

② 郑毅：《“因俗而治”与“胡汉一体”——试论辽朝“一元两制”的政治特色》，《黑龙江民族丛刊》2013 年第 6 期。

③ 杨保隆：《简论辽朝的民族政策》，《北方文物》1991 年第 3 期。

④ 冉守祖：《略伦辽朝“因俗而治”的民族政策》，《史学月刊》1993 年第 1 期。

⑤ 郑毅：《“因俗而治”与“胡汉一体”——试论辽朝“一元两制”的政治特色》，《黑龙江民族丛刊》2013 年第 6 期。

⑥ 杜烈原：《辽代二元体制与契丹社会制度的发展》，《辽金契丹女真史研究》1989 年第 1 期。

⑦ 尹德蓉：《论辽代“一国两制”双轨行政制度》，《江汉论坛》1998 年第 9 期。

⑧ 郑毅：《“因俗而治”与“胡汉一体”——试论辽朝“一元两制”的政治特色》，《黑龙江民族丛刊》2013 年第 6 期。

（6）关于契丹族文化求同意识与“一国两制”关系研究

马赫（1987）认为辽代文化与“华夷同风”相始终①。孟光耀（1990）论述了汉族儒士群体“华夷之辨”观念日益淡化②。孟古拖力（1991）从辽人的思想意识入手，分析了“汉契一体”的中华观念的表现、产生和意义③。宋德金（1996）分析了辽朝正统观念的形成和发展④。郭康松（2001）分析了辽朝夷夏观的演变⑤。武玉环（1998）从契丹民族的历史观、社会观、民族观、道德观等方面，分析了契丹民族作为中华民族一分子的归属感与思想认同⑥。都兴智（2007）分析了契丹族与黄帝的关系及炎黄子孙的文化心理认同渊源⑦。刘浦江（2004）从辽朝的德运之争来说明契丹统治者在接受了华夏文明以后，都以正统相标榜⑧。程妮娜（2006）⑨、赵永春（2008）（2010）分析辽人自称“北朝”与辽人的“中国”观，辽金以“中国”、以“正统”自居，反映了中国多元一体民族观⑩。罗炳良（2012）认为辽夏金元时期，伴随着民族融合趋势的不断深入发展，作为中华民族源头的黄帝和炎帝，最终成为中国境内各民族起源的象征，这一象征的意义表现为文化上的同源异流，兼容并蓄，彼此共存⑪。

2. 国外相关研究的学术史梳理

国外相关研究主要有：一是日本学者的“两元政治”论。他们把辽朝在政治制度上贯彻“因俗而治”和“藩汉分治”的原则基础上创立的北南面官体制称为“二重制”或“二元制”。津田左右吉（1918）发表了《辽国制度的二重体系》一文⑫，岛田正郎对此说推崇备至，并将其修改为“二元制”。岛田正郎（1964）发表了《辽朝北面中央官制的特色》文章，提出“辽代官制发展得分为：太祖时代，太宗与世宗时代，圣宗与兴宗时代等三个时期”，在辽朝南北面官制体制下，实行“汉人自行管理的行政原则”，只有实行了这样的原则，辽朝才会有“二元制”⑬。二是美国学者魏特夫（1949）在其《中国社会史——辽》一书中提出“征服王朝论”⑭。三是德国学者傅海波和英国学者崔瑞德（1994）编《剑桥中国辽西夏金元史》一书中提出

---

① 马赫：《辽代文化与“华夷同风”》，《民族研究》1987 年第 3 期。

② 孟广耀：《试论辽代汉族儒士的“华夷之辨”观念》，《北方文物》1990 年第 4 期。

③ 孟古拖力：《辽人“汉契一体”的中华观念述论》，《辽金史论集》（第五辑），文津出版社 1991 年版，第 143 页。

④ 宋德金：《辽朝正统观念的形成与发展》，《传统文化与现代化》1996 年第 1 期。

⑤ 郭康松：《辽朝夷夏观的演变》，《中国史研究》2001 年第 2 期。

⑥ 武玉环：《论契丹民族华夷同风的社会观》，《史学集刊》1998 年第 1 期。

⑦ 都兴智：《契丹族与黄帝》，《辽金史论集》（第 10 辑），中国社会科学出版社 2007 年版。

⑧ 刘浦江：《德运之争与辽金王朝的正统性问题》，《中国社会科学》2004 年第 2 期。

⑨ 程妮娜：《辽金王朝与中华多元一体关系》，《史学集刊》2006 年第 1 期。

⑩ 赵永春：《试论辽人的“中国”观》，《文史哲》2010 年第 3 期。

⑪ 罗炳良：《炎黄文化传统与辽夏金元历史认同观念》，《史学史研究》2012 年第 3 期。

⑫ ［日］津田左右吉：《辽朝制度的二重体系》，《满鲜地理历史研究报告（第 5 册）》1918 年第 12 期。

⑬ ［日］岛田正郎：《辽朝北面中央官制的特色》，《大陆杂志（29 卷 12 期）》1964 年第 12：31 期。

⑭ ［美］卡尔·A. 魏特夫、冯家昇：《中国社会史：辽（907—1125）》，麦克米伦出版公司 1949 年版。

“第三种文化”与“征服王朝论”①。国外学者的观点需要我们认真鉴别，有些值得借鉴，有些需要批判。

综上，通过对国内外相关研究的学术史梳理，专家学者在辽朝“一国两制”表述、内涵、形成与发展的历史过程、历史背景、原因与条件、作用与影响等方面研究已经取得了一些成果，提出了许多真知灼见，为我们作进一步深入思考与探索提供了宝贵的启示。

二　辽朝“一国两制”研究存在的不足

学界对辽朝“一国两制”的研究虽然作了很大努力，发表了一些有价值的研究成果。但是，相对一些研究领域比较而言，其研究还存在一些不足，主要表现在以下几个方面。

1. 视角缺乏创新

专家学者对辽朝“一国两制”的研究视野不够开阔，不能把辽朝“一国两制”放到中华民族发展的历史进程中去考察，也忽视从北宋、辽朝、西夏对峙时期的历史格局中去认识，更缺乏从历史与现实关系角度进行研究。尽管辽朝“一国两制”与现实推行的“一国两制”有本质区别，但历史的未必都过时，现实也未必都合理，我们要善于寻觅其联结点。以往的研究往往专注于政治制度、经济体制、行政管理体制与机构、法律制度等方面，而缺少从文化认同、民族心理、社会治理、多维视角等方面深化对辽朝“一国两制”的研究。尤其是基于中华文化认同角度研究辽朝“一国两制”是今后研究的重点。

2. 理论基础薄弱

从研究理论方面而论，有以下几点值得注意：一是史学研究必须坚持马克思主义理论为指导。但是，学界对马克思主义理论学习不够，再加上西方各种非马克思主义思潮的影响，近些年来马克思主义在史学界讲坛上失语、论坛上失声。二是对“中华民族命运共同体”“中华民族多元一体格局”及相关的理论，学术界存在争议，始终未能达成共识。三是对辽朝“一国两制”与历史上“因俗而治”的关系需要深入辨析，“因俗而治”是辽朝“一国两制”的指导思想，“一国两制”是对“因俗而治”思想的创造性发展。四是受中国历史上“大汉族主义”“正统论”等影响，把我国少数民族看成是“异类”，所谓“戎狄是膺，荆舒是惩”，“非我族类，其心必异”②。五是对日本学者的“二重制”“二元制”“南北对立论”“异民主统治论”

① ［德］傅海波、［英］崔瑞德：《剑桥中国辽西夏金元史》，中国社会科学出版社2007年版，第6、17页。

② （唐）房玄龄：《晋书（卷130）·载记（30）》，中华书局1974年版，第11页。

“骑马民族国家论”与西方学者“征服王朝论”辨别与批判力度不够。

3. 内容缺乏深度

从研究内容方面来看，有以下几点：一是对辽朝“一国两制”性质与特点分析不够深刻；二是对辽朝“一国两制”的内容与表现分析不够全面，实施与发展到何种程度研究不到位；三是对辽朝“一国两制”的文化影响存在偏颇，只注重汉文化对契丹社会影响，而忽视契丹文化对中原社会的影响；四是对辽、宋统治者个人心理、品格与汉、契民族相互认同研究薄弱；五是辽朝“一国两制”与现实“一国两制”的联系与本质区别缺乏深度研究。

4. 资料收集困难

研究辽朝“一国两制”问题，并能够提出新的观点与见解，就必须占有大量的丰富的资料。史料匮乏是治契丹（辽）史的一大突出问题。一是文献资料，辽代文献资料比较少，就《辽史》而言，又是写得比较简陋的一部正史。二是辽代的考古资料，新中国成立以后，陆续有新的发现，尤其是改革开放以后有大量的考古发现。然而，考古资料受各种因素影响，信息逐渐减少；公布滞后，有些存在馆里，不能及时为研究者所用；发掘一些考古资料，如碑刻资料、契丹文字资料等，解读起来相当困难。所有这些都严重制约对契丹（辽）史的解读与研究，也成为制约辽朝“一国两制”问题研究的瓶颈。

5. 方法严重脱节

科学有效的研究方法，是打开辽朝“一国两制”问题研究的一把钥匙。但是学界在研究过程中，对传统的史学研究方法，如历史研究法、考据法、计量方法、统计分析、比较分析等方法传承不足；新的史学研究方法，比如多学科交叉方法、社会史观、生态史学、心态史学、文化史学、民族史学等方法运用不够。社会学方法中的“田野调查方法”，由于受到人力、物力、财力影响，加上时间与空间等条件限制，实施起来也很困难。传统史学研究方法与现代史学研究方法不能很好结合；中国史学研究方法与西方史学研究方法很难兼容，非此即彼。所有这些问题，都严重影响到辽朝“一国两制”研究的深度与成效。

三　关于深入开展辽朝“一国两制”研究的建议

“一国两制”是辽王朝的创造，也是留给后人的一份珍贵的历史文化遗产。为此，我们要全面地、系统地、深入地开展研究，力求客观地、准确地还原历史的本来面貌，揭示其形成、发展、演变及其规律性，总结其经验与教训。怎样开展研究？提出以下四个方面的建议。

1. 开阔视野，视角创新

辽朝“一国两制”深深根植于中国传统文化之中，文化认同是辽朝实施“一国两制”的基础与纽带。一是开阔研究视野。从中华民族文化认同视角研究辽朝实施的“一国两制”。重点研究文化认同、民族认同、国家认同的概念、内涵、特征、作用与影响，搞清楚它们之间的关系；辽朝汉、契文化相互作用与影响；辽朝统治下的汉人对契丹文化的认同，契丹人对汉文化的认同；辽朝统治者对中原文化的认同，宋朝统治者对辽朝文化的认同；统治者个人心理、性格对文化认同的影响；汉、契世家大族的文化认同，即汉族世家大族的契丹化，契丹世家大族的汉化①；民族观念与民族心理研究，包括中国观、炎黄子孙观、正统观，民族心态②、民族情感、风俗习惯、民族形式与风格等。二是学术研究贵在创新。“一国两制”，它只是一种过渡性质的政体，而不是最终形式。“一体”或说“一国”是看问题的根本点。

2. 加强学习，夯实基础

观念是先导，理论是基础。作为史学工作者，必须深入学习历史知识、史学理论，学习科学的理论。研究辽朝的“一国两制”，必须坚持以马克思主义理论为指导，历史唯物论是研究辽朝“一国两制”的理论基础，唯物辩证法是分析辽朝“一国两制”的基本点与根本方法。我们坚持实事求是，还原历史本来面貌，寓论于史、论从史出，透过现象看本质，探讨历史发展演变过程及其内在的规律性，就是坚持马克思主义基本原理和观点。要正确处理理论与实事的关系。我们不要认空论为实事；也不能重实事轻理论。夯实史学研究的理论基础，更好地指导史学研究，提升史学研究质量与深度。

3. 深度探索，充实内容

以往对辽朝“一国两制”的研究，领域偏窄，内容不够丰富。只注重北、南面官制，事实上“一国两制”是在多个领域、全方位实施，程度很深。而且由“两制”逐渐走向“一体”，即融合的趋势，这是考察的重点。今后要拓展研究领域，充实研究内容。具体而论，主要有以下几个方面。

（1）“文化认同”与“多元一体”的“中国观”

文化的影响是双向的，文化的认同也是双向的。契丹民族较早就接触中原农耕文化，并伴随辽朝社会发展，中原农耕文化（或说农业文明）对契丹民族乃至整个社会产生了深刻的影响，其影响元素包括：政治思想文化、经济文化、组织文化、制度文化、法律文化、伦理文化、宗教文化、生活习俗、文学、艺术等方面。与此同时，契丹游牧文化对中原文化也产生了较大的影响，主要影响元素表现在骑马射箭技艺、生活习俗、畜牧经济、民族性格、音乐舞蹈等方面③。维系辽朝命运共同体的纽带就是境内各个民族的文化认同。从辽人自称为“轩辕后”到正统之辩、德运之争，就

---

① 王善军：《世家大族与辽代社会》，人民出版社2008年版，第239—247页。

② 王德朋：《辽代汉族士人心态探析》，《史学集刊》2003年第2期。

③ 参见拙文《辽金时期民族文化的认同与发展》，《辽宁工程技术大学学报（哲学社会科学版）》2010年第3期。

证明了争辩是为了选择，选择就是认同。辽朝时期出现的“华夷同风”“汉契一体”“契丹汉人久为一家”“南朝”与“北朝”“中国”与“正统”“炎黄之后裔”等自称，正是基于文化认同基础上产生的“多元一体”的“中国观”①。

（2）“因俗而治”与辽朝“一国两制”

辽朝的“一国两制”是以“因俗而治”为指导思想的，因此要探讨中国历史上“因俗而治”的历史发展；辽朝初年实施“因俗而治”的原因与条件，包括地理、自然、生态、政治、经济、社会、文化、人口等状况；“因俗而治”与“一国两制”的联系与发展，“一国两制”是“因俗而治”思想在辽初的表现形态，也是其深化与发展；辨别“胡汉分治”“因俗而治”“一国两制”三者之间的联系与区别。

（3）“一国两制”与辽代社会发展

辽朝“一国两制”政策的确立、实施，对辽代社会产生重要影响。一是深入分析辽朝“一国两制”的特点，可以从传承性、实践性、创新性、全面性、融摄性、平等性、权宜性、借鉴性等方面研究。二是全面分析辽朝“一国两制”的内容与表现，其内容不仅表现北南面官制，而且内容极为丰富，表现形式多样。三是考究“一国两制”在辽代契丹社会实施程度。从治国理念上，由“蕃不治汉，汉不治蕃”到“一国两制”；从政治上，“官分北南”到“南北兼治”；从经济上，由单一的“游牧狩猎”到“农牧并举”综合发展；从法律上，分“蕃法”与“汉法”到“一以汉法论”“一等科之”；从文化上，由“华夷之别”到“华夷同风”等。反映了辽代社会的封建化进程，折射出契丹社会的进步与发展。

（4）“一国两制”与辽代民族融合

一是辽朝境内各个民族的融合。民族迁徙与杂居是民族融合的基本条件，辽时北方地区民族迁徙相当频繁，杂居现象也日益突出，民族迁徙与杂居对促进各个民族经济与文化联系，逐步走向民族融合所起的作用。二是契丹民族与汉民族的融合。尤其是契丹世家大族的汉化与汉族世家大族的契丹化及其对民族融合的影响是重点。三是研究辽朝历史人物。人是历史与文化的主体，辽代重要历史人物对民族融合与文化传承与发展起着十分重要的作用。四是辽朝统治时期民族融合的进程、内容、方式与途径。五是民族观念是对民族发展和融合程度的反映。

（5）“一国两制”的作用影响

“一国两制”是历史上的问题，也是个现实问题。考察辽朝“一国两制”的作用与影响，主要看对辽代社会发展所起的作用，以及对辽以后元明清的影响。辽朝的“一国两制”作为国家的政治体制，在其统治过程中曾发挥了重大作用。一是从政治角度看，有效维护了草原帝国的统一，从而实现了辽（契丹）对北方与东北地区近200余年的统治。二是从管理角度看，辽朝从中央到地方建立了两套行政管理机构，

① 赵永春：《试论辽人的“中国”观》，《文史哲》2010年第3期。

从而为不同生产方式与生活方式民族区域的社会治理提供制度保障。三是从经济发展视角看，辽朝因时制宜，“以国制治契丹”，体现了对契丹及其少数民族社会生产力发展水平与现状的维系与传承；“以汉制待汉人”，体现了对汉族聚居区较为先进的封建生产方式的尊重与汲取，由此而形成了亦农亦牧、农牧结合的生产与生活方式。四是从民族关系角度看，辽朝“一国两制”行政管理体制，有利于辽朝统治区域内各个民族和平共处，尽管也存在民族歧视与民族矛盾，但是民族之间的交往、交流，民族融合仍是历史发展的主流。不仅如此，辽朝统治区域内各个民族还在民族观念与心理上产生认同意识。五是从文化角度看，辽朝“一国两制”，因俗制宜，既保留与传承了北方民族优秀游牧文化传统，尤其是契丹主体民族的文化传统，又尽量吸取中原封建的较为先进的农业文化，中原农业文化与草原游牧文化相互碰撞，既相互排斥，又相互借鉴，互相吸收，加速了北方和东北地区文化的发展与繁荣。六是辽朝“一国两制”作为一种政治模式，承认辽朝境内各个民族发展的差异性，适应了政治经济极不平衡的辽代社会现状，是成功和值得借鉴的一份宝贵遗产。辽代“一国两制”的经验与教训，具有借鉴意义。正如著名历史学家钱穆所说：“以中国人的眼光，来发现中国史自身内在之精神，而认识其以往之进程与动向。”①

4. 发掘史料，更新方法

（1）发掘史料

史学研究任务就是要还原历史的真实面貌，这就要求史学研究者要占有丰富的资料，包括文献资料和考古资料，这是研究辽朝“一国两制”问题的基础。坚持孤证不立、读史征信的原则。一是钩沉古籍文献资料，检索今人的研究文献资料；二是发掘考古资料，文物古迹、碑刻资料，尤其是对已经解读的契丹文字资料要加以充分运用。对占有的史料经过去粗取精，去伪存真，由此及彼，由表及里的环节，把零散的信息系统化，把粗浅的认识深刻化，准确地把握事物的本质和规律，得出正确的结论。

（2）更新方法

深化辽朝“一国两制”研究，提高学术研究质量与成效，必须不断更新研究方法。传统的研究方法，比如历史分析法、考据法、历史比较法、统计方法、计量方法等仍需沿用。但是，随着时代进步、社会进步、科技发展又出现一些新的研究方法，比如，多学科交叉方法、案例法、生态史学研究法、心态史学研究法等更应该采纳。我觉得从方法论角度应该做到以下几个结合：一是历史学与其他学科相结合，进行跨学科交叉研究；二是宏观分析与微观考证相结合；三是传统史学研究法与现代史学研究法相结合；四是中国史学研究法与西方史学研究法相结合；五是文献研究与田野调查方法相结合。总之，正确的态度是传统的、西方的不能全盘否定，现代的、新的研

① 钱穆：《中国历史研究法》，生活·读书·新知三联书店 2001 年版，第 156 页。

究方法广泛采用，做到“古为今用”“洋为中用”，发挥各种研究方法之优长，使其互相补充、互相促进，收相得益彰之效果。同时也要与时俱进，大数据时代需要与之相配的“联合”思维方式和大智慧，“互联网＋”历史研究的新方法必将成为中国史学研究方法发展的新趋势。

本文通过对辽朝“一国两制”研究的学术史进行全面梳理，分析了辽朝“一国两制”学术研究取得的成效，揭示了其研究过程中存在的一些问题，在此基础上，有针对性地提出解决对策。其目的就是为了更好地、更深入地开展契丹（辽）文化研究，尤其是对辽朝“一国两制”的研究。辽朝文化，承唐仿宋，是集合各族文化之精华的“多元”文化，并且具有鲜明民族特色、地域特色与时代特点，影响元、清，是中华民族历史文化的重要组成部分，我们要认真总结，深入研究，传承这一份珍贵的历史文化遗产。作为一孔之见，还不够成熟，不足之处，敬祈广大专家学者批评指正。

2010 年以来国内西夏佛教文献研究综述

张海娟

20 世纪末至 21 世纪初期，分藏于俄罗斯、英国、法国及中国的博物馆、图书馆与研究机构中的大量西夏文献获得了集中刊布，其中比较重要的有《黑城出土文书（汉文文书卷）》（1991 年）、《俄藏黑水城文献》26 册（1996—2017 年）、《英藏黑水城文献》全 5 册（2005—2010 年）、《中国国家图书馆藏西夏文献》全 4 册（2005—2006 年）、《国家图书馆藏西夏文献中汉文文献释录》共 1 册（2005 年）、《中国藏西夏文献》全 20 册（2005—2007 年）、《法藏敦煌西夏文文献》共 1 册（2007 年）、《中国藏黑水城汉文文献》全 10 册（2008 年）、《日本藏西夏文文献》2 册（2011 年）。上述文献多为首次刊布，填补了西夏学研究领域诸多空白。加之，星散于国内外各地的西夏文献与考古资料亦有不时发现与公布，继而为进一步推动西夏学研究的向前发展提供了珍贵的第一手资料。借由上述西夏文献考古资料的不断刊布，近八年来（2011—2018 年），我国西夏佛教文献研究取得了丰硕的研究成果。

一　文献刊布整理研究

随着西夏佛教文献不断公之于世，如系首次刊布或首次发现的西夏文佛经，为学者所考释、缀合、定名等，继而进一步丰富了西夏佛教研究的资料库。

俄藏西夏佛教文献方面。孙伯君首次刊布 8 个编号的西夏文《佛说阿弥陀经》，全文解读西夏文本（《西夏研究》2011 年第 1 期）。同为其首次刊布的西夏文《妙法莲花心经》在历代大藏经中未见著录，西夏文本的字句据该经“序品第一”“方便品第二”撮其要者，并另加一段“持诵要门”（《西夏学》第七辑）。Инв. No. 7211 号佛经题名缺佚，通过与汉文大藏经对照，此编号现存的两张残片实际分属唐代澄观《大方广佛华严经随疏演义钞》卷十三和辽代鲜演大师《华严经玄谈决择记》卷四（《西夏研究》2013 年第 1 期、《宁夏社会科学》2014 年第 4 期）。她还确认西夏文 Инв. No. 6172 号文献译自裴休《发菩提心文》，系首次于西夏文文献中发现裴休作品（《宁夏社会科学》2017 年第 4 期）。聂鸿音指出西夏文《金光明总持经》是一部罕见的西夏本土编著佛经，但整体的编写水平不高（《宁夏师范学院学报》2014 年第 4

期)。麻晓芳首次刊布西夏文《圣广大宝楼阁善住妙秘密论王总持经》原文，指出此经当参考藏汉文本译成，相对藏文本，西夏文本与汉文本更为接近(《西夏研究》2014 年第 4 期)。安娅率先对西夏文《炽盛光如来陀罗尼经》刻本与抄本进行解读、对勘(《宁夏社会科学》2014 年第 1 期)。韩潇锐则首次刊布与解读了西夏文《大宝积经・普明菩萨会》(中国社会科学院研究生院硕士研究生论文，2012 年)。英藏黑水城文献中亦发现九件西夏文《大宝积经》残经，崔红芬指出其翻译完成于秉常时期，分别为竺法护、曼陀罗仙、菩提流志和实叉难陀等人翻译的单部经文(《西夏学》第十辑)。王培培则对俄藏《大宝积经・佛说入胎藏会第十四之二》进行全文解读(《西夏研究》2017 年第 3 期)。新近，魏淑霞译释了 Инв. No. 404 西夏文《大宝积经・密迹金刚力士会第三之六》(《西夏研究》2018 年第 2 期)。张九玲率先刊布了俄藏两个编号的西夏文《大方等大集经》，言西夏本只翻译了汉译本中的"偈"，而将散文部分全部略去(《宁夏师范学院学报》2014 年第 2 期)。许鹏首次披露了西夏文《大方广佛华严经名略》的相关学术信息及译释；指出其与同类汉文著述相较，前者更为简略；西夏文《华严经名略》与《华严经》正文是一体的(《宁夏社会科学》2015 年第 6 期)。俄藏两个编号的西夏文本《佛说避瘟经》亦获得了首次刊布，王龙言西夏文本同时借鉴了汉文本《佛说避瘟经》《佛说断瘟经》和《南无佛说秘瘟经》，但与第一者最为吻合(《宁夏师范学院学报》2016 年第 1 期)。汤君刊布了首次发现的西夏《增壹阿含经》摘抄本，探讨了当时民间摘译佛经的风格(《宁夏社会科学》2016 年第 2 期)。

段玉泉对新见内蒙古额济纳旗绿城出土西夏文《金刚般若波罗蜜多经》《圣观自在大悲心总持功能依经录》《十二宫吉祥偈》进行了释录，其文献价值非常高(《西夏学》第十辑)。孙飞鹏则揭示了《中国藏西夏文献・内蒙古编》M21・173 残片出自《方广大庄严・诣菩提场品》，系该经西夏文本的首次发现(《西夏学》第十一辑)。荒川慎太郎从语言学角度对内蒙古文物考古研究所收藏的西夏文陀罗尼残片进行了介绍与研究，指出西夏文陀罗尼均由草书写成(《西夏学》第八辑)。何金兰首次全文释译甘肃省博物馆藏西夏文《观弥勒菩萨上生兜率天经》(《西夏学》第十辑)。她亦刊布释读了同馆的西夏文《妙法莲华经》(《西夏学》第十二辑)。王培培首次对甘肃武威博物馆藏西夏文《维摩诘经》进行考察与整理，言此经与俄藏经折装本出自相同版本(《西夏学》第十一辑)。1987 年，甘肃酒泉东千佛洞泥寿桃洞出土西夏佛教文献多件，高辉、张多勇、于光建、赵天英首次刊布研究了部分文献(《西夏研究》2013 年第 2 期、《敦煌研究》2015 年第 1 期、《文献》2017 年第 3 期)。甘肃临洮县博物馆所藏一件西夏文文献经整理译释为《大方等大集经贤护分》残卷，该经未见于已公布西夏文献及目录内，应为孤本(《西夏研究》2015 年第 1 期)。王龙首次从中国藏西夏文献《地藏菩萨本愿经》辑录出《十轮经》残页，并对其录文、注释(《西夏研究》2017 年第 2 期)。另外，他亦全面系统梳理考证了西夏文译本“地藏三经”（《西夏学》第十二辑）。20世纪50年代以来，河西地区亦出土了一些写有西夏文咒语的小纸片，聂鸿音指出其为佛教塔像装藏用品；“装藏咒语”的辨识可为现存西夏文物增添一新的种类（《西夏研究》2013年第4期）。贺兰山山嘴沟石窟出土的编号K2：158的西夏文写本残页，经高山杉释读证明是一部迄今未知的有关《通玄记》的注疏（《中山大学学报》2018年第2期）。吴雪梅、于光建译释了宁夏佑啟堂所藏西夏文《金刚经》残片，言其翻译底本是鸠摩罗什译本，是新发现的三种西夏文版本（《宁夏社会科学》2018年第4期）。

孙飞鹏缀合考释了两件英藏黑水城西夏文残片，指其内容为《佛说百喻经》的一则故事，此系该经西夏文本的首次发现（《宁夏社会科学》2014年第3期）。另外，同为英藏的西夏文佛经《发菩提心经论》《根本萨婆多部律摄》及《大方广圆觉修多罗了义经略疏》亦系首次发现（《西夏学》第十二辑）。英藏黑水城文献中存有一组西夏文木牍，学界此前未能对其性质作出判定。段玉泉将其与英藏Or. 12380/3561纸质文献结合研究，言其为西夏文藏经函号木牍，Or. 12380/3561则为西夏文藏经的校勘记录（《宁夏社会科学》2018年第3期）。

俄藏西夏文Инв. No. 0875号佛经题名为《大手印定引导略文》，孙伯君判定其实为《大手印定引导要门》的节略（《西夏研究》2011年第4期）。俄藏西夏文文献TK189V原定名《佛经》，刘广瑞考订其实为《仁王护国般若波罗蜜多经》，言西夏文本乃根据唐不空本所译（《宁夏师范学院学报》2012年第1期）。韩小忙考证并定名俄藏Инв. No. 6183－1为佛经《三法藏》卷八的开头部分（《宁夏社会科学》2015年第2期）。英藏黑水城西夏文Or. 12380－3231（K. K. Ⅱ. 0236. 1）号残片原定名《大手印顿入要门》，韩潇锐确定其主体部分实为《大手印引定》，故予以改之（《西夏学》第八辑）。李晓明则对英藏几份误定为《七宝华踏佛陀罗尼经》的西夏文佛教残片进行了重新定名与释读（《西夏学》第八辑）。杨志高亦重新考察了英藏《金刚般若波罗蜜多经》10件西夏文残片，言其名应为《慈悲道场忏法》（第一卷、第五卷、第十卷）（《西夏学论集》，2012年）。彭海涛对黑水城出土，原定名为《佛经残页》的8件文书给出了准确定名（《西夏学》第八辑）。孔祥辉则利用俄藏汉文本与西夏文本《金刚经》，定名与考释了几则英藏西夏文《金刚经》残页（《西夏研究》2017年第1期）。

崔红芬通过对甘肃武威市博物馆所藏定名为《金刚般若波罗蜜经》的诸西夏文刻本残叶的考证，认为这一定名欠妥，因残叶不仅有经文，还有赞颂内容（《西夏学》第八辑）。对于该馆6721号西夏文佛经《佛说佛名经》，于光建、徐玉萍言其应为《佛说决定毗尼经》残件（《西夏学》第八辑）。而同馆所藏6749号西夏文佛经应名《净土求生礼佛盛赞偈》；该经集录者是寂真国师，并非俄藏黑水城西夏文献《净土求生顺要论》的传者寂照国师（《西夏学》第十一辑）。1991年，出土于宁夏拜寺沟方塔的西夏汉文佛经“修持仪轨”记载的是上乐金刚本尊坛城身轮、语轮、意轮四方四隅的神灵安排；其或可名为“上乐金刚坛城修证仪轨”（《图书馆理论与实践》2015 年第 12 期）。近年来，出土于宁夏贺兰山西夏石窟的几件未曾定题的西夏文残片实为《注华严法界观科文》《瑜伽集要焰口施食仪》《佛母孔雀大明王经》及与一组近于《十二因缘咒》的陀罗尼残叶（《西夏学》第十一辑）。中藏 S21・002 号西夏文佛经残卷，原未定题，经许鹏考证，其内容应该属于《华严忏仪》卷十三；该西夏文残卷与现存的汉文《华严忏仪》并不能完全勘同（《五台山研究》2015 年第 1 期）。

《俄藏黑水城文献》第六册所收 ф214 号、ф234 号两件文书均为《多闻天王修习仪轨》；且由缀合后之文书可见，西夏多闻天王信仰与唐宋时期有明显不同，其应与西夏所传藏传佛教均为密教范畴有关（《西夏学》第十辑）。俄藏敦煌文献中混入不少黑水城文献，马振颖、郑炳林考补 Дх. 8595 文献为黑水城文献，乃《大般若波罗蜜多经》残片；并对 21 件佛教文献予以拟名、释读，并缀合佛教文献两件（《敦煌学辑刊》2015 年第 2 期）。王龙缀合了前人著录中未予关注的俄藏西夏文《大乘阿毗达摩集论》两抄件 Инв. No. 70 与 Инв. No. 2651（《文献》2017 年第 3 期）。张九玲指出俄藏 Инв. No. 5402、Инв. No. 7038 西夏文《消灾吉祥陀罗尼经》为西夏仁宗校译本，并参照黑水城汉文本，拼配西夏文本（《宁夏社会科学》2017 年第 4 期）。崔红芬释读缀合了英藏西夏文《佛说无常经》残叶（《人间佛教研究》第 5 期）。学界对于《天地八阳神咒经》的关注大多集中于数量众多的敦煌本和回鹘本上，而对于该经在西夏境内的传播却讨论不多。英藏黑水城文献中的几件汉文《八阳经》残片有诸多相似之处，可以拼接（《敦煌学辑刊》2016 年第 2 期）。王培培拼配了英藏《佛说天地八阳神咒经》汉文本，并与敦煌本内容对勘，探寻其流变的原因（《西夏学》第十二辑）。英藏 Or. 12380/3898 号文献旧题“圣顶尊胜相佛母供顺”，段玉泉根据藏文本及西夏语法将其改译为“圣胜相顶尊母成就法”，并利用西夏文本、藏文本，拼配译出其汉译本（《西夏学》第十五辑）。马万梅指出《英藏黑水城文献》漏刊的 Or. 12380/3899、3900 两件文献皆属于西夏文《佛说佛母出生三法藏般若波罗蜜多经》卷二，且内容上接近于相连（《西夏研究》2017 年第 3 期）。杜建录、于光建缀合释读了敦煌研究院藏 0669 号西夏文《金刚波若波罗蜜多经》，复原该经的完整修持仪轨，判定其为西夏仁宗印本（《敦煌研究》2012 年第 6 期）。宁夏佑啟堂收藏的两件西夏文《圣胜慧到彼岸功德宝集偈》残叶为学术界进一步拼配出该经之完整本提供了弥足珍贵的材料，段玉泉、米向军对其进行了缀合释读（《宁夏社会科学》2017 年第 2 期）。吴雪梅则考释 No. 24 文献，确定其为《金光明最胜王经》舍身品第二十六残叶（《西夏研究》2018 年第 3 期）。

聂鸿音公布了俄藏西夏文《注华严法界观门通玄记》的版本及收藏信息，并汉译下卷有关“漩澓偈”的部分，揭示讲疏中的“三偈”系来自此前不为人知的一个“漩澓偈”异本（《民俗典籍文字研究》第八辑、《西夏学》第八辑）。王龙则依据高山杉新近公布的《通玄记》汉文残叶，对尚未获得解读的西夏文相对应部分“周遍含容观”之第八门——“八交涉无阂门”前部分进行了释读（《西夏学》第十四辑）。孙颖新翻译和校注了俄藏 Инв. No. 4446 西夏本《佛说斋经》残叶（《西夏研究》2011 年第 1 期）。汤君首次汉译考释俄藏西夏文《长阿含经》卷十二残卷，指其以汉译大藏经为底本，初译可能在崇宗初年，但之后虽声称经过仁宗、罗皇后时代的重校和刊定，仍有与底本不同、误译等处（《西南民族大学学报》2014 年第 2 期）。索罗宁刊译了俄藏西夏文刻本《大印究竟要集》的部分内容（《汉藏佛学研究：文本、人物、图像和历史》，2013 年）。孙伯君、聂鸿音则从俄藏黑水城文献中选取二十几种西夏文“大手印”修法文本进行解读（《西夏文藏传佛教史料——“大手印”法经典研究》，2018 年）。王龙全文校录和译释俄藏西夏文《十二缘生祥瑞经》（《西夏研究》2016 年第 1 期、第 2 期）。许鹏则对俄藏、英藏西夏文《十二缘生祥瑞经》进行了整理释录（《西夏学》第十二辑）。俄藏西夏文《大宝积经》卷三十六在翻译过程中出现不少讹误之处，张永富将其一一指出并推测其成因当是初译本抑或是校勘不精的缘故（《西夏研究》2017 年第 2 期）。麻晓芳译释俄藏 Инв. No. 42 西夏本《佛说瞻婆比丘经》残卷（《西夏研究》2017 年第 4 期）。王龙释读俄藏西夏文《瑜伽师地论》卷八十八，推测《瑜伽师地论》抄写于 1211 年（《西夏研究》2017 年第 4 期）。贾摶、曾金雪分别考释了俄藏西夏文《现在贤劫千佛名经》上卷、《大般涅槃经》卷二十二（陕西师范大学硕士研究生论文，2018 年）。杨志高利用中国、俄罗斯、英国、日本等地所藏《慈悲道场忏法》西夏文本，对该经进行了系统的整理与研究（《宁夏师范学院学报》2012 年第 5 期；《〈慈悲道场忏法〉西夏译文的复原与研究》，2017 年），而复原的该经为汉文本的形成非元代说提供了足够佐证（《宁夏社会科学》2017 年第 4 期）。他还对中国国家图书馆所藏西夏文《经律异相》卷一卷十五“优波离为佛剃发得入第四禅一”进行译注（《图书馆理论与实践》2013 年第 12 期）。张瑞敏、尹江伟分别对同馆所藏西夏文《添品妙法莲华经》卷二、西夏文《阿毗达磨顺正理论》卷五进行全文译释（陕西师范大学硕士研究生论文，2012 年、2013 年）。黄延军亦对同馆藏西夏文《大般若经》二十一卷做了对勘研究（《中国国家图书馆西夏文〈大般若波罗蜜多经〉研究》，2012 年），王长明、任长幸、毋雅妮亦对该经卷一、卷三百三十八、卷三百七十九至三百八十三进行了译释考证（陕西师范大学硕士研究生论文，2014 年、2016 年）。Yulia Mylnikova、彭向前则对该经前 40 个函号中错误的西夏字做了纠正，并新补了卷四百零一至四百五十的五个函号（《西夏学》第十辑）。孙伯君对故宫所藏西夏文《高王观世音经》进行了录文，随后作了对译和校注（《西域历史语言研究集刊》第十辑）。梁继红则释录了武威出土西夏文佛教文献，如《金刚般若波罗蜜多经》《佛说圣佛母般若波罗蜜多经》《妙法莲华经》《大方广佛华严经》《维摩诘所说经》等（《武威出土西夏文献研究》，2015 年）。

二 文本研究

吾人固知，西夏王朝前期曾多次从中原求取佛经进行翻译，中后期又对前译佛经进行新补及对藏传佛教经典的翻译。总体而言，其对佛教经典的翻译主要集中于前四朝时期，仁宗仁孝时期则以校经为主。现存西夏佛经的翻译主要有汉传和藏传两大来源，其所依据的底本概可分为汉文底本与藏文底本。与此同时，部分西夏本佛经的翻译还兼受汉、藏、梵文佛经的交互影响。

胡进杉言俄藏西夏文《佛说止息贼难经》为汉译本再译，《七功德谭》为藏译本之再译（《西夏学》第八辑）。黄延军则指出俄藏4738号残片为宋天息灾汉文本《佛说金耀童子经》的西夏文译本，此经的民族文字译本比较少见（《西夏学》第八辑）。孙伯君、韩潇锐揭示了俄藏西夏文《西方净土十疑论》略注本是根据宋沙门澄彧《净土十疑论注》翻译而成（《宁夏社会科学》2012年第2期）。孙伯君通过俄藏西夏文《达摩大师观心论》与现存敦煌P.4646等汉文本的对照，可知西夏本译自汉文本；据西夏文本，可判断《观心论》实为禅宗弟子所作，旨在阐发观心要义（《西夏文献丛考》，2014年）。崔红芬梳理与译释黑水城及敦煌等地出土西夏文《药师琉璃光七佛本愿功德经》及其仪轨，确定其为西夏仁孝时期据义净汉文本翻译而来（《西夏佛教文献研究论集》，2017年）。新近，麻晓芳解读了俄藏Инв. No. 909西夏文《药师琉璃光七佛本愿功德经》草书写本，言其为西夏永平皇帝时期的译本，且其与仁宗写本Инв. No. 7827并非通常认为的初译本与校译本的关系，仁宗本并非校译本，前朝永平皇帝本之内容更加完善，更符合汉文佛经的原貌（《宁夏社会科学》2018年第2期）。

由于未找到俄藏西夏文Инв. No. 146号文献据以翻译的汉文原本，故此前关于其定名以及性质问题一直悬而未决。孙伯君指出俄藏西夏文Инв. No. 146号文献其实据白云宗祖师清觉《正行集》的某个略注本译成，当归入佛教著作类（《宁夏社会科学》2011年第1期）。同样，俄藏西夏文《诸法一心定慧圆满不可思议要门》亦尚未在存世藏经中找到相应的汉文原著，孙颖新依据西夏文本，尝试最大限度地复原汉文底本（《宁夏社会科学》2016年第5期）。针对黑水城文献中尚未见玄奘译《般若心经》之西夏文译本的单行本的情况，孙伯君从俄藏西夏文慧忠《般若心经注》中辑录出玄奘所译《般若心经》全文，从而为学界增加一种《心经》译本的文字品类（《西夏研究》2015年第2期）。

武威市博物馆所藏西夏文《佛说百寿怨结解陀罗尼经》译自汉文本，系属于节取东晋帛尸梨蜜多罗之译本，并假说普光菩萨之名，配上念诵、持诵功德字句而成的“疑伪经”（《宁夏社会科学》2012年第1期）。该馆所藏编号6750西夏文写本是以北宋《景德传灯录·志公和尚十二时颂》为底本，西夏高僧在翻译时又进行了注解与说明（《西夏研究》2013 年第 2 期）。而在明代曾广为流传，且被斥之为藏外、视为伪作的大明仁孝皇后感佛说陀罗尼，与台北故宫博物院藏明代泥写金字《大乘经咒》中之两部陀罗尼一致，其尊胜陀罗尼又可与《瑜伽集要焰口施食仪》西夏不动金刚法师所增尊胜陀罗尼等材料串联起来，并可追溯至西夏鲜卑宝源。它们都是在鲜卑宝源汉译本基础上衍化而成，将其中带有西北方音的译音用字成规律地加以修改，不动金刚法师作品似是这一流变过程的中间环节（《西夏学》第十一辑）。现存西夏《首楞严经》的相关文本出于拜寺沟方塔、山嘴沟石窟及黑水城。拜寺沟方塔汉文本源自《首楞严经》第五卷、山嘴沟石窟西夏文刻本残片为宋初复兴华严宗的六祖子璿所撰《首楞严义疏注经》、黑水城《密咒圆因往生集》与《禅源诸诠集都序》也吸纳了《首楞严经》的内容（《西夏学》第十辑）。杨志高指出宁夏灵武出土的西夏文《经律异相》的初译本来源于《开宝藏》初刻本，概以《开宝藏》《契丹藏》《赵城金藏》校译（《西夏学》第十辑）。

英藏西夏文文献 Or. 12380 – 3203RV 为《大方广佛华严经入不思议解脱境界普贤行愿品》的一部分。英藏黑水城文献中，《普贤行愿品》残叶数量不少，并有多个版本，于业勋通过其与汉文本以及各残叶的查对，发现其中尚存个别差异（《西夏学》第八辑）。孙飞鹏进一步整理了英藏《普贤行愿品》残片，同时发现现存汉文本中“普贤长颂”内容的缺失，可参照西夏文本对其进行补充（《西夏学》第十五辑）。英藏 Or. 12380 – 3600（k. k. Ⅱ. 0238. g. iii）为西夏文手抄《大般涅槃经》之一部分，邹仁迪通过其与汉文本的查对比较，亦发现了其中的一些差异（《西夏学》第八辑）。张笑峰、王颖则首次对英藏四件文书进行录释，确定其为《圣胜慧到彼岸功德宝集偈·魔行品》，并与中国藏西夏文献 G21·053［T23 – 2］ – 4P、5P（魔行品十一）比对，得其为不同版本（《西夏学》第十辑）。崔红芬确定英藏、中国藏西夏文《圣曜母陀罗尼经》存不同版本，西夏文本主要是依据法天译汉文本翻译完成，且该经的流行与西夏星曜崇拜有关（《敦煌研究》2015 年第 2 期）。崔红芬确定英藏黑水城文献中存有 20 多件西夏文《妙法莲华经》和《观世音菩萨普门品》，为多个版本，内容不完整，也没有帙号出现（《普陀学刊》第二辑）。她还列举了黑水城文献中的汉文和西夏文本《父母恩重经》，对比黑水城本与敦煌本，确定前者内容来源于唐朝以来流行的该经之删减本（《西夏学》第十二辑）；考证了俄藏、英藏、法藏、中国藏夏汉文本《华严经》不同版本的版式和帙号，确定了西夏时期曾经存在西夏文《大藏经》的事实，认为其形成了一套帙号体系（《宁夏社会科学》2016 年第 3 期）。孙飞鹏认为西夏文《华严经》所据底本与《金藏》本更为接近，且较《金藏》为善，其应出自经修订过的《开宝藏》；并提出了夏文本《华严经》为多人翻译完成的观点（《西夏学》第十辑）。其后，他又与林玉萍系统整理释读校勘英藏西夏文《华严经》（八十卷本）残片，新考订二十余件该经写本残件，指出《开宝藏》本与西夏文译经底本有密切关联（《西夏学》第十二辑）。罗曼则介绍了法兰西学院汉学研究所藏西夏文《华严经》第四十一卷中的一系列“十种事”（《西夏学》第十辑）。史金波考证法国吉美博物馆藏西夏文泥金字《妙法莲华经》于西夏惠宗时期由汉文本翻译而来，后又经校正；并利用西夏时期的西夏文本与汉文本，考知其八卷本的结构及两种版本所含各品的异同（《文献》2017 年第 3 期）。

林英津对藏于傅斯年图书馆与圣彼得堡的西夏语译《胜相顶尊总持功能依经录》进行版本比较，指出西夏汉文本与《大正藏》所收诸汉文译本实为译本异译（《西夏学》第八辑）。张九玲首次刊布了分藏各国的西夏本《佛顶心观世音菩萨大陀罗尼经》，指出西夏本译文未过分追求与汉文本的字字对译，只尽可能地传达汉文本原意；同时各西夏本的内容基本一致，只有拜寺沟方塔出土的汉文本、黑水城本与西夏文文本内容有别（《宁夏师范学院学报》2015 年第 1 期、《宁夏社会科学》2015 年第 3 期）。郑阿财则详细列出了所能搜集到的《佛顶心观世音菩萨大陀罗尼经》文本，其中就包括俄藏黑水城文献、英藏黑水城文献中的汉文本及西夏文本（《敦煌学辑刊》2015 年第 3 期）。佟建荣通过对俄藏黑水城文献 TK158、TK159《夹颂心经》之内容、版本形制对勘，言其同中有异，异中有同，当是一组早期原刻本与翻刻本实物资料（《宁夏社会科学》2018 年第 2 期）。

藏传佛教经典为西夏文佛经翻译的另一大来源，然而，迄今为止，获得研究的夏译藏传佛教作品却很少，西夏文《守护大千国土经》即为其一。安娅对该文献的 28 个残件进行了研究，拼配出一部完整的本子（中国社会科学院研究生院博士研究生论文，2011 年）。而俄藏 Инв. №234 西夏文《守护大千国土经》卷上前面又冠有《五部经序》，其是名为“齐丘”的西夏大臣在 12 世纪 70 年代之前奉诏写下的作品，但是他对于佛教及新译的经文似乎不大熟悉（《民族研究》2013 年第 1 期）。凡带有这篇序的《守护大千国土经》都属于大部的《五部经》，并非单行本。此“五部经”之《大真言随持经》译自藏文本，不同于梵文本和汉文本中的《大护明大陀罗尼经》，至于藏文大藏经中的“五部经”如何形成，还有待进一步考证（《西夏学》第十二辑）。张九玲则对藏传西夏本“五部经”之一的《大随求陀罗尼经》进行了全面的解读，对勘初译本与校译本，言其改动不多（中国社会科学院研究生院博士研究生论文，2015 年；《西夏学》第十四辑）。

武威亥母洞遗址出土西夏文《大白伞盖陀罗尼经》译自藏文，大致可与北京版《西藏大藏经》No. 202 勘同，但有出入，应该还有一个与此西夏文本比较接近的藏文本（《西夏学》第八辑）。西夏文《尊者圣妙吉祥之智慧觉增上总持》可与《西藏大藏经》收录者勘同，但在陀罗尼的对音上有些出入，可能译自另一个与之比较接近的藏文本（《西夏研究》2012 年第 3 期）。西夏文《吉祥遍至口合本续》是研究西夏藏传佛教的重要材料。孙昌盛指出该文献所据藏文本是 11 世纪后期由天竺僧人迦耶达啰和吐蕃僧人桂·枯巴拉拶从梵文译成，约 12 世纪后期到 13 世纪初传到西夏并翻译（《西夏学论集》，2012 年）。同时，西夏文本的印刷错误颇多，这完全可以作为该文献是活字印刷品的证据之一（《北方民族大学学报》2015 年第 5 期）。另外，他还参考藏文本《真实相应大本续》，全文解读了该文献，尤其是对西夏语译藏传佛教文献中独具特色的藏式意译词的译注，在一定程度上弥补了学术界对西夏文献中藏式意译词研究的相对不足（《西夏文〈吉祥遍至口合本续整理研究〉》，2015 年）。

于光建、黎大祥认为武威市博物馆藏 6746 号西夏文《圣胜慧到彼岸功德宝集偈》是由西夏仁宗时期天梯山法师周慧海翻译而成，翻译底本为藏文本（《敦煌研究》2011 年第 5 期）。苏航对该经梵、藏、夏、汉本对勘基础上，指出西夏文与汉译本既有各自独立性，又有明显的互相参考的痕迹，且两文本又与藏文本有关（《西夏学》第八辑）。文志勇对英藏五件西夏文佛经残叶进行考释，指出其内容为《圣胜慧到彼岸功德宝集偈》之“魔行品第十一”“不退转祥瑞品第十七”“精微品第二十七”“一切种智行品第一”和“方便善解根本品第二十”；西夏文本初次翻译时参照了藏文本，1141 年以后再次重译或校勘时则以梵本证义（《宁夏社会科学》2011 年第 2 期）。段玉泉指出宁夏佑殷堂收藏西夏文《圣胜慧到彼岸功德宝集偈》残叶五件，其中两件内容属于第 14 品，是此前所见各藏卷中缺失之部分；并通过其与汉藏文本的对勘，发现残叶中呈现出一些值得关注的语言点（《宁夏社会科学》2017 年第 2 期）。

俄 Инв. No. 6761 号文献，学术界只著录为《佛说阿弥陀经》，但其后还包括另一部佛教文献《极乐净土生顺念定》。聂鸿音介绍三件“净土求生法”方面的残卷，其中 Инв. No. 8343 与 Инв. No. 6761 的绝大部分文字相吻合，而另一件 Инв. No. 2265 文献的尾题被聂先生翻译为《极乐净土求生念定》正与 Инв. No. 6761 的首题竟然完全相同［《吴天墀教授百年诞辰纪念文集（1913—2013）》，2013 年］。而俄藏黑水城汉文文献 TK163“密教仪轨”W28 却正好可以将 Инв. No. 8343 与 Инв. No. 2265 连接起来。借由上述文献，可构拟出传世文献中目前不曾见过的藏传《极乐净土求生念定》之完整汉文本（《西夏研究》2016 年第 2 期）。俄藏 Инв. No. 7116 号佛经为藏传佛教经典《中有身要门》的西夏文译本，此经亦见于俄藏西夏文 Инв. No. 2545 等合抄本中。俄藏西夏文本与俄藏同名汉文本的内容不能勘同，可能预示着《那若六法》在西夏时期乃至元代河西地区并存着不同的教派传承（《藏学学刊》第九辑）。

英藏西夏文《金光明最胜王经》在内容上虽颇似义净译本但又有所不同，与国家图书馆藏仁宗重校本存在较多差别，较多地显示出了规范的西夏语表达及个别的藏式风格（《西夏研究》2011 年第 4 期）。俄藏西夏文《无垢净光总持》并非施护汉文本的照搬，而是曾对照梵文本进行了校译。同时，居庸关西夏文本的陀罗尼内容及对音用字均与俄藏更为接近（《宁夏社会科学》2012 第 6 期）。俄藏西夏译《佛说圣曜母陀罗尼经》写本和刻本共 12 件，其中夏仁宗校译本最主要目的是重新翻译经中的咒语，其前期翻译的依据是汉文而后期校译的依据是梵文（《宁夏社会科学》2014 第

5 期)。俄藏黑水城文献 Инв. No. 5130 虽题为“诠颂”，实则是《般若波罗蜜多优波提舍论现观庄严颂》的本颂，该文献卷末题记记载了其西夏文佛经译自梵文、藏文(《宁夏社会科学》2015 第 6 期)。

近年来，学界对《大乘要道密集》的关注和研究不断加深。高山杉于俄藏 TK329《四字空行母记文》中发现《无生上师颂》中出现的松巴师、无生上师和四字亥母法，从而找出黑水城密教文献与《大乘要道密集》所收西夏传译的藏密法本之间的共同点(《读书》2012 第 6 期)。此前，借由黑水城出土西夏文本目录及已刊布的汉文本，学者曾感觉到《大乘要道密集》中所收萨迦派、噶举派传承的“道果”法、“大手印”法经典与西夏所传藏传密法有很大关联，并猜测《大乘要道密集》所收诸多汉文本可能最早是西夏时期翻译的。通过对勘，孙伯君发现有些西夏文本题名与内容均可以勘同，但有些虽然题名一致，而实际内容却大相径庭，这一事实提醒我们注意：西夏文本与汉文本有千丝万缕的联系，反映西夏与元代的藏传密教之间有很深的渊源，这是毋庸置疑的。不能只根据西夏文本的题名就判断汉文本可能最早是西夏时期翻译的，西夏文本与同名汉文本可能并非出自同一个传承体系，即西夏时期传行的萨迦派、噶举派部分教法或许与元代的传承体系颇有不同(《西夏学》第十辑)。她还指出俄藏西夏文 Инв. №2892 文书卷首《除念定碍剂门》与卷中《治风碍剂门》之内容分别与《大乘要道密集》卷一之《除定障碍剂门》及《治风剂门》相一致；并参考汉文本对西夏文本进行了翻译(《藏学学刊》第十一辑、《西夏研究》2014 年第 3 期)。沈卫荣通过对《大乘要道密集》的著译者、文本内容及传承的细致分析，将其与黑水城出土的西夏文佛教文献、中国国家图书馆和台北故宫博物院的藏品相比对，发现《大乘要道密集》集中了西夏、元、明三个不同时代翻译的藏传密教文献，其主要内容是一部萨迦派道果修法的仪轨集成，也包括一些其他的仪轨，并提出莎南屹啰或应为一位明代译师(《中国藏学》2016 年第 3 期)。

三　文献与佛教史研究

杨志高译释了中国国家图书馆藏西夏文《慈悲道场忏法》之序文(原汉文书序)，指出西夏时期，因惠宗御序夏译，《慈悲道场忏法》也为国内官民所用，直至夏亡元兴时期，西夏移民还请高手重刻刊行(《西夏学》第八辑)。聂鸿音以为俄藏西夏文《仁王护国般若波罗蜜多经》实际上分属 11 世纪初译本与 12 世纪校译本，后者于 1194 年由智能法师奉罗太后敕命校订并在纪念仁宗的法会上散施(《西夏学论集》，2012 年)。麻晓芳则全文译释俄藏 Инв. No. 533，指出西夏文《善住意天子会·破魔品》至少在西夏惠宗秉常时期已在西夏地区译传(《西夏研究》2016 年第 3 期)。付佩宁、任红婷分别以尚未刊布的俄藏西夏文《三法藏》卷十九、卷十六为研究对象，考证西夏时期，该经曾至少被翻译两次：其一为仁孝之前，可能的时间范围为1038—1090年之间；第二次翻译则是在仁孝时期，且多次校勘（陕西师范大学硕士研究生论文，2014年）；据卷十六经前题款，推断其校勘时间应在1170—1193年间（陕西师范大学硕士研究生论文，2016年）。安娅通过对西夏文《守护大千国土经》中佛教术语的翻译方法的归纳，发现西夏人译藏传佛经存在四种情况，即意译藏文、意译与音译藏文结合、音译梵文、音译藏文（《宁夏社会科学》2016年第4期）。聂鸿音借由对西夏佛经序跋的译注，指出仁宗、桓宗时期的佛经序跋成为一种独立的文体，在遣词造句上的规范典雅表明其创作和翻译技巧的成熟（《西夏佛经序跋译注》，2016年）。

西夏时期，三十五佛信仰广行于西夏，并有多种三十五佛礼忏文版本流行，礼忏三十五佛，为西夏时期一种重要的佛教信仰（《西夏学》第九辑）。孙伯君通过对黑水城出土夏汉两种文本的三十五佛礼忏经典的对比，以及佛教名词的译法，揭示了西夏三十五佛礼忏仪式与藏传佛教有很深的渊源关系（《西夏文献丛考》，2014年）。黄杰华以俄藏黑水城文献等材料为据，指出藏传佛教的重要护法大黑天在西夏不但沟通汉、藏、羌三个民族，且在政治上更扮演着护国保民的世俗职能（《中国俗文化研究》第八辑）。同时大黑天仪轨也陆续由僧侣辗转带进西夏，信仰佛教的党项人在日常修习上多以藏传佛教法本为依归，当中或多或少结合了灵验的神话传说，这些传说进入一国之内，不但君主深信不疑，民间信徒亦多所修学（中央民族大学博士研究生论文，2011年）。赵阳重点整理探讨了以《高王观世音经》为代表的黑水城出土多部经书中的灵验内容，认为西夏佛教灵验记故事基本上服务于伪经（《敦煌学辑刊》2016年第3期）。西夏时期，凉州流行的民众信仰主要有西方阿弥陀佛、弥勒、东方药师以及观音信仰，其反映出西夏佛教的世俗化、民间化（兰州大学硕士研究生论文，2013年）。崔红芬考证俄藏Инв. No. 910号西夏文文献译自施护《圣六字增寿大明陀罗尼经》，于德明时期传入西夏；西夏境内流行着两类六字大明咒的信仰，《圣六字增寿大明陀罗尼经》《圣六字大明王陀罗尼经》属于第二类，与出自《大乘庄严宝王经》的六字大明观音心咒信仰无关（《西夏学》第十五辑）。

梁继红、陆文娟对比解读了武威市博物馆藏西夏文《志公大师十二时歌注解》与汉文本《十二时颂》，认为这种蕴含佛教禅宗思想的文献被加以注解并翻译成西夏文字，出现在典型的藏传佛教遗址亥母洞石窟中，说明在当时的凉州之地，各种佛教流派共存一地，融合发展（《西夏学》第八辑）。刘景云剖析了俄藏Инв. No. 2538《十界心》版画以西夏文字图解佛教“十界”观念，阐述天台宗早期“天堂地狱，唯人一念内心所造”的“观心法门”思想（《西夏学》第八辑）。俄藏西夏文《三观九门》的内容反映了北宋华严禅思想，其义学的宗旨是“一心”概念；《三观九门》与白云宗思想无关，且其作者“白云释子”与白云清觉不同（《西夏学》第八辑）。俄藏汉文文献中保存有8种西夏人重刻本《阿含经》残卷，这显示了宋、辽、西夏人在汉文《阿含经》的流传上的共同合力（《敦煌学辑刊》2013年第2期）。索罗宁以黑水城出土《解行照心图》为切入点，揭示了辽与西夏之禅宗关系［《辽金元佛教研究（上）》，2012 年］。袁志伟亦以《解行照心图》《洪州宗师教仪》为例，指出西夏华严学兼采唐、辽、北宋之佛教义学，但又未完全照搬其思想体系，而是综合性融合及创新（《青海民族研究》2017 年第 1 期）。俄藏黑水城文献《新集藏经音义随函录》虽刊布已久，却少人问津。赵阳指出黑水城本《随函录》仅存《大方广佛华严经》音义部分，这与当时西夏佛教受辽代佛教影响相关（《吐鲁番学研究》2016 年第 2 期）。崔红芬以俄藏黑水城《佛说大乘圣无量寿王经》为关注点，指出宋法天本与唐法成本不是同本异译，表明西夏既继承了河西地区佛经流行的传统，也深受宋佛教文化的影响，充分反映了西夏佛经来源的多元化和西夏佛教文化融合性的特点（《宁夏社会科学》2017 年第 3 期）。

学术界虽早有“汉藏佛教”的假设，但能够证明这个假设的文本例子迄今比较少见，而西夏语《金刚般若经颂科次纂要义解略记》可算其中之一。索罗宁借由该文献序篇之记载，是证西夏佛教曾经存在“汉藏佛教圆融”趋势；西夏佛学界的佛教史概念中不存在“汉藏”对立或分歧（《中国藏学》2016 年第 2 期）。俄藏黑水城文献 TK75 从一个侧面佐证了西夏文殊信仰所具有的“汉、藏并传”“形式多样”“即世而离俗”等特点（《五台山研究》2016 年第 3 期）。袁志伟则利用《大乘要道密集》，探讨了西夏大手印法与禅宗关系，指出以大手印法为重要内容的西夏藏传佛教，在本质上是一种融合汉藏佛学传统的佛教体系，并在很大程度上开启了元明清时代汉藏佛教的融合，以及党项、吐蕃和汉民族之间的宗教文化认同（《陕西师范大学学报》2016 年第 6 期）。

以往，部分学者认为藏传佛教在中原和西域的传播始于元朝，沈卫荣指出事实上，藏传佛教在成吉思汗崛起之前就在西域传播，西夏王朝统治下的西夏人、畏兀儿人、汉人已开始信仰和传播藏传佛教（《中国社会科学报》2012. 11. 23. 第 A06 版）。近几十年来，西夏文献和艺术品的发现与研究揭示了西夏统治者是藏传佛教的赞助者，起码在 1130 年以后是这样（*Eurasian Studies*，2011）。牛达生根据西夏故地出土的藏传佛教经典和文物，证实藏传佛教是在夏仁宗仁孝时期传入西夏并逐渐传播开来，有藏密但不属无上瑜伽密教（《西夏学》第十三辑）。孙昌盛则通过对现存藏传西夏文佛经的译经时代考证，认为藏传佛教早在惠宗秉常和崇宗乾顺时期就已经开始在西夏传播（《北方民族大学学报》2017 年第 2 期）。新近，孙颖新以 20 世纪初黑水城遗址所出西夏文《无量寿经》为研究对象，言其译于天佑民安五年（1094 年），是目前所知西夏译藏文佛经中时间最早的译本，经中发愿文证实了西夏早期即受到藏传佛教的影响，纠正了学界此前认为“西夏中、后期受到藏传佛教影响”的错误观点（《西夏文〈无量寿经〉研究》，2018 年）。

后弘期初期，即公元 11—12 世纪，上乐系教法作为新译密教中无上瑜伽密母续最为重要的分支，曾经在藏夏交界地带乃至西夏境内各地广为流传。这一点可以从黑水城、贺兰山区和河西地区等地考古发现的大量和上乐系修法有关的多语种文书和图像材料中得到确凿的证明（《大喜乐与大圆满——庆祝谈锡永先生八十华诞汉藏佛学研究论集》，2014 年）。善慧称本人曾在 11 世纪末到 12 世纪初赴西夏传播上乐教法，成为西夏皇帝的灌顶上师，其后游方于西夏境内，建立寺院传修上乐法门，是有史可考的最早前往西夏传播上乐教法的上师之一（《汉藏佛学研究：文本、人物、图像和历史》，2013 年）。魏文通过对《最胜上乐集本续显释记》译传源流的考察，揭示了善慧称远赴西夏的动机很大程度上来源于他的上乐教法根本上师、印藏上乐传承体系的枢纽人物滂汀巴昆仲（《中国藏学》2016 年第 2 期）。孙昌盛指出俄藏西夏文藏传密续《胜住仪轨》标题后题记记载了其梵文著者、藏文译者和西夏文译者，其中，梵文著者“须摩底乞哩底”即印度大班智达（善慧称）（《北方民族大学学报》2017 年第 2 期）。他还梳理了西夏文藏传密续《吉祥遍至口合本续之广义文》所载印度大成就者黑行师、毗卢巴的传奇事迹，揭示其在西夏广受推崇，在一定程度上反映了胜乐教法、道果法在西夏的流行（《西夏研究》2016 年第 3 期、《西夏学》第十五辑）。

1987 年于武威亥母洞遗址发现了包括《令恶趣净顺总持》《净国求生礼佛盛赞颂》《佛说大白伞盖陀罗尼经》《大千守护经中说五种守护吉祥颂等经颂》《佛说圣曜母陀罗尼经》《圣胜慧到彼岸功德宝集偈》等多种藏传佛教经典（《西夏学》第七辑）。近年，史金波于郑顺通藏品中得见一件国内外孤本西夏文佛经残卷。经研究，确定经名为《大白伞盖陀罗尼经》及“大白伞盖总持赞叹祷祝偈”，其刻印时代为蒙古乃马真称制时期，西夏时期已翻译此经（《世界宗教研究》2015 年第 5 期）。是后，他又于国家图书馆新近入藏的一批西夏文文献中，甄别出 3 页亦为海内外孤本的《大白伞盖陀罗尼经》的发愿文。由此发愿文得知该经来源，首先由帝师菩提智处得到梵文本或藏文本，其为新近获知的又一位西夏帝师；西夏文译本的译者为李姓寂真国师（《中国藏学》2016 年第 2 期）。俄罗斯科学院东方文献研究所收藏的 Инв. No. 7589 西夏文《大白盖母之总持诵顺要论》实际上包括四个部分，其是西夏佛教史料中难得一见的一则由僧人舍财雕印佛经的资料（《宁夏社会科学》2016 年第 2 期）。

西夏佛教寺院研究综述

师　越

寺院在西夏社会中占有重要地位，其承载着包括佛事活动、法事活动和世俗活动等众多社会功能。如贮藏汉文佛经、翻译西夏文经文、刻印西夏文、汉文佛经、举行供佛仪式、弘扬佛法、承办丧葬仪式、买卖兼并土地、发放高利贷等。并通过各种方式参与和影响着社会的政治、经济和文化活动。这些活动和功能使西夏境内催生了大量的佛教寺院，并根据不同时期及宗教信仰的演进发展出不同的风格与类型。

一　西夏寺院的数量与分布

由于西夏寺庙的数量以及分布情况，在文献中未见记载。史金波在《西夏佛教史略》（宁夏人民出版社，1988 年）中，结合考古发掘资料、《西夏书事》、《西夏纪事本末》地图、地方志等有关文献对西夏境内的 26 座佛教寺庙做了考证，并根据这些寺庙的位置情况作了初步分析。史先生后来在《西夏社会》（上海人民出版社 2007 年版）中将西夏的佛教寺庙划分为四个中心：一是兴庆府—贺兰山中心。有戒坛寺，始建时间与具体地址不详；高台寺，建于天授礼法延祚十年（1047）；承天寺，建于福圣承道三年（1055）；海报寺，又称赫宝塔、黑宝塔，俗称北塔，建于前代；大度民寺，始建时间与地址不详；报庆寺，出现于西夏文《佛说宝雨经》和《佛说长阿含经》卷首经图押捺题款，其与黑水城寺庙关系值得商榷；周家寺，位于贺兰山中；五台山寺，为寺庙群，位于贺兰山中，出现于《西夏纪事本末》所载《西夏地形图》，《密咒圆因往生集》题款中提及的清凉寺为其一部分，《圣立义海・山之名义》中有“五台净宫”之称；慈恩寺，位于贺兰山石台岩云谷，始建时间和具体寺址不详；拜寺沟方塔，位于贺兰山内；田（定）州塔寺，位于宁夏平罗县，今已不存；康济寺，位于宁夏同心县，今重修，九层之下依然为西夏时期建筑；大佛寺，建于元昊时期；安庆寺，建于谅祚时期；一百零八塔寺，位于青铜峡市。

二是凉州—甘州中心。这一中心由于地理位置接近吐蕃与回鹘，因此受到大量藏传佛教影响。凉州护国寺，天佑民安四年修缮；圣容寺，初建于北周时期，名瑞像寺，隋朝时期改称感通寺，吐蕃统治时期改为圣容寺；崇圣寺，建立时间与地址不详；亥母寺，为著名藏传佛教寺院；卧佛寺，又称宏仁寺、大佛寺，建于永安元年(1098)；崇庆寺，建于永安元年；诱生寺，见《密咒圆因往生集》题款；十字寺，始建时间不详；禅定寺，或为转译自藏文佛经至西夏文的寺庙，始建时间不详；马蹄寺，东晋以来建有马蹄寺石窟群，保存有大量西夏时期的佛教洞窟，出现于俄藏黑水城文献 Инв No. 5112 中西夏文经题款。此外，天梯山石窟在西夏时期也有扩建，并在其中发现西夏文佛经。

三是敦煌莫高窟—安西榆林窟中心。史金波沿用了刘玉权等人于 1982 年对敦煌莫高窟和安西榆林窟的分类，并认为按建造时间分早、中、晚三个时期。

黑水城中心：黑水城为西夏时期所建，城内有众多寺院遗址。《俄藏黑水城文献》记载了一批寺院，只知其名，目前尚无法判定方位的寺庙，如：众圣普化寺、温家寺、仁王庙、大延寿寺、阿育王寺、祐国寺（护国寺）、妙喜寺、国忍寺等共计 50 余座。

这些寺院各有其功能，如贮藏汉文佛经、翻译西夏文经文、刻印汉文佛经、刻印西夏文佛经或主持大法会等。

梁松涛对《亥年新法》卷十五中记录的 45 座寺院名称进行了译释（《西夏时期的佛教寺院》，《西夏研究》2015 年第 2 期）。它们分别是：

大德敬天寺、旺气寺、会州寺、帝师大觉普渡寺、五月永明寺、夏成普贤寺、吉祥书邑寺、渡民寺、赐紫金刚座寺、敕救佛母寺、五台观音普贤寺、至净拂拭寺、五台曼殊殿、弥勒长寿寺、护国宝塔、番汉五台增福寺、七税生利寺、萨娥寺、代勒公主寺、大安寺、番汉宝塔、大法天寺、番汉大皇安、皇天长寿寺、耶律国师、皇汉寺、长寿羌寺、圣遍慈恩寺、志明敬聚寺、马三仓寺、贤向羌寺、曹观音寺、罗刹弥勒寺、独闻寺、大觉寺、承天寺、法器寺、立苗寺、近兽寺、大德寺、大菩提金刚座、护国宝塔、王氏置母寺、贤向寺、大上师寺、五智菩提寺、金大食寺、灵州影堂寺、永康寺、人执寺、万善佑圣寺、牛郎摩子寺、南王、陆赞哇法师（寺）。

梁文还指出，西夏文《法则》中则另外提及四座寺院：天佑寺、灵山寺、聚福寺和祥光寺。①

梁松涛将这些寺院进一步区分为官寺与私寺，认为私寺包括皇家寺院和高僧所修建的寺院，拥有大量田产林业，在赋税徭役方面享有优待；官寺是在政府资助下修建而成，受到政府管理与监督，拥有包括僧物、佛物、法物等大量财产，在西夏寺院中占据了大部分。

① 《俄藏黑水城文献》卷一〇，上海古籍出版社 1999 年版。

二 西夏寺院的类型与风格

西夏寺院众多，但学界研究多依赖考古发掘与考察报告，以出土文物、碑刻及文书研究居多。这一部分的研究多集中在圣容寺、拜寺沟方塔、凉州护国寺、青铜峡一〇八塔、凉州金刚亥母洞寺及大度民寺等传世资料相对较多的大型寺院中进行。而散布在西夏境内的众多大小寺院，由于损毁严重或资料亡佚等原因而未被统计，湮没在历史中。

就建筑遗存而言，西夏寺院可分为石窟寺与塔寺院两种。

石窟寺的代表莫过于莫高窟与榆林窟。自西夏于大庆元年（1036）占据河西地区后，便开始对莫高窟与榆林窟进行长达一百九十多年的经营。《圣立义海·山之名义》中提及鸣沙山“山中佛像、精寺，圣众住处多有”。20 世纪 60 年代，敦煌文物研究所组织了对这两所石窟中的西夏石窟进行了分期。80 年代刘玉权在《敦煌莫高窟、安西榆林窟西夏洞窟分期》（《敦煌研究文集》，甘肃人民出版社 1982 年版）中确认属于西夏时期石窟的，莫高窟有 77 个，榆林窟有 11 个。并按经营年代分为早、中、晚三个时期。早期为曹氏晚期到西夏统治瓜、沙州初期；中期为西夏历史中期；晚期为西夏历史晚期。这一判定对学界研究敦煌西夏石窟做了定调，成为后续研究的标尺，《西夏佛教史略》《西夏佛教艺术》《西夏文物》等著作所引用的分期均来自这一调查。

刘玉权先生在 1987 年《关于沙州回鹘洞窟的划分》［《1987 年敦煌石窟研究国际讨论会文集（石窟考古编）》，辽宁美术出版社 1990 年版］中根据洞窟出现的回鹘供养人画像，将原划为西夏石窟的 23 座改划为沙州回鹘洞窟。由于争议较大，1998 年，刘玉权先生又对敦煌西夏洞窟分期做了调整。

沙武田通过推断分析各家的研究，在《敦煌西夏石窟分期研究之思考》（《西夏研究》2011 年第 2 期）中认为以下洞窟中有西夏供养人画像以及藏传题材与艺术特征的洞窟，可以归入西夏时期：

莫高窟第 3、6、34、61、140、164、169、206、285、351、252、355、356、368、281、408、432、460、464、465、491 窟、北 77 窟以及第 464、465 窟周围的卫星式小窟群，4 号塔，榆林窟第 10、21、22、26、13、17、14、15 窟以及榆林窟第 29、2、3 窟，东千佛洞第 2、4、5、7 窟，五个庙第 1、3、4 窟。

西夏寺院佛塔大都建造在寺庙的前后殿之间，位于寺院的中心，成为寺院的主体建筑。据《西夏文物》（内蒙古编、甘肃编及宁夏编）（中华书局 2014 年版、2016 年版）统计，内蒙古境内共有寺窟庙塔类遗址 15 处，甘肃境内 18 处，宁夏境内 27 处。学界对西夏塔寺的研究主要集中在对筑形式进行分类、塔寺在佛教的传播的作用等方面。

陈育宁的《西夏建筑研究》（社会科学文献出版社 2016 年版）从文献记载、探险队的发现与考古调查两方面，对西夏佛塔的遗存情况做了统计。断定西夏重修和构筑的砖塔有 5 处 7 座，构筑的土塔及其遗址有 5 处约 200 座，西夏塔址遗迹及在其基础上重修的砖塔有 7 处 6 座，石刻塔 3 处 60 余座。雷润泽等编著的《西夏佛塔》（文物出版社 1995 年版）一书将西夏佛塔依建造形制分类划归不同的历史阶段，阐述了西夏佛教发展变化与佛塔建造之间的关系。李银霞在《西夏佛塔的特点》（《阿坝师范高等专科学校学报》2008 年第 4 期）中通过现存的西夏佛塔，归纳了西夏时期的佛塔形制、佛塔风格及其独特原因。对西夏境内的佛塔建筑进行了整体性比较研究，指出西夏佛塔与同时代相近的宋塔、辽塔、金塔在布局、形体和工艺上呈现出种类繁多的特点。布加在《浅析西夏宗教与西夏佛塔》（《文化论坛》2013 年第 12 期）中认为西夏佛塔的建筑特点采用了中国传统的楼阁建筑形式与喇嘛塔建筑形式相结合的构筑方法，体现了西夏时期佛教与喇嘛教异存而又彼此渗透的特点，但未详细论述。

从寺院布局风格而言，可以分为汉地、藏地样式两种。

1. 汉传佛教寺院

《西夏建筑研究》根据维修传承使用的前代寺庙遗存以及西夏时期修建的寺庙遗存与遗址做了统计。论述了每座寺庙的方位，考古发掘情况及部分寺院的历史传承。据统计，西夏传承重修佛寺塔庙遗址 10 处，寺庙 12 座，新建佛寺塔庙遗址已发现 20 处，寺庙基址遗址 48 座。

大佛寺兴建于西夏永安元年（1098），由国师嵬咩思能主持修建。大佛殿内的大佛为西夏时塑造。崔云胜的《张掖大佛寺相关问题辨析》（《西夏学》第十三辑，甘肃文化出版社 2016 年版）中根据明宣德二年（1427）《敕赐宝觉寺碑记》以及卧佛内发现的《正统六年兴建金塔殿碑记》的记载，断定大佛寺为西夏在唐代原址基础上兴建的一座寺院，对大佛寺在历史上包括迦叶如来寺、睡佛寺、卧佛寺、十字寺、弘仁寺、宝觉寺、宏仁寺等名称变化的文献记载以及名称变革和宗教信仰对变化做了讨论。王虹、王康的《张掖大佛寺及其寺藏文物概述》（《图书与情报》2015 年第 1 期）论述了大佛寺的历史与建筑风格。并主要对大佛寺内藏的《永乐北藏》《大明三藏圣教北藏》和《大般若波罗蜜多经》等佛教文物的版本、装裱、撰写选材用料等内容做了叙述。张掖大佛寺佛殿两侧根据佛教经典，描绘了佛教典故。闫丽的《张掖大佛寺砖雕画初探》（《河西学院学报》2018 年第 3 期）从绘画构图角度，分别对大佛殿正门两侧的砖雕以及檐下、槅扇上所刻佛教形象“祇园演法”和“西方圣境”等根据佛经推演的内容，对其内容与特征做了分析，并从画面所绘佛教因素、画面技法与人物服饰和佛像造型等多方面，和明代绘画做了比对，最终认为寺内砖雕画修建时间为明代。

天都山又名西华山，是西夏境内较为重要的山川。附近有西安州、会州、德顺军等城池和驻军，人员往来密集。山内有数处石窟寺。许成、吴峰云的《西安州古城址与天都山石窟》[《固原师专学报（社会科学版）》1984 年第 1 期] 调查了西安州遗址及天都山石窟。天都山寺庙群的主体建筑金牛寺，有碑记四块，分别为《重修西山上帝祠宇记》《施财姓氏碑记》《补修金牛洞记》和《重修天都山寺庙碑记》。根据碑记记载，金牛寺最早建成于宋代时期，最晚不超过明代。民国年间有《重修天都山玉皇洞、观音洞、龙王祠、子孙宫各庙碑记》记载元昊曾在此修建过宫殿，而野利遇乞统兵时期曾驻扎天都山。综上，作者断定金牛寺为西夏时期的佛教寺院。

安庆寺位于中宁县北。永寿塔是一座八角形楼阁式砖塔，位于安庆寺废墟内。《庆府重建鸣沙州安庆寺永寿塔碑记》记载，“万历八年三月上旬告完，僧复乞塔名，改曰‘永寿’。”① 可知永寿塔为明代万历年间所建。1985 年以前永寿塔未得到保养，塔身破损较严重。宁夏回族自治区文物管理委员会在得到批准后对此塔进行修复。宁夏回族自治区文管会办公室的《宁夏中宁鸣沙永寿塔》（《文物》1992 年第 8 期）根据《嘉靖宁夏新志》“安庆寺，寺内浮屠，相传建于谅祚之时者”以及明代《鸣沙州重修安庆寺碑记》“嘉靖四十年，坤道弗宁震动，千里山移谷变，寺宇倾颓”断定，安庆寺最早建于西夏谅祚时期，在明代隆庆三年起修葺，直至万历年间寺院得到了重修，并建起永寿塔。在塔内发现有戳记隆庆四年对砖块，更佐证了永寿塔在明代得到了重修。

五台山在是佛教信徒的四大名山之一。明《嘉靖宁夏新志》卷二提到，贺兰山中“颓寺百余所，并元昊故宫遗址”。西夏对佛教十分尊崇，或由于无法前往五台山供佛，因此在贺兰山内的众多佛教寺庙命名“五台山寺”“北五台山清凉寺”，史金波先生也在《西夏佛教史略》中认为拜寺口寺庙遗址或为五台山寺。宁夏文物考古所在《拜寺沟西夏方塔》（文物出版社 2005 年版）一书中对拜寺沟方塔进行了全面研究。对方塔的发掘过程、方塔残体现状、出土文物的种类和数量等进行了详细公布，从最初认定方塔为 11 层，到考古研究后确认为 13 层；并在收录的考古发掘记录中断定拜寺沟方塔建于西夏时期；确认西夏时期有棉花种植；并断定了《吉祥遍至口和本续》为世界现存最早的木活字印刷品。

凉州护国寺的学术研究多围绕凉州护国寺感应塔碑展开，包括对碑文内容进行录文、翻译和考释，并对碑座浮雕展开了图像研究。但对寺院沿革与发展所做的研究较少，西夏护国寺即为如今的大云寺，大云寺内存放有凉州护国寺感通塔碑。黎大祥的《西夏凉州护国寺历史变迁述论》（《西夏学》第十辑，甘肃文化出版社 2013 年版）通过对文献和感通塔碑刻资料的梳理，从姑臧早期的阿育寺时期起追溯，回溯了凉州护国寺的发展变迁历史，为了解西夏护国寺历史提供了借鉴。青铜峡一百零八塔为佛教喇嘛塔，体现着西夏时期佛教与藏传佛教彼此渗透的特点。

---

① 中宁县志编纂委员会编：《中宁县志》，宁夏人民出版社 1994 年版，第 575 页。

2. 藏传佛教寺院

很多寺院在发展的过程中，逐渐受到了藏传佛教的影响，从汉传演变为藏传佛教寺院。同时也有一批兴建于西夏中后期的寺院，这些寺院多以石窟寺为主。

东千佛洞石窟被惯称“东千佛洞”，又被称为“接引寺”，因为第7窟（西夏）内彩绘有接引佛而得名。该窟自五代时起至明清均有开凿和增修。周维平的《东千佛洞石窟述论》（《社科纵览》1996年第3期）对该石窟的现存洞窟壁画与雕塑艺术做了述论，其中第1、2、4、5、7、10号石窟主要开凿于西夏时期，指出并描述了西夏盛行水月观音、药师变、净土变、文殊普贤变、八塔变等佛教元素。张宝玺的《东千佛洞西夏石窟艺术》（《文物》1992年第2期）分析了西夏石窟内的壁画，认为西夏境内佛教发展一百余年后，到仁宗仁孝时期，由格西藏琐布在西夏境内弘布藏传佛教[①]。藏传佛教在与中原的汉传佛教、西域、印度等流派相融合后，建造而成了东千佛洞石窟。窟内壁画反映着西夏人民的世俗生活与宗教信仰。

圣容寺是西夏时期较为重要的一座寺院。彭向前《西夏圣容寺初探》（《民族研究》2005年第5期）依据西夏陵残碑中的“圣容”、陵区北部建筑遗址以及传统宗教文化对“圣容”的定义等信息，认为西夏圣容寺是西夏陵区北端的建筑遗址，西夏圣容寺模仿了宋代在寺院宫观中普遍设置帝后神御、神御殿的做法，吸取吐蕃民族“佛、祖合一”思想。张笑峰《圣容寺研究——以黑水城出土文书为中心》（《西夏研究》2011年第1期）通过对黑水城出土的有关圣容寺文书的重新录文以及对黑水城地区宗教信仰的梳理，结合这些文书中的有关内容，讨论了圣容寺的地理位置，认为西夏时期可能不止一座圣容寺，包括西夏陵园北部的残碑，《甘州通志》中记录其中一座“在永昌县城北二十里”，另一座“在镇番县城内西南（明洪武三十二年建)”，护国寺感通塔碑记所提圣容寺，以及亦集乃路境内藏传佛教所建寺庙中的圣容寺。并根据黑水城文献和《天盛律令》等记载讨论了圣容寺的寺院经济和政治状况。党寿山《永昌圣容寺的历史变迁探赜》（《敦煌研究》2014年第4期）对圣容寺的位置、来历作了阐述，还对番和县圣容寺与凉州大云寺的关系、西夏时期的圣容寺作了比较和考证。梁松涛、杨富学《西夏圣容寺及其相关问题考证》［《内蒙古社会科学（汉文版)》2012年第5期］根据新译出的西夏文《宫廷诗集》第七首《御驾西行烧香歌》所记述的资料，断定了西夏时期的圣容寺位于凉州盘禾瑞像所在的北御山，即今甘肃省永昌县瑞像所在地。

雷润泽等撰写的《宁夏青铜峡市一百零八塔清理维修简报》（《文物》1991年第8期）中，对一百零八塔所处的地理位置、包括种类、尺寸、形制在内的现状、出土文物等做了论述，并对塔群做了复原，认为在建塔之初为土坯塔，历史上共经历了四次修葺，其中一次的修葺使土坯塔变为了砖塔，通过2号塔碑文和砖砌层的钱币推

① 王尧：《西夏黑水桥碑考补》，《中央民族学院学报》1978年第1期。

测，修葺时间约为清顺治时期。哈彦成、韩志刚在《一百零八塔考略》（《固原师专学报》1998 年第 5 期）中论述了一百零八塔的布局和砖塔形制，并在维修时确定了其始建塔形制，认为一百零八塔与凉州白塔寺属同一时期，确定了一百零八塔为西夏时期建筑。但关于一百零八塔的建造背景、选址缘由等方面由于史料欠缺，无从考证。凉州金刚亥母洞寺位于甘肃武威市南 15 公里处的新华乡缠山村，此处为西夏时期武威地区藏传佛教空行母圣地。学界对其的研究多集中在出土文书，对石窟中的塔寺建筑鲜有涉及。

金刚亥母洞寺位于武威市，属于藏传佛教寺院。《武威县志》记载："亥母洞，城南三十里，山上有洞，深数丈，正德四年修。"配合亥母洞寺出土的有确切年份的西夏文契约可以断定，这座石窟寺修建于西夏崇宗正德四年（1130）。由于亥母洞寺的 4 座石窟遭遇地震均有所坍塌，1985 年起才开始发掘。梁继红、高辉的《武威亥母洞寺石窟遗址调查报告》（《陇右文博》2010 年第 2 期）论述了亥母洞遗址的地理位置、保存现状和自西夏至明清的历史沿革，引证了西夏时期亥母洞寺建造发展的始末，并对亥母洞寺出土的西夏文文献、藏文佛经、泥石造像、唐卡佛教用品和生活用品等文物做了概述。

大度民寺为西夏京畿地区皇家寺院，或为今银川市东郊高台寺遗址。聂鸿音在《大度民寺考》（《民族研究》2013 年第 4 期）中根据黑水城出土汉文本《观弥勒菩萨上生兜率天经》卷尾仁宗仁孝御制发愿文，及姚秦鸠摩罗什所译《金刚般若波罗蜜多经》西夏文转译本，确定"大度民寺"的全称为"大德坛度民之寺院"。此外，聂鸿音根据西夏语和藏语语序，判断"大德坛"和"度民"的相应关系，认为这是一座用于向公众讲经和剃度僧人的戒坛。并对大度民寺西夏时期文献中出现过的法狮子、鲜卑宝源以及觉照国师的著作、官位做了推论。

寺院在笃信佛教的西夏境内，对人民的信仰支撑起着重要作用。一些交通要道和榷场市集等地点势必会建设有大小寺院满足人民等精神需要。瓷窑堡回民巷附近陆续发现的碑刻雕像和夯土遗址证实了这一地带曾有寺院。孙昌盛在《灵武回民巷西夏摩崖石刻》（《宁夏社会科学》2017 年第 1 期）中对发掘于此的残碑做了录文和对译，碑文中大量出现诸如"密轮""菩提心""金刚"等佛教词汇，根据译文内容判定西夏天庆八年曾在此举行过大型佛事活动。而 2014 年在此发掘的西夏佛寺建筑遗址和构件更佐证了西夏时期这一区域曾建有寺院。

三　西夏寺院的文献遗存

1908—1909 年，科兹洛夫先后两次对黑水城进行了发掘，发现并运走了大量西夏文书到俄国。经过半个世纪的整理，仅登记的西夏文书就有八千多件（号），其中已考定近三千件，世俗性著作约六十种，佛经约三百七十种。汉文文书四百八十八件，西夏刻本二十二中，另有宋、元、金代刻本。内容包括：《大方广佛华严经》、《大宝积经》、《金刚版若波罗蜜经》、《妙法莲华经》、《三代项照言文集》、《大乘百法明镜集》、《德行集》、“西夏史”草书写本残卷、《番汉合时掌中珠》、《圣立义海》、《天盛改旧新定律令》、《贞观玉镜统》、《关阶封号表》、《瓜州审判档案》、《黑水城守将告近禀帖》、天盛二十二年《卖地文契》、《论语全解》、《德行集》等在内的佛经、辞书、字典、兵书、类书、文学作品、图表历书、医书咒文等。1976 年，在黑水城遗址附近又发现二十三片西夏文辞书《音同》碎片，1983 年至 1984 年，又清理出各类文书近三千份。1991 年，又发现西夏文刻本《金刚经》等残页。

其他地区西夏寺院塔寺中也发现了大量文献遗存。1952 年，天梯山石窟内发现《佛母大孔雀明王经》等残页；1959 年，在敦煌一座小型塔墓中发现《妙法莲华经观世音菩萨普门品》；1980 年，大云寺内发现《凉州重修护国寺感通塔碑铭》；1987 年，亥母洞寺发现泥活字版西夏文《维摩诘所说经》下卷等文书；1987—1988 年，一百零八塔发现西夏文刻本佛经残页；1989 年，亥母洞寺发现乾定二年《典糜契约》；1990 年，宏佛塔发现大量西夏文雕版残块；1990 年，敦煌石窟发现《类林》写本残页；1991 年，拜寺沟西夏方塔发现西夏文和汉文佛经、文书四十余种，以及西夏文木活字印本《吉祥遍至口合本续》九册；2005 年，山嘴沟石窟中发现数百件包括《妙法莲华经集要义镜注》《金刚般若经集一卷》《圣妙吉祥真实名经》《圆觉注之略疏第一上半》《同音》《同义》《同音文海宝韵合编》在内的西夏文书；2018 年，亥母洞寺出土 205 片西夏文文献，内容多以佛经为主，另有天盛年纪年残片、《同音》残片、军抄条律残片、习字纸残片等社会文书和世俗文献。

总的来说，西夏寺院研究目前呈现以下特点：第一，重视传统史籍记载与考古发掘报告，对于新初文献译释和引证不够充分。第二，重视寺院名称考辨，对于地理位置与历史掌故疏于考证。第三，重视寺院社会功能研究，对于建筑形制、文献保存等方面研究较少。第四，对于西夏塔寺之间及其与同时代的宋、辽、金塔寺建筑艺术的比较性研究、塔寺分布区域与佛教在西夏的传播关系、塔寺社会功能等方面的研究还有待深入。

改革开放以来的西夏与周边民族关系史研究

徐文钊

改革开放以来，西夏与周边民族关系史的研究取得了丰硕的成果。特别是新世纪以来的20年，随着海外西夏文文献的陆续刊布，为这一领域的研究注入了新的活力。

一　史料与综论

史料可以分为旧史料整理与新史料刊布。旧史料整理集大成者为韩荫晟《党项与西夏资料汇编》。该书采用纪传与编年相结合的方式，辑录了自隋唐至元初正史及各类文集、金石史料、近现代著作中与党项西夏有关的资料，分传记、人物传和散见资料编年三大部分，逾五百余万字，成为研究西夏史问题者案头必备之书。

新史料刊布以《俄藏黑水城文献》为代表。大量西夏佛教文献得以披露，涉及了汉传佛教、藏传佛教与党项西夏交往的相关史实。此外，其中一些社会文书、文学著作、法律著作等皆提供了西夏对外交流与学习的重要资料。

综论可以分为两类：通史概述与专题研究。改革开放后出现的一批通史体裁史著中均有专门章节述及西夏与周边民族关系。如蔡美彪《中国通史》第六册（人民出版社1979年版）、《中国史稿》第五册（人民出版社1983年版）、李蔚《简明西夏史》（人民出版社1997年版）、李范文《西夏通史》（宁夏人民出版社2005年版）等。他们都把西夏与周边民族关系史置入中华民族多元一体的格局中加以讨论。

在专题性研究当中，杜建录《西夏与周边民族关系史》（甘肃文化出版社1995年版）是西夏与周边民族关系研究的代表作。该书以实事求是和民族平等的原则，全面论述了党项夏州政权到西夏王朝时期的周边民族关系，认为西夏与周边民族关系的主流是走向统一，并推动了中华民族大家庭的形成。另外，杨富学《西夏与周边关系研究》（甘肃民族出版社2012年版）也很有建树，他将敦煌学、回鹘学与西夏学结合在一起，依次论述了西夏时期的丝路与商贸往来、宗教与文化交流和民族与民族关系，对当前西夏与周边民族关系的薄弱环节有很大的突破。

论文方面，杜建录《论西夏与周边民族关系及其特点》（《民族研究》1996年第2期）认为西夏对外关系的特点有三，一是西夏国力弱小，因而只能利用大国间的矛盾以求生存，二是西夏对北宋的战争次数多而规模小，三是西夏对宋战争不断，但从未间断与宋朝的经济联系。孟楠《略论西夏与周边民族的联姻》（《民族研究》1998年第6期）最早从和亲的角度来探索西夏与周边民族关系，认为西夏在强邻包围的两个世纪中，运用灵活的联姻政策与各族周旋，既保存了实力又维护了统治，而且带来了一定程度上的和平。王天顺《西夏与周边各族地缘关系述论》［《宁夏大学学报（人文社会科学版）》2003年第1期］从地缘关系的角度详细分析了西夏与回鹘、吐蕃、辽、宋、金、蒙古的民族关系，认为回鹘、吐蕃因缺乏集中统一的政权组织而未成西夏之大患，而西夏又与宋辽金实力悬殊遂只能视其强弱而向背，西夏晚期，均衡局势被打破，加上西夏内部政治环境的持续恶化，最终为蒙古所灭。

二 宋夏关系

宋夏关系研究的代表作首推李华瑞《宋夏关系史》（河北人民出版社1998年版），该书首次以专著的形式对宋夏关系进行了全面的论述。全书共设十二章分述宋初的西部边疆政策、北宋对夏政策的演变、宋夏战争论、宋夏缘边的堡寨、宋夏与辽的三角关系、北宋与西夏的交聘等。该书网罗资料丰富，见解独到，正如作者所言，“若仅从宋夏关系中的具体事件或表象去探究，显然是不够的，只有深入到双方的政治、军事体制中，深入到双方所处的历史时代和大环境中去探究，才能透过现象看到本质”①。

以论文形式展开论述的有：张翼之《宋夏关系略论》（《民族研究》1982年第5期）最早对宋夏关系进行专门论述，该文不仅讨论了宋夏之间战事频繁的原因、宋夏战争的性质，还梳理了宋夏之间和平交往的形式和意义。杜建录《论西夏建国前与北宋的关系》［《宁夏大学学报（社会科学版）》1995年第2期］认为“景德议和”后宋夏保持了二十余年的和平，是夏宋关系最友好的时期。佐藤贵保《十二世纪后半叶西夏与南宋的交通》（《待兼山论丛》史学篇，2004年）认为南宋时期西夏仍具备影响中国局势的力量，虽然12世纪下半叶多强调宋金两强对峙，但有必要重新考量包括西夏在内的宋、金、西夏三国间的关系。陈旭《宋夏之间的走私贸易》（《中国史研究》2005年第1期）指出，政治上的分裂并不能切断经济上的南北联系，在隋唐以来南北经济逐渐构成一体的形势下，榷场之外的走私贸易盛行即是必然的现象。顾吉辰《宋夏庆历议和考》（《宁夏社会科学》1988年第3期）一文首先就宋夏庆历议和的内容和双方往来使者做了考证，认为宋朝给予西夏的岁赐并非变相的赔款，而由于局势的变化，其岁赐也未得到持久的贯彻。姚兆余《论北宋对西夏的羁縻政策》（《甘肃社会科学》1996年第4期）通过对北宋政府的羁縻政策进行考察，

① 李华瑞：《宋夏关系史》，河北人民出版社1998年版。

认为北宋的羁縻政策促进了蕃汉之间的经济交流，加速了党项民族的封建化进程，客观上促进了蕃汉民族交流和民族融合，有利于中华民族多元一体格局的最终形成。李华瑞《试论辽朝对北宋制夏政策的影响》（《宋史研究论丛》第四辑，2001 年）认为辽对宋初的制夏政策有着巨大的牵制作用，而其在不同时期也有不同的反映，元昊与辽交恶亦与宋朝联辽制夏政策有关。魏淑霞《熙宁变法与宋夏战争》（《西夏研究》2010 年第 4 期）认为熙宁变法前宋军在宋夏战争中连连受挫，之后能在战争中取得优势，使西夏陷于被动，原因在于熙宁变法后宋朝西北军事实力的增强。

三　辽夏、金夏关系

辽夏关系研究的主要著作有杨浣《辽夏关系史》（人民出版社 2010 年版）。该书将辽夏关系置于十到十三世纪中国北方多民族政权并立的大背景下，以“天下中国观”重新释读了中古时代辽夏关系的本质，并立足于“宋辽两强对峙”的天下格局重新阐释了西夏的政治地位，并梳理了辽朝的对夏政策、宗藩贸易、边防设置、通使制度等内容，系统地展现了辽夏交往的基本情况。

论文方面，李华瑞《试论辽朝对北宋制夏政策的影响》（《宋史研究论丛》第四辑，2001 年）认为辽朝所起的牵制作用是北宋始终不能有效地制服西夏的一个极为重要的因素，且辽对宋制夏政策在不同阶段有不同的体现。进入新世纪，学者们从墓志、碑刻等考古资料入手，部分地弥补了一些辽夏交往的史实。李宇峰《碑志所见辽代赴西夏外交使臣事略考述》（《西夏学》2011 年第 1 期）依据辽代墓志和相关史料，对辽赴西夏外交使臣韩橁、秦德昌生平事略和出使西夏的外交活动进行了考述。陈玮《辽代汉文石刻所见辽夏关系考》（《北方文物》2012 年第 4 期）通过对辽代汉文石刻中有关涉夏史料进行研究，认为辽代汉文石刻所记载的辽与西夏的外交史事主要涉及李继迁向辽请婚、辽册封李继迁为夏国王、辽重熙十三年西征战前交涉、西夏向辽进贡及辽朝力促宋夏交好。这些记载一方面说明了辽夏之间在政治上的亲缘关系；另一方面反映了在辽的政治视野中，西夏属于辽的宗属国。在文化交往方面，竺沙雅章、申军《关于黑水城出土的辽代刻本》（《文津学志》，2007 年）通过对黑水城文献进行对比研究，发现了许多典籍属于辽代刻本，并认为西夏的汉文化，不仅受到宋、金的影响，也受到辽文化的影响。关于辽夏边界的研究主要有：林荣贵《北宋与辽并立时期的疆域格局》（《中国边疆史地研究》1998 年第 3 期）认为其东北大致以今阴山以西至内蒙古乌拉特中旗之阿登高勒北境与辽西京道相邻；北部大致循今中蒙边界中段，向西伸延至蒙古阿塔斯山一线与辽上京道相邻；杨蕤《历史上的夏辽疆界考》[《内蒙古社会科学（汉文版）》2003 年第 6 期] 认为夏辽东段疆界存在过反复的过程，西段边界因缘边部族叛服不常而很难确定下来，成为一段“模糊的疆界”；许伟伟、杨浣《夏辽边界问题再讨论》（《西夏研究》2013 年第 1 期）依据考古报告和《天盛律令》的部分条文认为辽夏和平时期其东段边界以黄河为界，向西推进到金肃州、河清军、唐隆镇以西至浊轮川区域，辽设有河西节度使以及西南面行军都统所等机构治理与夏宋接壤的沿边地，西夏则以北院为首的北边中、黑山、黑水等监军司共同构成对辽的边防体系。其他论述还有：方天建《辽夏和亲中的地缘安全因素考察》（《民族学刊》2016 年第 6 期）从历史地理学的角度考察了辽夏的人缘互动和地缘形势，认为辽夏和亲中的地缘安全因素，实质上是对辽、宋、夏三角复杂关系的一种具体地缘纵向分析，地缘安全因素虽不是和亲的决定性因素，但在建构辽、宋、夏复杂地缘互动与人缘互动关系方面却起着重要作用。王源《辽西京在辽夏往来中的地位与作用》（内蒙古大学 2017 年度硕士论文）从辽西京在辽夏交往中的战略地位的角度对辽夏关系做了考察，为辽夏关系的研究打开了一个很好的视角。

金夏关系研究目前尚无专门的著作面世，研究成果皆以论文的形式呈现。蓝朝金《金夏关系之研究》（“国立”台湾师范大学历史研究所2006 年度硕士论文）、马旭俊《金夏关系研究》（吉林大学 2017 年度博士论文）是目前夏金关系比较系统的研究成果。前者将金夏关系置于十二至十三世纪中国各政权战与和的互动中，着重探讨了金夏关系演变的各种因素与影响及其特征，并尝试回答了一系列由此引申出来的问题。后者则以专题的形式，从金夏交聘制度、经济交流、缘边叛服等入手，以动态的视角审视了夏金关系，在考据相关记载的基础上提出了新的看法。尤其是夏金交聘的制度与礼仪、西辽对金夏关系的影响，作者都做出了细致的考证，具有开创性的启发。此外，余军《西夏纯祐时期夏金关系述评》（《宁夏社会科学》1998 年第 2 期）认为纯祐时期夏金相安无事除两国所处的客观形势和君主的个人因素外，还包括西夏对金朝经济的依赖以及此时尚无第三方势力介入到夏金间的争端。李浩楠《金朝与西夏关系研究的几个问题》（《西夏研究》2010 年第 1 期）通过探讨金夏关系研究新材料的使用、研究文献及研究思路反思以及西夏回南宋吴璘书的原始出处等问题认为使用金朝方面的新材料、熟悉金代文献的性质以及注重使用相对原始的材料，是进一步拓展金夏关系研究的可取之路。《俄藏黑水城文献》出版以后，大量西夏时期的社会文书和经济文书得到考证与释读，其中有 15 件西夏汉文文书，反映了夏金间的榷场贸易问题。杨富学、陈爱峰《黑水城出土夏金榷场贸易文书研究》（《中国史研究》2009 年第 2 期）、杜建录《黑城出土西夏榷场文书考释》（《中国经济史研究》2010 年第 1 期）等对这些文书进行了释读和校录，李华瑞《西夏社会文书补释》、杜立晖《黑水城西夏汉文南边榷场使文书补考》（《宁夏社会科学》2014 年第 1 期）等又加以补充考释，其中，孙继民、许会玲《西夏汉文“南边榷场使文书”再研究》（《历史研究》2011 年第 4 期）将《英藏黑水城文献》中的两件榷场文书残件补入，使英藏黑水城文献和俄藏黑水城文献中有关榷场文书的总数达到 17 件，并就这些文书的内容、性质、价值等来源作了进一步探讨。根据这批文书的内容，孙继民对榷场安排官的职官性质和机构属性做出了考证，认为安排官就是财计机构，是三司的上级，银牌安排所是负责管理边境贸易的南边榷场使的上级部门①。指出西夏的尺度单位受宋朝的影响称“赤”不称“尺”，西夏的一匹约为35尺，进而推算出榷场的税率②。认为这批文书的价值是反映西夏时期官方和民间经济活动方式、经济生活内容的重要材料③。陈瑞青《从黑水城文献看西夏榷场管理体制》（《宁夏社会科学》2014年第1期）认为西夏的榷场管理制度已经相当完备，但因又缺乏贸易自主权，表现出其商品经济的滞后。郭坤、陈瑞青《交易有无：宋、夏、金榷场贸易的融通与互动——以黑水城西夏榷场使文书为中心的考察》（《宁夏社会科学》2015年第5期）更在此基础上，对宋、夏、金榷场贸易的连环互动机制和各方在榷场贸易中所占的分量进行了考察，认为其经济地位的差异决定了它的贸易表现。有关榷场贸易的价值尺度、税率、职官等还可参考宋坤《黑水城所出〈西夏榷场使文书〉所见川绢、河北绢问题补释》（《宁夏社会科学》2014年第2期）、陈瑞青《从黑水城文献看西夏榷场税率》（《西夏学》2016年第1期）、陈瑞青《西夏榷场使文书中“川绢”“河北绢”问题再探》（《西夏学》2017年第2期）。

四 蒙夏关系

蒙古各部统一前曾先后臣服于辽、金的统治，故十三世纪前西夏与蒙古诸部的联系亦多与辽、金相关。冯继钦《西夏与蒙古高原诸部的关系》（《宁夏社会科学》1985年第4期）、杜建录《试析西夏与统一前蒙古诸部的关系》（《固原师专学报》1994年第4期）等都对西夏与辽时的阻卜、金时的克烈部的交往史实进行了细致的讨论。其中，孟楠《论克烈人与西夏的关系》（《内蒙古社会科学》1998年第3期）、梁松涛、杨富学《〈圣威平夷歌〉中所见西夏与克烈和亲事小考》［《内蒙古社会科学（汉文版）》2008年第6期］通过探讨西夏与蒙古克烈部的和亲，丰富了西夏与周边民族关系的新的内容，但前者认为克烈女子嫁于夏桓宗，后者则据黑水城出土《圣威平夷歌》认为与之和亲的是襄宗之子。西夏在蒙古与西藏的交往中亦扮演了重要的角色，陈庆英《蒙藏的早期交往及西夏在蒙藏关系中的地位和作用》（《青海社会科学》1992年第6期）认为元代的政治举措和宗教制度即借鉴了西夏与藏传佛教关系；崔红芬、文志勇《西夏的灭亡及西夏佛教对蒙元时期河西地区的影响》（《敦煌学辑刊》2006年第1期）也认为蒙元时期的藏传佛教与西夏关系密切，同时西夏的遗民也为蒙元时期的宗教文化做出了巨大的贡献。十二世纪后期，蒙古诸部渐渐崛起，为防御蒙古人的进攻，西夏还在其北部边界（今蒙古国南戈壁省境内）建造了

① 孙继民：《西夏汉文乾祐十四年安排官文书考释及意义》，《江汉论坛》2010年第10期。
② 孙继民、许会玲：《西夏榷场使文书所见西夏尺度关系研究》，《西夏研究》2011年第2期。
③ 孙继民：《俄藏黑水城西夏汉文文献数量构成及经济类文献的价值》，《民族研究》2010年第3期。

长约800公里的防御工事，即“成吉思汗边墙”。温琪宏《试探成吉思汗灭夏的行军路线》（《元史及民族与边疆研究集刊》2014年第1期）通过对西夏长城的考古发掘为切入点，对蒙古灭夏的行军路线进行了考证，认为成吉思汗并非连克西夏诸城，而是沿夏国边境行军，其目的是吸引夏军主力，从而包抄防守严密的中兴府；石坚军、张晓非《蒙古经略西夏诸役新考》（《西北民族论丛》2014年第1期）亦认为蒙古的行军路线具有包抄迂回的战略目的；陶刚《成吉思汗五伐西夏考》（《中央民族学院学报》1993年第2期）对成吉思汗征伐西夏进行了详细的考述，认为成吉思汗对西夏用兵是其统一天下的总战略的重要组成部分；李蔚《略论蒙夏战争的特点及西夏灭亡的原因》（《固原师专学报》2000年第4期）用历史唯物主义的方法对蒙夏战争的特点和西夏灭亡的原因进行了深入的分析，认为蒙夏战争持续23年表明西夏并非不堪一击，但双方政治、经济、军事的差距也决定了西夏必然灭亡；余军《蒙古征伐西夏将帅人物初步研究》（《宁夏社会科学》2000年第1期）从分析历史人物的角度入手，对蒙古征伐西夏的五十余名将帅做了梳理，认为蒙古方面的“人力资源”占优，而西夏上层军事人才整体处于劣势，这是西夏灭亡的一个重要因素。唐均《西夏文记录的蒙古民族与国家诸称呼——13世纪前期蒙古汗国勃兴的一个侧面》（《西夏研究》2012年第2期）通过分析蒙夏相互称呼的名称，认为其从一个侧面反映出蒙古铁骑武力推进下的民族融合。

五　西夏与回鹘、吐蕃之关系

西夏与回鹘同为丝绸之路的重要组成部分，学界亦多以地缘关系的视角对双方的民族关系进行考察。就西夏与回鹘民族关系的研究来说，其研究成果大致分为三个方面。一是西夏与甘州回鹘的政治关系，涉及继迁、德明、元昊三代对甘州回鹘的军事征伐。段连勤《河西回鹘政权的迨立与瓦解》[《西北大学学报（哲学社会科学版）》1978年第4期]、汤开建《甘州回鹘史二札》（《宁夏社会科学》1984年第2期）等都对这一时期西夏攻取甘州回鹘的史实进行了梳理。其中，高自厚《甘州回鹘失守甘州的社会原因——兼论甘州回鹘的社会制度》（《社会科学》1983年第1期）从社会制度方面对甘州回鹘为西夏所攻灭的原因进行了分析，认为甘州回鹘松散的军事联盟导致了其政治经济缺乏高效的集中统一，这与新兴的农业生产之间的矛盾是其失守的根本原因；刘玉权《西夏时期的瓜、沙二州》（《敦煌学辑刊》，1981年）对西夏占领瓜沙二州后的社会情况进行了探讨，认为西夏在占领瓜沙二州后，回鹘和曹氏后裔的势力依然强大，西夏有效占领这一地区约在皇祐以后，同时西夏人在瓜沙二州大举佛事活动，促进了各民族间经济文化的交流。二是西夏与回鹘的经贸关系，以及丝绸之路的畅通问题。樊保良《回鹘与吐蕃及西夏在丝路上的关系》（《民族研究》1987年第4期）首先就回鹘、吐蕃和西夏对丝绸之路的争夺问题进行了论述，认为这一时期的争夺为丝路畅通和东西文化交流都作出了积极的贡献；陈爱峰、杨富学《西夏与回鹘贸易关系考》（《兰州学刊》2009 年第 1 期）详细地分析了西夏与回鹘间的贸易关系，认为西夏与回鹘的贸易受制于宋夏关系的变化，北宋灭亡后宋夏矛盾不复存在，西夏与回鹘的贸易亦得到加强。在丝绸贸易的问题上，彭向前《西夏王朝对丝绸之路的经营》［《宁夏大学学报（人文社会科学版）》2006 年第 2 期］、杨蕤《关于西夏丝路研究中几个问题的再探讨》（《中国历史地理论丛》，2003 年第 18 卷第 4 期）、钱伯泉《西夏对丝绸之路的经营及其强盛》（《西北民族研究》1993 年第 2 期）等都认为西夏时期传统丝路并未完全阻断，西夏还是沟通东西贸易的重要通道，同时这也为西夏带来巨大利益，回鹘商人在此过程中都发挥了重要作用。三是西夏与回鹘的文化交融，特别是双方的佛教交流。沈卫荣《西夏佛教文献与历史研究》（甘肃文化出版社，2018 年 8 月）认为，迄今为止中外学者对高昌回鹘、西夏和蒙古的研究尚不足以得出 11 至 14 世纪西域佛教史的整体画面，并尝试将回鹘文与西夏佛教文献结合起来重构当时的佛教史。杨富学《论回鹘文化对西夏的影响》（《宋史研究论丛》，2003 年）认为西夏虽征服了回鹘，但回鹘文化却征服了西夏，回鹘僧对西夏境内佛教的传播以及《西夏文大藏经》的翻译都起到了关键作用，同时回鹘文字、艺术、风习对西夏也有着很大的影响。聂鸿音《西夏“回鹘僧译经”补证》（《西夏研究》2014 年第 3 期）从语言学的角度进一步考证出西夏译《无垢净光总持》的译音特点与回鹘文献相符，为“回鹘僧译经”提供了佐证。陈爱峰《高昌回鹘与西夏佛教艺术关系考》［《吐鲁番学研究》2010 年第 2 期］通过对高昌石窟和敦煌石窟的壁画、佛像、石窟形制等方面进行分析，认为西夏与高昌回鹘无论在经济上还是文化上都有着频繁的交往，并且又互相影响着对方。另外，敦煌莫高窟 409 窟“国王人物”的族属和国族（地方政权）问题，长期以来学术界存在两种不同意见。西夏学的专家认为是“西夏皇帝”，敦煌学的专家认为是“回鹘国王”。这也在一定程度上反映出西夏与回鹘在这一地区的活动历史和文化交融，已经到了浑然一体、难分难解的地步。

西夏与吐蕃关系的研究成果较少。杨作山《北宋时期西蕃与西夏关系述评》［《西北第二民族学院学报（哲学社会科学版）》1990 年第 1 期］认为河湟地区作为宋与西夏之间的要冲，西夏得河湟，则宋处于辽、西夏、吐蕃的三面包围之中，宋得唃氏，则从两方“胁制河西”，而唃厮政权从一开始就在一定程度上依附于宋，成为西夏南下的一大障碍。马旭俊、杨军《唃厮啰政权的兴起与青唐道贸易》［《西藏大学学报（社会科学版）》2016 年第 3 期］认为随着党项的崛起建国，河西吐蕃、回鹘诸部投奔唃厮啰，青唐地区商贸开始繁荣兴盛以及宋朝出于“以夷攻夷”的目的赏赐册封等，使得唃厮啰有了充足的人力、物力构建政治阶序，使形成“政权”成为一种可能。吐蕃与西夏之间的联姻是古代少数民族间和亲的代表之一，彭向前《西夏与青唐吐蕃政权的和亲》（《甘肃民族研究》2004 年第 1 期）指出西夏为争取吐蕃，孤立北宋，先后两次遣公主下嫁青唐，但西夏虽与吐蕃实现了和亲，却并没有改变董毡联宋抗夏的政策，直到哲宗至徽宗时期，西夏的和亲政策这才作为政治工具真正发挥作用，达到预期目的。熙河开边后，宋朝势力进入到河湟地区，致这一地区民族关系复杂起来，杨文、高小强《试论西夏政权对北宋经略河湟区域民族政策的影响》（《宁夏社会科学》2010 年第 1 期）将这一时期西夏对北宋经略河湟民族政策的影响总结为四点：一是北宋只能与河湟吐蕃政权结盟才能共抗西夏；二是北宋将买马的地点愈来愈倾向于河湟蕃族区域；三是为消除边患、经制西夏，对河湟吐蕃实施经略是大势所趋；四是西夏政权对北宋的威胁和河湟蕃族政权对北宋的严重依赖，使北宋“联蕃制夏”政策制定有一定的现实性①。在早期党项与吐蕃关系的研究方面，黄兆宏《七至九世纪吐蕃与党项关系述论》（《青海民族研究》2004 年第 2 期）认为党项是一个多种族的部落集合体。吐蕃政权在强大之时，这个集合体中的许多部落包容于吐蕃政权之中，至九世纪中叶，吐蕃政权瓦解之后，其所统辖的各种族、各部落便奔逃四散，有的生活于党项各部落的居地间，吐蕃的众多部落又成为党项这个多种族部落集合体的一分子了②。张云《党项、吐蕃关系杂议》（《西夏学》2010 年第 1 期）认为西夏的“白高国”与藏文中的“白色董氏”有关，党项与吐蕃的关系十分密切，但部族不同，并非吐蕃的本部成分，他们是以“古羌人”为基础发展、融合形成的，存在多方面的共同特征，并在此后的发展中保持着密切的联系与交流③。

六　贡献与展望

总体而言，四十年来西夏与周边民族关系的研究具有如下特点。一是研究内容不断丰富，研究范围日益广阔。

西夏与周边民族关系不仅是西夏学的一个分支，还是各学科的交叉课题。随着相关学者的介入研究，西夏与周边民族关系亦逐步突破了断代史的藩篱，宋史、辽史、金史等方面的研究成果也更多地为西夏史研究所征引，这在一定程度上实现了不同学科之间的互动交流。

二是古代少数民族语言文献尤其是西夏文文献得到利用。

随着黑水城文献的陆续刊刻，隐藏在西夏文文献中的民族交往资料得以发掘利用，并取得了不错的成果。如夏金榷场贸易问题，其研究材料即基于西夏文榷场文书，并形成了一个新的研究热点。

三是坚持历史唯物主义立场、观点、方法，立足中国、放眼世界。

---

① 杨文、高小强：《试论西夏政权对北宋经略河湟区域民族政策的影响》，《宁夏社会科学》2010 年第 1 期。

② 黄兆宏：《七至九世纪吐蕃与党项关系述论》，《青海民族研究》2004 年第 2 期。

③ 张云：《党项、吐蕃关系杂议》，《西夏学》2010 年第 1 期。

正如习近平总书记所指出的，辽夏金都是桃花石，都是历史上中国的重要组成部分。在坚持民族平等和实事求是的原则上，改革开放以来的西夏与周边民族关系史研究始终坚持中华民族多元一体格局理论，坚持历史上各民族共享中华民族符号，共创中华民族形象的研究方向不动摇。《西夏与民族关系史》《宋夏关系史》等都是在此方法论指导下的优秀研究成果。

当然，也应该注意到，西夏与周边民族关系史的研究尚有不足之处。首先，宋夏关系依旧是当前的研究热点，但辽夏关系、金夏关系、蒙夏关系、西夏与回鹘、吐蕃之关系的研究还很不全面，缺乏足够多的关注度和参与度。其次，少数民族文献材料的利用还不够充分，传世的西夏文文献、蒙藏文献、回鹘文献中隐藏着大量民族交往的重要资料，但至今还没有得到有效的利用。

二十世纪以来的金代科举研究述评

蒋金玲　张　超

科举制度是中国古代重要的选官制度之一。金代作为边疆民族建立的政权入主中原，为选拔和笼络各族人才，承辽采宋，形成了独具女真族特色的科举制度。学界关于此问题的研究综述有十年之前张建伟的《近二十年金代科举研究述评》①，文章从四个方面对金代科举研究成果进行了简要的总结。而这十年间学界又有大批重要研究成果出现，所以有必要对二十世纪以来的金代科举研究重新做一番全面系统的回顾和梳理。

前　言

《金史》在元人所修三部史书中为“最善”，且设有《选举志》，但文笔甚简，遗漏和舛误之处较多，故金代科举的研究历来为学术界所重视。从 20 世纪初便有学者涉及此问题，最早的应为 1932 年陈东原的《辽金元之科举与教育》② 一文。1936 年邓嗣禹著《中国考试制度史》③，这是民国时期对金代科举论述最为详尽的著作。1944 年方壮猷于《说文月刊》发表《辽金元科举年表》④，对金代科举历代年表做了较为系统的整理，具有较高的学术价值。曾资生也于同年发表《宋辽金元的制举概略》⑤，主要为制举方面的研究。

新中国成立以后，学术界关于金代科举研究的论文、专著均纷纷涌现。专著方面，薛瑞兆《金代科举》⑥ 是第一部专门系统探讨金代科举的专著，包括制度论说、进士考订、资料附录三大部分，不仅论述了金代科举的百年历程、社会影响与历史意义，翔实考订了金代千余名进士，并在附录列有“金朝进士题名”“金代登科序缀”“金代宏词程文”“金代教授题名”等十二种辑录整理，对后继者研究大有裨益；李

---

① 张建伟：《近二十年金代科举研究述评》，《宋史研究丛刊》2009 年第 10 期。

② 陈东原：《辽金元之科举与教育》，《学风》1932 年第 10 期。

③ 邓嗣禹：《中国考试制度史》，考选委员会 1936 年。

④ 方壮猷：《辽金元科举年表》，《说文月刊》1944 年第 12 期。

⑤ 曾资生：《宋辽金元的制举概略》，《东方杂志》1944 年第 17 期。

⑥ 薛瑞兆：《金代科举》，中国社会科学出版社 2004 年版。

桂芝《辽金科举研究》[1] 一书，对金朝科举制度的确立、科目科次程式及授官、人才培养与学校、进士在金朝政治与社会中的影响、进士姓名及登第时间考和进士世家等方面均进行了精深的论证，文末附有“金代进士名录”，对金代进士的姓名、科次、籍贯、职任等进行清晰的列表，并有具体文献来源，资料多达200余页，其学术价值不言而喻。郭长海、付珊著《金上京科举制度研究》[2] 则论述了金代科举的制度演变、金初科举年谱及状元、上京地区出身的状元进士以及女真科举与进士等，是一部着重研究金上京地区科举的专著。裴兴荣《金代科举与文学》[3] 则在对金代进士进行辩正、增补的基础上，对金代科举考试题目与文体、科场事件与文风、状元的文学成就与社会影响等问题展开了深入的研究。此外，一些研究中国科举制度的通史专著，如李新达《中国科举制度史》，刘海峰、李兵《中国科举史》，王凯旋《中国科举制度史》，武玉环、高福顺等《中国科举制度通史・辽金元卷》等均对金代科举制度有较详细介绍[4]。

而其他一些著作虽不是专门研究科举，但也对金代科举有所涉及。一是金史研究的通史性专著，如陶晋生《女真史论》，张博泉《金史简编》，李锡厚、白滨《辽金西夏史》[5] 等，二是中国古代考试史专著，如邓嗣禹《中国考试制度史》，沈兼士《中国考试制度史》，郭齐家《中国古代考试制度》以及陈高华、宋德金等《中国考试史》[6] 等，三是中国古代选官制度、教育制度专著，如陈茂同《中国历代选官制度》，任立达、薛希洪《中国古代官吏考选制度史》，程方平《辽金元教育史》，孙培青《中国教育史》[7] 等，这些著作也都或多或少地关注到了金代的科举问题，具有一定借鉴和参考意义。

学界专门或涉及金代科举研究的专著成果较为丰硕，而有关金代科举的研究论文更是不胜枚举。笔者拟将史学界有关金代科举的研究成果分以下七个专题进行评述。

---

① 李桂芝：《辽金科举研究》，中央民族大学出版社2012年。

② 郭长海、付珊：《金上京科举制度研究》，哈尔滨工业大学出版社2013年。

③ 裴兴荣：《金代科举与文学》，中国社会科学出版社2016年。

④ 李新达：《中国科举制度史》，文津出版社1995年版；刘海峰、李兵：《中国科举史》，东方出版中心2006年版；王凯旋：《中国科举制度史》，万卷出版社2012年版；武玉环、高福顺等：《中国科举制度通史・辽金元卷》，上海人民出版社2015年版。

⑤ 陶晋生：《女真史论》，台湾食货出版社1981年版；张博泉：《金史简编》，辽宁人民出版社1984年版；李锡厚、白滨：《辽金西夏史》，上海人民出版社2003年版。

⑥ 邓嗣禹：《中国考试制度史》，考选委员会1936年版；沈兼士：《中国考试制度史》，台湾商务印书馆1969年版；郭齐家：《中国古代考试制度》，商务印书馆1997年版；陈高华、宋德金等：《中国考试史》，首都师范大学出版社2004年版。

⑦ 陈茂同：《中国历代选官制度》，华东师范大学出版社1994年版；任立达、薛希洪：《中国古代官吏考选制度史》，青岛出版社2003年版；程方平：《辽金元教育史》，重庆出版社1993年版；孙培青：《中国教育史》，华东师范大学出版社1999年版。

一　关于金代科举“首科”的讨论

在金代科举的肇始时间上，学界观点基本分为“天会元年（1123 年）”“天会二年（1124 年）”和“天眷元年（1138 年）”三说。方壮猷在《辽金元科举年表》[①] 中主要依据《金史·选举志一》所载，认为太宗天会元年（1123 年）十一月始开科举。大多数学者，如邓嗣禹、张博泉、赵冬晖、周怀宇等均赞同此说[②]。而周腊生、薛瑞兆和孙孝伟等则认为首科是在天会二年（1124 年）[③]。都兴智先前亦认为是天会元年[④]，后主要依据元王恽《浑源刘氏世德碑》予以修正，提出金朝“天会元年十一月颁行了实行科举考试的诏令，正式举行考试应在第二年。”[⑤] 李桂芝不赞同上述观点，而是认为金代科举的创制时间应为熙宗天眷元年（1138 年），而“‘天会元年’及二年二月与八月的科举”，“是以辽、宋科举考试的形式作为新王朝选拔官员的办法和手段，而非新的科举制度”，“它的特点是‘无定制’，‘无定数，亦无定期’，只能界定为‘权宜之计’”，“只能认为是金代科举制度的滥觞”[⑥]。

此外，在金代殿试的首科问题上，学术界也存在不同的看法。张博泉、都兴智持天德三年（1151 年）增殿试之举[⑦]之说，而薛瑞兆认为金代“天德二年，增殿试，行于七月”[⑧]，认同《金史》中关于金代殿试的记载，王凯旋、孙孝伟皆赞同此说[⑨]。赵冬晖在《金代科举年表考订》中认为“天德二年诏增殿试之制，三年始行”[⑩]。李桂芝则认为“天德二年无科，三年无殿试”，“天德三年的海陵亲试，也不是殿试的开始，它应被视作海陵为了解科举取士具体操作程序为殿试做必要准备的一次实地考察。因此，‘增殿试之制’的规定应该是天德三年或四年作出的”，“首次御试应当为贞元二年”[⑪]。

---

① 方壮猷：《辽金元科举年表》，《说文月刊》1944 年第 12 期。

② 分见邓嗣禹：《中国考试制度史》，考选委员会 1936 年版；张博泉：《金史论稿》第二卷，吉林文史出版社 1992 年版，第 384 页；赵冬晖：《金代科举年表考订》，《北方文物》1989 年第 2 期；周怀宇：《金王朝科举制考论》，《安庆师院社会科学学报》1995 年第 4 期。

③ 分见周腊生：《金代贡举考略》，《四川大学学报》1997 年第 3 期；薛瑞兆：《金代科举》，中国社会科学出版社 2004 年版，第 47 页；孙孝伟：《金朝科举制度探析》，《长春师范大学学报》2007 年第 3 期。

④ 都兴智：《金代科举制度的特点》，《北方文物》1988 年第 2 期。

⑤ 都兴智：《辽金史研究》，人民出版社 2004 年版，第 23 页。

⑥ 李桂芝：《辽金科举研究》，中央民族大学出版社 2012 年版，第 134、138 页。

⑦ 张博泉：《金史论稿》第二卷，吉林文史出版社 1992 年版，第 389 页；都兴智：《辽金史研究》，人民出版社 2004 年，第 72 页。

⑧ 薛瑞兆：《金代科举》，中国社会科学出版社 2004 年版，第 63 页。

⑨ 王凯旋：《中国科举制度史》，万卷出版社 2012 年版，第 117 页；孙孝伟：《金朝科举制度探析》，《长春师范大学学报》2007 年第 3 期。

⑩ 赵冬晖：《金代科举年表考订》，《北方文物》1989 年第 2 期。

⑪ 李桂芝：《辽金科举研究》，中央民族大学出版社 2012 年版，第 194—195 页。

二 关于金代科考次数与科举录取规模的研究

在金代科考的次数与录取规模方面，学者们各持己见，这可能与考古石刻新史料的不断发掘有关系。早在20世纪40年代，方壮猷《辽金元科举年表》对金代历年科举进行了较为细致的梳理，认为“金代行科举近四十次，若以每次录取进士120人计算，总计录取进士近5000人”①。但由于此文年代久远加之依据史料单一，故赵冬晖在其基础上，参照文人笔记、文集以及新出土和发现的碑刻史料，作《金代科举年表考订》一文，认为金代进士开科40次，“会试常取500人以上”②。陶晋生《女真史论》一书统计“金代科举一共举行45次，录取总数为16484余人，每次平均录取约为366人，年平均录取约为148人”③。周腊生《金代贡举考略》一文，指出有金一代共举行进士考试43次，共约取士15000人，共出状元74名④。鲁威《科举奇闻》统计金代一共举行科举考试21次⑤。周亚非著《中国历代状元录》分析金代科考“约开科40次”⑥。薛瑞兆在《金代科举》一书中认为金代举行科举考试四十七次，科举取士人数约为六千余人⑦。都兴智通过对史料的重新探索与核实，撰《金代科举的女真进士科》一文，认为金代科考实际应该是36科⑧。而孙孝伟在《金朝科举制度探析》中得出金代一共开科38次，进士科取士人数在5000—6000之间，平均每次150人左右的结论⑨。李桂芝则阐明“金朝科举，包括定制前的历次考试共计举行36次”，“天兴二年一次赐进士出身，是金朝最后一次有关进士登第的记录。如果也勉强计入，则共计取士37次”⑩。郭长海在《金上京科举制度研究》中认为“金代科举约47次。其中诗赋45次，经义26次，策论16次，取士约6000余人”⑪。

围绕金代有名可查的进士人数，学术界也有不同的声音。薛瑞兆在《金代科举》中考证和辑录有名可查的金代进士为1527人⑫。沈仁国则大量利用方志资料，对金代进士进行了重新的详细考证，其成果便是在《江海学刊》连发的《金天会间进士

---

① 方壮猷：《辽金元科举年表》，《说文月刊》1944年第12期。
② 赵冬晖：《金代科举年表考订》，《北方文物》1989年第2期。
③ 陶晋生：《女真史论》，台湾食货出版社1981年版，第51页。
④ 周腊生：《金代贡举考略》，《四川大学学报》1997年第3期。
⑤ 鲁威：《科举奇闻》，辽宁教育出版社1990年版，第64页。
⑥ 周亚非：《中国历代状元录》，上海文化出版社1995年版，第385页。
⑦ 薛瑞兆：《金代科举》，中国社会科学出版社2004年版，第315页。
⑧ 都兴智：《金代科举的女真进士科》，《黑龙江民族丛刊》2004年第6期。
⑨ 孙孝伟：《金朝科举制度探析》，《长春师范大学学报》2007年第3期。
⑩ 李桂芝：《辽金科举研究》，中央民族大学出版社2012年版，第189页。
⑪ 郭长海、付珊：《金上京科举制度研究》，哈尔滨工业大学出版社2013年版，第31页。
⑫ 这个数字在薛瑞兆《金代科举》一书里并未直接出现，而是转引自李桂芝《辽金科举研究》（中央民族大学出版社2012年版）第191页。而在薛兆瑞后来的回应文章中，应该对此数字也予以承认。

辨疑（一）》《金天会二年进士辑补》《金天会四年进士辑补》等11篇短札，整理和辑佚自金天会元年开科至天会十五年的进士基本信息，认为金朝天会间取士1200人以上，可考姓名者77人①。李桂芝《辽金科举研究》一书则经过广征文献、细致考证，将金代进士的数量增补为1825名②。裴兴荣则在《金代进士补考》一文中认为，"从严格意义上来讲，李桂芝所增补的有些人是不能称之为进士的，金代实际上的进士并非李桂芝所言那么多"，他主要依据《全金石刻文辑校》，辑得薛瑞兆《金代科举》中未收录的金代进士69名，并对新辑录的进士的籍贯和及第时间进行了考定③。各位学者的争锋，将此问题的研究推向更加深入。

三 关于金代科举过程与特点的研究

也有学者考察金代科举制度的演变过程，或探讨其发展的规律和特点。赵冬晖在《金代科举制度研究》中对金代科举的大体脉络作了梳理和回顾，提出金代科举分为草创、发展、鼎盛和衰落四个阶段，并剖析了金代科举制度的新的特点，如崇重进士科、科场规制严格、设置女真进士科等，最后分析了金代科举实行的必要性和影响，并辑录出"金代科举年表"④。周怀宇在《金王朝科举制考论》中论述了金王朝科举制的演变过程，将其划分为"南北选制兴立""贡举法的诞生""女真进士科创设""《泰和格》的修定"四个发展阶段考察概述，提出金朝科举制度是一项进步的开明的举措，刺激社会文化教育的发展，促进了民族融合⑤。李玉年《金代科举沿革初探》中将金代科举的沿革分为初创、发展、繁荣和衰落四个时期，指出"金代科举伴随着金代官僚政治的不断完善而完善，亦伴随着金代社会的衰败而衰败，伴随着金代统治的终结而终结"⑥。

都兴智在《金代科举制度的特点》中全面分析了金代科举与唐、辽和宋代科举的渊源承继关系，并概括总结了金代科举与辽代相比的主要特点，如"汉儿和女真分学、分科取士之制与辽不同""进士和举人的概念与前代不同""府试一级考试与

---

① 沈仁国：《金天会二年进士辑补》《金天会四年进士辑补》《金天会六年进士辑补》等，具体参见《江海学刊》2006年第1—6期、2007年第1—5期。

② 李桂芝：《辽金科举研究》，中央民族大学出版社2012年版，第191页。针对这个数字，薛瑞兆在《内江师范学院学报》2018年第7、9、11期上连续刊发《以抄袭与造假而编织的一代进士名录——对李桂芝〈辽金科举研究·金朝进士名录〉"比较"的回应》一文，从"'无据著录''重复著录''著录种种非金进士''著录事项颇多谬误'"等四方面对李桂芝辑得1825人与他本人辑得的1527人的差异部分进行逐一辨析，认为1825人中，金代新进士仅20余人，其余300多人皆为假冒进士。

③ 裴兴荣：《金代进士补考》，《山西档案》2015年第3期。

④ 赵冬晖：《金代科举制度研究》，《辽金史论集》第4辑，书目文献出版社1989年。

⑤ 周怀宇：《金王朝科举制考论》，《安庆师范学院社会科学学报》1995年第4期。

⑥ 李玉年：《金代科举沿革初探》，《东南文化》1998年第1期。

前代不同”“考场制度比前代更加严密”“应举范围比前代有所扩大”①。在另一文《金代科举考试题目考察》中，都兴智提出金朝的科举各级考试题目皆出自传统的汉文经典十七史，多体现了封建统治者的意志，往往与当时的政治经济形势、社会所关注的问题等密切相关，具有很明显的时事政治性②。王德朋的《论金代科举之弊》则探讨了金代科举考试较唐宋虽有种种优渥，但存在重词赋轻经义、科举程文格式化、不问人才优劣授官、滥放之弊等不容忽视的弊端③。薛瑞兆在《金代科举制度考述》中认为金代科举制度在科考的科目、考试内容和监检方面形成了简约实用的特点④。王淑玲《略谈金代的科举取士》一文也对金代科举取士的时代特征和民族特点有所论及⑤。

此外，金代也设有武举，借此选拔武官。金代武举肇始于熙宗年间，并逐渐形成了固定化、有规模的武举考试制度。兰婷、王梅在《金代武举与武学教育》⑥ 中阐述了金代武举考试程序及考试内容、授官制度、武举的特点以及金代武举教育与武举的互动关系和社会作用。闫兴潘的《金代武举的民族属性》⑦ 一文，论证了金代不同时期对于武举的不同政策的背后是金代民族政策和民族关系的变化，并分析了金代的武举制度与唐宋时期的不同、金代的武举的性质、与其他科举考试科目之间的关系。除此之外，符传嘉的《金熙宗推行“武举”对武学及军事的影响探微》⑧ 等文也从不同的侧面论述了金代武举的概况。

四 关于女真进士科的研究

在女真进士科的概念界定问题上，学术界一般观点认为女真进士科是专门为女真族设置的科举考试，而闫兴潘在《金代女真进士科非“选女直人之科”考辨》一文中则认为金代的女真进士科并不是一种专门为女真人建立的科举制度，其最大的特殊之处在于其考试使用女真文字，是制度规定与实际运行之间的巨大差异的缘由，最终导致了后人对女真进士科认识上的偏差⑨。

而学者们的分歧主要集中于女真进士科的创始时间和录取人数上。在始创时间

① 都兴智：《金代科举制度的特点》，《北方文物》1988 年第 2 期。

② 都兴智：《金代科举考试题目考察》，《北方文物》2015 年第 1 期。

③ 王德朋：《论金代科举之弊》，《东北亚研究论丛》2009 年，第 55—62 页。

④ 薛瑞兆：《金代科举制度考述》，《科举文献整理与研究：第八届科举制与科举学国际学术研讨会论文集》2011 年，第 72 页。

⑤ 王淑玲：《略谈金代的科举取士》，《博物馆研究》1997 年第 1 期。

⑥ 兰婷、王梅：《金代武举与武学教育》，《黑龙江民族丛刊》2007 年第 5 期。

⑦ 闫兴潘：《金代武举的民族属性》，《北方文物》2015 年第 2 期。

⑧ 符传嘉：《金熙宗推行“武举”对武学及军事的影响探微》，《兰台世界》2014 年第 24 期。

⑨ 闫兴潘：《金代女真进士科非“选女直人之科”考辨》，《湖北民族学院学报》2013 年第 1 期。

上，邓嗣禹在《中国考试制度史》中认为“大定九年设女真进士科”[①]，而都兴智、薛瑞兆和王凯旋等多数学者皆认为金世宗大定十三年[②]（1173 年）。在女真科的取士和录取规模上，都兴智在《金代科举的女真进士科》一文中认为：金代女真进士科共开 20 科“估计女真进士每科的录取人数在 30—40 人左右，最多不会超过 50 人。金代科举的史料中共查出有姓名的女真人中进士者共 91 人，其中有 1 人中的是经义进士科”[③]。郭长海也赞同此说[④]。张居三在《金代女真进士科》中认为：“金代女真进士科从金世宗大定十三年起，到金哀宗正大元年停考，共举行 16 次考试，取女真进士近 700 人。”[⑤]

也有学者对女真进士科的创设背景、发展及影响等进行了探讨。如王利静、关玉华在《金代女真策选进士考》[⑥] 中对女真进士科创设的背景、发展情况和制度管理等方面进行了考证，并论述了实行女真科考的意义和影响。李文泽《金代女真科举考试制度研究》一文主要阐述了金代女真科考的创设、发展和演变历程，并着重研究金代女真的科考内容、监考制度以及入仕迁转等制度，金代女真科考制度不仅为金代遴选了大量治国人才，而且对后世元、清两代的蒙、满边疆民族科举考试以及中国古代科举史产生过较大影响[⑦]。台湾学者徐秉愉在《金代女真进士科制度的建立及其对女真政权的影响》一文中通过对女真进士科的设置及金代进士与金中期女真政权的维持之间的互动关系，论证了金世宗创立女真进士科的主要目的为“强化族群认同”，“选拔女真人中的文治人才”，以及“将选贤举能的考试制度，超越种族界限，一体实行于女真和汉人，强化汉人臣僚的向心力”，并分析了女真进士在政治上的表现以及对女真内部权力分配的影响，认为“金世宗之后的女真进士由女真统治阶级利益的代言人转变为与汉人同僚相同的忠君分子，这一变化与后世君主的用人政策调整和女真族与汉族的文化风俗趋同相关”[⑧]。

五　关于“金代科举与教育”的研究

一个政权、地区的教育发展水平是其科举繁盛的前提，而科举的兴盛又会反哺教育，为教育提供政策和师资保障，二者可谓相辅相成。黄风岐在《论金代的教育与

---

① 邓嗣禹：《中国考试制度史》，考选委员会 1936 年版，第 199 页。

② 都兴智：《辽金史研究》，人民出版社 2004 年版，第 58 页；薛瑞兆：《金代科举》，中国社会科学出版社 2004 年版，第 51 页；王凯旋：《中国科举制度史》，万卷出版社 2012 年版，第 116 页。

③ 都兴智：《金代科举的女真进士科》，《黑龙江民族丛刊》2004 年第 6 期。

④ 郭长海、付珊：《金上京科举制度研究》，哈尔滨工业大学出版社 2013 年版，第 158 页

⑤ 张居三：《金代女真进士科》，《文史知识》2007 年第 21 期。

⑥ 王利静、关玉华：《金代女真策选进士考》，《东北亚历史与文化》，辽沈书社 1991 年版。

⑦ 李文泽：《金代女真科举考试制度研究》，《四川大学学报》2003 年第 3 期。

⑧ 徐秉愉：《金代女真进士科制度的建立及其对女真政权的影响》，《台大历史学报》2004 年第 33 期。

科举》中论述了“金朝各类学校、学校管理机构、师资、教材、经费和学生来源，以及金朝科举制度的确立与发展，科举考试的内容与科举制度的利弊”[①]。杨军在《女真文字、女真科举与女真汉化》中把女真文字、科举与女真汉化相互联系起来，认为女真科举是女真社会发展到一定历史阶段的必然产物，但改变了女真人的教育模式，“女真人的汉化是其更改教育模式的不可避免的结果”，是所有保持女真本俗政策失效的最根本原因[②]。兰婷的《金代教育研究》专有一章“金代科举与教育”，分别论述了“金代汉科举与教育”“金代女真科举与教育”“金代武科举与教育”的关系，认为金代汉科举与汉族教育相辅相成，形成了一个养士与选士相配套的体系，促使金代自上而下建立了一套完整的汉族官学教育体系，私学教育也随之兴盛，为金政权的巩固和发展发挥了重要作用。另外，金代女真科举和女真官学教育也相互促进、相互制约，女真官学教育为女真科举提供了人才保障，是女真科举的前提条件。女真科举为女真官学提供师资保障，是女真官学教育的必要条件，形成了一个养士与选士相配套的体系，成为巩固金代政权的重要保障[③]。这些观点也见于其《试论金代教育的发展阶段及其特点》《金代女真科举与女真官学教育》《金代汉科举与汉族教育》[④]等文中。

霍明琨的《〈松漠纪闻〉中所见的金初文教及科举》一文从文献《松漠纪闻》的记载出发来分析金初的文化教育及礼制、金初的科考程序及制度等[⑤]。花文凤在《金代科举体制下少数民族教育公平问题及其解决策略》中阐述了金代统治者采取实施科举考试、崇儒兴学等诸多策略和措施，促进民族教育公平发展和民族阶层流动[⑥]。沈岩的《金代女真官学教育与女真进士科关系研究》探讨了金代女真官学在教育目的、教育内容、教育方式等方面与女真进士科的关系，认为女真官学教育与女真进士科相辅相成，都提升了边疆民族文化水平且巩固了边疆民族政权[⑦]。姚雯雯在《金朝进士群体在女真皇族教育中的儒家文化功能》中将进士群体视为研究整体，着重阐述了该群体作为金代的文化精英，在金代皇族教育中不仅传授儒家思想、担任教职，提升女真皇族文化素质，而且促进了汉文化与女真文化的融合发展[⑧]。

---

① 黄凤岐：《论金代的教育与科举》，《北方文物》2002 年第 2 期。

② 杨军：《女真文字、女真科举与女真汉化》，《长春大学学报》2006 年第 1 期。

③ 兰婷：《金代教育研究》，吉林大学出版社 2010 年版，第 132—162 页。

④ 兰婷：《试论金代教育的发展阶段及其特点》，《黑龙江民族丛刊》2012 年第 5 期；兰婷：《金代女真科举与女真官学教育》，《黑龙江民族丛刊》2014 年第 6 期；兰婷：《金代汉科举与汉族教育》，《黑龙江民族丛刊》2016 年第 5 期。

⑤ 霍明琨：《〈松漠纪闻〉中所见的金初文教及科举》，《历史教学》2008 年第 4 期。

⑥ 花文凤：《金代科举体制下少数民族教育公平问题及其解决策略》，《内蒙古师范大学学报》2010 年第 10 期。

⑦ 沈岩：《金代女真官学教育与女真进士科关系研究》，《满学研究》2017 年第 2 期。

⑧ 姚雯雯：《金朝进士群体在女真皇族教育中的儒家文化功能》，《贵州民族研究》2018 年第 2 期。

六　关于“金代科举与文学”的研究

科举考试作为一种社会事件，为文学创作提供着题材和文风导向，一定意义上属于文学的范畴，其兴盛必然会催生文学界的繁荣，而文学的繁荣昌盛亦可在科举应试中得以诠释。二者相互促进，互为因果。裴兴荣著《金代科举与文学》是专门研究金代科举与文学的最新成果，书中围绕金代进士辩正与增补、进士地理分布状况、文人社会心态、科举考试题目与文体、科场事件与文风、状元的文学成就与社会影响以及科举诗词仓桥等七个方面展开了系统的研究[①]。刘达科在《金朝科举与文学》[②]和《金代科举对文学的影响》[③]两篇文章中，从科举与文学的视角切入考察金代文学的目的和出发点，提出金代科举有双重意义，为金代文学创作提供了丰富的素材，是金代文学思想变革的杠杆，是文学繁荣的必要前提条件之一，扭转了文学创作中的不良习气，倡导健康文风，对文学创作产生过积极有利的作用，但也存在一定的滞碍作用。杨忠谦在《科举文化视野下的金代家族与文学》中认为“科举增强了原宋地黄河以北地区的文学成就，扩展了原辽地的儒家文化，在金代科举制度背景下，通过金代家族的家学相传，中原学术文化在元代得到了传承”[④]。

七　关于辽宋金元科举的比较研究

辽、宋、金、元各个政权之间的多项制度均有一定的承继性，学者们亦从多方比较的维度进行研究。杨树藩在《辽金贡举制度》中主要从金代的科考程序、考试科目、中第初任官职等方面进行研究[⑤]。顾吉辰在《宋金科举制度比较研究》中对宋、金二代科举异同、作用和弊病作一比较考察，分析宋、金二代科举制度都制定殿试制度，所试科目相似，科举考试录取的进士数额甚多等，但金朝也具有不同于宋朝之处，如设置南北选、创女真进士科、策论进士、奴免为良者及其子孙许举进士等等[⑥]。丁鼎在《金人、元人所谓“进士”也往往不是及第进士》中阐释“进士”一词的含义随着时代的发展发生了变化，金元时期的“进士”既指殿试中举的及第进士，也指被荐举参见进士考试而尚未及第的举人，所以金元时期的所谓的“进士”往往不是真正意义上的及第进士[⑦]。刘希伟在《辽、金、元科举制比较研究》中认为

---

① 裴兴荣：《金代科举与文学》，中国社会科学出版社 2016 年版。
② 刘达科：《金朝科举与文学》，《社会科学辑刊》2007 年第 3 期。
③ 刘达科：《金代科举对文学的影响》，《江苏大学学报》2007 年第 2 期。
④ 杨忠谦：《科举文化视野下的金代家族与文学》，《民族文学研究》2011 年第 6 期。
⑤ 杨树藩：《辽金贡举制度》，《宋史研究集》（7），中华丛书编审委员会 1974 年版。
⑥ 顾吉辰：《宋金科举制度比较研究》，《固原师专学报》1987 年第 4 期。
⑦ 丁鼎：《金人、元人所谓“进士”也往往不是及第进士》，《文史知识》1993 年第 6 期。

辽、金、元三代在对科举功能认同度、科举程序、所设科目与内容及登科人数上存在着相当的差异。三代科举制度更多地表现出某种共通性："辽代虽最终'面向汉藩'，但主要'面向汉人'的政策显示出了契丹人自身尤其是其统治者长期不屑科举的一面，金、元两代直接凸显出了强烈的民族歧视。"①

综上所述，不难得知学界在金代科举的首科、科考次数和录取人数、科举考试的过程与特点、女真进士科、科举与教育、科举与文学的关系以及辽宋金元科举的比较研究等诸多方面已取得了丰硕成果，在一些重要问题上还存在较大歧异，产生分歧的主要原因是特定概念界定上的差异以及新史料的不断发掘。但需注意的是，分歧是建立在共识基础之上的，金代科举研究整体框架已基本成型，产生的种种分歧只不过是对主体的修正和完善。后续研究应着重依靠新出土墓志石刻史料对已有推测性结论进行辨伪或佐证，以推进金代科举研究的深化，并进一步丰富和拓展中国古代科举制度的内涵。

① 刘希伟：《辽、金、元科举制比较研究》，《中国地质大学学报》2008 年第 3 期。

改革开放以来沈阳地区辽金考古综述

赵晓刚

沈阳地区的范围包括沈河、皇姑、和平、大东、铁西、浑南、于洪、沈北、苏家屯等九区和康平、法库、新民、辽中四县市。其中康平、法库两县1993年由铁岭市划归沈阳市。

“从建国以来，沈阳市的文物工作者和省考古队合作，配合基本建设进行了大量的考古发掘工作。”① 然而，其中辽金考古的发现并不多，且较为分散，如李进石棺墓、新民县巴图营子辽墓、辽滨塔城址内窖藏、卓望山无垢净光塔石函、崇寿寺塔地宫、山东堡和广宜街石棺墓、新民周家岗子辽墓群、沈阳故宫院内辽金遗存、新民鸭厂金代窖藏、萧袍鲁墓等。

改革开放以来，沈阳市逐步组建了专门的文物考古工作队伍，1986年1月故宫考古部改为市文物考古工作队，2001年12月市文物考古工作队改为沈阳市文物考古研究所，2009年市考古所取得团体领队资质。沈阳地区的辽金考古工作取得了长足进展，在城市考古、抢救性考古发掘、科学研究等方面都取得了丰硕成果。如八王寺地区辽金墓群、李贝堡辽墓群的发掘等。在考古发掘中强调课题意识，注重聚落考古理念在发掘中的应运，特别是在康平张家窑林场辽墓群的发掘中，变抢救性考古发掘为主动性考古发掘，较好地实现了发掘目的，加深了我们对契丹贵族墓葬葬俗葬制、守冢人遗存、祭祀遗存等的研究②。

根据研究成果，沈阳地区曾经存在过的辽金城址共有54座，其中康平县6座，法库县21座，新民市11座，辽中县1座，沈北新区5座，苏家屯区1座，铁西区2座，东陵区4座，于洪区2座，沈河区1座③。这些城址中仅沈州城做过考古发掘工作，其余城址均为调查资料。

在这些城址周边，历年来发现了大量墓葬。有人统计，截至2008年，沈阳地区

---

① 沈阳市文物管理办公室编纂:《沈阳市文物志》，沈阳出版社1993年版，第328页。

② 赵晓刚:《辽代契丹贵族墓地守冢人居住遗存和祭祀遗存初探》，《辽金历史与考古》第9辑，科学出版社2018年版，第16—25页。

③ 赵晓刚:《沈阳地区辽金城址刍议》，《辽金历史与考古》第6辑，辽宁教育出版社2015年版，第3—15页。

出土的辽代墓葬将近百座，经考古清理的也有50座左右[①]。而据笔者梳理，仅沈阳城区的辽代墓葬已发掘60座（其中部分墓葬年代已进入金代）[②]。改革开放以来，沈阳地区辽金墓葬最重要的成果是法库县叶茂台辽墓群，已发掘墓葬23座，通过M16出土萧义墓志而被确定为辽代萧氏后族墓地[③]；近年来，沈阳地区最主要的辽金考古发现当属康平县张家窑林场辽墓群，共计发掘辽代墓葬16座，出土大量珍贵文物。此外，还有康平县李家窝堡辽墓、大付家窝堡辽墓和法库县李贝堡辽墓群、红花岭辽墓、秋皮波辽墓、小房身辽墓、孤家子辽墓、王家窝堡辽墓、蔡家沟辽墓等的发掘。

下面我们简单梳理一下自改革开放以来，沈阳地区发现的辽金遗址和墓葬及相关研究，以期有益于辽金考古研究。

一　考古发现

（一）沈州城及周边遗址

1. 沈州城内发现的遗址

1993年春，在沈河区宫后里“东亚商业广场”（现“兴隆大家庭”）施工现场发现古城墙遗址。经考古发掘，确定第三层为辽金元时期文化层，土质呈黄褐色，包含沟纹砖、布纹瓦、辽金元时期瓷器残片及北宋钱币等遗物，遗存平均厚约1米。探沟一内发现辽金元时期灰坑11个，探沟二发现金元时期灰坑2个，灰坑出土器物有宋钱、绿釉盘、白釉碗、酱釉盘、白瓷片、围棋子、铁锈花瓷片、龙泉窑青瓷等[④]。

1996年3—4月间，在大舞台工地的文物勘探中发现第五层为辽至元代文化堆积层。该层为灰土层，厚约1米。土质松软，色深灰，内有草灰，含水量较大。可见浅灰色青砖、泥灰布纹瓦、白瓷、黑釉瓷、铁锈花瓷、泥灰陶片等[⑤]。

2002年在沈河电信局院内发掘“L”形探沟1条，亦发现有辽金时期地层，并出土大量白瓷片、酱釉瓷片、泥质灰陶片等遗物[⑥]。

2007年，在“皇太极广场”的考古发掘中发现明确金代地层，即第五层。出土遗物有铁锈花纹碗，白瓷碗、盏，褐釉碗、盘，陶盆、盏、网坠，铜簪，宋代铜钱等。五层下开口的遗迹有灰沟1条，灰坑9个，出土遗物以单色釉白釉或褐色釉为

---

① 姜念思：《沈阳考古发现六十年概述》，《沈阳考古发现六十年》（报告卷），辽海出版社2008年版，第15页。

② 赵晓刚：《沈阳城区辽墓初探》，《边疆考古研究》第11辑，科学出版社2012年版，第249—266页。

③ 冯永谦、温丽和：《法库县文物志》，辽宁民族出版社1996年版，第93—107页；辽宁省文物考古研究所、沈阳市文物考古研究所：《辽宁法库县叶茂台23号辽墓发掘简报》，《考古》2010年第1期。

④ 刘长江：《沈阳宫后里遗址及相关发现》，《辽宁考古文集》（二），科学出版社2010年版，第57—65页。

⑤ 刘焕民：《沈阳老城区大舞台工地文物勘探报告》，《北方文物》2001年第2期。

⑥ 探沟发掘至距地表4.8米塌方后，未再继续发掘。

主，属辽代遗存[①]。

2018 年，在中和里遗址发掘出辽代房址 2 座和灰坑 6 个，出土有白瓷片、泥质灰陶片等[②]。

2. 千松园辽金遗址

位于塔湾地区千松园遗址内的“格林·常青藤”工程中，2010 年 6—8 月发掘，发现辽代地层和辽代房址 2 座、金代房址 2 座、辽金时期灰坑 30 个。辽代房址保存较好，均为圆角方形，土坯砌筑，房内有一铺折尺形火炕，出土有铜钱、白瓷碗、鸡腿坛、陶盆、多孔器等遗物。金代房址均破坏严重，仅见用残沟纹砖砌筑或直接挖在土中的烟道，在此周围出土有带涩圈的白瓷碗、盘等遗物。灰坑多椭圆形，斜壁平底，出有白瓷碗、陶盆、甑等[③]。

3. 八王寺地区金代冶铜窑址

位于八王寺地区的“城中艺景”工程内，2007 年 5 月发掘，金代地下冶铜窑址 1 座。窑址为圆形砖筑，由台阶式窑道、窑室、中心灶等几部分构成。因窑址经两次使用和废弃而形成了三个层面。在第二层中发现带涩圈的黑瓷碗 1 个及少量陶瓷残片，此外还出土一些炼铜后留下的铜渣[④]。

4. 北四台子遗址

位于沈阳市皇姑区三台子街道北四台子村西北约 500 米，遗址南北长约 150 米、东西宽约 150 米，面积约 2.2 万平方米。发现于 2012 年 9 月对“恒大雅苑”住宅小区用地的勘探过程中。沈阳市文物考古研究所于 2012 年 9—10 月，对该遗址进行了考古发掘，发掘面积 300 平方米，发现了 1 个室外灶址、3 处窖穴、38 个灰坑及 7 条灰沟，出土了大量的陶瓷片，可辨器型有白瓷碗、瓷灯、瓷罐、瓷马、陶盆、陶罐、布纹瓦、铜钱、铁器及骨器等。根据遗迹和遗物判断，北四台子遗址应为一处辽代中期至金代的村落遗址[⑤]。

5. 大二台子遗址

位于大东区大二台子地区“巧克力城”建设项目用地内，2011 年 6—7 月，沈阳市文物考古研究所在勘探中发现一个辽金时期遗址，将其命名为“大二台子遗址”，随即对其进行了抢救性考古发掘。共发现辽金时期房址 4 座、灰坑 16 个、灰沟 1 条，出土了大量陶瓷器。房址皆为半地穴式结构，形状为方形或长方形，室内有灶或者土

---

① 沈阳市文物考古研究所：《沈阳“皇太极商业广场”考古发掘》，《沈阳考古文集》（第 2 集），科学出版社 2009 年版，第 42—69 页。

② 发掘资料正在整理之中。

③ 沈阳市文物考古研究所：《2010 年千松园遗址辽金遗存发掘简报》，《沈阳考古文集》（第 4 集），科学出版社 2014 年版，第 79—95 页。

④ 沈阳市文物考古研究所：《沈阳八王寺地区考古发掘报告》，辽海出版社 2011 年版。

⑤ 沈阳市文物考古研究所：《沈阳市北四台子辽金遗址 2012 年发掘简报》，《沈阳考古文集》（第 5 集），科学出版社 2015 年版，第 216—229 页。

坯火炕。室内出土有泥质灰陶盆、泥质灰陶罐、泥质灰陶盘、纺轮、陶球、白瓷罐、白瓷碗、铁钉等。灰坑16个，平面形状有圆形或椭圆形、方形或长方形，也有不规则形，壁都没有经过特殊加工，平底。出土有泥质灰陶盆、泥质灰陶罐、白瓷碗、铜钱等。这是沈阳辽金考古的一个新发现，为研究辽金沈州周边村落布局及其社会经济和生活状况提供了新的资料①。

6. 田义遗址

位于皇姑区陵东街道田义村北800米，2018年7—9月，在沈阳师范大学南项目的勘探中发现遗址，将其命名为“田义遗址”，发掘100平方米。通过发掘，田义遗址地层分为2层，第2层为辽金时期文化层。1层下发现2个灰坑，出土了少量的泥质灰陶片及白瓷片等。田义遗址是第三次文物普查后的考古新发现，此次的发掘面积较小，发现了2个灰坑，发掘位置并不是遗址的中心区。此地在辽金时期属于沈州的辖区，南距沈州城约12公里，东南距前山嘴子辽代城址（乐郊县）约11.7公里。此次发掘出土的少量遗物，为沈阳地区辽金时期考古提供了新的材料②。

7. 塔湾舍利塔

位于皇姑区塔湾街45巷15号。该塔始建于辽重熙十三年（1044），清崇德六年（1641）重修。由于该塔位于沈阳市塔湾一带，故又称塔湾舍利塔。无垢净光舍利塔是一座十三层密檐八角形砖塔，高约33米，分为五个部分：地宫、塔基、塔身、塔檐和塔刹。

1985年4月，在对塔湾舍利塔进行维修时，发现在正西平等佛佛龛拱楣之上20厘米处有方形通口一个，通向塔内，在塔内发现有地宫、中宫、天宫三部分。天宫宫门为铁质，两扇对开，上半部由镂孔“卐”字组成的窗棂。在龛室最里面有南北顺砌青砖两块，间隔20厘米。两砖之上横砌青砖1块，上面放置明宣德炉1件。中宫北正面是一砖砌须弥座，座上置木制佛龛，内置鎏金铜佛、经卷、供器等。在宫室中，除北正面外，其余三面皆绘有火焰山石、金刚神像等壁面。在正西方向有一通口，其外口即为正西平等佛佛龛拱门之上的通口。中宫下面是正方形地宫，在地宫发现有一件棺形石函，函盖上刻有“大契丹国辽东沈州西北丰稔村东，重熙十三年岁次甲申四月……葬佛舍利一千五百四十六课”等字样，地宫的四壁还绘有四大天王的壁画③。

---

① 沈阳市文物考古研究所：《沈阳市大二台子辽金遗址发掘简报》，《辽金历史与考古》第5辑，辽宁教育出版社2014年版。

② 沈阳市文物考古研究所：《沈阳市田义遗址发掘简报》，《沈阳考古文集》第7集，待刊。

③ 周阳生、李晓钟、刘焕民：《沈阳塔湾无垢净光舍利塔塔宫清理报告》，《辽海文物学刊》1986年第2期。

（二）沈州城周边墓葬

1. 北陵农场辽墓

位于北陵农场三分场宿舍区西部，1982 年发现。墓为圆形单室砖墓，直径 3.9 米，残高 1.3 米，墓门早期被破坏，北壁正中用砖砌成长 1.4 米，宽 0.8 米的高台，上置骨灰罐，罐内装骨灰，另外除发现少量散乱人骨和一枚棺钉外，别无其他随葬品。墓壁分别有四个砖砌仿木结构立柱，并饰有彩绘。墓葬时代大致为辽中晚期。该墓葬骨灰罐火葬与尸骨葬并存，可能存在二次葬的情况①。

2. 方形广场辽墓

位于沈阳市和平区方形广场北侧东北建筑设计院门前，1986 年 6 月清理。该墓为圆形穹隆罐顶单室砖墓，直径 3.12 米，墓室内带有仿木结构，出土有陶碗、白瓷盘、铁带扣、铁刀、“开元通宝”铜钱等随葬品。时代为辽代②。

3. 下坎子辽墓

位于沈阳市于洪区北陵街道下坎子地区，1980 年发现。为砖砌圆形单室墓，直径约 3.3 米，墓壁有砖砌仿木立柱四根，东南壁有直棂假窗一扇，北壁砌有长方形壁龛，墓底前半部横向铺砖，后半部纵向铺砖。随葬品有陶器和铜器等。陶器有夹砂褐陶罐和圆形陶珠各一件，铜器为“开元通宝”铜钱一枚。时代为辽代③。

4. 八王寺辽金墓群

共 30 座，根据所处位置可分为六组和一些零散墓葬。从墓葬形制看，除 1 座为砖棺墓外，其余均为砖椁墓。砖椁墓的墓室有圆形、长方形、马蹄形、六角形等几种。其中，圆形墓又可以分为两种形制，一种带甬道，有仿木结构；一种不带甬道，无仿木结构。

报告中将这些墓葬分为两期：

第一组（“枫合万嘉”工程内的 5 座墓葬）、第二组（“御泉华庭”工程内靠北的ⅡM2、ⅡM3、ⅢM47、ⅢM48）和“御泉华庭”工程内的ⅠM1 等 10 座砖筑圆形单室墓，均属辽代中期。只是根据器物组合分析得出其年代上略有早晚的关系，即第一组略早于第二组，第二组略早于“御泉华庭”工程内的ⅠM1，即“御泉华庭”工程内的ⅠM1 应为此期墓葬中年代最晚者。根据“御泉华庭”工程内的ⅠM1 出土遗物与韩佚墓（辽圣宗统和二十九年，公元 1011 年）所出者极其相似，由此我们推测其年代应与韩佚墓相当，即在辽圣宗中后期。

第三组墓葬为六角形墓，从墓葬形制及出土铜钱分析，最晚的“政和通宝”铜

① 沈阳市文物管理办公室编纂：《沈阳市文物志》，沈阳出版社 1993 年版，第 84 页。
② 同上书，第 83 页。
③ 同上书，第 83—84 页。

钱为宋徽宗 1111—1118 年间所铸，因此该组墓葬应为辽代晚期墓葬。

第四组圆形无仿木结构墓、第五组长方形墓、第六组马蹄形墓均位于“尚品天城”工程内，且相距较近，从出土遗物分析，均应为辽末金初墓葬。此外，“御泉华庭”IM13 和 IVM1 均应为辽末金初墓葬。其中 2005DBSM15 较为典型，为一圆形砖筑单室墓，由斜坡式土墓道、略呈八字形墓门、圆形墓室构成，墓室内径 3 米。墓室北部贴壁用砌包筑半圆形棺床，棺床上一南一北放置二具成人骨骸，头东足西。在尸骨周围发现有铁棺钉。在棺床下东部集中出有黑瓷瓶 1 件，酱釉鸡腿坛 3 件。2005DBYⅠM5 为木棺火葬墓，长方形砖筑单室，墓底不铺砖，仅发现有大量木炭，其上分布有大量铜钱。在墓内发现有腐朽很严重的部分成人肢骨，头向东北。出土有铜镜 1 面，铜镜夹 1 件，铁剪 1 把，铜饰件 3 件，残铁器 1 件，串珠 1 串，北宋铜钱数十枚和白釉黑花瓷碗残片①。

5. 新乐遗址辽墓

位于皇姑区龙山路北新乐遗址院内东北部，1992 年 6—7 月发掘，墓葬 2 座，均为圆形仿木结构砖筑单室墓。由斜坡式墓道、墓门、长方形甬道、墓室几部分构成，墓室内径 3. 85—4 米。墓壁上用竖砖三行砌筑 4 根立柱，柱头可见一斗三升结构，墓室后半部为砖砌尸床，后壁有假窗。出土陶罐、陶瓶、陶钵、釉陶钵、瓷碗、瓷盘、“千秋万岁”铭文砖和“开元通宝”铜钱的 15 件遗物②。

6. 辽宁大学辽墓

位于辽宁大学院内东北辽宁大学“国际交流大楼”院内，勘探发现 4 座辽代墓葬。2004 年初，发掘一座，圆形仿木结构砖室墓。墓道未发掘，形制不明。墓门为长方形，用单砖平砌封堵。墓门后接长方形甬道，甬道后接圆形墓室，内径 3. 35—3. 40 米。墓壁上装饰有左右对称的影作木结构立柱 6 根。墓室后半壁上有 3 个仿木结构窗户。墓室内后部偏西设有长方形骨灰坛。在骨灰坛上出土 1 枚残断的铜簪。在骨灰坛西侧与墓壁之间出土有陶罐 1 个、陶鏊子 1 个、白瓷大碗 2 个、酱釉瓜棱罐 1 个、陶盆 1 个、小口陶罐 1 个。在墓室东部出土釉陶碗 1 个、陶灯盏 1 个③。

7. 修女院 M6

位于沈河区热闹路 38 号“天主教修女院办公宿舍楼”工程用地内，圆形仿木结构砖室墓，编号 M6。墓室有砖筑仿木结构，用竖砖三行做四个立柱，因已破坏未见窗。墓室外直径 2. 8 米，残高 0. 63 米，墓底用砖错缝平铺，北部贴壁砌筑半圆形尸床。尸床上放置一具骨骸，已零乱。尸床上还堆放有大量残破陶器。墓室南有砖砌甬

---

① 沈阳市文物考古研究所：《沈阳八王寺地区考古发掘报告》，辽海出版社 2011 年版。

② 沈阳市文物考古研究所：《沈阳新乐遗址辽墓发掘简报》，《沈阳考古文集》第 2 集，科学出版社 2009 年版，第 160—167 页。

③ 沈阳市文物考古研究所：《辽宁大学院内辽墓的发掘》，《边疆考古研究》第 5 辑，2006 年，第 339—343 页。

道，甬道底不铺砖。甬道向外平折形成墓门，墓门处残存封门砖四行。甬道外接斜坡式土墓道。墓葬内出土器物 33 件，有陶罐、釜、盆、碗、熏炉、壶、黄釉陶罐、铜钱等①。

8. 广宜街辽墓群

位于沈河区广宜街，2003 年 6 月发掘砖椁石棺墓 5 座。墓葬形制基本相同。方形椁室，用手印纹砖砌筑，椁室内均有石棺。仅在 M4 棺内清理出 3 枚骨簪②。

9. 惠工街辽墓

位于沈阳市沈河区惠工街泽工南巷62 号。2008 年6 月 12—13 日，对发现的古代遗存进行布方发掘，发掘面积25 平方米，清理辽代墓葬 1 座（M1）。M1 开口于第 2 层下，为一长方形土圹砖筑单室墓。墓室西部、南部基本都已被水泥基础破坏，只留有北部部分及东部一侧墓壁。墓葬用砖与热闹路天主教修女院内发现的辽墓所用墓砖相同。此外，早年曾在惠工广场附近的防爆灯厂发现过一座辽中期墓葬，或与该墓葬为一墓群亦未可知。由此我们推测，该墓葬的年代大致在辽代中期③。

10. 取意里金墓

1986 年 5 月 21 日，在大东区小北街三段取意里发现两座金代墓葬，均为长方形单室砖圹木棺墓。圹壁以 10 层青砖单条错缝平砌。砖圹上部为平口，墓圹内发现有腐朽的板状木质物，推测可能是以木板盖顶。M1 方向 83 度。墓圹长 2.6 米，宽 1.28 米，高 0.55 米。墓圹底部以一层青砖平铺，上置木棺。木棺已朽，从朽痕和铁棺钉出土位置可知木棺长 1.8 米，宽 0.75 米。墓主为五十岁左右的男性，头向东，仰身直肢，头下枕有一块青砖。瓷器置于棺外左上角，有黑褐釉葫芦瓶和黑褐釉铁锈斑纹碗各 2 件。铜器置于棺内右侧，有铜钵 1 件，铜刀 1 件。铜钱出土于墓主人下半身身下，有“开元通宝”3 枚，“大观通宝”6 枚，“崇宁通宝”2 枚，“元祐通宝”“皇宋通宝”“祥符通宝”“天禧通宝”“熙宁重宝”“大定通宝”各 1 枚。M2 方向 354 度。墓圹长2.56 米、宽1.1 米、高0.65 米，无铺底砖。木棺放置于砂砾石之上。棺已朽，仅有棺灰与铁棺钉。棺板灰宽 0.4 厘米。墓主为女性，头向北，仰身直肢。随葬遗物均在棺内，有三系黑釉壶 1 件，黄褐釉碗 1 件，黄褐釉盘 2 件，铜盘 1 件，铜钵 2 件，漆器 1 件（已朽腐，内放铜镜 1 枚），这些器物多靠左侧摆放。金耳饰 2 件出于头骨两侧，金牌饰、金刚杵各 1 件，“大观通宝”12 枚，“大定通宝”2 枚，均出土于墓主人下半身身下④。

---

① 沈阳市文物考古研究所：《沈阳热闹路天主教修女院古代墓群 2006 年考古发掘报告》，《沈阳考古文集》第 1 集，科学出版社 2007 年版，第 38—61 页。

② 沈阳市文物考古研究所：《沈阳广宜街辽代石棺墓发掘报告》，《沈阳考古文集》第 2 集，科学出版社 2009 年版，第 168—180 页。

③ 沈阳市文物考古研究所：《沈阳市惠工街辽代墓葬考古发掘报告》，《沈阳考古文集》第 5 集，科学出版社 2017 年版，第 206—210 页。

④ 沈阳市文物考古研究所：《沈阳小北街金代墓葬发掘简报》，《考古》2006 年第 11 期。

11. 五爱市场金墓

2007 年，在五爱市场客运广场工程施工中发现土坑竖穴墓 1 座，编号 M37。墓葬平面呈圆角长方形，方向 27 度。墓壁略弧，平底，无墓道，南北长约 2.74 米，宽 2 米。墓内填土为灰褐色沙土。墓底仅发现部分下肢骨、椎骨及头骨残片等，从残存情况看，应当为仰身直肢葬。墓内发现木痕，织布残痕等，应有木棺。出土铜镜 1 枚，铁剪 1 把，金顶饰 1 件，穿孔饰件 1 件，8 枚铁钉和“元丰通宝”5 枚，“熙宁重宝”3 枚，“熙宁通宝”“熙宁元宝”“祥符元宝”“至道通宝”“开元通宝”“皇宋通宝”“圣宋元宝”“崇宁通宝”各 1 枚。该墓葬出土遗物与八王寺 2005DBYⅠM5 较为相似，均有铜镜、铁剪和大量宋代钱币，故亦应为金墓①。

（三）康平县辽金遗存

1. 张家窑林场辽墓群及周边遗址

（1）柳条通墓群

该墓群位于沈阳市康平县沙金台乡张家窑林场中部柳条通区域的平缓地带。2016 年 10—12 月，沈阳市文物考古研究所对墓群进行了考古发掘，共计发掘小型辽代石室墓 5 座、石圹墓 1 座。石室墓均为不规则石片砌筑的抹角方形单室墓，边长在 2.5—3 米之间。墓道大多为斜坡式，仅一座为阶梯式（M3），方向均为东南向。石圹墓（M5）规模较小，不规则石片砌成墓圹，方向西南向。墓葬皆被盗严重，残存随葬品有青铜双鱼佩（M1：1）、绿釉提梁鸡冠壶（M3：1、2）、仰莲纹白瓷碗（M3：3）、白瓷小碗（M3：4、5，M6：1）、白釉绿彩陶盆（M3：6）、鸾鸟纹铜镜（M4：3）、篦齿纹灰陶壶（M4：1、2，M6：2）、铁箭镞（M4：4、5）等，共计 14 件。葬具有石片砌筑尸床和疑似木棺等。初步判断该墓群的时代大体在十一世纪上半叶前后②。

（2）长白山墓群

2017 年 4—11 月，沈阳市文物考古研究所对该墓群进行了主动性考古发掘，长白山墓群共分为三个墓葬区，其中Ⅰ区发掘墓葬 6 座，Ⅱ区发掘 4 座，Ⅲ区经勘探发现疑似墓葬 1 座，尚未发掘。Ⅰ区位于长白山东南坡，Ⅱ区和Ⅲ区分别位于Ⅰ区东北和西南约 500 米。另对墓群东约 400 米的长白山遗址进行了发掘，推测该遗址应与墓群存在一定关系。

Ⅰ区 M1—M6

M1 为 2015 年 12 月至 2016 年 1 月进行抢救性考古发掘，近方形石筑券顶单室

① 沈阳市文物考古研究所：《沈阳市五爱墓群发掘报告》，《沈阳考古文集》第 5 集，科学出版社 2015 年版，第 19—102 页。

② 沈阳市文物考古研究所：《康平张家窑林场柳条通辽墓群 2016 年发掘报告》，《沈阳考古文集》第 5 集，科学出版社 2017 年版，第 109—124 页。

墓，由墓道、过洞、天井、墓门、甬道、墓室等几部分组成，全长约22米，墓底距地表深约12米，墓向118度。葬具为木棺，位于墓室西侧正中，紧挨墓室西壁。墓主头北脚南，仰身直肢葬。尸身通体包裹银丝网络，头部银丝网络连缀一银鎏金面具。墓内随葬品主要有银丝网络，银鎏金面具，银质璎珞，玛瑙管，绿釉鸡冠壶，白瓷碗，白瓷碟，篦齿纹陶壶，马具（包括银鎏金龙纹蹀躞带、铜鎏金带具、银鞍桥包片、铁马镫等），铁剑，铁灯，铁环钩，铁镞，铁锁，磨石，羊头骨，蚕丝等。根据墓葬形制和出土器物的特征推断，该墓葬的年代为辽代早期晚段，墓主人为男性，二十五岁左右，其身份应为契丹高等级贵族。

M2、M3、M4均为大型砖筑多室墓，由阶梯墓道、墓门、甬道、前室、左右耳室和后室等部分组成，总长度30米左右，方向均为东南向。M2主室八角形耳室为圆形，M3主室为方形，M4主室为圆形，耳室为方形。三座砖室墓主室的直径（边长）均在4—4.5米左右，耳室的直径（边长）在1—1.5米左右。M2和M4主室砖壁内有八角形木壁椁室，墓底有带边厢和棺厢的木椁葬具，并都发现有银丝网络，M2木椁上镶嵌有大量银片，M4还发现有鎏金面具。M3墓室结构完整，未经盗掘，主室和耳室均为方形，在墓门两侧及主室墙壁发现有少量壁画残留，其他部分均已脱落。三座墓出土随葬品十分丰富，M2经早期和现代多次被盗，仍出土海兽葡萄镜、铜盏托、玛瑙配饰、围棋子、琥珀吊坠、串珠、绿釉鸡冠壶、白釉渣斗、青瓷碗、白瓷碗等各类文物50余件。M3、M4随葬品组合保存基本完整，M3出土白瓷鸡冠壶、盘口壶、绿釉鸡腿坛、白瓷碗等陶瓷器，墓主人双手满带10枚银鎏金戒指，双耳佩戴摩羯形金耳环，左右手腕分别佩戴鎏金银镯各一个，胸前佩戴玛瑙项链和葵形银镜，腰部为银鎏金捍腰。西耳室出土整套铜鎏金马具、蹀躞带、双鱼配饰和铁器，共计出土随葬品200余件。M4出土陶瓷器数量和种类更加丰富，除上述器型外，还发现有白釉黑彩、褐彩梅瓶各1件，白瓷小盖罐4套，盘口执壶、莲花纹执壶、青瓷碗、青瓷盘、影青器盖等，另外还出土有波斯玻璃器、玉臂鞲、银鎏金面具、金丝未断的玛瑙璎珞一套、银鎏金带式、银盏、银杯、银鞍桥、银蹀躞带等金银器和成套马具等，各类随葬品总计140余件。这三座墓葬的年代以M3为最早，为十世纪中期，M4较晚，为十一世纪中期至十二世纪初，M2则介于两者之间，为十一世纪前期。

M5和M6均为石筑方形单室墓，由阶梯墓道、甬道、墓室等部分组成，边长3米左右，墓道长约8—10米左右，东南向。其中M5甬道为过洞式，与M1相同。两座墓葬均早期被盗，仅M5中残留铁镞4枚。因出土遗物较少，仅据墓葬形制推测应为辽代中晚期墓葬。

Ⅱ区M1—M4

M1、M2、M4均为小型石筑方形单室，由墓室、甬道及墓道等部分组成，边长2.5米左右，墓道分斜坡式和阶梯式，长约3—5米左右，东南向。3座墓葬均严重被盗。M2出有4件残损的铁器和部分人骨，M4出土一件篦齿纹陶壶。M3仅挖掘了墓圹，并在墓道里填石块，未修建墓室。Ⅱ区墓葬的总体时代大体应在十一世纪中期前后，等级规模明显小于Ⅰ区，墓主人应为契丹小贵族阶层或一般富户。

（3）长白山遗址

在Ⅰ区墓群东约400米，发掘出大型房址1座。房址面阔8间、进深1间，东西长约30米，南北宽约7米，总面积约210平方米，方向155度，与墓葬方向大体一致。墙壁石筑，具体由三个套间和两个单间组成，房屋内均有火炕和灶台，屋内地面保留有泥质灰陶片、白瓷片等遗物，从遗物分析，该房址废弃的年代在辽晚期或是金初，延续下限晚于墓群。经勘探，在该房址西侧约20米，还有一座规模与其相当的大型房址，说明当时在此居住的人群应具有一定的规模。该大型居住址应与上述墓群有一定关系。

（4）西扎哈气遗址

位于西扎哈气村东500米。为研究该遗址与穷棒子山墓群之间关系，并进而探讨高等级贵族墓葬与一般贵族墓葬守冢人遗存之间是否存在差异等问题，2018年7—10月，沈阳市文物考古研究所对遗址进行了详细的调查和部分发掘。因经费、人员等问题，发掘仅揭露了上层的金代遗存部分，发现大量地炉式的坩埚遗存、房内火炕遗存、灰坑等，出土大量炼渣、废弃骨料、琉璃半成品和铜钱、陶瓷器等，初步判断该遗址应为辽金时期的一处手工业作坊遗存。关于其规模、结构、发展沿革等，尚有待于进一步的考古工作①。

2. 李家窝堡辽墓

位于康平县东关屯镇五棵树村李家窝堡北山断崖上，2012年9月18日，村民在放羊时发现。康平县文物管理所收回了被村民挖出的遗物，并对残存的墓葬进行了清理。墓葬为长方形土坑竖穴墓，形状不太规整，东侧墓壁已坍塌，南、北墓壁痕迹不清，长约1.8米，宽约0.6米，深约1米。在被掘出的扰土中，可以见到残碎的头骨和部分肢骨，腿骨未被扰动，位置清楚，可以看出是单人仰身直肢葬，头北足南。在扰土中发现的头骨上面盖有一类似锅一样的铁器，已残碎，未进行收集。墓内共回收金、银、铁、玛瑙等各类遗物98件。根据墓葬形制及出土遗物推断，李家窝堡辽墓应为辽代早期墓葬，其墓主人应为契丹平民中的富户②。

3. 大付家窝堡辽墓

位于康平县胜利乡朝阳堡村大付家窝堡自然屯西，卧龙湖东北约2公里处。2014年4月24日至30日，市考古所对墓葬进行了抢救性考古发掘。该墓为砖筑单室墓，编号为2014KDM1。斜坡式墓道接拱形过洞，墓门用青砖封堵，仅存底部三行。拱券

---

① 沈阳市文物考古研究所内部资料。

② 康平县文物管理所：《康平县李家窝堡辽墓》，《沈阳考古文集》第4集，科学出版社2014年版，第96—102页。

顶甬道，进深0.75米。方形墓室，边长2米，墓室内高1.5米。紧靠西壁见有砖铺棺床，南北向，长2米，宽1.12米。墓葬被盗扰严重，仅在扰土发现有残白瓷碟、铁销刀、铁镞、棺钉等遗物。墓主人经鉴定为一中年女性，年龄大致在35—40岁，其头骨上发现有骨瘤，头骨顶面发现有数道伤痕，有龋齿，并患有牙周病。根据墓葬形制、出土的少量器物和墓砖，初步推测该墓葬的年代应为辽代早期①。

（四）法库县辽代遗存

1. 叶茂台M23

2004年8月，叶茂台辽墓群中部区域的老虎窝山坡上一座辽墓又遭盗掘破坏，经国家文物局批准，同年10月26日至11月30日，辽宁省文物考古研究所与沈阳市文物考古研究所合作对该墓进行了抢救性发掘，编为23号墓。23号墓是一座砖石混筑的多室墓，先挖凿墓圹，再用砖石砌筑墓室，然后四周填土石筑成。墓向240°。由斜坡式墓道、天井、墓门、甬道、左右长方形耳室、长方形前室和八角形主室七个部分组成。全长25米，宽7米，距地表最深达7米。墓道两侧壁、墓门正面及其翼墙和甬道上均绘有壁画，有门吏、鹦鹉、飞鹤、祥云、阴阳鱼、火焰珠及云雷纹等图案。23号墓虽然遭多次盗掘破坏，但仍出土了较丰富的遗物，而且大多都出于主室、前室及甬道的扰土中，在原位的极少。陶器、瓷器无完整器，出土的陶、瓷器残片经拼对、修复，复原了80余件瓷器、3件陶器。瓷器以白瓷为主，还有少量的青白瓷，以及绿釉瓷、黄釉瓷、白釉绿彩瓷等。此外还出土金器、银器、铜器、铁器、骨器、石器、玉器、玛瑙、琥珀和契丹小字墓志石残块等②。

2. 李贝堡辽墓群

位于法库县大孤家子镇李贝堡村西山、南山、北山。墓群最早发现于1972年，当年在南山清理3座小型砖室墓，因早期被盗，仅出土小陶钵等遗物。后来在村西南0.5公里山下坡地上，调查发现了守护墓园建筑遗址③，由此证明该地应为一处规模较大，规格较高的辽代墓群。1999年在李贝堡村北山又发现1座大型砖筑多室墓，由墓道、墓门、天井、东西耳室、甬道和主室组成的砖室方形穹隆顶墓，墓门南偏东35度，主室穹隆顶已坍塌，东西耳室保存完好，顶部仍存。东西耳室较为特殊，形制相同，但大小有别，东耳室明显大于西耳室且南北略长并有甬道。出土有白瓷钵、绿釉陶盆、夹沙黑陶罐、白釉“官”字款瓷碗、花口青瓷碗、铜鎏金带饰、“开元通

---

① 沈阳市文物考古研究所：《沈阳康平县大付家窝堡辽墓的发掘》，《沈阳考古文集》第5集，科学出版社2015年版，第210—215页。

② 辽宁省文物考古研究所、沈阳市文物考古研究所：《辽宁法库县叶茂台23号辽墓发掘简报》，《考古》2010年第1期。

③ 冯永谦、温丽和：《法库县文物志》，辽宁民族出版社1996年版，第338、384页。

宝”带柄铜钱、石印等文物，为一座辽代早期夫妻合葬墓①。

2007 年 8 月中旬至 9 月上旬，市文物考古研究所又对 4 座被盗辽墓进行了抢救性发掘，依次编号为 2007FLM1—M4。M1 为一座长方形砖筑单室墓，方向 140°。深 4 米，全长 13 米。墓葬由墓道、甬道、墓门和长方形墓室构成，墓室后半部有用碎砖包砌基岩形成的棺床。墓室右侧出土有鎏金铜面具、铜饰件、铁马镫、铁带扣、铁钉等；墓室左侧有白瓷盘、白瓷钵、三彩盘、黄釉碗各 1 件，白瓷双系罐 2 件，白瓷小碗 6 件，此外还有一串铜钱放置于黄釉碗中。M2 为一长方形石砌单室墓，方向 135°。深 2.86 米，全长 5.8 米。由甬道、墓门、长方形墓室构成。墓内因被盗扰严重，棺木和人骨均已遭破坏，非常零碎，且多已腐朽无法采集。墓室内的扰土中出土有铁刀、白瓷葫芦瓶、白瓷唾盂、白瓷罐、白瓷碗、白瓷花口盘、灰陶盆、料珠、铜钱及一些陶器标本。M3 开口于表土层下，是一座六角形砖筑单室墓，方向 155°。深 2.8 米，全长 11.1 米。由墓道、墓门、甬道和六角形墓室构成。墓室后部紧贴墓壁有砖砌尸床，平面呈梯形。墓室内未见葬具，人骨散乱于墓室内。墓室扰土中出土有铁马镫、铁铃、铁钩、骨环、白瓷碗、瓷碟、陶壶等遗物。M4 为一座石砌单室墓，方向 120°。墓道及墓室前半部已被冲毁，仅余部分墓室。墓室后部靠近墓壁处可见长方形木棺痕，长 2 米，宽 0.8 米，棺内发现牙齿数枚，有门齿、恒齿和臼齿等。棺上发现有灰白色朽木和铁棺钉。棺外发现有瓷器残片和 1 件白釉碗。四座墓葬的年代均为辽代晚期②。

此外，墓群周边还存在南山头城址、高丽井沟古代水井、高丽井沟辽代建筑址等遗存，我们推测南山头城址为李贝堡辽墓群的守冢人居住遗存，高丽井沟辽代建筑址为 07M4 的墓上建筑——享堂③。

3. 孤家子辽墓

位于法库县五台子乡孤家子村西北山梁的缓坡上，2007 年 9 月 7 日至 16 日间，沈阳市文物考古研究所与法库县文物管理办公室共同对被盗墓葬进行了抢救性考古发掘。墓葬编号为 07FGM1。07FGM1 为一带墓道、甬道的石筑圆形单室墓，室内直径约 2.38 米，墓顶距现地表约 1.8 米，墓室内高 2.1 米。斜坡式土墓道，墓门后接石砌甬道直通墓室，甬道底部无铺石或砖，在甬道内出土有铁器残块。墓室用青灰色片状石块砌筑，圆形，穹隆顶，封顶石较大。在墓室后半部正中砌出一长方形砖台，竖排通缝平铺，两行砖高，石棺即位于其上，位置略被挪动，推测石经幢亦应在砖台之上，并且应位于石棺的正前方。石棺内放置骨灰，已被扰动，仅存很少一部分，内有

---

① 林茂雨、佡峻岩：《法库李贝堡辽墓》，《北方文物》2001 年第 3 期。

② 沈阳市文物考古研究所：《法库县李贝堡辽墓群 2007 年度抢救性考古发掘报告》，《沈阳考古文集》第 2 集，科学出版社 2009 年版，第 140—159 页。

③ 赵晓刚：《辽代契丹贵族墓地守冢人居住遗存和祭祀遗存初探》，《辽金历史与考古》第 9 辑，科学出版社 2018 年版，第 16—25 页。

炭化的碎骨渣。墓室内在砖台右侧出土有碎瓷片，左侧出土1完整白瓷双系小罐。通过其墓葬形制及出土物，我们初步判断其为辽代中期墓葬①。

4. 红花岭辽墓

位于法库县城西南12公里处的五台子乡红花岭村魏家窝堡自然屯的西南山坡上，2006年9月6日至10月20日对墓葬进行抢救性考古发掘。八角穹隆顶式砖筑单室墓，由墓道、墓门、甬道、墓室四部分组成。墓室周壁有木制的护板结构，靠西壁用青砖砌筑一高台尸床，南北两侧不与室壁相连。该墓葬多次被盗，出土黄釉渣斗、玉带饰、铜带扣、铜丝网络、鎏金铜带饰、刻花银管、铁马镫、包银铁马衔、金饰件等86件。根据墓葬形制和出土遗物判断，墓葬应为辽代晚期的契丹贵族墓②。

5. 秋皮沟辽墓

位于法库县五台子乡秋皮沟村村西的山丘南麓。2006年10月23日至11月2日市考古所进行抢救性考古发掘，为石筑券顶单室墓，墓向127°，由斜坡式土墓道、甬道、方形墓室组成。墓室出土有铁镞、铁刀、铁凿、铁制构件等铁器，还有银条、漆器、鸡冠壶残片等遗物。根据墓葬形制和出土遗物判断，墓葬为辽代中期约11世纪初契丹人的墓葬③。

6. 王家窝堡辽墓

位于法库县四家子乡王家窝堡村南部一座小山南面向阳坡半山腰，东邻南八虎山。2015年8月5—14日对墓葬进行抢救性考古发掘。该墓由墓门、甬道及墓室等部分组成，墓道部分全部破坏。方向南偏东20°。墓葬编号为2015FSWM1。墓室平面近马蹄形，甬道长约0.9米、宽约0.8米。墓门宽约1.2米，仅保存一行斜立的封门砖。尸床位于墓室北部与北壁相接，由两层平铺砖砌成，长2.2米、宽0.9米，高0.16米。墓砖规格基本一致，长36厘米、宽16厘米、厚7厘米。带有手印纹的墓砖占有一定比例。被盗严重，未发现任何随葬品。从墓葬形制看，时代在辽代晚期。本次发掘进一步丰富了法库地区辽代墓葬的形制和葬俗方面的资料。马蹄形砖室墓在辽代墓葬中发现较少，沈阳地区此前仅见于市区内大东区的八王寺墓群，在法库县境内发现尚属首次。此次发现为研究手印纹砖墓在辽代的分布和传播提供了有价值的线索④。

7. 小房身南沟辽墓

位于法库县孟家乡小房身村南沟自然屯，2007年5月村民建房时发现，6月3—

---

① 沈阳市文物考古研究所：《法库县孤家子辽墓发掘报告》，《沈阳考古文集》第2集，科学出版社2009年版，第132—139页。

② 沈阳市文物考古研究所：《法库红花岭辽墓》，《沈阳考古文集》第1集，科学出版社2007年版，第139—148页。

③ 沈阳市文物考古研究所：《法库秋皮沟辽墓发掘报告》，《沈阳考古文集》第1集，科学出版社2007年版，第160—168页。

④ 沈阳市文物考古研究所：《法库县四家子乡王家窝堡辽墓发掘简报》，《沈阳考古文集》第6集，科学出版社2017年版，第102—104页。

5日，市考古所对墓葬进行了抢救性考古发掘。墓葬为砖石混筑单室墓，由斜坡式土墓道、墓门、短甬道、长方形墓室构成，墓室边长275 * 258厘米。墓道旁有一壁龛，内置鸡腿坛2件。墓门处发现铁锁1件。墓室内靠近北墙有骨殖1具，为一25—30岁的年轻女性。室内出土白瓷碗、铁灯、铁熨斗、铁斧、铁扁铲、铁凿、铁穿、铁钉、铜碗、铜耳坠、小铜铃、铜鎏金手镯、项链等遗物。根据墓葬形制和出土遗物判断墓葬为辽代早期墓葬①。

8. 蔡家沟辽墓

位于法库县柏家沟镇前山村蔡家沟自然屯西北的王秃山南坡上。2010年被盗后，由沈阳市文物考古研究所进行了抢救性发掘。墓葬由墓道、墓门、甬道、主室及耳室等部分组成。在墓门东侧护壁尽头处插1把铁剑，西侧护壁尽头处插一把铁刀。墓门为砖石混筑，结构简单，外表涂抹一层黑泥。门洞正面呈圭形，宽0.8米，高1.35米。门墙多用片石砌筑，间杂有青砖，门洞上方有砖石混砌门额。甬道为砖石混砌，平面呈长方形，顶部为砖砌券顶。甬道尽头东、西两边各有一耳室，均用石片砌筑，平面近长方形，仅西耳室东北角近圆弧形。东耳室长1.25米、宽0.9米、高1.2米，西耳室长1.55米、宽1.09米、高约1.2米。主室砖石混筑，大致呈长方形，转角处略弧，长约2.8米、宽2.7米。墓葬被盗严重，出土随葬品有陶瓷器、铁器和玛瑙器等共计17件。瓷器主要为白瓷，器型主要为碗，分花口碗、莲瓣碗和普通碗三种。陶器有白釉陶碗、唾盂、夹砂陶罐等。铁器有铁刀和铁剑，另有一件玛瑙珠。时代大致在辽中期②。

9. 大六家子辽井

位于法库县柏家沟镇大六家子村村民王丙元家门墙下，2004年4月26—27日，沈阳市文物考古研究所进行发掘。该井略呈椭圆形，外径1.36—1.6米，内径1—1.2米，砌井时坑口直径约2米。井壁较直，砖砌规整，推测井深约3.2米（从井口计）。井内出土器物以泥质灰陶器为主，可复原陶罐3件，白瓷双系小罐1件，木梳1件，“开元通宝”铜钱1枚。此外，还有残碎陶瓷器数件，不能复原，可辨器型有罐、盆等。通过出土器物及井壁所砌青砖来推断，该井应为辽代所筑；从辽代遗物出土于井内上层黑色淤土中来分析，该井在辽代应已废弃③。

10. 刘邦屯金代窖藏

位于法库县包家屯乡刘邦屯村老牛地。1983年春发现，5月对文物进行征集，共计铁器6件，铜镜3面。铁器有六耳铁锅、铁铧、铁犁镜、铁輨头、铁铲、铁车輨各

① 沈阳市文物考古研究所：《法库县小房身村南沟辽代墓葬》，《沈阳考古文集》第2集，科学出版社2009年版，第124—131页。

② 沈阳市文物考古研究所：《辽宁法库县蔡家沟发现一座辽墓》，《考古》2013年第1期。

③ 沈阳市文物考古研究所：《法库大六家子辽井发掘简报》，《沈阳考古文集》第1集，科学出版社2007年版，第149—153页。

1 件，双鱼镜、规矩镜和龙虎镜各 1 件①。

（五）其他地区辽金遗存

1. 石佛寺塔

位于沈阳市沈北新区石佛寺乡七星山上，是辽代双州双城县时家寨净居院舍利佛塔，建于辽咸雍十年（1074）。该塔为六角七层密檐砖塔，现仅存南、东南、西北三面塔基及部分塔身。1982 年 5 月，对古塔地宫进行发掘。地宫在塔基下面正中，呈六角形，用砖砌筑，中央置石函，两侧各立一小石碑。石函长 28 厘米、宽 17.5 厘米，内套装铁函、银函、金函，在金函内放有水晶珠、玛瑙珠，大小珍珠 100 余粒，即称之“舍利子”。两甬石碑龙首龟趺，为花岗岩凿制，碑形相同，尺寸稍异，一座高 88 厘米，一座高 82 厘米，两碑阴刻楷书，800 余字。从铭文可知，这座塔是辽代双州双城县时家寨净居院舍利佛塔，参加捐钱建塔的官员、沙门、僧尼、百姓、工匠有 250 余人②。

2. 新民辽滨塔

辽滨塔位于新民市公主屯镇辽滨塔村，西傍秀水河，南邻辽河。始建于辽代，金代重修。辽滨塔建立在高约 2 米的平岗上，为八角十三层密檐式砖塔，由塔基、塔座、塔身、塔檐、塔刹五部分组成。经考古清理发现，辽滨塔有地宫、中宫和天宫。地宫位置较为特殊，在现地表之上，不同于同时期辽塔地宫在现地表之下。地宫、中宫为方形，天宫呈长方形。地宫和中宫均有砖和木质供桌，上置丰富的遗物。地宫北壁正中帖嵌砌有一尊砖雕菩萨造像，头上置砖雕华盖。天宫出土一块碑碣，记载了兴建此塔的始毕年代为辽天祚帝乾统十年正月建，天庆四年毕。出土遗物计 11 类，有金、银、铜、铁、瓷、木、纺织品、珍珠制品、舍利子、钱币、砖雕制品、石碑等。其中 1 件影青六瓣花口高足碗被定为国家一级文物，另有 11 件被定为国家二级文物。这些遗物不仅具有重要的历史研究价值，还对契丹文化、工艺水平、制作技术等方面的研究有着不可估量的学术价值③。

3. 新民法哈牛金代窖藏

位于新民市法哈牛镇西北新民博龙武术学校北墙外的沙土堆中。1996 年 5 月出土，共计 29 件铁器。包括六耳铁釜 3 件、三兽足平底浅腹釜 2 件、八棱执壶 1 件、八棱镂空四兽足炉 1 件、砍刀 1 件、钐刀 3 件、脚镣 1 副、车輨 5 件、犁鏥头 4 件、犁镜 1 件、铁冰穿 1 件、铁锄 1 件、铁架 4 个。推测窖藏年代为金代中晚期④。

4. 蒲河城址内的辽金遗存

位于沈北新区蒲河镇。2005 年 4—5 月，配合“蒲河 · 博仕园”工程建设考古发

---

① 庄艳杰：《法库刘邦屯出土金代窖藏文物》，《辽海文物学刊》1994 年第 1 期。

② 沈阳市文物管理办公室编纂：《沈阳市文物志》，沈阳出版社 1993 年版，第 123—124 页。

③ 沈阳市文物考古研究所：《新民辽滨塔与塔宫清理简报》，《文物》2006 年第 4 期。

④ 佡俊岩、林茂雨、刘焕民：《新民法哈牛金代窖藏铁器》，《辽海文物学刊》1997 年第 2 期。

掘中，发现遗址第 5 层及其下遗存为辽金时期，发掘出房址 1 座、灶址 1 个、灰坑 6 个，出土大量遗物。F2 平面近正方形，方向 175°，南北长约 4.6 米、东西宽 3.6—3.7 米。房址现在有门道、折尺形火炕、灶址等，出土“淳化元宝”铜钱、布纹瓦、白瓷片、陶盆口沿等。灰坑平面有长条形、圆形和不规则形 3 种，皆平底，出土白瓷羊、白釉黑斑狗、“大观通宝”、“皇宋通宝”铜钱等遗物①。

5. 新民偏堡子辽金遗址

位于新民市张屯乡偏堡子村。2010 年 7—9 月，沈阳市文物考古研究所、吉林大学边疆考古研究中心和新民市文物管理所组成了联合考古队，对新民偏堡子遗址进行了主动发掘。此次发掘第 1 区的辽金时期遗存较为丰富，共清理辽金时期遗迹 94 处，其中包括房址 1 座、灰坑 88 个、灰沟 3 条以及灶 2 个。地层和遗迹中出土的辽金时期遗物，以泥质灰陶器（片）为最大宗，器型有罐、盆、瓮、甑等，另见纺轮、弹丸、陶珠、陶柱、陶圈、方孔器、棋子等。瓷器以粗白瓷为主，有部分酱釉、黑釉、绿釉瓷，其中有少量定窑白瓷器和龙泉窑青瓷片。主要器类有碗、盘、缸、器盖、玩具模型等。除此之外还有铁器、铜器、骨角器、石器、少量瓦片以及大量的动物骨骼等。在出土了丰富遗物的同时，也为我们在地层堆积上区分辽代和金代遗存提供了重要的参考②。

6. 苏家屯区塔山山城辽金遗存

位于苏家屯区陈相屯镇陈相村北的塔山上。2017—2018 年，市考古所在对塔山山城进行的主动性考古发掘中，于山城最高处发掘出大量辽代遗物，有人面纹瓦当、沟纹砖、压带条、纹饰砖等建筑构件。结合民国年间拍摄的照片，可知该处应为辽塔所在位置。塔山即得名于此辽代八角密檐式砖塔。此外，在山城东门内的发掘中亦出土有少量辽金时期遗物③。

二 相关研究

1. 综合研究

有关沈阳地区辽金考古的综合研究并不多，孙庆永先生《沈阳地区战国—明清时期考古概述》首开先河，总结了 1992 年之前沈阳地区（不包括康平和法库）一些重要的辽金考古发现，确定了沈州、集州、广州、辽州和双州的位置，并将辽墓分为

① 沈阳市文物考古研究所：《沈阳蒲河辽金至明清时期遗址发掘报告》，《沈阳考古文集》第 4 集，科学出版社 2014 年版，第 112—116 页。

② 沈阳市文物考古研究所、吉林大学边疆考古研究中心等：《沈阳市新民偏堡子遗址辽金时期遗存发掘简报》，《边疆考古研究》第 10 辑，科学出版社 2011 年版，第 472—490 页。

③ 资料正在整理中。

砖室墓和石棺墓两种[①]。

之后，姜念思先生先后在《沈阳史话》[②] 和《沈阳考古发现六十年概述》[③] 分别就辽金两代沈阳地区考古发现的城址、遗址、塔寺、墓葬等方面做了全面介绍和细致梳理。2010 年，张树范先生《新世纪以来沈阳地区辽代考古概述》对 21 世纪头 10 年沈阳地区的辽代考古从主要遗迹、辽代遗物、主要研究成果进行了综合研究，并提出了自己对 10 年来沈阳辽代考古工作的几点看法。笔者的《沈阳城市考古之金代遗存》[④] 则是对金代沈州相关遗存进行了梳理和分析。其后，《沈阳地域文化通览》[⑤]《沈阳文化史》[⑥] 等书都各有侧重地对沈阳地区辽金历史与考古进行了综论，但有关辽金考古综合研究方面仍不出姜念思先生所论范围。现依姜念思先生所论，择要述之如下：

辽代的沈阳地区南部属东京道，北部属上京道管辖，据考证，东京道有沈州（今沈阳老城区）、辽州（今新民市辽滨塔古城）、祺州（今康平县郝官屯小塔子村古城）、集州（今苏家屯区陈相屯奉集堡古城）、广州（今于洪区高花古城）、双州（今沈北新区石佛寺古城）等州县城。上京道有原州（法库县南土城子城址）、福州（法库县三合城城址）、渭州（法库县西二台子城址）、宗州（法库县四家子城址）等头下军州城。这些州县的居民大部分是从幽燕地区掳掠来的汉民和北方迁来的渤海国遗民，其统治阶层则多为契丹贵族。

沈阳地区发现的辽墓可分为契丹式墓和汉式墓两类。契丹式墓发现于新民、法库和康平，有砖室墓、石室墓、砖石混筑墓和土坑墓之别，其原因或与墓主人身份地位及家庭经济实力相关。墓门东南向，一般随葬马具、兵器、鸡冠壶、鸡腿坛、凤首瓶等契丹人常用的器物。大型贵族墓皆为多室仿木结构，墓壁绘有壁画，有的出土有金属面具和铜丝网络，反映了契丹贵族独特的葬俗。有的还随葬汉文或契丹文墓志。汉式墓发现于市郊九区，均为砖室墓，有圆形、马蹄形、六边形、矩形之分。矩形墓多见石棺或石函，多为火葬，有的石棺上面刻有墓主人名款，皆为汉族中下级官员。圆形、马蹄形和六边形墓多见尸床，有单人葬或夫妻合葬，出土遗物多为陶制模型明器和少量瓷器。

---

① 孙庆永：《沈阳地区战国—明清时期考古概述》，《沈阳文物》创刊号，1992 年 12 月。

② 姜念思：《沈阳史话》，沈阳出版社 2008 年版，第 57—91 页。

③ 姜念思：《沈阳考古发现六十年概述》，《沈阳考古发现六十年》（报告卷），辽海出版社 2008 年版，第 13—18 页。

④ 赵晓刚：《沈阳城市考古之金代遗存》，《辽金历史与考古》第 3 辑，辽宁教育出版社 2011 年版，第 45—52 页。

⑤ 沈阳市文史研究馆编著：《沈阳地域文化通览》第四章“契丹女真兴起　沈州文化新貌”，沈阳出版社 2013 年版，第 107—149 页。

⑥ 彭定安主编，顾奎相分卷主编：《沈阳文化史·古代卷》第四章“沈州和沈阳路时期的沈阳文化”，沈阳出版社 2014 年版，第 103—166 页。

辽代笃信佛教，境内广建寺塔，沈州地区有五座辽塔（崇寿寺塔、辽滨塔、塔湾舍利塔、石佛寺塔、卓望山塔），在拆除和维修时都出土了石函以及众多精美文物。

金代沈阳地区属东京道，辽代沈州等一批旧城继续被沿用。只是行政区划上，将双州、辽州、广州、兴州等降州为县，归属沈州管辖。近几十年来，沈阳地区发现了许多金代遗址和窖藏，普遍出土各类铁农具和车马具，表明金代自给自足的农村经济有了一定的发展。金代墓葬仅在八王寺地区、小北关街、五爱市场等地有所发现，均为砖室墓，有木棺墓和木棺火葬墓两种。相对而言，沈阳地区金代考古发现较辽代考古发现要少很多，充分证明了经过金灭辽的战争，沈阳地区人口锐减，降州为县的历史史实。

2. 考古学研究

（1）考古发掘资料整理

较之改革开放之前，考古资料的发表速度有了较大提升，新考古发现大多能在田野发掘结束后3年内予以发表，而且还对以往发掘未发表的资料进行了整理发布。相关资料除了在《考古》《北方文物》等传统杂志上发表外，大多发表于《沈阳考古文集》和《辽海文物学刊》等刊物上。叶茂台22号辽墓、1999发掘的李贝堡辽墓均发表于《北方文物》；叶茂台23号辽墓、辽滨塔塔宫清理简报、小北金墓发表于《考古》；辽宁大学辽墓发表于《边疆考古研究》；大二台子遗址发表于《辽金历史与考古》；塔湾舍利塔、海洲辽墓、刘邦屯金代窖藏、法哈牛金代窖藏等发表于《辽海文物学刊》；修女院M6、红花岭辽墓、秋皮沟辽墓、大六家子辽井、小房身南沟辽墓、孤家子辽墓、李贝堡辽墓群、广宜街石棺墓群、李家窝堡辽墓、千松园辽金遗址、蒲河城址内辽金遗存、惠工街辽墓、大付家窝堡辽墓、北四台子遗址、王家窝堡辽墓、柳条通辽墓群等均发表于《沈阳考古文集》第1—6集。

另外，《沈阳八王寺地区考古发掘报告》集中发表了八王寺地区发掘的31座辽金墓葬和1座金代冶铜窑址；《沈阳城区辽代墓葬拾遗》① 则将尘封于文物库房的沈阳城区11个地点14座辽墓的考古资料予以公布；《沈阳市辽金城址调查》② 则对沈阳市范围内保存较好的康平县4座，法库县9座，新民市4座，市辖区3座辽金城址进行了详细介绍，并据三普资料对这些城址的总体面貌、特点做了初步的总结；《沈阳地区辽金城址刍议》③ 对辽金时期沈阳地区的数十座辽金城址的研究现状做了认真梳理，并对新发现的几座辽金城址重点进行了介绍。

---

① 赵晓刚：《沈阳城区辽代墓葬拾遗》，《辽金历史与考古》第4辑，辽宁教育出版社2013年版，第8—23页。

② 刘明：《沈阳市辽金城址调查》，《沈阳考古文集》第5集，科学出版社2015年版，第176—205页。

③ 赵晓刚：《沈阳地区辽金城址刍议》，《辽金历史与考古》第6辑，辽宁教育出版社2015年版，第3—15页。

（2）辽代墓葬研究

《沈阳市区辽墓研究》[①] 是对沈阳城区范围内辽代墓葬所作的一次较为全面的梳理。作者利用丰富而翔实的基础材料，对沈阳市区辽代墓葬的分区、类型、年代和族属等问题进行了初步的研究。文章根据墓室结构和形状，将沈阳市区辽墓分为5种类型，并得出辽代早、中期应该流行圆形墓，晚期才大量出现六角形、方形、马蹄形、梯形等墓葬的结论。此外，还根据有明确纪年的墓葬得出沈阳市区辽墓均为汉人墓葬的认识。

《沈阳城区辽墓初探》[②] 是笔者在对以往辽墓资料细致梳理的基础上对其进行的分区与分期研究。将已发现的60座辽墓依位置分为沈阳方城周围、北陵地区周围和八家子地区周围三区，通过器物学研究将其分为早中晚三期，并对沈阳城区辽墓的一般特征及所反映的点滴历史进行了归纳总结。

林栋近年来致力于辽代墓葬的研究，成果较多。《沈阳地区辽墓初探》[③] 是将以往对辽墓的分区、分期知识运用到沈阳地区。作者在全面收集沈阳地区辽墓资料的基础上，将本地区辽墓以下辽河为界分为东、西两区。西区为契丹式墓，早、中、晚期墓葬均有分布，可纳入辽西大区；东区为汉式墓，主要为辽中、晚期墓葬，可并入辽东大区。结合以往对辽墓等级的划分将沈阳地区辽墓分为6个等级，并提出了自己对东区砖室墓应为官员阶层的认识。《沈阳地区仿木结构辽墓初探》[④] 将沈阳地区发现的仿木结构辽墓区分为A、B两型，其中B型又分为甲、乙两组，根据以往研究成果，A型墓正与契丹式墓相对应，B型墓正与汉式墓相对应。《试论沈阳市区辽墓的类型及源流》[⑤] 将沈阳市区辽墓划分为砖室墓、砖圹墓、石棺墓和石函墓4种类型，并通过分析认为砖室墓起源于辽西和关内河北一带的唐墓，石棺墓和石函墓与佛教的兴起相关。《沈阳八王寺地区辽金墓群的分期与年代》[⑥] 在《沈阳八王寺地区考古发掘报告》资料的基础上，从墓葬形制、随葬品以及墓葬位置关系等方面，对31座辽金墓葬的分期与年代问题进行初步探索；《对沈阳广宜街辽墓群的再认识》[⑦] 将广宜街辽墓与传统石棺墓的特征进行了比较，对广宜街辽墓群的性质、文化内涵和墓主人身份进行了分析，并对墓群进行了分期与年代方面的探索。

---

① 沈彤林：《沈阳市区辽墓研究》，吉林大学硕士论文，2008年。

② 赵晓刚：《沈阳城区辽墓初探》，《边疆考古研究》第11辑，科学出版社2012年版，第249—266页。

③ 林栋：《沈阳地区辽墓初探》，《沈阳考古文集》第2集，科学出版社2009年版，第236—250页。

④ 林栋：《沈阳地区仿木结构辽墓初探》，《辽金历史与考古》第6辑，辽宁教育出版社2015年版，第16—23页。

⑤ 林栋：《试论沈阳市区辽墓的类型及源流》，《边疆考古研究》第15辑，科学出版社2014年版，第171—181页。

⑥ 林栋：《沈阳八王寺地区辽金墓群的分期与年代》，《辽宁省博物馆馆刊》（2013），辽海出版社2013年版，第108—123页。

⑦ 林栋、金愉：《对沈阳广宜街辽墓群的再认识》，《北方文物》2014年第11期。

（3）器物学研究

张树范先生致力于沈阳地区辽墓出土陶瓷器的研究，数年间推出数篇大作。《沈阳地区出土辽产陶瓷的类型简析》① 是在梳理沈阳地区辽墓中出土辽产陶瓷器的基础上，从釉色品种、装饰题材和器物形制等三个方面对辽瓷进行了细致分析，提出沈阳地区出土的辽产陶瓷器釉色丰富、装饰全面、形制齐全、地域特点鲜明等特色。《沈阳地区出土辽代输入瓷器的类型与分期》② 与上文是姊妹篇，是以公开发表材料为基础，对沈阳地区出土的辽代输入瓷器进行统计，重点对其基本类型与分期进行的初步探讨。《沈阳地区出土辽代输入定窑瓷器初探》③ 则是对沈阳地区辽墓中出土定窑瓷器进行了类型学和年代学研究。指出这些定窑瓷器以碗、盘数量最多，其他还有注壶、盏与盏托、瓶等共计 10 余种。装饰纹样多样，有莲花、牡丹、蕉叶、菊花以及鸟、猫、蝶纹，等等。这些瓷器可分为前后两期，各期具有不同特征。沈阳出土辽代定窑瓷器的墓主人大部分为契丹贵族，反映出契丹族（尤其是有权势的贵族）对中原瓷器的喜爱，也表明其对中原汉族文化的认同与接受。《辽宁出土辽代输入青白瓷器的类型与分期简析》④ 则将研究地域扩展至辽宁地区，将研究范围从墓葬扩展到辽塔（塔宫），针对出土的青白瓷器，从器类分析入手，将这些青白瓷器分为前后两期。

《法库叶茂台 23 号辽墓出土陶瓷器初探》⑤《法库叶茂台早期辽墓出土的伊斯兰玻璃调味方盘》⑥《叶茂台辽墓出土〈深山会棋图〉再认识》⑦《沈阳市出土的辽代石棺》⑧《石经幢小考》⑨《康平博物馆馆藏金代石经幢浅析》⑩ 等文是对某些器物进行的考证。

3. 历史地理学研究

有关沈阳地区辽金历史地理学方面的研究，冯永谦先生着力最深。他在《法库

---

① 张树范：《沈阳地区出土辽产陶瓷的类型简析》，《辽金历史与考古》第 3 辑，辽宁教育出版社 2011 年版，第 346—356 页。

② 张树范：《沈阳地区出土辽代输入瓷器的类型与分期》，《边疆考古研究》第 15 辑，科学出版社 2014 年版，第 199—210 页。

③ 张树范：《沈阳地区出土辽代输入定窑瓷器初探》，《辽金历史与考古》第 4 辑，辽宁教育出版社 2013 年版，第 337—347 页。

④ 张树范：《辽宁出土辽代输入青白瓷器的类型与分期简析》，《辽金历史与考古》第 5 辑，辽宁教育出版社 2014 年版，第 53—67 页。

⑤ 彭善国：《法库叶茂台 23 号辽墓出土陶瓷器初探》，《边疆考古研究》第 9 辑，科学出版社 2010 年版。

⑥ 马文宽：《法库叶茂台早期辽墓出土的伊斯兰玻璃调味方盘》，《中国历史文物》2002 年第 3 期。

⑦ 李清泉：《叶茂台辽墓出土〈深山会棋图〉再认识》，《美术研究》2004 年第 1 期。

⑧ 孙继艳：《沈阳市出土的辽代石棺》，《中国地名》2011 年第 6 期。

⑨ 孙继艳：《石经幢小考》，《辽金历史与考古》第 4 辑，辽宁教育出版社 2013 年版，第 215—218 页。

⑩ 胡荣繁：《康平县博物馆馆藏金代石经幢浅析》，《辽金历史与考古》第八辑，科学出版社 2017 年版，第 306—310 页。

县文物志》[①]《辽代祺州探考记》[②]《沈阳地区辽代城址调查——兼考辽代沈州灵源县址》[③]《辽志十六头下州地理考》[④]《辽代原州、福州考》[⑤] 等对沈阳地区的辽金城址多有考订。《辽代原州、福州考》将原州定位于法库县南土城子城址，福州定位于法库县三合成城址；《辽志十六头下州地理考》中又重申了原州和福州的定位，并考订渭州为法库县西二台子城址，此后在《法库县文物志》介绍了法库县 20 座辽代古城，除渭州、福州、原州外，考订五城店城址为辽代灵山县，四家子城址为辽代宗州，古城子城址为辽州安定县；《沈阳地区辽代城址调查——兼考辽代沈州灵源县址》将沈阳地区四座较为重要的辽代城址材料予以公布，并将奉集堡城址考订为辽代集州并倚郭奉集县，金代奉州存县，属贵德州统辖。高花堡城址为辽代广州并倚郭昌义县，彰驿站古城为金之章义县。辽滨塔城址为辽代辽州倚郭辽滨县。古城子城址为沈州属县灵源县；《辽代祺州探考记》则将康平小塔子城址确定为辽代祺州并倚郭庆云县。

《辽代沈州建置考》[⑥] 通过分析沈州建置的唐代说、渤海说和辽代说三种说法，确定辽代建沈州，其建置时间为神册六年，并将沈州定位于沈阳老城区地下古城。《辽代沈州卓望山调查记》[⑦] 对解放初期由沈阳市委捐赠的“沈州卓望山无垢净光塔舍利石函”的出土地点做了实地调查，并将出土地点最终确定为莫子山南山，也即辽代的卓望山。《辽金文化在康平》一书中第四章第三节“公河河畔是荣州”，将辽代荣州荣安县考订为康平县北四家子乡六家子村两棵树遗址[⑧]。

笔者所著《沈阳地区辽金城址刍议》[⑨] 对沈阳地区 54 座辽金城址进行了统计，并综合了以往诸家的认识：沈河区地下的沈州城址为辽金的沈州附郭乐郊县；新民市辽滨塔古城为辽代辽州附郭辽滨县，金代辽滨县；铁西区彰驿城址为辽代广州及附郭昌义县；铁西区高花城址为金代章义县；沈北新区的石佛寺城址为辽代双州和金代双城县；苏家屯区的奉集堡古城为辽代集州及附郭奉集县，金代为贵德州奉集县；康平县小塔子城址为辽代祺州及附郭庆云县，金代庆云县；法库县西二台子城址为辽代渭州；法库县三合城城址为辽代福州；法库县南土城子城址为辽代原州；法库县五城店城址为辽代灵山县；东陵区上伯官城址为辽代崇州。法库县四家子城址被王绵厚先生

---

① 冯永谦、温丽和：《法库县文物志》，辽宁民族出版社 1996 年版。

② 冯永谦：《辽代祺州探考记》，《辽宁师范学院学报》1981 年第 3 期。

③ 冯永谦：《沈阳地区辽代城址调查——兼考辽代沈州灵源县址》，《沈阳文物》创刊号，1992 年 12 月。

④ 冯永谦：《辽志十六头下州地理考》，《辽海文物学刊》1988 年第 1 期。

⑤ 冯永谦：《辽代原州、福州考》，《北方文物》1988 年第 2 期。

⑥ 朱子方：《辽代沈州建置考》，《沈阳建城始源论文集》，沈阳出版社 2000 年版，第 241—258 页。

⑦ 姜念思：《辽代沈州卓望山调查记》，《沈阳考古文集》第 2 集，科学出版社 2009 年版，第 121—123 页。

⑧ 周向永：《辽金文化在康平》，沈阳出版社 2014 年版，第 106—110 页。

⑨ 赵晓刚：《沈阳地区辽金城址刍议》，《辽金历史与考古》第 6 辑，辽宁教育出版社 2015 年版，第 3—11 页。

考证为辽代横州（冯永谦先生考证彰武县土城子村古城址为辽代横州），被冯永谦先生考证为辽代宗州；前山嘴子城址，李鑫认为是沈州属县乐郊县（王禹浪、刘述欣先生认为乐郊县为沈州的附郭县）；法库县古城子城址被冯永谦先生考证为辽州安定县（王绵厚先生则认为安定县在新民市巨流河山城址，李鑫先生认为在新民市新农乡高荒地古城址）。此外，于洪区马三家子古城子城址，冯永谦先生认为是辽代沈州灵源县；沈北新区苏家台城址，李鑫先生认为是辽代双城县的双城之一。笔者推测高八寨古城可能为沈州渔阳县。

《辽代沈州属下未辨三县文献与考古学探证》[①] 将浑南区高八寨城址考订为乐郊县，浑南区八家子城址为进城县，于洪区马三家子古城为灵源县。

4. 其他

《从考古资料看辽代沈阳地区的佛教》[②] 对沈阳地区 7 座辽塔中出土的五个石函（碑）上的铭文和石经幢、张宁墓幢等进行了深入研究，从中归纳出辽代沈阳地区佛教发展的三个特点：第一，非常重视佛塔的兴修，参与修塔的人数众多；第二，佛教信仰非常普遍，信徒遍布城乡；第三，佛教组织盛行，举办重要的佛事活动，几乎都要成立千人邑等组织。《辽代辽沈地区的绘雕艺术、丧葬习俗及其特色》[③] 一文以考古资料为切入点，对辽代以沈阳为中心的辽沈地域文化，尤其是绘画、雕塑艺术方面提出自己的看法，认为其呈现出细腻柔婉与豪放简约相间、精致端庄与粗犷雄健互融的特色。而在丧葬习俗方面，则反映了游牧与农耕两种文化的有机结合。

三　微论

1. 长期以来之所以一直并称辽金考古，而难将辽代考古与金代考古区分开来，一则金承辽踵，辽与金之间有太多的相似之处，从物质文化方面将两者截然区分开来有一定的困难；二则考古发掘资料的积累需要一定的时间，以往辽金考古工作主要集中在对墓葬的发掘上，遗址（包括城址）的发掘相对较少，缺乏足够的对比资料。然则辽与金不仅历史时间不同，统治民族相异，政治中心有别，而且其文化亦有其独特之处，因此随着资料的积累，特别是近年来金上京、宝马城、太子城等一批明确为金代城址的发掘，金代遗存的特点越来越清晰，因之辽金考古将辽与金的文化遗存相区分已成为时代发展的必须。在沈阳地区辽金考古中，新民市偏堡子遗址[④]的发掘

① 王绵厚：《辽代沈州属下未辨三县文献与考古学探证》，《辽金历史与考古》第 3 辑，辽宁教育出版社 2009 年版，第 171—174 页。

② 姜念思：《从考古资料看辽代沈阳地区的佛教》，《辽金历史与考古》第 1 辑，辽宁教育出版社 2009 年版，第 273—278 页。

③ 张国庆、王金荣：《辽代辽沈地区的绘雕艺术、丧葬习俗及其特色》，《东北史地》2013 年第 1 期。

④ 沈阳市文物考古研究所、吉林大学边疆考古研究中心等：《沈阳市新民偏堡子遗址辽金时期遗存发掘简报》，《边疆考古研究》第 10 辑，科学出版社 2011 年版，第 472—490 页。

中，发掘者已经注意到了从地层上区分辽与金两个时代的遗存，并简单归纳了两个时代在出土遗物上的区别，为今后更细致的区分辽与金的物质文化遗存提供了基础资料。希望今后在遗址的调查和发掘中特别注意区分两者之间的差别，以为历史学、历史地理学等研究提供更准确的参考资料。

2. 聚落考古理念引入中国考古界之后，各时期的考古工作引发了极大的震动，也产生了许多重要的学术成果。辽金考古近年来在辽代帝陵考古、辽代贵族墓葬考古、辽金都城考古、辽金城址考古等方面都较为注重聚落考古理念的运用，不仅仅把视野局限在遗址本身上，而是把关注点引向了遗址之外，从聚落完整布局（同时期墓葬、周边环境、资源等）、聚落层级结构（城址及周边村镇）、聚落形态与社会构成（冶金遗址与矿产资源）等。沈阳地区辽金考古在法库李贝堡辽墓群和康平张家窑林场辽墓群的发掘中即较为注意运用聚落考古的理念去指导发掘，对墓群相关的祭祀遗存、守冢人遗存等做了相关的考虑。

以上所述，难免挂一漏万，又恐所论有所悖误，望大家批评指正！

第二篇

会议综述

第十四届辽金契丹女真史学术研讨会综述

贾淑荣

2018年8月23—27日，由中国民族史学会辽金暨契丹女真史分会主办，中共通辽市科尔沁区委员会宣传部和内蒙古民族大学联合承办的第十四届辽金契丹女真史学术研讨会，在通辽市科尔沁区鑫达国际酒店隆重召开，来自北京、上海、天津、重庆、河南、山西、山东、云南、黑龙江、吉林、河北、辽宁、内蒙古、台湾、韩国等国内外高校、科研院所、文博机构、黑龙江人民出版社、《北方文物》杂志社等30多家单位的专家学者及通辽市相关各级行政部门领导共计200多人参加了本次会议。

8月23—26日，与会人员先后考察了辽金时期重要的遗址遗迹，如辽代豫州城址、福巨古城遗址、布日顺古城；吐尔基山辽墓、玻璃山、大土山、金界壕边堡；本区域重要的河流交汇点——金老哈河与西拉木伦河二水合流交汇处、新开河与西辽河二水合流交汇处以及内蒙古民族大学及通辽市的博物馆等地。考察期间，内蒙古民族大学西辽河历史文化研究中心李鹏老师及其团队成员利用展板进行现场讲解，把自己多年来运用现代科技，结合实地走访探究以及史料研读相结合的手段，提出了“老哈河与西拉木伦河是两点合流而非一点合流”的观点。同时，他又通过考察和地表收集到的标本以及2016年10月在开鲁发现的琉璃砖砌的耶律浦骨墓和墓中的墨书题记，提出“福巨古城即是龙化州”的观点。

一　通辽地区辽金契丹女真史的研究总结与展望

学术研讨会于8月27日上午举行，在大会开幕式上，中国民族史学会辽金暨契丹女真史分会会长韩世明先生首先赞赏了科尔沁区党政和内蒙古民族大学领导对历史文化工作和科尔沁区辽金历史研究的高度重视，辽金史研究对通辽地区的重要意义。肯定了近些年来，科尔沁区和内蒙古民族大学学者利用本地资源优势，刻苦努力，坚持探索，在广泛考古调查的基础上，对契丹的早期历史，特别是在探寻龙化州等研究方面取得令学界瞩目的成就和丰硕的成果。这是科尔沁区除蒙元历史文化研究之外又一张亮丽的历史名片。希望通过对龙化州及其相关问题进行深入的探讨，为推进通辽科尔沁区辽金历史文化研究及相关文化产业建设作出应有的贡献。同时指出，本次会议的召开也是认真贯彻党中央和习主席指示精神“文物承载灿烂文明，传承历史文化，维系民族精神，是老祖宗留给我们的宝贵遗产。是加强社会主义精神文明建设的深厚滋养。要加大文物的保护力度，推进文物合理适度利用。使文物保护成果惠及人民群众”的重要体现。最后，韩会长指出，结合地方实际将文化建设、文物事业开展起来，是对中华文化、各民族的伟大精神财富的继承和弘扬，正如我们研究的契丹文化是对契丹人包容、开放、团结向上精神的挖掘，现代科尔沁各族人民精神应当有契丹人、蒙古人的文化精神的底蕴。对增加地域知名度、发展地方特色旅游文化也具有重大意义。

研讨会共收到论文 80 余篇。本次会议采取大会发言和分组讨论相结合的形式，围绕辽金时期最新考古发掘情况的报告，辽金历史地理，辽金政治制度，辽金社会史、文化史，辽金文献，考古资料发现、整理与研究以及其他相关问题进行了探讨，现将这次会议的研讨情况综述如下。

二　辽金契丹女真史考古发掘动态及最新学术观点

学术研讨会由吉林大学武玉环教授主持。由辽金考古工作者讲解了最新辽金考古发掘的进展及取得的成果，为与会学者提供了一场“辽金考古的盛宴”。主要有内蒙古文物保护中心长海所长作了《开鲁县辽代皇族墓葬的发掘》的报告，图文并茂细致地为与会专家学者展示了琉璃砖砌的耶律浦骨墓的发掘过程及墨书题记的内容，引起与会学者的极大关注。内蒙古民族大学地方史考古所所长李鹏副教授作了《龙化州地望考》专题学术报告，指出自己从实地勘探踏查、史料考证以及开鲁县出土的墨书题记“葬于龙化州西……里”等方位内容，多重佐证其“福巨古城就是龙化州”的观点。内蒙古民族大学宋立恒教授作了《辽初龙化州琐议》的报告，提出对龙化州城址应进行深度的考古发掘，以提供龙化州方位的具体实证的观点。辽宁师范大学都兴智教授作了《金宝屯辽墓墨书题记与龙化州》报告，通过众多专家的辛苦努力，终于将墨书题记中的“葬于龙化州西”较为完整地拼接成功，为“福巨古城就是龙化州”提供了又一强有力的佐证。吉林大学边疆考古研究中心副教授赵俊杰委托其学生作了《长白山神庙遗址报告》。通过图片展示我们看到了高浮雕兽面瓦当、“癸丑”玉册残块、鸱吻一侧的龙纹等图案清晰完整，雕刻工艺非常精湛的建筑构件。报告指出：“其神庙遗址的整体布局与以中岳庙、西岳庙等为代表的宋金时期皇家山岳祠庙非常相似，凸显其规格之高，也为更好地理解宋金时期祠庙建筑布局和规制，以及礼制建筑的传承关系提供了第一手材料，对研究金王朝的东北边疆经略具有重要意义。”河北省文物考古所黄信作了《河北崇礼太子城金代行宫遗址考古发现》的报告，介绍了崇礼太子城的勘探和挖掘情况，并提出“尚食局”款瓷器及大量戳印“内”“宫”“官”字砖的发现，进一步佐证了太子城遗址的皇家性质。从目前已清理的遗存分析，太子城应为金代中后期一处皇家行宫遗址，其发掘对辽金元城址研究有重要帮助。

以上与会专家所提供的辽金考古最新的发掘动态，使学者们的学术研究有了更充分、更清晰的考古方面的依据。

三　辽金政治方面的研究

本次会议所提交的论文中，涉及辽金政治方面的内容比较多，其中，耿涛先生的《耶律阿保机建国真伪考辨：以〈辽史〉历史书写为中心》一文，运用史料对比分析，从契丹建国年限争鸣背后的《辽史》历史书写问题、《辽史》对耶律阿保机任可汗及以降史事的解构与重构、耶律阿保机“皇权”及“皇帝”身份的形塑、《辽史》载阿保机建国历史的“层累构建”四个方面对《辽史》相关记载进行了深刻的剖析，探讨了阿保机建国历史的“真”与“伪”，指出了《辽史》对阿保机建国历史的“造伪”现象，并围绕历史书写为中心尝试性地分析了《辽史》“造伪”的原因、过程，得出了阿保机建国年限被前置，称可汗相关事件被消弭，阿保机“皇帝”身份被“塑造”等结论。此文为我们研究者探索出一条解读《辽史》的途径，以便更客观地从史籍中还原历史本体。

关树东的《耶律乙辛集团垮台后辽朝政局的走向》，细致地依据史料探讨耶律乙辛执政长达 16 年时间里，对辽朝的政治、社会生态造成的影响。认为其极大地破坏了辽朝的政治生态，加剧了政治腐败和社会分裂。耶律乙辛垮台后，本来应该拨乱反正，振衰救弊，但最高统治者及辅政大臣却并无这样的器局和抱负，任凭辽朝国祚一路衰落下去。

张志勇的《关于辽朝“一国两制”研究的回顾与思考》，首先对辽朝“一国两制”研究的学术史进行了梳理与回顾；提出了辽朝“一国两制”研究存在的不足主要表现在：视角缺乏创新、理论基础薄弱、内容缺乏深度、资料收集困难、方法严重脱节。指出深入开展辽朝“一国两制”研究的建议：开阔视野，视角创新；加强学习，夯实基础；深度探索，充实内容；发掘史料，更新方法。其主旨是通过对辽朝“一国两制”研究的学术史进行全面梳理，分析了辽朝“一国两制”学术研究取得的成效，揭示了其研究过程中存在的一些问题，在此基础上，有针对性地提出解决对策。以其更好地、更深入地开展契丹（辽）文化研究，尤其是对辽朝“一国两制”的研究。

对辽金时期官制的研究主要有辛时代的《契丹早期职官探究》，该文首先对中外学界的研究进行了一个较为详细的叙述梳理，指出前人的研究为该文的研究奠定了坚实的学术基础，但前人的研究同样存在着对于契丹早期职官缺乏横向的关照与思考，对于具体的职官也没有进行深度地索解。该文在前人研究的基础上，充分利用和挖掘碑刻、考古、文集等文献资料，对契丹早期职官的释义、语源以及职能等问题作进一步的探讨。认为契丹早期的职官，无论是释义、语源，还是职能，都打下内亚帝国的政治烙印；但对于契丹早期职官的探究，不应当仅仅停留在对内亚政治传统的继承，还要充分注意到对内亚政治制度的扬弃与改造。

孙大坤的《辽枢密院一院多使考》，首先分析了辽代枢密院一院多使现象，认为辽代时有两至三名枢密使共同掌管同一枢密院，并不能说明辽代有三个枢密院。而是辽朝在学习中原枢密院体制时，对二枢密使制的借鉴很有可能并非体现在分立两院，而是允许存在两名枢密使同掌一枢密院，并被后期所继承。

王峤《金代审官院研究——兼论有金一代的选官与皇权关系》主要是从金代的审官院入手，进而探讨金朝政体的演变以及对官员任命的影响，并从历史事实出发，分析其各自的利弊，为史学研究者提供了另外一种考察金代历史的视角。

此外，会议提交的论文还涉及了辽朝皇帝庙号、辽朝后族政治评价、辽朝柴册仪以及金代勃极烈官制的探究等诸多辽金时期政治方面的问题。

四 辽金时期民族关系及对外关系的研究

辽金时期民族关系及对外关系问题的研究是学者们这几年一直努力的方向。在民族关系问题上，武玉环教授的《回鹘族与辽朝关系述略》指出，早在辽建国前，上京附近的回鹘族已经与契丹迭剌部通婚，双方建立了较密切的联系。辽朝建国后，回鹘族延续与契丹皇族保持通婚的传统，俨然成为举世瞩目、地位显赫的后族。而辽朝境内的回鹘族与辽朝是隶属关系；辽朝境外的回鹘族与辽朝是属国关系。但无论哪种关系，回鹘族在辽朝历史上所起的重要作用及对辽朝历史产生的深远影响是不能忽视的。蒋金玲的《“以强盛夸于中国”：论辽兴宗的对宋外交》一文，从“坚欲割地”到“必与寡人加一‘纳’字”：辽兴宗时期的关南争地；“今两朝事同一家”：辽兴宗时期的谕夏和宋；“亲邻协力，务平定以永绥”：辽兴宗时期的谕宋绝夏三个角度探讨了辽兴宗对宋的三大外交事件，均是在向宋宣示自己的宗主地位与威权。并得出关南争地集中反映了辽兴宗企图把宋朝排挤出“两极”，从而实现辽朝“一枝独秀”的大国思想，而宋朝廷对岁币称“贡”的无奈承认，实际上也等同于被动承认辽朝的“天下共主”身份。“谕夏和宋”的成功，则是辽兴宗在国际外交中斡旋并施展“共主”威权的具体体现。但当辽兴宗通谕宋朝协力荡平西夏，则遭宋拒绝，宋夏双方达成庆历和议，这实际是宋夏二国对辽朝自视为天下“共主”的抵制与挑战。贾淑荣、常宁《契丹和亲外交政策的构建》，主要从和亲的角度探讨契丹的外交策略。文中从确保汗位的被动和亲外交、主动和亲外交的构建、寻求盟友牵制劲敌的和亲外交、扩大对外影响力的和亲策略等方面进行和亲外交的探讨。认为契丹政权依据自己的发展实力，通过与中原王朝的和亲，与少数民族政权的和亲，与藩国、外国的和亲，构建出一条从为寻求庇佑的被动接受的和亲，到利用有利时机走向主动的和亲，并利用和亲建立巩固的军事同盟牵制劲敌，最后到通过和亲建立与外国的经贸关系的独具特色的灵活的和亲外交。这一和亲策略的构建对于巩固契丹政权，扩大契丹政权的影响力起到了至关重要的作用。陶莎依据《高丽史·徐熙传》中对辽丽双方的博弈描写的情况，通过辽与高丽、宋之间博弈，认为辽丽宗藩关系是在武力威胁的前提下确立的，虽切断了高丽与宋朝的联系，但鸭绿江东土地的给予以及高丽动静颇大的经营为日后辽丽双方的矛盾埋下了隐患。

五　辽金社会史及宗教方面的研究

社会史研究一直是辽金史学界比较关注的问题，王善军教授通过深挖史料中辽代宗族字辈与排行，从宗族这个社会群体探讨辽代的社会关系，展现了各民族之间的相互影响相互融合的历史趋势。李月新以辽朝时期的“官赙”为主要研究内容。通过对辽朝官方赗赙概况的考察，整理国家官赙的主要内容。认为辽朝时期官方赙赠已经仿效中原政权制定了相应的赠赐制度。这项制度既有契丹民族的特色，又在维持辽代社会秩序方面也发挥了重要作用。张国庆通过钩沉出土辽代墓志石刻，检索《辽史》等传世文献，梳理、排列辽人之名字，提出任命可以从某一侧面映现出一个时代、一个地区某一族群或某个国家的社会文化。苗琳琳阐释了金代女性的谥号多以美谥为主，国家将这些女性的行为用一两个字进行总结并进行颁发，以引导全国女性进行效仿，起到了榜样和教化的作用。刘兴亮从金代前期官方与民间为重新构建社会秩序所做的努力，可以看出无论是官方路径还是民间路径都是一种由无序向有序过渡，无序中折射有序，有序中亦有无序存在的渐变过程，期间，北方地区传统的儒、释、道思想以及地域信仰在秩序重构中也发挥了重要的作用。宗教方面，王德朋教授从佛教寺院的建筑艺术、佛教造像及石窟艺术、佛塔艺术、佛教书法与绘画、佛教文学、经幢装饰艺术等对金代佛教艺术进行全方位阐述，提出金代佛教艺术展现出继承与发展相结合的鲜明特性，形成了一批富于生机和活力的艺术作品，从而为中国佛教艺术宝库增添了新的光彩，弥补了金代佛教艺术研究的空白。邱冬梅对辽代契丹萨满教、佛教、儒教、道教的信仰进行了学术梳理，认为整体而言，学界对辽代契丹宗教信仰研究重视不够，研究理论和方法有待突破，研究内容上还存在继续拓展的学术空间。崔蒿、杨旭东等就某个地区的宗教信仰情况进行了探讨；周向永、成永旭、韩生存从地方塔寺建筑角度研究了辽代的宗教情况；马志强从经书抄本探寻契丹少数民族的宗教文化；王耕耘探讨了金中都的佛寺与国家政治权力的关系；李西亚从金代图书出版的角度提出，金代佛道宗教典籍的出版，是三教融合背景下金代三教并用政策的直接结果，适应了金代社会发展的需要，在金代社会崇尚佛道的背景下，佛道宗教典籍的出版数量增多，流通范围不断扩大，也促进了儒释道三教更深层次的融合，在推进三教合一的历史进程中扮演着非常重要的角色。

六　辽金时期地名考、区域考古与文化研究

本次会议辽金时期地名考区域考古与文化研究的论文所占比重比较大，有 14 篇之多，约占总数的 18%。辽金时期地名考证主要集中在对辽的祖州城、东北的太白山、马盂山、松源地区古地名、室韦王府故城、商岭、两河、子成、扁脸城、四面城、金代的“梁鱼务”的考证以及辽阳老地名中的满族文化的研究。金代卫绍王朝的进士辑录在金元文化的传承、金代辽海地区士人与区域文化、金元之际北方儒士的正统观以及金源文化的现实意义等方面探讨了金代及金元之际的文化。李艳阳的《内蒙古地区辽代考古学研究简述》，从综述的角度为我们阐释了内蒙古地区辽代考古学研究现状，内蒙古地区的考古工作者科学发掘的丰厚资料，不仅使我们对契丹文化有了更多的认识和了解，也进一步推动了对辽代契丹文化的深入研究。

七　辽金人物及其他方面的研究

都兴智的《从出土的石刻资料看萧翰的出身和族帐》从出土的石刻资料与《辽史》记载相互印证得出：《辽史》所谓外戚二审密氏拔里两房为大父房和少父房、乙室已两房为大翁帐和小翁帐的记载是误记。石刻资料证明，实际上是拔里氏分为大翁帐和小翁帐，乙室已氏分为大父房和少父房。萧翰家族无疑属于拔里国舅小翁帐。吴凤霞先生《王寂所记辽金人物及其价值》，从文献的角度分析了《辽东行部志》和《鸭江行部志》中所记载的辽金人物的史料价值及思想价值，为后续的研究者提供了较为清晰的研究思路。崔红芬的《金朝遗僧龙川大师考略》阐述了龙川大师的一系列弘法活动，为蒙古、元时期中原佛教与西北佛教、中原佛教与南方佛教融合与发展，推动元代华严宗传承和佛经流布起了积极作用。

此外还有李玉君的《辽代耶律弘墓志考释》，李俊义的《卞鸿儒对庆州石刻研究的学术贡献》，郑富贵对多伦贵妃墓主萧氏及父族、奇首可汗、吐尔基山辽墓主人粘睦姑的考证，以及王善军《辽代故贵妃萧氏玄堂志铭考释》等对辽金人物进行了探讨和重新考证。

从本次会议提交的论文和研讨的情况看，一是研讨的新成果比较多，涉及领域多、范围广，具有一定的开拓意义，最新考古发掘报告给与会专家提供了更多更深层的研究空间。李鹏老师“福巨古城就是龙化州”的观点，得到了与会专家的认可，是辽金史研究领域的一次重大突破。二是年轻学者较多也较为活跃，成为辽金史领域一支重要的生力军。不足之处是对辽金时期有些问题的研究深度和广度不够，缺乏创新性。

此次会议还增补了韩生存等五位中青年学者为辽金史学会理事，加强了学会的组织机构建设。

第十四届辽金史学会研讨会的召开，极大地推动了辽金时期相关问题的研究和探讨，也使内蒙古地区尤其是通辽地区的辽金时期历史地理及考古的研究水平迈上了一个新台阶。

图一

图二

图三

图四

“中世纪都城和草原丝路与契丹辽文化国际学术研讨会”会议纪要

莫　阳　董新林

2018年8月8—12日，由中国社会科学院考古研究所、中国考古学会宋辽金元明清考古专业委员会、内蒙古自治区文物局、赤峰市人民政府主办，内蒙古自治区文物考古研究所、中国社会科学院考古研究所汉唐考古研究室、赤峰市文化新闻出版广电局（文物局）协办，巴林左旗人民政府承办的“中世纪都城和草原丝路与契丹辽文化国际学术研讨会——纪念辽上京建城1100周年”在契丹·大辽首都——辽上京遗址所在地，内蒙古巴林左旗林东镇成功举办。

中国社会科学院考古研究所董新林研究员主持会议开幕式，并作会议主旨介绍；中共巴林左旗旗委副书记、旗长孟和达来致欢迎辞；中国社会科学院考古研究所副所长朱岩石研究员代表主办单位讲话；著名考古学家日本东北学院大学佐川正敏教授和北京大学考古文博学院文化遗产保护研究中心主任孙华教授分别代表国外和国内代表发言。出席开幕式的嘉宾还有内蒙古自治区赤峰市政协主席、党组书记邹德华，巴林左旗人大常委会主任赵国新，巴林左旗政协主席王庆虎，中共巴林左旗旗委常委、宣传部部长房敏，巴林左旗人民政府副旗长王永春，原国际古迹遗址理事会考古遗产管理科学委员会主席、现任美国古迹遗址保护协会主席道格拉斯·科默教授，原澳大利亚古迹遗址保护协会主席、现任澳大利亚堪培拉大学遗产管理麦克·皮尔森教授等。

共有来自中国、美国、澳大利亚、日本、蒙古和韩国等七十余位专家学者参加了此次会议，其中四十四位学者在研讨会期间奉上了精彩发言。国内代表有来自中国社会科学院考古研究所和陕西省文物考古研究院、河南省文物考古研究院等国家省市研究院（所）单位，北京大学、吉林大学等高校，大多都是从事田野考古发掘和研究的中青年科研骨干。研究议题主要涉及辽上京、辽祖陵遗址的考古发现与研究及其价值认识，中世纪的都城、地方城镇和重要遗址的发现与研究，中世纪帝陵、墓葬的发现与研究，手工业、宗教及草原丝路遗存的发现与研究等几个方面。现综述如下。

一　辽上京、辽祖陵遗址的考古发现与研究及其价值认识

辽上京是辽代营建最早、最为重要的都城，也是我国目前保存状况最好的古代都城遗址之一。辽祖陵是辽代第一个皇帝耶律阿保机及其皇后的陵寝之地，开启了辽代帝陵的规制。董新林介绍了2011年以来中国社会科学院考古研究所与内蒙古自治区文物考古研究所组成的联合考古队对辽上京皇城部分进行的考古工作：7年来已探明了宫城的位置和规模，发掘了西山坡佛寺遗址、皇城西门遗址、皇城东门遗址、宫城东门遗址、宫城南门遗址和宫城内大型建筑基址，从而大大推进和深化了学术界对辽上京的认识；为进一步探索辽上京的朝向、轴线和规划布局奠定了坚实的基础，也为更加准确地认识辽上京在中国古代都城发展史上的地位，开展中世纪都城的综合比较研究提供了第一手的材料。孙华对唐宋时期南诏与辽都城进行了比较分析，认为二者都体现了既效法中土同时期都城形态，同时又结合本国传统的都城规划思想。

孙燕结合世界文化遗产申报标准与要求，梳理了辽代上京城和辽祖陵遗址的遗产特征，介绍了当前比较研究开展的工作思路和框架，论述、探讨了辽上京与辽祖陵遗址所具有的潜在世界遗产突出普遍价值及其符合的价值标准。项瑾斐以辽祖陵考古遗址公园阐释展示规划为例，展示如何解读考古信息、分析文物价值、评估遗址状态、结合保护规划与遗址公园规划的保护展示要求，对保护与展示构架、阐释主题、展示手段、核心价值等进行讨论，探讨了辽祖陵遗址阐释与展示的技术路线与内涵。永昕群介绍了赤峰辽陵及奉陵邑保护总体规划的概况，着重介绍辽祖陵的价值评估、保护区划与保护措施规划，提出在编制宏观层次的保护规划时，应尽可能考虑到具体的保护、展示措施，这两者之间的良性反馈有利于保护工作的实际开展。

道格拉斯·科莫回顾了联合国教科文组织（UNESCO）实验性的上游程序项目、可行性评估、《塞拉莱公共考古遗址管理指南》等相关内容，讨论如何更有效地将考古遗址申报为世界遗产，并对已列入世界遗产名录的考古遗址开展有效、可持续的保护与管理工作。这对于辽上京和辽祖陵遗址的保护与管理工作具有启发性。麦克·皮尔森以苏格兰、塞尔维亚、俄罗斯及我国元上都、牛河梁等考古遗址为例，讨论了考古遗址展示与多重文化内涵体现、申遗过程中突出普遍价值（OUV）的制定等遗址保护展示中可能遇到的问题。这些案例对辽上京和辽祖陵遗址申遗具有借鉴意义。

二　中世纪诸都城、地方城镇和重要遗址的发现与研究

中世纪城址中，都城的考古工作较为充分，但诸城址考古研究状况仍不平均。部分都城址考古积累丰厚，一些都城和地方城址的考古工作则在近年取得了较大进展，值得关注。

钱国祥介绍了本世纪以来汉魏洛阳城宫城中枢区的考古发掘与收获，并指出曹魏创建的“建中立极”单一宫城形制改变了中国古代都城的空间格局与面貌，并对中国和东亚古代都城具有重要影响。龚国强据已经积累的唐大明宫遗址的考古资料，全面地讨论了该宫殿建筑的给排水系统，拓展了对中国古代都城遗址研究的角度。

宋玉彬介绍了近年渤海考古的新发现，并基于瓦当研究、城址考古材料基础上的一些思考，对渤海建国地、河南屯古城及西古城遗址的性质、西古城城址始建年代、渤海统治集团“礼佛”场所的历时性变化等问题提出了新的看法。赵哲夫介绍了渤海上京城近年来的系列勘探与发掘工作，讨论了基于此对渤海上京城的新认识。

刘春迎探讨了唐宋大运河如何影响汴州城（开封）的历史地位及汴州城的整体结构布局与方向。王三营介绍了北宋东京城顺天门的发掘与研究，揭示了五代至北宋时期该门址由单门道到三门道、瓮城从无到有的变化过程。赵永军介绍了近年金上京遗址对城墙、城门及皇城的考古工作，拓展了对金上京城址形制结构特征和历史沿革的认识。张剑葳回顾了金中都城墙遗迹消退历程，分析了景观遗产存续的威胁与保护契机和保护工作思路。朱存世、白婷婷结合历史文献资料和银川地区发现的西夏遗迹、遗物与地理标识，对西夏都城兴庆府的范围与结构做了初步复原。祁海宁介绍了南京明代皇城南墙及会同馆遗址的考古发现，这为探索明南京皇城形制布局及其变迁提供了线索。

冯恩学、武松教授介绍了吉林省乾安县辽金春捺钵遗址群后鸣字区遗址的考古调查与发掘情况，确认了后鸣字区遗址的始建与废弃年代，认为遗址的性质可能是冬春季节性的游牧渔猎营地。易立介绍了成都城正科甲巷唐宋坊市遗址内的遗迹遗物，并认为这一带应属于唐末由剑南西川节度使高骈扩筑罗城后形成的城东新区。刘晓东介绍了黑龙江省桦川县瓦里霍吞城址的调查收获，该城址城墙始建年代约在唐代，后大致经历了四次大的修筑或修缮，为考辨唐代黑水都督府位置提供了重要线索。高桥学而讨论了辽河沿岸辽代诸州县的分布特征，并从辽河东面防卫角度阐释了其重要性。此外结合当地渤海系居民中含有高句丽遗民的情况考虑，提出辽代对高句丽山城的再利用值得注意。刘涛参考扬州唐宋城的考古发现，对《嘉靖惟扬志图》中所附《扬州宋三城图》《扬州宋大城图》进行了分析研究。黄信介绍了河北崇礼太子城遗址发掘的考古收获，推测太子城为金代中后期皇室行宫遗址，即《金史》中记载金章宗驻夏的泰和宫。

武田和哉以藤原京与平城京等为例讨论了日本古代都城形制及其变化，并介绍了平城京罗城的考古新发现，据此探讨了日本都城发展的动因，及其与中国古代都城的比较和所受的影响。佐藤嘉广介绍了平泉建筑、园林和考古遗址群，该城建于12世纪，虽与契丹、回鹘等都城无直接联系，但佐藤认为城市布局、朝向及重视佛教方面有共性，值得注意。

三 中世纪帝陵、墓葬的发现与研究

陵墓既是考古学的重要研究对象，广义上说也是城市的一个组成要素，因此有关陵墓的综合研究也是本次研讨会的重点之一。

2007 年中国社会科学院考古研究所和内蒙古自治区文物考古研究所联合组成的辽祖陵考古队发掘龟趺山遗址时，清理出数百片契丹大字和汉字辽太祖纪功碑残石。康鹏对辽太祖纪功碑进行了缀合、复原与研究。万雄飞介绍了医巫闾山辽代帝陵的考古工作，通过近年的考古工作，基本确定医巫闾山辽代帝陵的陵园范围，发掘了乾陵玄宫前的中心祭殿，基本确定了乾陵玄宫位置，并新发现了一处乾陵陪葬墓地（即韩德让家族墓地）。孙新民对五代帝陵葬制进行初步研究，并从六个方面总结了五代帝陵葬制。

林栋介绍了康平张家窑林场辽代契丹贵族墓群的考古新发现，共包括墓群两处，清理墓葬 9 座，为研究辽代契丹贵族墓葬提供最新资料。李树云综述了大同附近发掘的墓葬、形制、随葬品组合及葬具葬俗特征、壁画特征，并述及其他城址、聚落址、墓群在内的三十余处遗存。山口博之对宋金墓室壁画的荷叶莲台牌进行了分析，并指出其作为吉祥图案源于中国自古以来的吉祥思想，后传播到韩国和日本。城仓正祥等介绍了将数字技术应用于日本古坟时代坟丘和石室的研究案例，通过使用测量、探测等非破坏性的方法，有效取得了古坟的研究资料。

四 手工业、宗教及草原丝路遗存的发现与研究

手工业和宗教遗迹，是理解包括契丹辽文化在内的中世纪历史与文化的重要方面；通过钩稽历史文献与各类考古遗存探讨草原丝路也是考古学和历史学的重要议题。

石自社对隋唐至北宋洛阳城出土瓷器的窑系进行了综合分析，并对洛阳城出土的隋唐至北宋时期瓷器的来源问题进行了初步的探讨。王睿研对宋元时期扬州城遗址、临安城遗址、辽上京遗址、元大都城遗址、元上都遗址、元中都遗址、内蒙古集宁路古城址等出土瓷器进行了梳理，初步归纳了宋元时期瓷器产品流布的时代特点及其与不同政治文化、陶瓷贸易的关系。王小蒙、于春雷对耀州窑天青釉瓷的工艺成就进行了分析，并结合考古材料对其流行时间进行了再探讨。佐川正敏梳理了中国境内发现的辽、宋、西夏、金、元时期的花头板瓦与滴水瓦，及朝鲜半岛和日本发现的花头板瓦，并将其置于东北亚地区的视角下进行了比较研究。

陈悦新对高昌回鹘时期的佛衣样式进行了研究并将其分为五种类型，结合《西

州使程记》《宋会要辑稿》等历史文献，探讨了回鹘佛衣样式承袭唐宋的历史背景。成叙永钩稽现存辽代佛教遗存资料，对辽上京西山坡佛寺遗址出土泥塑造像的制作时期和制作背景做了初步探讨。郭晓涛对五代李茂贞夫妇墓出土经幢进行了分析研究，并由此探讨了晚唐五代时期岐地地域社会的宗教信仰。正司哲朗对蒙古国东方省辽代八児思城 I 旁的佛塔进行了三位数字测绘，并结合 C^{14} 测年校正年代认为该佛塔可能于 16 世纪藏传佛教在蒙古复兴时被再次使用。

蒙古学者恩赫图尔结合回鹘及契丹时期相关城址的考古发现、回鹘与唐朝绢马贸易等文献记载，讨论了中亚、东北亚游牧诸国参与贸易的形式及当时可能的丝绸之路北部路线。巴图宝力道梳理了南戈壁省“成吉思汗界壕”相关研究，结合考古发掘与 C^{14} 测试数据，认为成吉思汗界壕约在契丹国时期始建，后 12—13 世纪西夏为防御成吉思汗攻击而重修，以保卫其都城。

此外，本次会议中，苗润博通过钩稽史料对契丹开国年代问题做了新的讨论，并认为辽兴宗时期所修之实录围绕契丹开国史乃至整个建国前史作了“三大改造”，这体现出辽朝后期对于政权合法性、正统性的强烈诉求。

会议闭幕式由董新林研究员主持，南开大学历史学院刘毅教授进行学术总结，巴林左旗人民政府王永春旗长致闭幕词。会后，与会代表考察了辽上京遗址、辽祖陵遗址、辽庆州城遗址等，参观了巴林左旗辽上京博物馆、巴林右旗博物馆和赤峰市博物馆等。

本次国际学术研讨会以纪念辽上京建城 1100 周年为契机，旨在为各国学者搭建一个展示考古与历史科研成果的平台，构建中外学者之间学术交流的桥梁，推进中世纪都城、草原丝路以及契丹辽文化考古学的发展。并以此为基础，推动文化遗产的科学保护和合理利用工作，推进辽上京遗址公园的建设，推进辽上京和祖陵的申遗工作。通过两天紧张、热烈而有序的研讨，会议取到了很好的效果，达到了预期目的。

图一　与会学者合影

图二　研讨会现场

图三　会议研讨环节

图四　与会学者考察辽祖陵遗址

西夏建都兴庆府980周年学术研讨会综述

刘媛媛

2018年10月19—21日，由教育部高校人文社科重点研究基地宁夏大学西夏学研究院主办的“西夏建都兴庆府980周年学术研讨会”在宁夏大学召开。来自国内外多所高校、科研院所、文博单位的80余位专家学者与会，共提交论文70余篇。会议分为历史文献、语言文字、文化考古三个小组围绕西夏社会历史、文献整理、语言文字、考古与地理、宗教与艺术等多方面内容展开了广泛讨论。

一 西夏社会历史

在此次会议中，有关西夏社会历史研究的文章共有17篇，涵盖了西夏历史发展的不同时期，从多个侧面对西夏社会历史进行了全方位探讨。

杜建录《陕西横山出土〈故野利氏夫人墓志铭〉初探》在对《故野利氏夫人墓志铭》进行录文的基础上，就志主之夫的姓氏、党项拓跋氏的婚姻关系、墓志中的职官、墓志铭作者等问题作了讨论，丰富了早期党项历史研究。刘双怡《府州折氏与夏州李氏不同发展轨迹再探》以传统汉文文献为研究基础，从两州首领的素质与决策水平、历代政权对两个氏族的政策两方面分析了两州不同的发展轨迹。陈岑《西夏王号性质考略》通过系统的整理与考证，将西夏王号区分为三种性质，认为西夏早期只有王号无王爵，院王、双国号王受到了辽代制度的影响，其余王号皆是效仿中原王朝册封王爵。邵婵《故俗与性质：西夏统治者的文化统治策略论略——以〈圣立义海〉为中心》通过对《圣立义海》中所蕴含的原始党项民族习俗观念与汉族、其他民族文化的对比分析，探究了西夏的文化统治策略。刘维栋《西夏上层的精神揣测——以发愿文为中心》依据发愿文资料对部分未知的发愿者的身份、族属作了推测，探讨了西夏上层发愿文中所包含的精神特征。陈玮《新见北宋保宁院山寺党项民众建塔碑研究》考证出甘肃省东华池塔第二层西南面碑刻所记载的民众姓名除汉人外多为党项人，党项人和汉人在共同佛教信仰的感召下一起建塔，反映了佛教的流行和佛教对北宋西北边境族际交流的促进作用。邓文韬《四川广元千佛崖石窟元代西夏遗裔题记及其史料价值初探》对千佛崖石窟元代西夏遗裔题记内容和史料价值进行了探讨，证明了在西南地区活动的元末西夏遗裔仍然传承着本民族的佛教信仰。

除此之外，与会学者们还从法律、经济、战争、婚姻等不同侧面探讨了西夏的社会历史问题。戴羽《西夏罚金刑研究》以西夏法律文献中的罚金刑为研究对象，总结出西夏罚金刑主要包括罚钱、罚马、罚铁、罚俸等四种类型，西夏罚金刑是在唐宋赎刑的基础上根据本国少铜多马的实际情况所作的变通。高仁《游牧民、部落与国家：西夏官营畜牧体系新探》运用历史考证、对比研究、计量分析等方法，借助“游牧学”等理论及调查案例，考察了西夏官牧体系、牧场组织结构与唐宋制度的渊源，并根据《天盛律令》中的有关规定，分析了西夏特有的经济关系和官牧体系经营流程，最后宏观探讨了游牧经济基础在少数民族政权建立和运转中的重要作用。陈德洋《辽兴宗时期辽与西夏战争琐议》通过分析辽兴宗时期，辽与西夏战争的原因、经过、进军路线，指出这一时期的辽夏之战实质上是双方国家正统意识加剧的结果，根本原因是中国传统政治文化。蔡彤华《西夏伦理道德、婚姻观探究》简要梳理了西夏的伦理道德、婚姻观念和婚姻制度，初步探讨了西夏伦理道德体系规范完备、民族特色浓郁、阶级对立明显、多种文化交融、多层复合的特点。

二　文献整理

西夏学是因出土文献而形成的新学问，西夏文献是本届会议学者们重点研究的对象之一，共收到文章24篇，考察了萨满教材料、佛教文献和世俗文献。

Kirill Bogdanov《Shamanistic text from Tangut collection of IOM RAS：results of preliminary study》初步介绍和考察了俄罗斯科学院东方文献研究所的西夏萨满教资料的收藏情况。

佛教文献方面。孙伯君《西夏文〈菩萨心及常作法事〉：西夏应天元年（1206）藏传佛教实修仪轨的罕见译刻本》采用四行对译法对西夏文藏传佛教经典译刻本《菩提心及常作法事》全文进行了标音、对译和翻译，探讨了西夏晚期的佛教面貌，提出西夏文《菩提心及常作法事》当是指导修法的念诵文本，为我们了解藏传佛教“发菩提心”在西夏的具体修法提供了可供参考的文本。孙昌盛《〈胜住仪轨〉夏藏文对勘研究》利用藏文底本对俄馆藏编号NO. 0810西夏译本《胜住仪轨》后2叶半内容进行了对译解读，着重考释了西夏本题记中的三位著译者的身份，最后总结讨论了西夏胜住法仪类佛教文献和仪轨。喻晓刚《西夏文〈真道照心〉及辽、西夏禅宗传承》在对西夏文《真道照心》进行翻译解读的基础上与《解行照心图》《洪州宗师教仪》内容进行了对照研究，发现该文本与其他西夏禅宗文本的基本旨趣基本一致，进一步佐证了西夏汉传佛教禅宗的特色。文志勇《西夏文〈华严经〉帙号考》对黑水城、灵武出土的西夏文《华严经》使用的帙号进行了考证，对比讨论了夏、汉文本《华严经》帙号的异同。孙飞鹏《吐鲁番博物馆藏西夏文残件考》通过图像分析技术对出土于吐鲁番柏孜克里克石窟的一件西夏文残件与敦煌藏《诸密咒要语》共有的若干字符进行了比对分析，证明了两者采用了同一批活字印模所印，又比较了两者的版式特征及内容，认为该残件与敦煌藏《诸密咒要语》为同一佛教文献。李语《英藏、中藏西夏文〈佛母大孔雀明王经〉残片考补》利用中国藏西夏文献中的《佛母大孔雀明王经下卷》，对英藏黑水城文献第5册中的6纸佛经残片进行了定名与考释，对中藏第16册中的《种咒王阴大孔雀明王经》残片进行了考释，对比发现三者内容完全一致，应判定为同一版本。

世俗文献方面。陈广恩《黑水城出土俄藏西夏文2554号文书的断代问题——围绕〈事林广记〉的考察》通过对文书内容的分析研究，阐明了该文书所体现出的元代社会信息，并结合《事林广记》的改编流传情况，认为文书与《事林广记》存在着比较密切的关系，推测2554号文书为元代而非西夏时期的文书。佟建荣《黑水城汉文文献残页提名补考》通过黑水城文献之间的对比，定名了一些残页并修正了几件残页的原有定名，强调了文献对比对文献残页题名考订的价值。陈瑞青《简论西夏“军籍”文书的性质及其价值》重新考证了黑水城出土的、原被定名为军籍的7件文书，通过对文书内容、形式、性质的分析，提出这类文书属于首领汇报军抄人员、装备等情况的军抄公文，并依据吐鲁番文书的定名原则对文书进行了重命名，探讨了文书的学术价值。王龙《西夏法律文献〈法则〉定名献疑》梳理了“法”与“式”的词源、含义，并举例说明了西夏佛典中“矖貭”的常见用法，同时参考中国古代法律的基本表现形式，提出应将“矖貭”定名为“法式”而非《法则》。李晓明《甘肃省博物馆藏西夏文诗歌残篇考》通过内容释读将原定名为佛经的G21·045［13201］号西夏文残页重命名为西夏文诗歌作品，并从版式特征、出土地、诗体内容、结构等方面与《劝世诗》残页G21·002［13202］进行了比较研究，在对现有西夏文诗歌文献的版式进行梳理和对比分析的基础上，认为两者不仅是同一版式的诗集或歌谣，还是一种新的版本和孤品，最后借助对《劝世诗》残篇内容特征和押韵特点的分析，探讨了西夏诗歌文学的创作与体例特征。张九玲《定州佛像腹中所出西夏文〈十三经〉残片补考》参照敦煌汉本P2003、S3147等对定州所出西夏文《十王经》残片进行了翻译解读，并与俄藏《十王经》进行了对勘，考证出残本与存世的汉文本和西夏文本《十王经》、俄藏本《十王经》均有较大差别，是一个前所未见的全新译本。

除了对文书版本、性质的分析，还有文书内容的解读、复原和比较。黎大祥《甘肃武威亥母洞石窟寺西夏汉文“宝银”记账单考释——兼谈西夏使用白银的相关问题》分析了武威亥母洞石窟寺1号洞窟出土的一件西夏汉文“宝银”记账单，认为账单反映出西夏时期亥母洞石窟寺佛教盛兴、经济发达，并梳理了西夏境内白银的考古发现和研究现状，认为该记账单为研究西夏白银使用情况和寺院经济提供了新的史料参考和证明。田晓霈《黑水城出土一件西夏文典身契研究》考释了目前所见的西夏文献中唯一一件以人口为质押物的典身贷粮契，并考察了西夏与唐宋人口质典情况的异同。杜艳梅《黑水城出土一件天庆某年五月贷粮契约考释》对《俄藏黑水城文献》中刊布的一件贷粮契文书内容进行了释读，考证了立契时间，讨论了契约所反映的借贷利息问题。周泽鸿《俄藏黑水城文献 A32（3）号文书〈阴思鬼限〉释论》通过对《阴思鬼限》内容的详细考释，认为该文书为日常百姓所利用古代历法和医学知识，结合阴阳五行与八字神煞来预测疾病与寿命的占卜歌诀，反映了十二世纪黑水城地区的社会生活状况。宋坤《黑水城出土〈桑哥失里大王分例羊酒文卷〉复原与研究》梳理了《中国藏黑水城汉文文献》中归入桑哥失里大王分例羊酒类文书的 18 个编号文书，在对文书进行内容复原和缀合的基础上，还原了正常状况下元代诸王分例羊酒的一次申领、放支过程中所涉及的四件文书书式，分析了文卷中所反映的元代诸王妃子分例制度和元代文书制度，为学界缀合复原元代文书提供了一个范例。罗海山《汉夏契约文书“立契理由”之比较探源》通过比较西夏契约文书和传统汉文契约文书、8—10 世纪敦煌契约文书立契方式和立契理由的不同，认为唐中叶以后敦煌契约文书体现了中国法律传统中的“扶弱济贫”倾向，而西夏契约文书中立契理由普遍缺失、以第三方的语气书写，保持了契约文书的本质特征——公平，并据此讨论了中原儒家文化对西夏的影响。

三　语言文字

西夏语言文字研究也是关注重点，共有文章 7 篇，其中语法方面 2 篇，语音方面 1 篇，语汇方面 4 篇。

语法方面，林英津《夏梵藏文对勘，说西夏语的引语标记》通过夏梵藏文对勘考证了部分西夏字，在此基础上深入探讨了西夏语言宏观的理论性的问题，提出由于西夏语动词后置的语序，一个西夏词放在最后不一定就是一个标记，也有可能是一个实意动词。张永富《西夏语的禁止式标记》通过与藏缅语族诸语言的比较研究，指出了西夏语的否定式标记与禁止式标记，并进一步提出了西夏语命令式前缀的猜想。

语音方面，张竹梅《说说西夏韵图〈五音切韵〉的韵等问题》通过《五音切韵》一百零五韵图各韵字所对应汉字音韵的考察研究，考证出《五音切韵》与汉语韵图如《韵镜》《七音略》之类的差异，即《五音切韵》“西夏语韵分三等”《以韵分图，按栏布等》，但汉语等韵图则是“以摄分图，以等入栏”。

语汇方面，贾常业《〈义同〉中的并列词及其意义》对《义同》甲种本中 91 对并列词进行了释译，认为《义同》中的“清浊”指字义的褒贬，反映的是西夏人的世界观以及对事物真善美与假恶丑的判断、是西夏人伦理道德的评价标准，而不是音韵学上严格意义的清声和浊声。段玉泉《国图藏〈金光明最胜王经〉中新见的几个西夏字》对国图藏《金光明最胜王经》陀罗尼部分缺少的三个译音字进行了考释，补全了辞书的内容。吴宇《西夏文〈同义〉文字考订》对《同义》甲种本的字形进行了考订，考订残损字形 6 例，补出缺失字形 8 例，校正讹误字形 7 例，并首次发现原始文献中的钩乙号进而校订字序 7 例。

四 考古与地理

此次会议中，考古与地理方面共收到论文 11 篇，其中地理交通方面 8 篇，考古方面 3 篇。

西夏地理交通也是学者们关注较多的一个研究领域。史金波《西夏首都兴庆府（中兴府）》全面梳理总结了西夏都城兴庆府的建筑、经济、文化、重要人物、重大事件、建置及变迁等，追述了兴庆府作为西夏都城的重要地位。马郝楠《格局、形态与空间：西夏都城中兴府考》结合考古材料、方志与出土文献信息，综合利用城市地理的相关研究方法，对中兴府的宫城、城市格局问题进行了考证，认为中兴府当呈坐西朝东并向南偏 15 度的空间格局，并讨论了其中所体现的华夏礼俗与本族文化的影响。张多勇《西夏龙州、藏底河城城址与北宋威德军关系考察研究》首先在实地考察和宋夏古城定位研究的基础上，将北宋之际鄜延路通盐州的道路自西向东分为五条：定边军道、国信驿路、杏子河路、塞门路、安远路；又结合汉文文献记载考察了威德军的废立，讨论了威德军对宋夏战局的重要性，考证认为北宋淳化五年以延州石堡寨为址、西夏时改成龙州的威德军位于塞门路上，遗址在今靖边县大湾乡城子坑村城子坑古城；西夏乾顺时期所筑藏底河城、北宋时再赐名威德军的古城遗址位于国信驿路上，遗址在今靖边县新城乡杨湾沟村荞面城。郭明明《北宋石堡寨与西夏龙州地望新考》通过实地考察与文献研究，梳理了史籍所记龙州（石堡寨）的建置沿革，考证了石堡寨与龙州的位置，认为崇宁三年之前，今靖边县龙州乡阎家石寨为石堡寨和龙州地望所在；崇宁三年，北宋置威德军于石堡寨旁另筑的新堡，即今龙州乡龙州堡旧址；北宋灭亡后，西夏在新堡位置上复建龙州。牛达生《宋夏好水川之战及其主战场考古调查》在梳理学界研究成果的基础上，考述了战争相关地名，着重对战场遗迹进行了考古调查与研究，认定好水川之战主战场在今宁夏隆德好水乡红星村南 50 米处。尚平《宋夏好水川战场位置再探》结合城址遗址、战场遗物等考古资料、利用较为准确的地理信息资料，对好水川之战中所涉及的重要地名进行了重新梳理，认为好水川主战场在今兴隆镇陈玉田村一带，第二主战场在今兴隆镇什字路河的河口位置，今好水川是宋时的笼落川、什字河路是宋时的好水川，并讨论了好水川之战的其他堡寨的位置，在此基础上重绘了好水川之战的形势和路线图。高建国《陕西省志丹县旦八镇之“旦八”释义》通过探究“旦八”这一词语的构成及意义，结合吐蕃人和党项人在陕北的活动，提出志丹县旦八镇的“旦八”一词是一个藏语词汇，应是唐代以来吐蕃人、党项人在陕北聚居生活并逐渐本地化的一种文化遗存，反映了藏传佛教在陕北地区的流行与影响。李雪峰《北宋时期西夏与辽朝的交通干线“直路”驿站位置考述》考证了“直路”在西夏境内的位置和周边地形状况。

考古方面，曹樾翊《横山及其周边党项王埋墓初考》对横山区及其周边的民间王埋墓的规格构造、地理环境、保存状况等进行了总结介绍。孔德翊《西夏陵遗产的价值内涵探析》首先从都城与陵区方位、山与陵关系与布局、造陵与文化元素选择三方面讨论了西夏陵的建造对唐文化的继承和对佛教文化的接受，又从国家统治中心、王权秩序、陵区规模、君臣关系、文明发展和互动、文明多元性等方面分析了对西夏陵遗产的价值内涵。徐玉萍《武威文庙建于西夏考》梳理了武威文庙修建的史料，结合近期的考古钻探调查，考证出现在的武威文庙是在西夏时期西凉府孔庙的基础上经元代维修、明代重修扩建、清代维修，从而保存至今的。

五 宗教与艺术

西夏宗教与艺术研究论文共有 9 篇，研究内容包括宗教信仰、艺术及文化产业等。

宗教信仰方面，崔红芬《西夏阿弥陀经典及其信仰》对英藏、俄藏和中国藏汉文和西夏文《佛说阿弥陀经》进行了梳理，考证了佛教传译者的身份，确定了西夏僧人翻译《佛说阿弥陀经》的时间，分析了《佛说阿弥陀经》的流传情况，并从“人们向往美好的世界”“净土信仰简单易行”“净土与观音信仰相互促进”三方面探讨了净土经典流行的原因。冯雪俊《西夏“华严信仰”研究》依据考古发现和文献记载，对西夏“华严”师承系统、华严思想流传特点、《华严经》的翻译与刊行、其他华严类典籍的流传情况进行了考察。吴雪梅《凉州瑞像在西夏的流传特点分析》在梳理前人研究的基础上，分析总结了西夏时期凉州瑞像的流传特点和流传原因，探讨了河陇佛教文化对西夏佛教文化的影响。

西夏艺术及西夏文化产业方面。Evgeny Kiy《国立艾尔米塔什博物馆黑水城艺术品研究历史与现状》回顾和总结了以往和现在国内外学术界对国立艾尔米塔什博物馆黑水城艺术品的研究情况，并展示了一些新的艺术藏品。胡进杉《三车或四车——一幅西夏文佛经扉画的省思》通过对中国国家图书馆所藏的一幅西夏文《妙法莲华经》卷二扉画与留存的《河西藏》残本中的《悲华经》卷第九的对比研究，发现了两者版式的不同。并介绍了扉画的内容，进而与其他宋元不同版本《妙法莲华经》卷 2 的扉画进行了比较，发现“火宅喻”是最大的不同之处。又通过对汉文西夏文两种文本内容的比较和对佛经中“火宅喻”的解释分析，考证出两种扉画不同的原因在于所据经典内容相同，但对经文解读有异。梁韵彦《制作史视角下的宋夏“一段式”变相扉画阅读顺序再探》从美术史的视角切入，通过比较现存的《妙法莲华经》《佛说转女身经》《佛顶心观世音菩萨大陀罗尼》三部变相扉画，指出宋夏时期的这些佛教与变相更多的是作为佛事活动中的供奉用具而非阅读对象，因此“一段式”变相的设计无法演变成后来明清小说和画本中出现的真正意义上的插画。王悦《西夏艺术品中对“狗”形象的塑造》利用目前所刊布的西夏文物资料，对石雕、陶瓷、绘画、木刻版画中狗这一形象的特点、技法作了分析总结。魏亚丽《宁夏回族自治区博物馆藏西夏“婴戏莲印花绢”图像研究》从艺术层面介绍了婴戏莲印花绢中开光纹和联珠纹的特征，在分析婴戏莲印花绢艺术内容和艺术特征的基础上，探讨了婴戏莲印花绢所蕴含的文化特征。刘文荣《五个庙石窟音乐内容综述——兼及西夏铜角类乐器的考察》首次对五个庙石窟的音乐内容进行了统计与公布，综合论述了五个庙石窟的音乐内容，重点介绍了其中的铜角，为研究早期角乐器提供了参考。另外，陈连龙《我国影视文化产业中“西夏形象”的传播与建构》结合传播学理论，从战争及女性形象、生活及艺术、精神内涵等方面对我国西夏影视作品的传播方式作了简要分析概括，归纳出我国影视文化产业中蕴含了历史悠久、文化多元、民族融合的西夏形象内涵。

西夏处于多民族政权并立时期，西夏历史与周边政权相互联系、密不可分，辽金的部分问题也受到学者的关注。石坚军《辽代“三城八馆”之“三城”地望蠡测》根据文献记载与考古发现，并结合实地考察结果，初步考证了辽代“三城八馆”之“三城”的地理位置，清河军盖即唐代胜州河滨县，金肃军盖位于今准格尔天顺圪梁城址，五花城盖即今准格尔旗十二连城古城，并在此基础上探讨了“三城”历史地位与周边交通。李春尧《简论佛教异端“大头陀教”在金中都的早期发展》利用《金乡县头陀教正因院之记碑》《寂照禅师道行碑》等碑文及其他文献，考察了大头陀教的创立者、创立时间、在金朝中都的发展及传承，从教义上探讨了该教被批判的原因。马业杰《金代东京路少数民族分布格局的变化》讨论了金代对东京路诸民族的民族政策所引起的契丹、渤海、女真、奚等民族分布格局的变迁以及这种变化对金代政权和金代社会的影响，借此窥探了金代统治者的民族政策和边疆统治政策。李佳明《“提点辽东等路刑狱”考》考证了金代“提点辽东等路刑狱”这一官职的渊源及职能。

另外还有书评一篇，研究综述两篇。和智《史金波等译注本〈天盛改旧新定律令〉评议》在对译注本做出了充分肯定的同时，指出了译注本存在译文前后不统一、部分词语未获解读、缺少索引、未给出一个校勘本等不足。杨蕤《改革开放四十年来的西夏地理研究》从研究基础与文献资料、自然环境、疆域演变、政区状况、交通路线、农牧区划、人口变迁、城市面貌、社会文化、历史地图等方面对改革开放四十年来对西夏地理研究情况作了全面梳理，总结了西夏地理研究的学术贡献与问题，对未来西夏地理研究做出了展望。王颖《中国学者俄罗斯西夏学研究综述与前瞻》从译介、述评俄罗斯西夏学研究成果、中俄学者合作开展西夏学研究和中国学者对俄罗斯西夏学的补充拓展研究四个方面描述了中国学者俄罗斯西夏学研究的现状，在此基础上提出了中国学者俄罗斯西夏学研究的展望与前瞻。

此次会议参会人员和参会成果众多，研究内容广泛，涵盖了政治、经济、文化、地理、宗教、文献、考古、语言文字、文学艺术等诸多领域，对西夏时期的历史进行了全方位的探讨。整体而言，此次会议具有以下特点：

第一，沿用了史学研究中传统的研究方法和研究理念，体现了学术的连贯性与继承性。利用了文献考证、对比研究等传统实证研究法；集中讨论了在以往研究中受到密切关注的西夏佛经、西夏语言文字、西夏历史地理等研究领域，传统议题研究不仅数量上有所增加，品质上也有所提升，进一步丰富了西夏学研究成果。

第二，在继承史学研究传统的基础上，此次会议也表现出许多新的特点，表现出会议的创新性与发展性：1. 深入挖掘已有史料，取得了一些新的成果，对已有问题有了新的认识。例如林英津《夏梵藏文对勘，说西夏语的引语标记》提出了新的语法规则，段玉泉《国图藏〈金光明最胜王经〉中新见的几个西夏字》考订出部分未知的西夏文字，陈瑞青《简论西夏“军籍”文书的性质及其价值》通过考证将黑水城出土的、原被定名为军籍的7件文书重新定名为公文文书等。2. 重视挖掘和运用新材料，公布了一些新材料。例如Kirill Bogdanov《Shamanistic text from Tangut collection of IOM RAS：results of preliminary study》公布展示了一些俄罗斯科学院东方文献研究所所藏的西夏萨满教材料，孙昌盛《〈胜住仪轨〉夏藏文对勘研究》中《胜住仪轨》藏文本的公布和应用。3. 重视史料解读中视角的转换，表现出多学科交叉的研究方法创新。例如田野调查等人类学、民族学研究方法在多篇文章中的应用，高仁《游牧民、部落与国家：西夏官营畜牧体系新探》计量分析方法、游牧学理论的运用，孙飞鹏《吐鲁番博物馆藏西夏文残件考》通过图像分析技术对西夏文残件进行了考证。4. 研究领域和研究视野不断拓宽。研究资料的丰富和研究成果的深入，使得西夏学得到学术界和社会越来越多的关注，研究内容也不断充实。例如部分学者们将历史与现实进行对话，关注了西夏文化产业的开发，揭示了西夏历史文化的现实意义。此外注重将西夏历史置于时代背景中考察，关注了宋辽金元等相关领域的研究。

第三，多元观点的并存也是本次会议的一大特点。对于同一问题而产生的不同视角或不同结论，学者们能够各抒己见，坦诚争鸣，例如张多勇《西夏龙州、藏底河城城址与北宋威德军关系考察研究》和郭明明《北宋石堡寨与西夏龙州地望新考》对龙州与石堡寨地望的不同考证结果，牛达生《宋夏好水川之战及其主战场考古调查》和尚平《宋夏好水川战场位置再探》对好水川战场地理位置的讨论。老一辈资深学者与中青年学者齐聚一堂，在思想交融中共同推动西夏历史研究的进一步深化。

第三篇

学术动态

【史金波到波兰考察西夏文献并出席“第七届国际东方学会议”】

中国社会科学院学部委员史金波受波兰科学院东方学委员会主席马列克·梅约尔教授的邀请，出席2018年10月21日至24日在波兰克拉科夫举办的“第七届国际东方学会议”，并考察中国流失到波兰克拉科夫雅盖隆大学图书馆的西夏文献泥金写《妙法莲华经》。

史金波于10月20日在华沙与波兰科学院东方学委员会主席马列克·梅约尔教授会谈。马列克·梅约尔教授介绍了雅盖隆大学藏书的简况，并希望共同合作进行整理，开发研究。史金波向马列克·梅约尔教授赠送了史金波与法国吉美国立博物馆图书馆馆长共同主编、在中国出版的《法国吉美国立亚洲艺术博物馆藏西夏文文献》。此书中刊布了藏于法国的西夏文文献泥金写《妙法莲华经》三卷，22日至24日在克拉科夫的波兰科学院举行“第七届国际东方学会议”，参加会议的有波兰、中国、英国、俄罗斯、德国、瑞士、印度等国的30多位专家。22日上午，史金波作为会议嘉宾做主旨报告，题目是“中国对流失国外西夏文文献的搜集整理出版和研究”，介绍了中国古籍整理保护的突出成就和中国对流失国外西夏文文献的搜集整理出版的主要业绩和重要成果。近20多年来，中国使流失俄国等国的大量文献再生性回归，如由中国社会科学院民族研究所与俄罗斯科学院东方文献研究所合作整理出版的《俄藏黑水城文献》已出版27册，为西夏学的长足进展提供了大量关键性资料，彰显新中国成立以来，特别是改革开放后，在传统优秀文化的继承和弘扬方面的巨大成就，展示了中国的文化自信。在报告中论述了20世纪初八国联军侵略中国时，法国人从中国掠走的珍贵西夏文泥金写《妙法莲华经》，其中3卷存于法国吉美博物馆，经近几年中、法两国专家合作，已经整理后正式出版，是国际合作整理、出版中国流失海外文献的又一成功实例。

23日史金波访问雅盖隆大学图书馆，仔细考察了藏于该馆的西夏文泥金写《妙法莲华经》卷第五，并拍摄了照片。同时应邀对雅盖隆大学图书馆藏有部分汉文古籍进行鉴定，其中有十分难得的善本。

随后与该馆馆长托马斯·扎恰尔斯基座谈，波兰科学院东方学委员会主席马列克·梅约尔教授在座。

西夏文泥金写《妙法莲华经》在八国联军入侵中国北京时，被法国人从北京掠走，一部分存在法国吉美博物馆，一部分卖给了德国，后辗转藏入波兰雅盖隆大学图书馆。2017年美籍华人学者龙达瑞教授在波兰克拉科夫雅盖隆大学图书馆发现了西夏文泥金写经一卷。很快来北京找到史金波。史金波对图版做了鉴定，基本确认这就是当年从北京流失到法国、又存于德国，最后藏于波兰的西夏文《妙法莲华经》卷第五，并推测其他几卷有可能也存于该图书馆。

会谈中，史金波希望流失到波兰的另外几卷西夏文泥金写《妙法莲华经》

文献也能通过中国、波兰的合作整理出版，使这部珍贵的文献全部公诸世上，以推进学术研究。马斯·扎恰尔斯基馆长表示赞同。

史金波向馆长赠送了《法国吉美国立亚洲艺术博物馆藏西夏文文献》。馆长也回赠了该馆出版的文献汇编。

（杨　涴）

【第十四届辽金契丹女真史学术研讨会预备会在通辽科尔沁区政府召开】

2018 年 6 月 11—13 日，由中国民族史学会辽金暨契丹女真史分会主办，内蒙古民族大学和通辽市科尔沁区委、区政府共同承办的“第十四届辽金契丹女真史学术研讨会预备会议”在通辽市科尔沁区区政府召开。

会议邀请了中国民族史学会辽金暨契丹女真史分会会长、吉林大学文学院教授韩世明，分会顾问、吉林大学文学院教授武玉环，分会顾问、辽宁师范大学历史文化旅游学院教授都兴智，分会副会长、辽宁省博物馆副馆长、研究员刘宁，分会副会长、内蒙古考古所副所长、研究员盖之庸，内蒙古自治区文物考古研究所研究馆员连吉林等 15 位知名专家，在 2017 年内蒙古民族大学举办的“通辽地区辽代城址专题学术研讨会暨福巨古城考察研究会议”基础上，进一步对契丹早期文化及其城址，以及内蒙古民族大学西辽河流域历史文化研究中心副主任李鹏教授提出的“福巨古城是龙化州”这一观点进行研究论证。内蒙古民族大学科技处处长裴志利，政法与历史学院、西辽河流域历史文化研究中心等相关专家以及通辽市文物局、通辽市社科联、科尔沁区人大、政府、政协等相关领导分别出席了此次预备会。

专家学者们先后来到通辽市莫力庙福巨古城遗址、奈曼旗老哈河与西拉木伦河合流处、开鲁县博物馆、科左中旗布日顺城址、科左中旗新开河与西辽河合流处、双辽市大土山、科左后旗吐尔基山辽墓等地。通过细致的学术考察，充分论证科尔沁区历史文化遗存，深入挖掘科尔沁区历史文化，重点研究莫力庙福巨辽代古城遗址。通过考察和讨论，专家针对“莫力庙福巨古城为辽代龙化州”的论断给予认可，对李鹏老师的研究思路与方法给予了肯定，对通辽市科尔沁区是契丹民族的发源地，福巨古城是辽代开国皇帝耶律阿保机登基的地方“龙化州”的这一说法达成共识。

此次研讨会为通辽市科尔沁区添加了契丹辽政权“龙兴之地、契丹故壤”两个重量级的历史文化符号。增强了科尔沁区文化自信，激发文化活力，同时也成了推动经济文化融合、拉动经济社会发展的重要载体，对促进科尔沁区乃至通辽市文化旅游产业持续健康发展有着重要的作用。

（贾淑荣）

【绝学不绝　契丹不孤单】

——第四届契丹学国际研讨会在河北大学举行

2018 年 7 月 22—23 日，第四届契丹学国际研讨会在河北大学举行，海内外 60 余名契丹学专家及文化创意工作者参会，以“当代视野中的契丹辽文化”为总主题进行了学术研讨和创意展示。此次会议是契丹学国际研讨会第一次从内蒙古草原来到华北平原，从契丹文化腹地来到契丹族与汉族交流接触的前沿地带，标志着契丹学这门“绝学”在京津冀协同发展和雄安新区建设的大背景下，从冷僻走向繁荣，从单纯分散的基础研究走向多学科协作尤其是文化产业成果转化方向。

此次会议是由河北大学文学院、河北省国学传承与发展协同创新中心、赤峰学院历史文化学院、内蒙古契丹辽文化研究会联合主办，并得到了保定市文化广电新闻出版局的大力支持。近年来，河北大学文学院以正在创建世界一流学科的“中国语言文学”学科为依托，大力推进以契丹语言文字、宋辽文化创意产品研发为内容的契丹学研究，在基础研究和社会服务水平上都有了很大提升。

河北大学副校长杨学新在开幕式致辞中指出：“保定和雄安新区，是历史上五代、北宋与契丹的接触前沿，中原和北方民族两种文化在这里直接碰撞、融合，共同构成中华优秀传统文化的一部分。因此，契丹学应该成为中华优秀传统文化继承弘扬的重要领域。”杨学新表示，河北大学会加大对契丹学相关学科的支持力度，将其作为河北大学服务雄安新区建设的重要项目来推动。

保定市文化广电新闻出版局局长赵其国在致辞中提出：“宋辽两个王朝在保定这块土地上或征战，或交流，促进了汉族和北方各民族之间的融合。契丹文化也和汉文化一起，成为中华优秀传统文化的根脉之一。”赵其国表示，保定市文广新局把推动地方历史文化研究、文化创意产业发展作为重点工作之一，会大力支持契丹学的相关研究，促进更多交流平台的建立，为保定的文化发展打下更坚实的基础。

研讨会以大会报告和分组讨论的方式进行。与会学者分别以“现代语言学方法与契丹语言文字研究”“契丹辽文化在中华优秀传统文化中的地位和影响”“宋辽关系暨雄安新区在其中的历史地位研究”“契丹辽文化资源创意产业研究”等为主题提交了论文并进行了热烈研讨，会议专门组织同行专家对所有论文进行了一对一的评议。北京市考古学会原会长齐心、中国辽金史学会原会长宋德金等参加了大会和分组讨论，并对参会论文进行了精彩点评。

“绝学不绝”“契丹，不孤单”，这是此次会议上引起热议的两句话。此次会议必将促进契丹学的发展，也将对中华优秀传统文化的内涵研究、传统文化研究成果的产业转化产生良好的推动作用。

大合影

开幕式

（傅　林）

【河北崇礼太子城遗址 2018 年考古发掘与遗址保护专家咨询会在北京召开】

2018 年 12 月 8 日，河北崇礼太子城遗址年度考古发掘与遗址保护专家咨询会在北京召开。来自中国社会科学院考古研究所、中国文化遗产研究院、故宫博物院、中国国家博物馆、北京大学、吉林大学等科研单位及高等学校考古及辽金史学专家及国家文物局、张家口市文物部门的有关领导受邀参加了咨询会。专家们围绕太子城遗址的时代与性质、下一步考古工作计划、遗址的保护与展示等问题提出了宝贵的意见和建议。

专家们一致认为，太子城遗址发掘工作扎实，同意发掘者对太子城遗址年代和性质的考古结论，指出太子城遗址为一处金代皇家行宫，坐落在 2022 年冬奥会奥运村，考古发掘和遗址保护意义重大。今后的考古发掘工作，一是要着重解决遗址四至范围，南北向路网，西院落功能，东、西门址的位置和结构，遗址早、晚两期的关系等问题；二是要开展精细化的考古工作，尽可能多地提取考古信息，为太子城遗址建筑史学研究提供翔实的考古资料；三是继续开展多学科研究，与环境考古、建筑考古、动植物考古等相关团队合作，多方面最大限度挖掘遗址的文化内涵。关于遗址的保护与展示，专家呼吁张家口市政府部门遵循整体保护、最小干预原则，合理规划好冬奥会前、后遗址的保护与展示工作。建议短期内可采取模拟展示、标识展示等方式来体现太子城遗址阶段性考古研究成果，并编制遗址保护规划，对太子城遗址实施永久保护。同时，专家建议修建遗址博物馆和拍摄考古发掘工作纪录片，全面展示太子城遗址的考古成果和文化内涵。

太子城遗址位于河北省张家口市崇礼区四台嘴乡太子城奥运村内，东南距北京市区 140 公里，西距崇礼县城 20 公里，现为河北省重点文物保护单位。该遗址位于北京 2022 年冬奥会张家口赛区太子城奥运村内，为做好遗址保护工作，河北省文物研究所、张家口市文物研究所、崇礼县文广新局等单位自 2017 年 5 月起，对太子城遗址开展了两年的考古勘探和发掘工作，证实太子城遗址为一座平面为长方形的城址，南北 400 米、东西 350 米，总面积约 14 万平方米。现东西南三面城墙存有地下基址，墙外有护城河，另西墙有 2 道，东西间距 50 米。确认建筑基址 67 座，道路 14 条，排水沟 2 条；弄清了南门、9 号基址、三号院落、一号与二号院落南院、东南角、城西外基址的建筑布局和结构。

出土各类泥质灰陶砖瓦、鸱吻、嫔伽、凤鸟、脊兽等建筑构件以及戳印“内”“宫”“官”字青砖，刻“尚食局”款定窑瓷器。通过考古发掘，结合史料记载，初步推断太子城遗址是金章宗夏捺钵的泰和宫。太子城遗址分别被中国考古学会、中国社科院考古研究所评为“2017 年度中国重要考古新发现”“2018 年中国六大考古新发现”。

（郝娇娇）

【首届中日青年学者宋辽西夏金元史研讨会召开】

2016年9月24—25日，“十—十三世纪东亚史的新可能性——首届中日青年学者宋辽西夏金元史研讨会”在复旦大学召开。此次会议由复旦大学历史系与日本宋代史研究会共同筹划，复旦大学历史系承办。来自中日两国的26位学者就宋辽西夏金元各时期的政治、制度、思想、军事、经济、社会诸领域，及其研究的“新可能性”进行了深入的探讨。

首场报告关注文书研究与制度史。注意制度规定与运行实态，是近年来制度史研究的新取向。伊藤一马《南宋建立时期的中央政府和陕西地区——〈宋西北边境军政文书〉中的高宗〈登极敕书〉》指出在南宋初期，中央政府就与陕西地区恢复了联系，而后者也利用敕书进行军事重建。丁义珏《御药院研究之二——宋代御药院的机构职能》指出御药院具有极强的皇帝近密机构特质。藤本猛《直睿思殿与承受官——北宋末的宦官官职》认为这些宦官官职是为徽宗“亲政”体制发挥作用的。

南宋后期和宋末元初的政治、社会和军政研究，是近年来的一个学术增长点。小林晃《南宋四明史氏的没落——南宋后期政治史的一个侧面》对史氏内部严重对立说提出质疑，并指出后人未能继承前人的政治影响是导致史氏家族衰落的主要原因。小林隆道《显隐相交——宋末元初陵阳牟氏与〈玄妙观重修三门记〉》指出陵阳牟氏依靠基于“不仕”（隐）的名声来出仕（显），反映当时江南士人接受元朝统治的社会状况。温海清《元代江南三行省“万户路”问题析考——江南镇戍制度的一个侧面》对江南三行省万户府的设置进行考察，指出元代路级机构拥有一定的兵权且明代卫所的设置受元代影响。

扩大史料范围，通过新视角去研读现存史料，是此次会议“新可能性”的主要指向之一。山崎觉士《宋代的朝贡与贸易》以《宋会要辑稿》所载史料为基础，指出宋代是朝贡体系由礼仪行为向贸易行为转变的过渡时期。魏峰《试论宋代的灶籍》从《碛砂大藏经》等文献出发，论证了宋代灶籍的内部组织结构。刘江《帖与宋代地方政务运作》结合传世典籍与石刻材料，指出帖文虽功能灵活，但在政务运作中受集权体制的约束。

思想文化史专场论述了变革之际的学术思潮。姜鹏《“古文运动”与唐宋转型期的史学》指出这一时期的史学观念，经历了从讲究褒贬体例到道德评判的深化。张维玲《化身理学家——宋元之际福建莆阳士人的林光朝推崇运动》指出门派意识及地方认同有调整理学版图的能动性。

深入解读与分析文本，可以观察由个体或个案折射出的时代面貌和整体特征。饭山知保《〈西隐文稿〉所示的元明交替与北人官僚》指出元明交替之际，北人官僚的人脉关系有利于其在新朝的出仕。周云逸《从〈证类本草〉到〈本草纲目〉——十至十三世纪中国本草学的特点及影响》通过考察《证类本草》，总结了中国本草学的特点。渡边健哉《元大都礼仪空间》考察了祭祀的相关设施在大都城内的建设状况，探讨元代统治者对祭祀态度的差异。

史料的深入解读与新史料的结合会推动学界对北族王朝的研究。康鹏《〈马卫集书〉中的契丹“都城”——兼谈辽代的中西交通路线》结合传世典籍、考古资料及契丹小字，对契丹“都城”进行了考辨，同时复原了契丹时期中亚至契丹的一条交通路线。陈晓伟《契丹捺钵制度再论——以“四楼”问题为中心》通过对《朔漠图》及《通鉴续编》所记史料的辨析，坐实“四楼”为辽代建筑的史实并认为其为辽朝捺钵制度的雏形。马晓林《辽金元汪古马氏家族景教因素新探——兼论汪古族群认同之演变》通过叙利亚语文献材料与汉文史料之对勘，认为景教在辽金元汪古马氏族群认同的过程中扮演了重要角色。

第七场报告聚焦历史书写并探究书写时的具体语境。山根直生《“沙陀政权”是甚么人们？——五代后周朝之中国历史上的意义》通过对后周太祖、世宗两帝社会特性的研究，指出“沙陀政权”实质是一个“河北政权”，且该政权的建立对宋朝“前期民族主义”产生影响。小二田章《再论〈乾道临安志〉〈淳祐临安志〉——对南宋地方志编纂变化的理解》指出二者间存在“行在地方志”与“都城志”的差异，并表明南宋时地方志的编纂受政治需要影响。于磊《宋季常州守城及其在元代的历史书写——宋元交替意义再探讨》通过对不同史料所收关于宋末元初常州守城诸将记载异同的分析，重新检讨了元代以来对宋元鼎革及时代意义的认识。

会议期间，包伟民、虞云国、姚大力、平田茂树、久保田和男、余蔚等学者就各场报告作了评议并对“十—十三世纪东亚史的新可能性”进行了回顾与展望。学者们认为，青年学者对史学研究“新可能性”的看法要更加全面，同时还要放宽研究视野。此外，各国学者要通过国际交流，充分借鉴“他者”研究的长处。而新可能，也不只意味着新材料与新问题。学者们应尽量尝试用新视角去研读现存史料，重新审视具有牵动性的传统议题。此次会议的召开，是对宋辽西夏金元史研究新可能的一次重要尝试。最后，会议讨论了2017年在日本召开第二届研讨会的相关事宜。

（此文刊发于《中国史研究动态》2017年第4期）

（刘旭滢　张敬奎）

【西夏学科参加“回鹘、西夏、元代敦煌石窟与民族文化学术研讨会”】

2017年10月13日至17日，敦煌研究院主办的回鹘、西夏、元代敦煌石窟与民族文化学术研讨会在敦煌莫高窟召开。鉴于唐宋以来，西夏、回鹘、元代的敦煌石窟常常混淆不清，这一时期洞窟的分期断代研究存在着很大的局限性，缺乏比较研究，以及这些石窟不仅关乎敦煌石窟断代的系列研究，更关乎回鹘、西夏、蒙古诸族的历史文化发展，也关乎元代西北乃至全国的历史文化发展的问题，此次学术会议希望能够为回鹘、西夏、元代洞窟找到断代坐标或者基本线索，为晚期石窟断代这一国际性学术难题的解决投下一丝亮光。

这次会议的主题包括：回鹘、西夏、元代的敦煌石窟、敦煌民族文献与历史文化研究、其他与石窟或民族文化相关的研究。100 多位国内外回鹘学、西夏学、元史、敦煌学、石窟艺术、民族学、宗教学等研究领域的专家学者共聚一堂，围绕敦煌地区遗存的回鹘、西夏、元代石窟的形制、特点、分类、异同等问题展开热烈讨论，同时探讨了敦煌民族文献与西北历史文化的关系问题。张琰玲、孙颖慧、魏淑霞、王艳春四人代表西夏学科应邀参会，分别提交了《元代海道都漕运万户府达鲁花赤买述丁考》（张琰玲、王艳春）和《西夏职官制度变迁之影响因素探析》（魏淑霞、孙颖慧）两篇论文，同与会专家交流研讨了元代西夏遗民问题和西夏职官制度。

这次学术会议为寻找回鹘、西夏、元代洞窟的断代坐标和基本线索奠定了基础，有助于解决晚期石窟断代这一国际性学术难题，为敦煌学研究提供了新的增长点。

（段　靖）

【2017《中国辽夏金研究年鉴》编辑工作会召开】

2017 年 4 月 24 日上午，由中国社会科学院西夏文化研究中心、中国民族史学会辽金契丹女真史分会、中国社会科学出版社主办的《中国辽夏金研究年鉴》编辑工作会在中国社会科学院民族学与人类学研究所第三会议室召开。

出席会议的有年鉴主编史金波、宋德金先生，中国社会科学出版社年鉴与文摘分社社长张昊鹏，中国社会科学院民族学与人类学研究所周峰研究员、陈晓伟博士，宁夏大学杨浣研究员，辽宁师范大学李玉君教授，中国藏学研究中心魏文博士。中国社会科学院民族学与人类学研究所所长王延中研究员莅临会议并讲话。

会议由宋德金先生主持，议题是由李玉君教授任执行主编的年鉴 2016 卷的栏目与内容，与会者对此进行了细致与周密的商讨与安排，确定了主要文章的撰稿人。

《中国辽夏金研究年鉴》是以辽朝、西夏、金朝历史文献研究成果和发布学术动态为宗旨，反映了某一年度辽夏金的研究情况。该年鉴主要包括：研究综述、会议述评与论文提要、学术动态、书评・书讯、新书序跋、学人与学林、博士论文提要、博士后出站报告提要、重点课题研究报道、海外研究动态、文献・文物・考古新发现、附录等栏目。此次编辑工作会的召开，对 2016 年卷《中国辽金夏研究年鉴》进行总结，并对 2017 年卷《中国辽金夏研究年鉴》进行准备工作的安排。

（廖莎莎）

【北方民族大学举办“第三届西夏文献解读研讨班”】

2017 年 9 月 16 日，旨在为西夏学者和西夏学爱好者提供打开西夏宝库钥匙的第三届“西夏文献解读研讨班”，在宁夏银川北方民族大学再次开办。已经连续举办三年的研讨班始终致力于西夏学的交流、学习和研究，为许多青年学生提供了一个与西夏学圈子里的知名学者接触的平台。

三届的研讨班每年都有新的变化，今年台湾学者林英津、日本学者荒川等虽然没有来，但每年都会莅临研讨班的，为前来学习的西夏学者带来精彩讲座的社科院聂鸿音老师、孙伯君老师以及宁夏大学、北方民大的诸位讲座老师则都带来了与自己研究相关的学术报告；而兰州大学的知名学者郑炳林教授的莅临，以及西南大学相关学者对南方少数民族语言学的研究，也为这次的研讨班增添了不少“超越西夏”的色彩。

此次西夏文献解读研讨班通过较困难、难度较大的西夏文献解读乃至从文献中进行相关宗教学、历史学、文献学研究，为西夏学爱好者和青年学者了解到一流的学者是如何去进行自己的专业研究，是如何面对学术中的不足，是如何将零碎的知识转化成“学术话语”的，以及如何解读文献的。第三届西夏文献解读研讨班为许多青年学者带来了知识的扩充或是研究方法的启迪，对他们而言是一笔巨大的财富。

（段　靖）

第四篇

书讯·书评·新书序跋

《辽金史论集》第十六辑《序》

韩世明

《辽金史论集》第十六辑是中国民族史学会辽金暨契丹女真史分会主办的连续出版物。本论集收入文章是从2016年8月在黑龙江省绥滨县举办的“第十三届中国辽金契丹女真史学术研讨会”提交的90多篇论文中精选出来的，反映了辽金史学界近年来最新研究成果。

此次年会的举办地设在黑龙江省绥滨县。绥滨县位于我国东部，地处黑龙江中游、松花江下游，以河流众多大平原著称，优越的自然环境为人类生息提供了重要的物质资源。因而，很早以前就有许多人生活在这里。据文献记载，从先秦到近代，除华夏族——汉族之外，先后有肃慎、挹娄、勿吉、靺鞨、女真，以及满、赫哲、鄂伦春、鄂温克等民族生活在这一地区。由于文献记载阙疑，很多族群的来源、分布、迁徙及社会生活状况等语焉不详，现在已很难窥其全貌，通过考古学方法获取先人社会生活资料是研究古代历史的重要手段之一。20世纪70年代以来，考古工作者先后调查发掘了这些人们生活过的同仁遗址、蜿蜒河遗址、四十连遗址、萝北团结墓地、滚兔岭遗址、凤林遗址等遗迹。经过多年的考古发掘和调查，结合文献记载，初步得出以下结论：以滚兔岭遗址为代表的遗存为汉魏时期的遗存，分布区域大体在松花江以南，佳木斯、华南以东，南至牡丹江，是文献记载的古挹娄人的生活区域，应是挹娄人遗存。以凤林遗址为代表的遗存大体是在南北朝时期，这类遗存的分布区域北越松花江、西达第二松花江，应属勿吉人遗存。而以同仁文化为代表的遗址最早出现在汉魏时期，发源于现今贝加尔湖附近，以后逐步向南迁徙，则应是靺鞨人遗存。

女真族是由靺鞨黑水部演化而来的，苏联在黑瞎子岛发掘的科尔萨科沃墓地对研究靺鞨黑水部文化向女真文化演变提供了实物证据。17世纪以来对黑龙江沿岸地区进行的民族调查也为研究明代野人女真的分化提供了重要资料，也对研究靺鞨向女真演化及女真族的发展分化提供了重要的实物佐证。今后还需加强对靺鞨黑水部演化的研究，尤其对建立金朝的女真完颜部的研究，有助于加大绥滨地区蜿蜒河流域的普查挖掘工作，既有历史价值也有现实意义。

以往文献对肃慎族系的记载认为其族系脉络为“肃慎—挹娄—勿吉—靺鞨—女真—满族”。现在从发现的考古学遗存来看，肃慎族的情况还不清楚，挹娄和勿吉有连续的承接关系，靺鞨和女真有继承关系。挹娄—勿吉系与靺鞨—女真系是并行发展的两种文化，没有承继关系，但他们之间的共性要比东胡系的匈奴、鲜卑、契丹、蒙古，以及秽貊系的夫余、高句丽文化遗存共性大得多。因而，把我国东北地区的古代少数族群分为东胡系、秽貊系、肃慎系是有道理的。至于黑龙江以北地区是否还可以区分出其他族系，由于文献记载不详和考古调查成果所限，现在还不十分清楚。

目前虽然取得一定的成果，但由于在这一带进行的考古调查、发掘所取得的成果还相对较少，所取得的成绩也仅仅停留在东北地区个别人类共同体的遗存物上，考古学意义上的区系类型并没有完全建立起来，这对以遗迹遗物为基础研究的历史问题来说是一个重大的缺欠。特别是与隔江相望的俄罗斯所进行的考古调查、发掘取得的成绩相比，更是相形见绌。这种情况不仅对于认识黑龙江流域历史状况不利，对于我国现当代边境问题的研究也不利，这正是需要我们亟待解决的。同时，文献记载的各种人类共同体不同的概念和考古学的文化及文化类型是什么样的对应关系，更是值得考古学界和历史学界认真探讨的问题。以往学界虽然在相互借用但并没有明显界定，以后对此问题需要加以进一步的研究，这也是一个回避不了的课题。

王明荪《辽城——中国北方草原城市的兴起》评介

曹文瀚

一

中国城市史研究渊源已久，古代城市史的研究主要是古人对于城市的观察与印象，又可分为官方与私家著述二类，前者以方志为代表，后者如《洛阳伽蓝记》《东京梦华录》皆是。具现代意义的城市史研究始于梁启超《中国都市小史》《中国之都市》等著作。改革开放后，中国城市史的研究逐渐兴盛，至今已蔚为显学。以目前的研究成果所见，中国城市史研究多为单体城市或特定地域城市的研究，尤其着重在首都或重要城市的研究，整体性、综论性的研究明显不足。[①] 这点在文献史料不足，必须依靠大量考古发掘的一些朝代更是如此，辽代即为其一。

辽代城市史研究的研究成果可以分为几个方面，一是沿革地理的研究，主要是利用文献与考古调查成果，对《辽史·地理志》进行考订与补正，研究目标一是城址的考订，二是行政建制的相关研究。沿革地理研究的成果甚多，《辽代地理志汇释》收集了大量的研究成果，《中国历史地图集》以及余蔚《中国行政区划通史·辽金卷》则是这个领域中目前较具代表性的著作。[②]

二是针对城市及城市体系的研究，这方面较具代表性的是项春松，他在《辽代历史与考古》一书中将辽代城镇分成京都和方州军城二类，其下再做细分，又依城市规模分为五等，并对不同类型城市的职能及功能予以阐释。[③] 王淑兰将五京道依照成为辽朝领土的时间，分成腹心、早期依附、晚期依附三类，再进而探讨五京道的城市来源、城市空间分布及城市人口来源，并将辽代城市分成都城，奉陵州、头下军州及斡鲁朵州县等具有契丹特色的城市，一般州县城市以及边防州并予以探讨。[④]

---

① 如唐代城市史研究集中于两京，宋代集中于东京及江南城市，元代集中在上都、大都与中都，明清集中在江南市镇，近代城市史研究中更有九成是关于单体城市。参见熊月之、张生：《中国城市史研究综述（1986—2006）》，《史林》2008 年第 1 期。

② 谭其骧主编：《辽代地理志汇释》，安徽教育出版社 2001 年版。余蔚：《中国行政区划通史·辽金卷》，复旦大学出版社 2017 年版，第 1—16、25—437 页。

③ 项春松：《辽代历史与考古》，内蒙古人民出版社 1996 年版，第 23—172 页。

④ 王淑兰：《历史地理视角下的辽代城市研究》，东北师范大学博士学位论文，2011 年。

三是针对辽代五京的研究，这部分的研究除了行政建制的研究外，可分成五京职能与地位的研究以及考古调查报告。考古调查报告自不待言，五京职能与地位的研究由于涉及辽代政治中心究竟在捺钵或五京（主要指上京和中京）的问题，学界争议甚多，前者以杨若薇为代表，支持者如李锡厚、康鹏、萧爱民；后者以谭其骧为首，支持者如曹显征、余蔚和姜含，至今仍莫衷一是。[①] 另有一些仅讨论五京个别职能的文章，此处不赘。

四是城市管理制度的研究，这部分的代表著作是韩光辉《宋辽金元建制城市研究》，该书在辽代的部分指出辽代的警巡院城市源于唐代的军巡院，在辽代发展成为诸京内的独立城市行政建制。[②] 韩光辉等人近年又透过石刻文献指出辽代的城市管理机构还有司候司。[③]

大体说来，辽代城市史的研究也与其他朝代的城市史研究一样，除了少数的总体性著作外，多是个案研究。在此情况下，王明荪《辽城——中国北方草原城市的兴起》（以下简称《辽城》）一书有其重要的学术价值，作为台湾近年来的辽金史研究专著，值得大力推荐给中国大陆与海外的辽金史同好，唯笔者专治于金史，对辽史的认识较为不足，如有殊漏之处，尚祈见谅。

二

20 世纪中叶以降，“征服王朝”理论曾在国外，尤其是日本汉学界风行一时，近年来的新清史论争一定程度上亦为其余续。作者对此提出复合王朝与复合体制，《辽城》一书则是作者欲以辽代的城郭之治为案例，探讨辽朝同时具有“行国”与“城国”特色的复合体制。这本著作的撰写始于 21 世纪初，积十余年之功而成，其中许多文章早在 21 世纪初就已发表，因出书的需求，又根据近年新出的材料与研究成果，将内容作了一定程度的增修而成。

全书包括结论在内共分十一章，第一章探讨中国北方草原城市的萌芽与雏形。利用考古材料，指出长城以北自古就有城郭，只是随着气候的变迁及游牧生活方式的展开而逐渐衰退；进入特定历史时期后，长城以北的城郭多是汉族的建置，这种现象直到契丹崛起方有改变。

第二章初稿发表于 2002 年，主要是探讨辽代五京道政区的建置。但并不是采用常见的沿革地理研究方法，而是考察各级城市是沿用旧有的城市或是新建的城市，以及移民城居的情形，指出辽代五京道的城市超过半数是新建的，政区建置与移民居住

---

① 参见萧爱民：《辽朝政治中心研究》，人民出版社 2014 年版，第 45—59 页。余蔚：《中国行政区划通史·辽金卷》，复旦大学出版社 2017 年版，第 34—42 页。

② 韩光辉：《宋辽金元建制城市研究》，北京大学出版社 2011 年版，第 36—43 页。

③ 韩光辉、田海、代莹：《辽代五京警巡院研究》，《北京史学论丛》，中国社会科学出版社 2016 年版。

有关。

第三、四章初稿皆发表于 2002 年，利用考古调查报告，分析内蒙古及东北地区辽代古城的地址、形制、设施与建城地理，借此探讨辽代时期北方草原城市大量建立的主要目的为经济因素而非军事因素。

第五、六章初稿发表于 2003 年及 2006 年，作者运用城市形态学的研究方法，先研究辽上京、中京的建置背景、地理、外部设施及内部空间，指出两京虽无正式制定为都城，但实质上已可视为都城。再进而将辽上京及中京与唐代长安、洛阳，宋代汴京及渤海上京进行比较，指出辽两京虽依唐、宋汉制而建，但在城市结构与布局上则是藩汉混合的城市形态，尤其辽中京已有唐、宋都城的规模。

第七章初稿发表于 2009 年，主要是讨论辽代五京的性质、功能，及其与辽朝的军政关系。透过五京的职官性质以及辽帝在五京逗留的时间及活动，指出捺钵与五京不是对立关系，而是相辅相成的体系，不宜重此而轻彼，五京不仅是城国之制的重心，如将捺钵做广义解，以帝王之巡狩及朝政处理而论，五京亦为捺钵的一部分。

第八、九章初稿分别发表于 2010 年和 2013 年，探讨辽代的奉陵邑及头下军州，指出特别设置各地的奉陵邑州县为辽代的创举。

第十章初稿发表于 2008 年，主要着重于辽上京和中京的生活资源，透过农牧业的发展概况，探讨这时期的大量移民建城与环境演变之间的关系。兼及冶铁、陶瓷及商业贸易。城市的居民多以汉人及渤海人为代表的农业民族为主，头下军州则是以汉人及契丹人为主。

三

整体而言，这本著作特色有二，一是采用整体性的研究视角，二是在方法上借鉴了城市形态学。城市形态学源于古希腊对生物形态的研究，原是研究动物与微生物的结构、尺寸、形状及各部组成之间的关系，18 世纪晚期开始有些学者试图用这种研究方法去研究“生物”以外的“事物”形态，O. Schluter 在 1899 年发表的《城镇平面布局》被视为城市形态学诞生的标志，经过百余年的发展，至今已是国际性的显学。这个学科主要是透过对城镇物质元素——通常指的是建筑物及其相关的开放空间、地块和街道的研究，并用历史的眼光去解读与归纳城市的形态发展过程及其性质。[①] 作者用这种方式，意图找出辽代上京、中京、头下军州的性质以及辽两京与唐两京、宋汴京、渤海上京的异同。之所以用这种研究方法与辽代城市史研究主要是依靠考古发掘成果应有密切的关系，这个问题后文再论。

作者采用整体性的研究视角及研究方式，将散在各文献及考古报告中，杂乱无章

① 参见段进《国外城市形态学概论》，东南大学出版社 2009 年版，第 4—31 页。

的辽代城市数据汇聚其中，并针对不同的需要，制作相对应的表格。如头下军州一章，书中将目前已知的头下军州资料收集齐全后，分别制表，如头下军州表整理辽代头下军州的地理区、建置年代、头下主、户民与户数，以此显示辽代头下军州的地理分布、建置时间、头下主的身份、民户的来源与户口数，进而得证头下州主以广义的宗室为主，加上国舅则更明显可看出他们是皇亲国戚的特权集团之结论，进而得证《辽史》对头下州主的身份记载是正确的。同时根据地理分布的情况，指出头下州主要是集中在辽河流域弯曲的一线，这个区域除经济生活便利得宜外，也是控扼辽西走廊的战略要地。由此可知《辽史》记载头下州“建州襟要之地”一语所代表的真实含义为何。其他又如辽代头下军州形式规模表及辽代头下军州城墙及设施表分别显示出辽代头下军州的地理、方向、城形、周长、面积、墙高、墙基宽、护城河壕、城门、瓮城、角楼、马面，再借此进而论证头下军州的其他议题。[①] 作者利用这些表格，完整呈现辽代头下军州的诸多讯息，如此可以兼顾全局，既涉及头下军州研究的诸多议题，又避免个案或个别地域研究易于产生的见树不见林之弊，使论证结果更具说服力。

其次，作者整体性的研究视角并不仅止于同个时期、不同地域的横向研究，也包括不同时期、同个地域的纵向研究。更重要的是自作者提出复合王朝与复合体制以来，他的研究方法一直是以“复合”而非“对立”作为研究的基础。因此作者提出辽代是草原州县城郭之治兴起的重要时期，辽代的城郭之治是行国、城国之复合体，捺钵与五京是相辅相成的体系等论断颇具启发性。

史料是史学研究的基础，也是史学研究进步的最基本条件。然而现存的辽代城市史文献材料凤毛麟角，以历代地理研究中的最基础著作“地理志”为例，《辽史》已是冯家升口中“最劣”之廿四史，[②] 余蔚进而认为《辽史·地理志》一定程度上是整部《辽史》里最粗陋的章节，[③] 其余如《武经总要》《亡辽录》《契丹国志》以及宋朝使辽使臣留下的记录所能补充的讯息也相当有限。这是辽代城市史研究的先天限制，研究者不得不将心力集中在考古发掘的成果上，可喜的是近数十年来大量辽代城址的发掘提供了丰富的材料，可以说现代的辽代城市史研究一定程度上是凭借着考古发掘而进步。然而考古研究成果运用在历史研究上也有着先天的限制，这种限制主要是考古发掘能反映出来的当代社会百态相当有限。诚然，要靠考古发掘去找出一本辽朝版的《东京梦华录》或是“清明上河图”是不切实际的，这应当也是作者尝试运用城市形态学的重要因素，但正如作者在“头下军州”一章所言：“城内的情形甚为不明，对于城市形态整体的讨论最为缺憾”，[④] 史料不足的情况下，本书的研究仍多

---

① 王明荪：《辽城——中国北方草原城市的兴起》，花木兰文化事业有限公司 2017 年版，第 394—405 页。

② 冯家升：《〈辽史〉源流考》，《冯家升论著辑粹》，中华书局 1987 年版，第 99 页。

③ 余蔚：《中国行政区划通史·辽金卷》，复旦大学出版社 2017 年版，第 7 页。

④ 王明荪：《辽城——中国北方草原城市的兴起》，花木兰文化事业有限公司 2017 年版，第 405 页。

有巧妇难为无米之炊之憾。

另一方面，作者虽然也作了纵向的研究，但纵向研究的时间断限是自上古迄辽，未论及辽朝亡国以后。因此辽代在中国城市史中的地位除了首次草原城郭之治的大量兴起外，是否还有其他的意义存在？这也是值得发覆之处。在这部分，作者另有一篇文章探讨金代东北与内蒙古地区的城市发展概况，指出金代在长城以北的城市仍多沿辽旧，新建者较少，金移民建城的情况也远不如辽代。① 蒙元以后的情况则仍有待作者或后来者继之。

尽管有上述不足处，但凡是有志于辽史或中国城市史的研究者皆不应忽视这本著作。

---

① 王明荪：《东北内蒙地区金代之政区及其城市发展》，《史学集刊》2005 年第 3 期。

【崔红芬《西夏佛教文献研究论集》内容简介】

《西夏佛教文献研究论集》由宗教文化出版社出版，收录了作者崔红芬各个时期关于西夏的文本，如《大乘圣无量寿王经》《圣胜慧到彼岸功德宝集偈》《药师琉璃光七佛本愿功德经》《父母恩重经》《大宝积经》《华严经普贤行愿品》《金光明最胜王经》《佛说无常经》《华严忏仪》等各种经典的考略。

（段 靖）

【史金波《西夏风俗》内容简介】

《西夏风俗》由史金波先生所著，上海文艺出版社出版，全书共十四章，六十九万八千字。作者利用各种文献资料，围绕西夏时期的丧葬、饮食、居住、服饰、行旅、生育、婚姻、养老、丧葬、商贸、信仰、岁时等风俗习惯进行了论述。西夏是一个佛教王国，兴建了大量的佛塔与佛寺，以承天寺塔为著名。它也是崇尚儒学汉法的帝国，立国前积极汉化。文学方面以诗歌和谚语为主。在艺术方面于敦煌莫高窟、安西榆林窟有丰富的佛教壁画，具有“绿壁画”的特色。此外在雕塑、音乐与舞蹈等方面都有独特之处。史金波先生的《西夏风俗》给了读者一个全面的介绍，有利于我们从整体上把握西夏的社会风俗。

（段　靖）

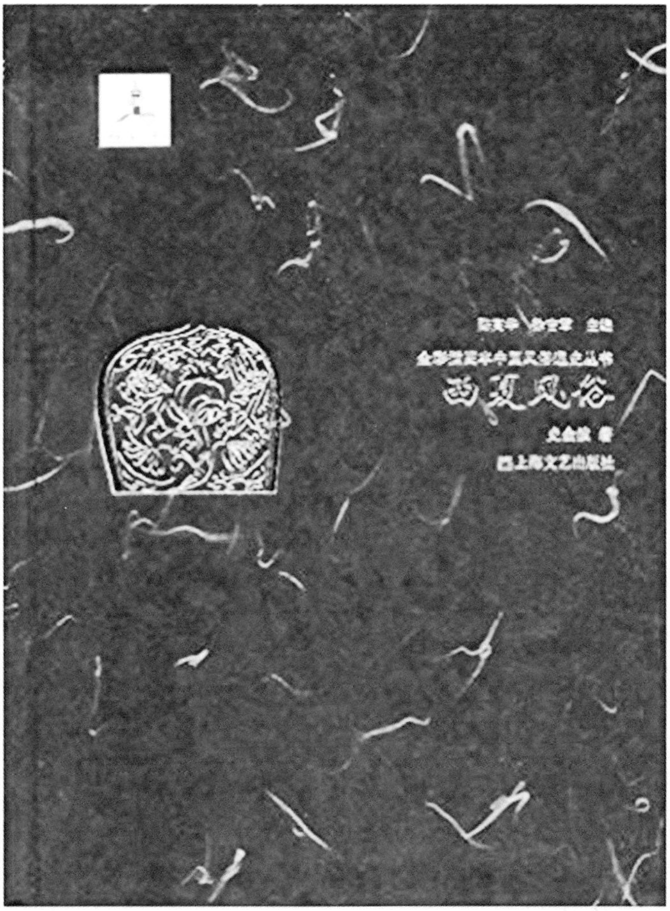

【任长幸《西夏盐业史论》内容简介】

《西夏盐业史论》由中国经济出版社于2016年10月出版。该书著者通过对陕西、甘肃、宁夏地区的实地考察，详细而全面地考证了西夏时期盐池的具体位置，从盐业生产管理、流通贸易和惩罚措施等方面对西夏盐政进行了全方位的梳理。

此书共由六部分组成，系统阐述了西夏党项民族的历史发展，盐业资源、盐政、盐业贸易及西夏时期的盐业贸易交通状况。绪论部分，主要对中国古代盐业史进行概括，盐业制度的发展历经先秦、秦、汉、唐诸代到宋时已相当完备，为西夏制定盐政提供了良好的范本。第一章重点对党项民族的族源、早期分布及社会经济生活进行论述。第二章从西夏所处的自然环境与气候入手，重点介绍西夏时期的盐池分布。第三章通过对宋、辽、金盐政的介绍，及与西夏盐政之比较，综合分析西夏盐政的特点。第四章则从夏、宋官方盐业贸易、民间盐业贸易及西夏与辽、金的盐业贸易三方面阐述盐业贸易在西夏经济中的重要地位。第五章是介绍西夏的盐业运输工具及交通线路，正是凭借发达的水陆交通、多样的运输工具，西夏食盐才得以源源不断地销往中原腹地。此书从纵、

横两方面入手，纵向方面主要阐述了西夏盐政的发展历史、师承关系及其后续影响；横向方面主要是以食盐贸易为主线，分析食盐贸易在夏、宋、辽（金）关系中所发挥的重要作用。

总体说来，该著作以盐业贸易为主线，对西夏与周边政权，尤其对宋、辽、金的经贸关系、国家战略进行了研究，就盐业在西夏的社会、经济、政治、对外关系中的作用作了深入而全面的分析。

（廖莎莎）

【贾常业《西夏文字揭要》内容简介】

2017年7月，贾常业研究员撰著的西夏语言文字专著《西夏文字揭要》由甘肃文化出版社出版。

西夏文作为11—13世纪党项建立西夏后所使用的民族文字，具有文字字形规正、语音形声兼用、语法文法奇特、字义内涵深刻的特点，是中华历史文化的重要组成部分。西夏灭亡后，主体民族党项和西夏语言文字逐渐消失。19世纪以后，随着西夏文字、文献的陆续发现，这种文字才成为学术研究的对象。20世纪以来先后问世了多种大部头的西夏学专著，学者们编撰的西夏文字典也有七八部之多。但是，在已发现的西夏文献和当代学者的著作、论文中，仍存在对西夏文字的形体结构、本质特点把握不够细致的问题。贾常业研究员对西

夏文字、文献进行了十几年潜心研究，在西夏文字形、音、义与文献的研究考证方面取得了不俗成果，获得了西夏学界的普遍认可。

《西夏文字揭要》作为《西夏学文库》第一辑《论集卷》的重要组成部分，以43万字的体量收录了贾常业研究员自2005年自学西夏文字以来所撰写的20篇学术论文，从一个侧面反映了作者对西夏文字学习入门的理解、感悟与心得。难能可贵的是，书后还附有《西夏文检字部首目录》和《西夏文部首检字表》，为广大西夏学研究者进行查阅提供了便利。

《西夏文字揭要》一书丰富了西夏语言文字研究的内容，推动了西夏学研究的稳步发展。

（廖莎莎）

【姜歆《西夏司法制度研究》内容简介】

姜歆撰著的《西夏司法制度研究》作为“西夏学研究论丛”的第三辑，2016年由凤凰出版集团（原江苏古籍出版社）出版发行。“西夏学研究论丛”是宁夏社会科学院西夏学科近年来倾力打造的西夏学研究丛书，在资助出版学科成员相关西夏学论著的基础上，积极整合西夏学研究力量，努力拓展研究领域与学术视野。

全书共18万字，分为十章，分别是：西夏法律文献概述、司法观念、起诉制度、刑侦制度、审判制度、刑罚执行制度 、狱政制度、法医制度、司法管理的法律责任、唐宋司法制度对西夏司法制度的影响。

该书较为详细地论述了西夏司法制度的内容和特点，勾勒出西夏司法制度的框架体系与内部特征。在梳理、借鉴前辈研究成果的基础上，本着深究司法制度每项内容、从点滴入手的治史理念，认真比对西夏法律与唐宋律令的异同，揭示西夏对唐宋法制的借鉴过程，论述西夏司法制度在中华法系中的地位。对研究中国司法制度史、西夏法制文化，提供了有价值、有学术水平的法律文化元素。

（廖莎莎）

史金波著《西夏经济文书研究》入选 2016年度《国家哲学社会科学成果文库》

段 靖

2017年5月17日，中宣部在北京召开构建中国特色哲学社会科学工作座谈会，在会上为2016年度《国家哲学社会科学成果文库》入选作品作者代表颁发荣誉证书。中国社会科学院民族所史金波研究员著《西夏经济文书研究》成功入选2016年度《国家哲学社会科学成果文库》。据报道，全国有48项成果入选2016年度《国家哲学社会科学成果文库》，入选成果政治方向正确，具有重要的理论意义和实践价值，具有较强的创新性和开拓性，体现了相关研究领域的前沿水平。

《西夏经济文书研究》是2006年申报批准的国家社会科学基金项目，2012年完成，2013年被评为优秀结项项目。后经4年修订、补充，2016年入选《国家哲学社会科学成果文库》，由社会科学文献出版社2017年3月出版，82.3万字。

（转载自中国社会科学网）

杨志高著《〈慈悲道场忏法〉西夏译文的复原与研究》入选2016年度《国家哲学社会科学成果文库》

廖莎莎

杨志高，1964年出生，甘肃庄浪人。1987年宁夏大学历史系历史学专业本科毕业，获得学士学位。中国民族古文字研究会会员。2006—2009年在中国社会科学院做访问学者，师从西夏学界著名专家聂鸿音先生研习西夏文和西夏文献。现任宁夏大学西夏学研究院研究员，主要从事西夏文献整理和历史文化研究工作。

其所著《〈慈悲道场忏法〉西夏译文的复原与研究》中《慈悲道场忏法》，是流传至今影响最大的一部忏仪之作。它在中国历史上的影响和作用表现为承上启下，标志着中国忏史发展的第一个高峰。汉夏文本《慈悲道场忏法》是加强中土和党项族文化联系的重要纽带，也是巩固政权的辅助手段。该著复原的西夏文《慈悲道场忏法》为汉文本的形成非元代说提供了足够佐证，提供了西夏佛教文献的整理研究方法。

《〈慈悲道场忏法〉西夏译文的复原与研究》入选2016年度《国家哲学社会科学成果文库》，《国家哲学社会科学成果文库》旨在集中推出反映当前我国哲学社会科学研究最前沿水平、体现相关领域最高水准的创新成果，充分发挥哲学社会科学优秀成果和优秀人才的示范引领作用，该著入选推进了西夏学科文献发展，对目前西夏佛教文献的整理研究方法有所启示。

第五篇

陈述专栏

《辽史补注》序

顾颉刚

"文化大革命"后期，在毛主席、周总理的关怀下，恢复点校"廿四史"作为批判继承历史遗产的资料。颉刚受命联系点校工作，一面感到汲长绠短，一面感到责任重大、光荣，几年来，在各级党组织的直接领导关怀下，现已陆续出齐。但是，体会毛主席"古为今用"的精神和详细占有材料的教导，还感到有需要进一步补充史料的。

在"廿四史"中，前人曾说："辽史太简略"，"辽史最简略"。陈述同志所撰《辽史补注》，正是对《辽史》的全面订补，可称一代史料的总集，现在随《辽史》刊布并行，供读者参考。

尝检"廿四史"各史记载的年数，史记之外，以宋（320年）、辽（296年）为最长，唐（290年）、明（276年）次之。但就各史所用篇幅（页数）看，《宋史》约当《辽史》的十倍，新旧《唐书》、《明史》也各当于《辽史》四五倍，可见彼此差距之大，而《辽史》是很漏略的。就各史在"廿四史"所用字数多少计，《辽史》占第十八位，其次各史，由第十九至第廿四是：《南齐书》《新五代史》《梁书》《周书》《北齐书》《陈书》。其中年分最长的《梁书》五十五年（不足《辽史》五分之一的时间），最短的《南齐书》才二十三年（不足《辽史》十分之一的时间）。《辽史》以前的十几种，都没有辽代的年代长，而篇幅则都比《辽史》多。《史记》因属通史未计，实《辽史》就叙契丹族而言，也带有通史的意义。辽代国号几次改变，称辽以前，曾号契丹；后又改契丹，再改大辽。《辽史》没有记载。甚至《食货志》未记盐课、榷场。从各方面看，都显出《辽史》是迫切需要补充的。

清代以来，对"廿四史"中的某史全部作注成书者，有王先谦《汉书补注》、《后汉书集解》和吴士鉴《晋书斠注》。王《注》特别是《汉书补注》有益读者多在训诂考证，不重增补史料，吴《注》曾有志于考源考异和增补，但因《晋书》材料丰富，编纂较好，所以，它的主要贡献，还是在史文来源方面。

《辽史补注》的特点，主要是辽史事实缺漏，而本书明确着重在史料补充，作者曾多年校辑辽金史，充分利用了晚近出土的金石碑刻，并与《辽史》勘证，使事具本末，有线索可寻。再有清钱竹汀、厉樊榭以下诸家的校订补充，作者曾核对吸收并搜集旧史、方志、行程录、文集等，其中大部分是元人修史时所未曾见到的。

由于时代要求不同，条件又比较优越，所以有不少后来居上的地方，尤其是考订精审，批判吸收了前人成绩，也解决了若干前人未能解决的问题。

1964 年春，颉刚参观东北归来，翻阅《辽》《金》二史及东北其他史籍，当时曾拜读此注，颇增新知。这次又细看凡例及部分内容，益信此书确是一部比较充实的、不可多得的资料，今幸随点校本“廿四史”以并行，当然不仅是节省读者翻检校对的时间而已。

我们这次校点工作，可能有一些缺点错误，但质量都有所提高，由于《补注》的出版，显然又是一个新的突破。行见《补注》之于《辽史》，亦将如裴《注》之附陈《志》，为读者提供很多便利，也必将是读《辽史》者一部离不开的重要资料。

一九七五年九月二十八日

《辽史补注》序

陈寅恪

裴世期之注《三国志》，深受当时内典合本子注之熏习，此盖吾国学术史之一大事，而后代评史者局于所见，不知今古学术系统之有别流，著述体裁之有变例，乃以喜聚异同，坐长烦芜为言，其实非也。赵宋史家著述，如《续资治通鉴长编》《三朝北盟会编》《建炎以来系年要录》，最能得昔人合本子注之遗意，岂庸妄子之书，矜诩笔削，自比"夏五""郭公"断烂朝报者所可企及乎？

寅恪侨寓香港，值太平洋之战，扶疾入国，归正首丘，途中得陈玉书先生述寄示所撰《辽史补注序例》，急取读之，见其所论宁详毋略之旨，甚与鄙见符合，若使全书告成，殊可称契丹史事之总集，近日吾国史学不可多得之作也。回忆前在绝岛，苍黄逃死之际，取一巾箱坊本《建炎以来系年要录》抱持诵读，其汴京围困屈降诸卷，所述人事利害之回环，国论是非之纷错，殆极世态诡变之至奇。然其中颇复有不甚可解者，乃取当日身历目睹之事，以相印证，则忽豁然心通意会。平生读史凡四十年，从无似此亲切有味之快感，而死亡饥饿之苦遂亦置诸度量之外矣。由今思之，倘非其书喜聚异同，取材详备，曷足以臻是耶？况近者营州旧壤、辽陵玉册，已出人间，葬地陶瓶，犹摹革橐，不有如释教信徒迦叶、阿难之总持结集，何以免契丹一族千年之往事及其与中原之紧密联系之历史不随劫波之火以灰烬？故《辽史补注》之作，尤为今日所不可或缓者。

寅恪频岁衰病，于塞外之史、殊族之文，久不敢有所论述，惟尚冀未至此身盖棺之日，获逢是书出版之期，而《补注》之于《辽史》，亦将如裴《注》之附陈《志》，并重于学术之林，斯则今日发声唱导之时不胜深愿诚祷者也。

一九四一年十一月十九日书于桂林雁山别墅

《辽史补注》序言

陈 述

我国是一个统一的多民族国家。“从很早的古代起，我们中华民族的祖先就劳动、生息、繁殖在这块广大的土地之上。”历代先辈披荆斩棘，开发建设了我国的疆域。“今天的中国是历史的中国的一个发展”，我们多年积累的历史文化，曾为人类的文明和进步，作出过光辉贡献。

契丹人起于汉末，盛于隋唐，作为祖国古老各族之一，长期隶属中央朝廷。唐末，农民起义推翻了大唐的统治。契丹阿保机和后梁朱温同年建国，大辽继承唐代在东北的疆域，历二百多年（907—1125），沟通了农区牧区，开发了东北边境，辽宋彼此影响，为祖国统一奠定了牢固基础。大石西迁，又把中原文化带到西域。辽代在各方面的贡献，久已融入祖国历史文化的整体。

辽史有当代留下的一份简单材料，即耶律俨《实录》。金朝两次修《辽史》，泰和六年，章宗敕翰林学士陈大任专职修纂，但因义例争论，宣布罢修（《元文类》卷四五《修端辩辽宋金正统》），《金史·章宗纪》泰和七年十二月所记“《辽史》成”，即指此次罢修。元代中统二年、至元元年经王鹗等建议修《辽》《金》二史，宋亡，复议修三史，终“以义例未定，竟不能成”（《续通考·正史考》），长期纠缠义例，对于史实搜访订正很放松。元末至正修史时，仅据耶律俨《实录》、陈大任《辽史》和《契丹国志》《资治通鉴》等潦草编缀，由至正三年四月至四年三月，仓卒作成。

《辽》《金》《宋》三史同修，按记载年数，《宋史》《辽史》相仿佛（宋320年、辽219年合西辽88年，凡307年），《金史》较短（金120年），计其所用篇幅，《宋史》当《辽史》的十倍，《金史》亦当《辽史》的二倍（《宋史》六八一五页，《金史》一四四三页，《辽史》六六六页，皆中华书局《四部备要》本），这个数字表明《辽史》的漏略不备。清钱大昕、毕沅先后指出《辽史》阙漏（《潜研堂集》《续通鉴》），赵翼也屡次说过“辽史太简略”，“辽史最简略，二百年人物列传，仅百余篇，其脱漏必多矣”（《廿二史札记》）。

过去有不满意旧史而改作者，如欧阳修、宋祁的《新唐书》和欧阳修的《新五代史》等，例皆新史既行，旧史不废，及至读者感觉不便，又不得不有合钞。彭注《五代史记》，全采旧史，实际也是合钞。于是名为一史，实则三书，叠床架屋，给读者带来很大不便。刘知几《史通》有《补注》一篇，曾论裴《注》喜聚异同，不加刊定；陆《注》则仅校增阙，标为异说。又论范晔《后汉书》简而且周，疏而不漏，刘昭采其所捐作《补注》，讥为“吐果之核”。但是他没有考虑《补注》所用的材料，并不是修史时都能看到的，即使是修史时能看到的，是否仍有助于参证，这就是补注体裁的优越性，远非重新改作所能比。

今天，作为国史代表的“廿四史”，均属历史资料，其中保存了宝贵的历史遗产，值得继承发扬；也存在着应当批判的错误观点，要古为今用，批判继承。作为历史遗产材料，那就只有订补，无所谓改作。至于把颠倒了的历史再颠倒过来，更需要丰富准确的史料，更需要广聚异同。当然在技术上要尽量便利读者，节省读者时间。

关于史籍著作，不难于详，而难于详而不芜；不难于略，而难于略而不漏。所谓简要，须是由博返约，并非夺漏史实。在《辽史》说，只能说是漏，不能称为简。因为纂修之前，搜访工作很不够，修史时，又仓卒塞责。叶适说过：“至要出于至详，至简成于至繁。”所以今天对于《辽史》的工作，仍当广求史实的详赡。

明清以来，补订《辽史》最勤者，首推厉鹗，他就是用裴松之的办法撰成《辽史拾遗》，所惜因时地条件的限制，见闻未广，也有未及详细核对的，如兴纪景福元年九月，厉引李焘《长编》七月以寇瑊使辽，谓《辽史》作范讽，未知孰是。实《长编》当年八月辛巳即载范讽使辽，以寇瑊病不能成行。又重熙三年十二月引《长编》八月以谢绛为生辰使，《辽史》作杨偕，未知孰是。实《长编》同年十月癸未即载杨偕使辽，谢绛以父疾辞。由于牵涉面很宽，难免顾此失彼。杨复吉撰《辽史拾遗补》，所补亦嫌未备。陈汉章《辽史索隐》多取一统志，也多有不合者。述尝校辑各家所录辽文及新获者为《辽文汇》两编，又取宋人入辽的语录、纪行诗、行程录等，汇集一编，也都属于史料校订，未能附入《辽史》正文，读者不便，因不自量度，发愿勉为《辽史补注》，补者效褚少孙之补《史记》，注者效裴松之之注《三国》。广征后魏以来诸史、文集、笔记，包括钱大昕、厉鹗诸家所考订及晚近出土资料和研究成绩，全面网罗，证其合否，一一补入辽史。考证之学，譬如积薪，现在的工作，即就前人所积者，接力积累，对《辽史》作全面增补订正。但愿返于《辽史》之前，使大辽一代，尤其是契丹及其所属各部与中原的紧密联系，汇集于此，信而有征，以备读者参考。

司马光说过，《长编》之作，“宁失之繁，勿失之略”，此《辽史补注》，也可说是“辽史长编”。万斯同撰《明史稿》，自谓“吾所取者或有可损，所不取者必非其真”，也是极言宁繁勿略之意。范晔《后汉书》作成了才说对于后汉史实“转得统绪”，确属实践体会之言。述学无一得，才非撰造，对于辽史所知不多，只是条梳史实，便利读者。李善注《文选》，由初注再注以至五注。苏辙注《老子》，在晚年也对旧注有很多改订。现在只是一份初注长编，并非名山之藏，不敢自信为是。希望读者指出缺点、错误，以便改订。

《辽史补注》序例

陈　述

契丹源于东胡鲜卑，起自汉末，后魏登国中，聚居松漠，作为祖国古老各族之一，长期隶属中央朝廷。隋唐以来，渐次发展强大，雄踞朔方，唐武后时，契丹首领李尽忠杀唐官自立，号“无上可汗”。迭败曹仁师、王孝杰等所领强兵十七万，孝杰且战死，又败娄师德等所统二十万。其兵马之雄健与夫组织能力，概可想已。及五代初，阿保机统一各部，建号称尊，德光南取燕云，朝廷规模更备，沟通农区牧区。厥后高丽、西夏，并隶藩属，宋亦纳币讲和，互称南朝北朝。对于高丽、西夏、吐蕃董毡、阿萨兰回鹘、大食等，均有公主下嫁，信使往来。迨夫天祚失国，大石又别建西辽，播东方文明于西域，为蒙古西进之先驱。其影响于中华民族者为何如？其在国史上之地位，有未容忽视者也。

《辽史》有当代纂修之耶律俨《实录》。入金，两次修《辽史》，泰和六年（1206），章宗敕翰林学士陈大任专职修纂，因义例争论，宣布罢修（《元文类》卷四五《修端辩辽宋金正统》）。《金史·章宗纪》泰和七年十二月所记“《辽史》成”，即指此次罢修言。元代中统二年（1261）、至元元年（1264）经王鹗等建议修《辽》《金》二史，宋亡，复议修三史，终“以义例未定，竟不能成”（《续通考·正史考》）。长期纠缠义例，对于史实搜访订正很放松。元末至正修史时，仅据耶律俨《实录》、陈大任《辽史》及《契丹国志》《资治通鉴》等潦草编缀，仓卒成书，为时仅一年（《圭斋集·进辽史表》：起至正三年四月迄四年二月。《辽史》附《进辽史表》作四年三月）。

《辽》《金》《宋》三史同修，按记载年数，《宋史》《辽史》相仿佛（《宋史》320年、《辽史》219年、合西辽88年、凡307年），《金史》最短（《金史》120年）。然较其所用篇幅，则《宋史》约当《辽史》十倍，《金史》亦当《辽史》之二倍（《宋史》6815页、金史1443页、辽史666页，皆中华书局《四部备要》本），依此数字推之，则其漏略不备，可一览而知矣。清钱大昕、毕沅先后言《辽史》阙漏（《潜研堂集》《续通鉴》），赵翼亦屡言“《辽史》太简略”，“《辽史》最简略，二百年人物列传，仅百余篇，其脱漏必多矣”（《廿二史札记》）。

历考前人病旧史而改作者，自欧阳修、宋祁之《新唐书》及欧阳修《新五代史》

等，例皆新史既行，旧史不废，及读者苦其不便，又不得不有合钞（彭注《五代史记》全录薛史，实际等于合钞），于是名为一史，实则三书，叠床架屋，识者病之。刘氏《史通》，有《补注》一篇，尝论裴《注》喜聚异同，不加刊定，坐长烦芜；陆《注》则仅校增阙，标为异说，有昏耳目。又论范晔之删《后汉》也，简而且周，疏而不漏，而刘昭采其所捐，以为补注，喻为“吐果之核、弃药之滓”。然有未尽然者，即补注所资，是否为修史时所已见，纵令修史所捐，是否仍有助于考史，是则王先谦、吴士鉴、唐景崇等所以仍有两《汉》、《晋》、《唐》诸书之补注也。盖史籍之作，不难于详，而难于详而不芜；不难于略，而难于略而不漏。简要者，须由博返约，而非夺漏史实。如辽史者，仅可谓曰漏，不能谓为简。盖以纂修之时，搜集既未完备，纂修以后，更无论矣。叶水心适云：“至约出于至详，至简成于至繁。”然则《辽史》之修订，仍当求其史事之详也。

明清以来，致力《辽史》最勤者，首推厉樊榭鹗。厉氏即师裴松之之法，撰为《辽史拾遗》（《拾遗》即《辽史注》，见《樊榭山房诗》注），惜以时地所拘，见闻未广，杨氏（复吉，撰《拾遗补》）所辑拾补，亦嫌未备。陈汉章《索隐》，多取于《一统志》，未能利用出土新材料。述尝校辑各家所录辽文及新获者为《全辽文》，又取南朝人入辽之闻见记录，汇集一编，然此皆属于史料之校辑，未能附入《辽史》正文，如褚补之于《史记》，裴《注》之于《三国》也。窃以时地之优厚，不自量度，发愿勉为此事，网罗旧史，证其合否，定于一是。着手之初，苦无善本可据，因取冯氏《辽史初校》（如《景纪》保宁八年三月，“遣五使廉问四方鳏寡孤独”，冯校云：“廉当作兼。”按廉问即访问之意，不能作兼。又《耶律觌烈传》：“觌烈以谨愿宽恕见器使，既即位。”冯校云：“使既即位，使疑作及。”按论语“及其使人也器之”，器使未容断读，类此者不取，亦不辨正）。及拙作校文，重加理董，订正史文，即先求得一讹字较少之本，再就此本增补之。前贤有言：“校书之难，非照本改字、不讹不脱之难，定其是非之难。”郑玄注《仪礼》，有用今文者，有用古文者，皆径改定其字，附以异文。然《熹平石经》，则循守一家之本，不以别本易其文。谨依石经之例，取百衲本《辽史》为据，附以异文，兼注是非。诚以历年已久，传刻多讹，况又国语译字，有不能以文例为绳者，疑似之间，深恐贻误后学也。

增补之序，先取厉、杨以下诸家所辑者，分注《辽史》正文之下（如《兴纪》景福元年九月，厉引李焘《长编》：六月以寇瑊使辽，谓《辽史》作范讽，未知孰是。实《长编》同年八月辛巳，即载范讽使辽、以寇瑊病不能成行也。又重熙三年十月引《长编》，八月以谢绛为生辰使，《辽史》作杨偕，未知孰是。实《长编》同年十月癸未即载杨偕使辽、谢绛以父疾辞也。是《拾遗》仍有所遗，《拾补》亦未尽拾补。再如国俗制度。有可参证明白者，亦以时代使然。今所未解，望来者接力），次取后魏以来诸史、文集、笔记为厉、杨诸家所遗者，及晚近出土资料与中外学者研究之成绩，一一补入之。寅恪先生有言：考证之学，譬如积薪。今即就前贤所积者，续为增补，用资参证。即命曰《辽史补注》，补者效褚少孙之补《史记》，注者效裴松之之注《三国》（二句援庵先生语）。但愿返于《辽史》之前，使大辽一代北方诸族及其与中原相涉之史迹，汇集于此，信而有征。司马光有言：“长编之作，宁失之繁，勿失之略。”余注是编，期为长编而已。万斯同撰《明史稿》，自谓“吾所取者，或有所损；所不取者，必非其真”。豪乎其言之矣。述学无一得，才非撰造。谨条梳其事，冀少便于读者，聊贤于无所用心。昔李善注《文选》，有初注再注以至五注者。苏子由注《老子》，亦自言晚岁于旧注多所改订。今此初注之长编，固非名山之藏，不敢自信为是。博雅同道，矜其仰屋之勤，进而教之，是所望也。补注之例亦可得言。

一曰正误　其目有五

一　正驳文

辽初北府宰相萧敌鲁，字敌辇，卷七三有传。纪太祖七年四月作迪里古，五月作迪辇。清宁间南府宰相萧德字特末隐，《道宗纪》记其事迹凡五次，一作唐古，四作萧唐古，均不作萧德。杨遵勖字益诚，卷一〇五有传。咸雍三年使宋，还，迁都承旨；宋方记来使者为杨兴公；《道宗纪》咸雍七年十二月都承旨杨兴工赐姓耶律。并酌作注明。《地理志二》：“双州保安军，本挹娄故地。沤里僧王从太宗南征，以俘镇定二州之民建城置州，察割弑逆，诛，没入焉。”按《逆臣传》察割字欧辛。《文献通考》作欧僧、《新五代史》作呕里僧，沤里僧为欧辛译歧，即察割。一行之内，分用名、字，仿如两人，今于沤里僧王下注即察割。至于书中自称辽使、辽兵、辽军之类，则以修史时，未及磨润，今重史料补充，非论书法，故不详注说。

二　订朔闰

太祖五年正月，纪作丙戌朔，与梁同。是。朔考正月戊戌朔（俨），未合。《穆宗纪》应历十一年二月丙辰，萧思温奏老人星见，闰月甲子，如潢河。按是年二月乙丑朔，不当有丙辰，史文夺三月。验之《历象志》，是年闰三月，亦合。而闰月甲子为朔，与纪文夏四月癸巳朔亦合。是闰月甲子下又夺“朔”字。穆宗于应历十九年二月遇弑，《景宗纪》所记不诬，乃《穆宗纪》作三月己巳。按是年三月戊寅朔，不当有己巳，二月戊申朔，己巳为二十二日。《圣宗纪》统和六年，九月二字原在戊戌上。按《朔考》，八月乙卯朔，无丙申，九月乙酉朔，丙申为十二日，戊戌为十四日。太平二年九月壬寅，按《朔考》九月戊辰朔，无壬寅，十月丁酉朔，壬寅初六日。今悉核对订补。

三　辨重出

《圣宗纪》开泰七年十一月，刘晟为霸州节度使，北府宰相刘慎行为彰武节度使。按霸州军额为彰武，刘慎行即刘晟。《道宗纪》寿隆元年六月，以参知政事赵孝严为汉人行宫都部署。五年十二月，以参知政事赵孝严为汉人行宫都部署。检对前后，确是一事。杨皙，卷八九有传，核其事迹即卷九七有传之杨绩。一人两传并注明重出。至于皙又作晳、哲，则详于传注。《部族志》《百官志》所载属部、属国，既列敦煌，又列沙州敦煌、沙州回鹘，以一为三。吐蕃而外，又列大蕃、西蕃、铁不得、惕德。虽知均指今西藏，但当时西藏地区并不统一，各部分自以大名来朝贡，不同名称或是代表不同部分。今于确知重复者注重出。疑未能定者留待续考，用存矜慎。至于详略互见之处，亦并注明，以便检查。

四　纠讹舛

《太祖纪》神册二年三月，攻幽州，合战于新州东，大破之，杀李嗣本之子武八。按新、旧《五代史》李嗣本传，均不称有子武八。检旧五代史卷五二李嗣恩传："有子二人。长曰武八。战契丹于新州，殁焉。"是嗣本为嗣恩舛讹。卷七二《喜隐传》："授西南面招讨使，命之河东索吐蕃户。"按《纪》保宁九年六月，以喜隐为西南面招讨使，乾亨二年六月，"喜隐复谋反，囚于祖州"。此三年内无吐蕃户入河东者。惟保宁九年十一月，"吐谷浑叛入太原者四百余户，索而还之"。吐蕃应是吐浑即吐谷浑之舛误。大康间，北院枢密使耶律挞不也，汉行宫都部署萧挞不也。二人相善，又同因乙辛之诬被杀，卷九九并有传。《道宗纪》记二人被杀事即互舛。又萧逊宁讹耶律逊宁。耶律英弼误萧英弼。今并注明。

五　移卷次

萧阳阿、萧常哥俱天祚朝人。常哥又作长哥，字胡独堇，汉名义，字子常，父宗石，传作实老。近年有《萧义墓志》出土。常哥女，即天祚德妃。阳阿、常哥均天祚时人，传列于卷八二，与统和、重熙时人同卷，不合。今并移至卷九九，以符时间前后。

以《补选举志》《补艺文志》入卷六二《刑法志下》之后。为便利检读，尽量保存原篇，以新补者插入。

二曰补阙　其目有五

一　补传

近年出土碑志，多为元修《辽史》时所未见。辽初，贾去疑曾预营建上京。张谏以文学随侍太子倍，后仕世、穆两朝。圣宗时，耶律延宁任五国羽厥节度使，对建设祖国北疆，曾作出贡献。韩橁奉命册沙州敦煌。凡类此诸人，均以新材料补传。《皇子表》称旧史有《皇族传》，今《宗室传》仅义宗即太子倍等七人，见于表者事迹不详，复有讹漏，宗室中如释鲁首倡农牧结合，迭剌曾制契丹小字，并有事迹可称。辽代崇佛，一岁饭僧三十六万，一日祝发三千。僧徒中，如行均、希麟对音韵、字学卓有成就者，附《文学传》；志智、法均等以行谊著称者附《方技传》后之补《方外传》。名僧未必补传，补传皆藉人以存事者。补《忠义传》于一〇六卷《卓行传》之后。

二　补志表

《金史·选举志》云："辽起唐季，颇用唐进士法取人，然仕于其国者，考其致身之所自，进士纔十之二三耳。"一代登用官吏之法，厉鹗曾拟补《选举志》，所辑未详。今用选举之目补辑史实。补辽艺文者，倪灿以下凡数家，今参各家所著补《艺文志》，用见一代学术。郑樵撰《六书略》，以著汉字源流，契丹有大小字，当时行用，至金元已全废。原拟《文字志》，略存制字原委。近以出土渐增，另当别为专集。《皇族》《外戚》两表讹脱较多，加注不便省览，增改则失原书面貌。今广其意拟《氏族表》存为附录，以备对照参考。钱大昕《宋使臣年表》以下补《交聘表》者四家。《辽史》本纪例著使节，讹误不备者注于纪传，不另重复。

三　增事

太宗大同元年（947）改契丹国号曰大辽，圣宗统和元年（983）复改大契丹，道宗咸雍二年（1066）复号大辽。建号为朝廷大事，乃不见于《辽史》。《百官志》对阶、勋、封爵、食邑均阙。《食货志》漏略更多，石刻中有商税麹务都监、同监麹务及麹务判官等，《百官》《食货》两志俱遗之。至于田赋交纳、榷场互市以及课程数额、寺院占田之类，今皆适当增补。张俭、王鼎，《辽史》有传，今用出土材料校注讹脱，补增事实，《韩德威传》云，曾任儒州防御使。方志中记其在防御使任内"深明治体，常曰'务农、讲武二事，使首务也'。部卒能服习者旌之，其贫不能田、弱不能战者，亦助给之。训练劝诱，于是部卒感悦如爱父母然"。今用方志补其以农战教民事。

四　加详

《圣宗纪》统和八年正月，封沙州节度使曹顺为敦煌郡王。今据《韩橁墓志》知曹顺实名恭顺，册封使为韩橁。《地理志》记头下州十六州，胡峤《入辽录》所记之卫州即不在内，史愿《亡辽录》凡载二十三州。《食货志》群牧不记养马之法、盐筴不载产量岁课，今就略者详之。《王鼎传》称当代典章多出鼎手，然于鼎之仕历不能备，今就见于遗文拓本者加详之。

五 训诂

裴《注》之前，史注皆属训诂，今依裴《注》重在增补史料。但有必须解释始得通读者，亦不完全排除训诂。尤其译语旧俗方面，如阿保机“阿保”为称号，“机”为名，“世选”为“选举”而有界限之类，均酌作训释，配合语解，以疏滞涩。

三曰补歧异 其目有二

一 补歧译

辽始祖涅里，《张曲江集》作涅礼；太祖阿保机，《金门集》作阿布机，《阴山杂录》作阿保谨。太宗异母弟牙里果，一作涅离骨德，《通鉴》作骨都，《新五代史》《文献通考》《册府元龟》并作赫邈。《旧五代史》作涅里衮。景宗时，与宋议和之耶律合住，《景宗纪》作耶律昌术，李焘《长编》作耶律昌主，《宋史》《宋会要》《太平治迹统类》均作耶律琮。乙里婉又译乙林免，今并适当注明。

二 补异闻

《宋史·太宗纪》太平兴国七年（乾亨四年，982）闰十二月，丰州与契丹战，破之。获其天德军节度使萧太。《宋会要·兵十四》：“至道元年（统和十三年，995）契丹万余众入寇，节度使折御卿大败之。大将韩德威仅以身免。韩德威一男死于锋刃之下。”俱不见《辽史》，或有所讳，今补注以广异闻。《礼志·岁时杂仪》：“二月八日为悉达太子生辰，京府及诸州，雕木为像，仪仗百戏导从，循城为乐。”钱大昕《考异》：“按二月当为四月（《契丹国志》本作四月八日）。《志》载此条于二月一日之后、三月三日之前，则史文固然，非传写之误。《金史·海陵纪》禁二月八日迎佛，亦一证。”王正《重修范阳白带山云居寺碑》：“风俗以四月八日共庆佛生。”是《云居寺碑》同《国志》，燕京以四月八日为佛诞；《辽史》《金史》所记为上京以二月八日为佛诞。按佛教经典，佛诞本有二月八日、四月八日两说。在不同地区，各奉一说。

《北史·西域传》：“焉耆，俗事天神，并崇佛法，尤重二月八日、四月八日，是日也，其国咸以释教斋戒行道焉。”今补异闻，以释疑滞。

四曰存类事　其目有二

一　附类事

《礼志·柴册仪》有“八部之叟，前导后扈，左右扶翼，皇帝册殿之东北隅，拜日毕，乘马，选外戚之老者御，皇帝疾驰，仆，御者从者以毡覆之”等情节，除补注《燕北录》所记清宁四年十月道宗在永兴甸行礼之实例外，更注以《通鉴》所记：“（魏）孝武帝即位于东郭之外，用代都旧制，以黑毡蒙七人，欢居其一，帝于毡上西向拜天毕，入御太极殿。”附以同类事例，帮助理解。辽有头下（投下）军，元亦有投下军，辽行捺钵，金、元亦行捺钵，因事已习闻，均酌加说明，但求理无滞涩，力避重叠。

二　存人物

人物事迹不足成传者，暂依类附存，以免过而遗之。如道光《蓟州志》卷九：“韩知敬，仕辽为中书令。”知敬不见《辽史》，暂附韩知古之末。墓志中有娶某人之女或女适某，不以传文拘束而删削。无可附丽者，即依《契丹国志》蕃将汉将除授姓名之例，附存列传之末。

附录除修史文献外，并得别行。

一九三五年十月序于北海静心斋

一九八九年九月再订于西郊法华寺村和平楼

《辽史补注》后记

陈　述

述初读《辽史》时，尝置《辽史拾遗》《拾遗补》于侧，觉有未安，随手查阅。后因翻检之便，遂合两者为一书。偶有新知，亦附注书眉，仅便于使用，初未有意成书。

在北海静心斋时，一日，友人姚从吾过访，见此册，问，吾兄将欲撰一新《辽史》？急应之曰：不敢不敢。当时吾实无此奢愿。但志在辽、金二史，则已略具方向，亦尝读李思纯《元史学》，知李氏曾与援庵先生讨论过《新元史》问题，深有同感。

忆初谒寅恪先生于姚家胡同，先生为言："王观堂先生学识广博，但其兴趣常转变，若专以为之，其所成就当更大。"因是初见，承谆谆相嘱，故记忆深刻，长期志之不敢忘。翻阅书史，以唐、宋、辽、金、元为主，不敢多读汉唐以前书。在此千年诸史之中，尤以《辽史》记载最阙漏，遂以厉、杨之书附《辽史》，并以五代、宋、元诸史及《册府》、《会要》、碑志、杂记补其阙，参取钱大昕《考异》、陈汉章《索隐》汇集一编。

"七七"以后，携之转徙后方，亦未多有增益。迨太平洋战起，已知胜利可望。三台东北大学成立东北史地经济研究室，金静安先生主其事，急欲有所撰作公于世。述被借聘襄赞之，研究东北、辽金史。但久与沦陷区隔绝，东北重分几省，已莫得闻；经济更无所知。且金先生只半年来三台，半年在重庆，印制设备，仅石印机一台。

远在后方，期以纸墨报国，此书与辽金闻见汇录，均曾列入计划目录。因条理其类例，整齐成书。并以序例寄寅恪先生呈教，重承鼓励，亟欲早见此书出版。但卷帙较重，印制为难。

胜利后，南北执教糊口，友人聂崇岐小山、齐思和致中为言，哈佛燕京社存纸若干，欲排印此书。寻以该校改公立，事遂寝。徐老特立曾偕王真、刘立凯来舍谈叙，翻看此书，言以后可设法印。后政府责成顾颉刚先生主持标点"二十四史"，述亦参与其役，"二十四史"点校毕，顾先生以项目向中华书局推荐，承当时当事同意。友人孙楷第子书闻知此事，忻喜赠诗，有句云："老来见笺注，忻喜眼犹明。"但 1975

年并未付印，仅与总编赵守俨、姚景安签订排印办法、体式。1980年排印全辽文，述病卧阜外医院，由文学组主编黄克与小女陈正核对排印。病愈，陆续增益为本书新资料。今当此书付排，略志过程如右。

一九九〇年十月

于北京西郊法华寺村和平楼

弘扬德识才学兼具的中国传统史学精神

——以陈述先生及其史学巨著《辽史补注》为例

程方平

2017年底，由陈述先生积60年研究心血铸就的辽史研究巨制《辽史补注》（该书为国家古籍整理出版专项经费资助项目）已由中华书局正式出版。陈述先生（1911—1992）是中国当代最著名的辽金历史学家，中国辽金契丹女真史研究会的创会会长，对国内外辽金契丹女真史及北方民族史研究影响深远，在有生之年，“开创了辽、金史研究的新局面，将辽、金史的研究推向一个重要的发展阶段。辽、金史作为一个独立的学科出现，是同陈述的名字相联系在一起的”①。他是学界公认的辽金研究“一代师表”和旗手。② 从陈述先生的著述和经历中，我们更多感受到的是中国优秀的史学精神和文化。

一

陈述先生，字玉书，河北乐亭人，自幼随父就读现代小学，同时精读《四书》《尚书》等传统经典和汉唐以来的古文献，在背诵、讲解、辨事、注释对照等方面有很好的童子功，并能“粗知历代学术、文章大概”。到北京上中学后，尽管三易其校、动荡奔波，但却锻炼了很强的自主学习意志和能力。1929—1935年，他在北京师范大学（包括两年预科）师从陈垣先生学习中国历史（包括史学方法和史源学等），奠定了坚实的治学基础，也显露出超常的史学素养。同时，在陈垣先生的引导下，树立了“要把研究中国史的中心夺回来，不能让中国史的研究落后于国外”（陈垣先生语）的远大志向。

在大学二年级以前，陈述先生做的几项系列的史学研究“练习”已经达到相当高的专业史学水平。包括《陈范异同》（效法宋人倪思研究《史记》和《汉书》的

---

① 友之：《陈述先生的辽金史研究》，《史学史研究》1993年第3期。

② 著名中国历史学者张政烺先生曾为陈述先生题铭：“辽金两史，一代师表。”著名金史和女真文研究大家金启孮先生则用女真字题写“辽金史学之纛”，赞扬陈述先生在辽金史研究中的重要贡献。

异同，研究《后汉书》和《三国志》的异同，增史料、精文字，北师大出版科印行单行本）、《南齐书·艺文志》（参考《南齐书》和《隋书·经籍志》等，运用目录学方法写成，后被收入《二十五史补编》）、《蒋士铨（心余）年谱》（在广揽清代诗文集的基础上，重在“史部”外求史，发表于1932年《师大月刊》）、《金史氏族表》（参照《元史氏族表》，广辑宋辽金元时期史料的相关文献，比较考订而成，后被收入他的专著《金史拾补五种》，1960年由科学出版社出版）等。1933年春，陈垣先生曾把陈述先生21—22岁写的《金史氏族表》拿给陈寅恪和傅斯年二先生看，并请二位估计作者的年龄，二先生的估计均在四十岁左右。自此，陈述先生开始与中央研究院史语所结缘，毕业后便被陈、傅二先生推荐，进入该机构从事专业史学研究。

在大学期间，陈述先生主要是沿着《二十四史》看书、查书，在有兴趣、有问题的点上展开研究，并参加了北师大研究所的项目《二十四史索引》，主要标点《辽史》、《金史》和《元史》的大部分，为其日后专攻辽金史打下了重要的基础。为了开阔眼界，了解国际同行的研究成果，陈述先生还陆续学习了日文、俄文和英文，使其日后的研究既有历史纵向的视野，也有国际比较的视野，史家的德、才、学、识①四维，在陈述先生的青年时期已开始了有力的支撑。

进入中央研究院史语所后，陈述先生就开始确立自己的研究生涯计划，“自度应该做点较大的工程，也算是担负时代责任。我考虑到《二十四史》在祖国历史的地位，辽金史在《二十四史》的比例，辽金史里还有哪些工作需要做，也注意《新元史》的工作”。很快，陈述先生已开始发表史学及辽金史论文，辑校《辽文汇》（1949年后科学院出版局正式出版），同时进行着《辽史补注》等工作。已发表著述有《南齐书艺文志》（入开明《廿五史补编》）、《陈范异同》及叙言、《蒋心余年谱》、《金史氏族表序例》等。

抗战全面爆发后，陈述先生随史语所转迁西南多地，曾做过陈寅恪先生的助教，后兼任东北大学和其他西迁大学的研究员和教授，指导大学生和研究生的民族史、东北史学习，开展与辽金史相关的东北史研究，编印相关的文献和论著，如《东北通史》《东北书徵》《辽金闻见汇录》和学报《志林》等。发表的重要著述有：《金史氏族表初稿》《阿保机与李克用结盟年月》《曳落河考释》《头下制度考》《契丹世选考》《乣军考释》《日利月利诸族考》《契丹女真汉姓考》《宋人使辽诗笺证》《北宋史家刘敞》《辽金制度考释序》《太平海正名》等。其间，陈述先生还与丁山、孔德、蒙文通合作创办草堂书院，主讲史部目录学，讲稿后来形成《四库提要史部笺》一书；主讲辽金史，不少研究的成果都能充实专业化的教学。鉴于其在辽金史研究方面

---

① 中国的史学在唐朝时，由著名史家刘知几提出“才、学、识”三维标准，至章学诚、梁启超时，增加“史德”，形成更合理、全面、理想的标准框架。

的突出成就，与陈寅恪、丁山、陆侃如、方仲、汤用彤等获得美国哈佛燕京社的奖学金。为了参考和借鉴国外学者在辽金史研究方面的已有成果，陈述先生还在研究之余，学习了英语、日语和俄语（同学有尹达、翦伯赞、劳幹等），在其不少的著述中，都能看到对国外同行研究成果的借鉴与品评。

抗战胜利后，陈述先生辗转上海、北京，[①] 为了在有研究条件的地方工作，他甚至不惜将自己的2级教授待遇降为3级。并在动荡不安的年代中继续推出新的著述，如《阿保机营建四楼说正误》《论契丹选汗大会》《契丹史论证稿》等。

自1949年始，在北京他曾根据工作围绕辽金史展开东北民族史研究，研究内容涉及达斡尔、赫哲、鄂温克、鄂伦春、朝鲜等少数民族文化历史的多个方面。在任中央民族学院图书馆长期间，他积极奔走为该馆积累了丰厚的地方志和各类重要的典籍。调到中国社科院民族研究所后曾参与边疆史研究。在20世纪50—60年代，写出了赫哲、鄂伦春、鄂温克等民族族源的文章，以及《中朝关系一百年》、校辑《辽文汇》，《金史拾补五种》（金史氏族表、女真汉姓考、金史同姓名表、金史异名表、金赐姓表），《契丹社会经济史稿》等专著，参与了《历代各族传记》等的编撰（与翦伯赞等合作），与其契丹和辽史的研究相互辉映、参照，也有利于《辽史补注》本身学术价值的提升。为了推进中国史学的发展及史家之间的学术交流，陈述先生还与吴晗等人发起筹办新史学会，积极参与北京史、东北史、少数民族历史的研究和推进工作。

"文革"期间，陈述先生在中华书局点校的《辽史》，被认为是点校最好的古籍之一。[②] 该项工作非只是下文字、训诂、考证的功夫，须有雄厚的通史和断代史研究的专业积累做基础支撑。陈述先生参与了中苏边界争议的学术争论，使国人看到了辽史及契丹研究在文化历史之外的重要价值。同时，其顶住干扰，出版了《契丹社会经济史稿》《契丹政治史稿》等，均在史家学者的视野之中。改革开放之后，学术研究又走回了正轨，陈述先生很快推出了专著《辽代史话》和《全辽文》等，将辽史研究与辽代文化知识普及联系到了一起。

从20世纪60年代开始，以及改革开放以后，陈述先生在研究之余指导了研究生和博士生，培养了一批专业化、高水平的辽金史专业学者，如刘凤翥、景爱、李希厚、林荣贵、赵光远、高路加、蒋松岩等。晚年他还推出了辽代文学史、教育史、财政史、军事史、宗教史、刑法史、民俗史、社会史、民族史、边疆史等方面的论文或专题。主编的《辽会要》，亦是对辽史研究的重要贡献，使史料、史证和史论等能协同推进、相得益彰。

---

① 本文未另行注明出处者，均参见陈述：《陈述自述》，见《世纪学人自述》，北京十月文艺出版社2000年版，原题《求学自叙》。

② 参见中华书局相关评论和顾颉刚、刘乃和等学者的评价。

辽史之所以难治，除了因历史上夷夏之别的偏见，还有在语言、文字、称谓、习俗等方面的差异，而且史料少、杂乱、有较多阙疑误判，其难度和不利影响因素是显而易见的。为了研究所有与契丹、女真、辽、金有关的问题，研究的视野必须要宽阔，所下的功夫要远多于治其他断代史的学者。特别是在族源、变迁、开国、政治体制、内外关系、比较、重大事件、衰亡、后裔等问题上，历来即有争议和不同见解，要根据尽可能丰富的史料做出判断，回应相关的质疑和争论，并非易事，陈述先生在60年的学术生涯中，对辽金史的研究是坚定不移的。

据不完全统计，陈述先生一生留下的著述至少有一千多万字，且多是以辽金、东北少数民族为研究对象的。可见其坚持之久、用心之专、用功之深，在当下学界是很难见到的。著名唐史专家唐长孺先生曾说："我很钦佩陈述先生，我研究辽金史大约与陈先生同时，但我中途改行易辙，而陈述先生在极端困难的情况下，毫不动摇持之以恒，终于在辽金史研究上取得了令人瞩目的结果，受到顾颉刚先生的肯定，成为海内外辽金史研究的权威学者，真是不容易呀！搞学问就应该象陈述先生那样执着，不怕困难。"①

二

《辽史补注》即是陈述先生为《辽史》做的"补（新增或补充若干志、传、表等）"和"注（所有概念、人物、制度、事件、组织、习俗、机构等有据可查的注释）"，其内容当超过原书近两倍，增补传记人物145人，参阅各类古籍近千种，涉及正史、野史、拾遗、笔记、小说、政书、类书、书目、索引、文集等，还旁及各种相关的报纸杂志、相关的国内外学者研究和相关的出土文献等，提出了辽金时期可称中国历史上"第二次南北朝"、契丹为"达斡尔族的祖先"、辽金对祖国北方的开发做出了"突出贡献"、乣军考释、哈喇契丹说、契丹选汗大会与帝位继承②等一系列重要的史学成果和论断，不仅纠正了原有的偏见，也有力地促进了国家统一与民族团结。因其在辽史研究和《辽史》重构方面贡献巨大，也有学者建议像《新唐史》《新五代史》《新元史》等，名之为"新辽史"，但陈述先生都谦逊地拒绝了，他虽在内心中有"撰一新辽史"之志③，但却一直认为，对于辽史的贡献应更注重实际，而不应图虚名。

早在上世纪30年代，《辽史补注》即已有雏形，后根据不断发现的出土文献等持续完善，直至其生命的尽头，方有终止。这是中国传统史家伟大精神的体现，也是

---

① 见景爱：《唐长孺教授眼中的陈述先生》。

② 参见佟柱臣：《怀念陈述先生》。

③ 参见《辽史补注》出版说明。

陈述先生用一生践行这一精神的写照。

陈述先生早年（1932 年以前）做《陈范异同》《南齐书艺文志》，以及后来做《蒋士铨年谱》（清学者）、《金史氏族表》、《北宋史家刘敞》等，都与其日后专注作《辽史补注》有关。用陈述先生自己的话说：

> （《陈范异同》讲的是）范晔《后汉书》和陈寿《三国志》有一部分是重叠的，就像《史记》《汉书》那样，一部分重叠。宋朝人倪思以史、汉重叠部分，互相对比，做成了《班马异同》，就是校对《史记》《汉书》，看彼此的差别。我仿倪思的办法，做成了这本书。通过此节，可以看出范晔怎么根据《三国志》增改成《后汉书》，增的是什么新材料。减的哪些是文字精简（即刘知几所说的“点烦”）或者有所移动。……
>
> （《南齐书艺文志》）这个练习，要看《南齐书》《隋书经籍志》及其相关的一些书，要掌握目录学知识。当时上海开明书店筹印《二十五史补编》，顾颉刚先生在北京替开明访求、组织书稿……
>
> （《蒋士铨年谱》）这个题目要广览清人诗文集，从史部外求史，练习编年，熟习编年传记。

这些经历都说明，陈述先生早年的许多基础训练、基础研究，均是为后来厚积薄发的《辽史补注》奠基，是在学术上做重要的准备。能下这样的功夫，是近当代史家学人罕有能及的。

为了完成《辽史补注》这一浩繁的工程，陈述先生所做的另一项基础工作就是汇集整理基础文献，包括他早年编辑的《辽文汇》和后来增补、完成的《全辽文》。做这一基础工作不仅要在一般史料文献中翻检以往未被关注的成型的文章，还要注意一些新出土、新公布的文献。比如，陈述先生在任中央民族学院图书馆长期间，曾为该馆征得一批重要的地方志文献，而在这些地方志当中，他也发现了若干以往未被关注的辽代文献。在报刊上每有辽代遗址出现的报道，他都认真地记下来，等待相关文献的发布，并及时补入自己所搜集的辽文献总集，六十年如一日，一直没有懈怠。

“补注”是史学研究的主要品类，需要花费的功夫巨大。所补注的对象既是基础，也是质疑的对象。相比较《二十四史》的其他各史，补注《辽史》的工作更为艰巨和困难。据相关资料[①]介绍，为了做《辽史补注》，陈述先生至少参阅古代文献 900 多种，其中一些本身就卷帙浩繁，加上论文、译著和其他文献、文物等，需要记录、甄别、研究、判断的内容可谓庞杂无序、浩如烟海。

对于“二十四史”的补注，加上陈述先生的《辽史补注》，至今才有数种，与

① 参见《辽史补注》出版说明。

《史记会注本证》《汉书补注》《后汉书集解》《三国志集解》等，理应归入“正史著作”，“并重于史学之林”①。

所谓的补注，是一种史书的体例，远不只是“补充一些注释”，而是有补、有注。前者在原书的体例框架之外，增补了《选举制》和《艺文志》等重要的“专志”，《忠义传》和《方外传》等重要的“专传”，补记了公主十二人，重制了《外戚》《游幸》二表，从散见的各书中汇集了契丹语解释等。至于通过“注释”，“改《辽史》正文之处甚多，并有个别卷次的调整”②，能根据《辽史》原书，就相关历史的叙述，尽其所见，补充相关的佐证，并有陈述先生自己的学术判断。其所作补、注的工作量和研究新发现等，较之以往的各部“新”史，都有过之无不及。对于《辽史补注》在史学界的贡献，有陈寅恪、顾颉刚二先生先后所做的序文（节选）可做参考：

陈寅恪《辽史补注序》（1942 年 1 月 19 日）

寅恪侨寓香港，值太平洋之战，扶疾入国，归正守丘，途中得陈玉书述先生寄示所撰《辽史补注序例》，急取读之，见其所论宁详毋略之旨，甚与鄙见符合，若使全书告成，殊可称契丹史事之总集，近日吾国史学不可多得之作也。……补注之于《辽史》，亦将如裴注之附陈志，并重于学术之林，斯则今日发声倡导之时不胜深愿诚祷者也。

顾颉刚《辽史补注序》（1975 年 9 月 28 日）

在《二十四史》中，前人曾说：“《辽史》太简略”，“《辽史》最简略”。陈述同志所撰《辽史补注》，正是对《辽史》的全面订补，可称一代史料的总集……《辽史补注》的特点，主要是《辽史》事实缺漏，而本书明确着重在史料补充，作者曾多年校辑辽金史，充分利用了晚近出土的金石碑刻，并与《辽史》勘证，使事具本末，有线索可寻。再有清钱竹汀、厉樊榭以下诸家的校订补充，作者曾覈对吸收并搜集旧史、方志、行程录、文集等，其中大部分是元人修史时所未见到的。由于时代要求不同，条件又比较优越，所以有不少后来居上的地方，尤其是考订精审，批判吸收了前人成绩，也解决了若干前人未能解决的问题。一九六四年春，颉刚参观东北归来，翻阅辽金二史及东北其他史籍，当时曾拜读此注，颇增新知。这次又细看凡例及部分内容，益信此书确是一部比较充实的、不可多得的资料，……我们这次校点工作，可能有一点缺点错误，但质量都有所提高，由于《补注》的出版，显然又是一个新的突破。行见《补注》之于《辽史》，亦将如裴注之附陈志，为读者提供很多便利，也必

① 见佟柱臣：《怀念陈述先生》。

② 参见《辽史补注》出版说明。

将是读《辽史》者一部离不开的重要史料。[①]

从陈、顾二先生的序中可以看到，陈述先生的《辽史补注》，早在上世纪 40 年代就已经基本成形，但陈述先生一直遵循“止于至善”的学术原则和精神，不断地通过坚持与努力加以完善。在各方面困难的情况下，如抗日战争、解放战争、“文革”时期，他矢志不渝、排除万难地做好基础的史料文献工作，记录下研究的体会，或形成一些专门的文章；在条件较好或有所改善的情况下，如解放初期、改革开放以来等，在完成学术和社会工作任务（如参与民族调查和认证、北方民族史的研究、北方边疆研究、学会工作、带研究生、各类学术交流等）的同时，则会更加努力地推进工作。以致能最终实现史学的“突破”，完成史家的宏愿。

陈述先生虽一生致力于《辽史补注》的编撰，但研究的领域和视野并不囿于这一专门的领域。除了聚焦于契丹和辽金史的研究外，他的许多其他研究，如东北民族（涉及女真、鄂伦春族、鄂温克族、赫哲族、达斡尔族、土族等民族）研究、中朝关系研究、北方（中俄）边界研究、史学史研究、史家评议等，也都在史学界具有相当的分量。除了在传统史学的框架内推进相关的研究外，陈述先生还能与时俱进地汲取国外史学的优长（包括相关的概念、思想、逻辑、哲学、方法、工具、体例等），专门撰写了契丹宗教史、经济史、政治史、教育史、财政史、文学史、刑法史、医学史、民族关系史，以及建筑史、军事史、文献史、文物史等方面的专论，并能与年轻学子和海内外学者（包括日本、韩国、俄罗斯、美国、英国、蒙古等国，及我国港澳台地区的学者）充分交流。通过这些博、专交替的发展，陈述先生的研究有了更多更专的迁移、拓展和整体深入，也使其辽史研究达到了新的融会贯通的研究高峰。

当然，在史学上能有如此巨大的贡献并非易事，并非有了坚持就能实现梦想。史学的研究还要更多地倚重学者本人的智慧、感悟和精神。据陈述先生的家人讲，他除了夜以继日、五十余年的不懈努力外，也常会遇到费尽心力而难以解释的困惑。为此，他常常会念叨“恨不起先人而询之”，而最终解决问题，还要靠他扎扎实实地解读文献和史料，发现各种明显和隐蔽的历史关联。

除了具有专心致志、始终如一的意志和精神外，陈述先生还有广泛的学术交往。如老一辈的先生陈垣、陈寅恪、傅斯年、徐特立、朱希祖、陆懋德、金毓黼、罗常培、顾颉刚等，他们都对陈述先生赞赏、提携有加，在往来之中充满亦师亦友的情谊[②]。同时，陈述先生也有更多朋友和同学，如李一氓、翦伯赞、吴晗、周谷城、姚从吾、费孝通、谭其骧、黄现璠、俞大纲、张鸿翔、张政烺、冯家升、劳榦、尹达、史树青、孙楷第、刘乃和、启功、佟柱臣、金启孮、吴富恒、夏自清、丁山、丁易、

① 以上陈、顾二序，均见中华书局 2018 年版《辽史补注》。顾序传递的信息说明，“文革”中后期顾颉刚等按照国家的意愿和安排组织编校《二十四史》，最后负责完成《辽史》校订的陈述先生，依据其多年作《辽史补注》的基础，使《辽史》的校订工作最见功力。

② 参见上述诸先生与陈述先生的往来书信。

孔德、蒙文通、罗继祖、蔡美彪、王静如、傅乐焕等，在交往之中，谈的多是学问和见解，秉承的是“以文会友，以友辅仁”的远大志向。他还另有不少较年轻的朋友与同道，如陶晋生、傅振伦、王民信、王明逊、陈连开、胡振华、徐苹芳、王承礼、史金波、崔文印、宋德金、苏天钧、布赫、齐心、巴图宝音、杨树森、闫万章、布尼阿林、陈兆复、张博泉、王金鲁、穆鸿利、张畅耕等，往来虽不频繁，但志趣和使命都在辽金史、民族史的研究方面，心常念之，倾心帮扶。在册和私淑的学生有：刘凤翥、景爱、林荣贵、李希厚、赵光远、高路加、蒋松岩、方衍等，由先生指点、提携、推荐，多数人已成为学界的中坚。还有外国学者葛雾莲、卡特、金渭显、金在满等，能站在国际学术的立场上研究辽金契丹和女真问题。上述这些学者大多是近当代国内外中国历史、辽金史、民族史方面的杰出人才。陈述先生在世时，他们经常来请益和探望，与先生没有隔膜地切磋交流，先生去世后，他们对先生的赞誉是不约而同的，都认为陈述先生是践行和弘扬德识才学兼具的中国传统史学精神的典范。可见，在陈述先生的人生中，生活可谓寂寞、清苦，但因为“谈笑有鸿儒”，所以学问之路也充满了生机和活力。

陈述先生为了培养民族史方面的研究人才，从抗战时期就开始通过中央研究院和高校的平台培养学生，在东北大学、复旦大学、暨南大学、中法大学、燕京大学、中央民族学院和中国社会科学院研究生院任教。晚年（1988 年）还亲赴美国，在亚利桑那大学、亚利桑那州立大学加利福尼亚大学伯克利分校、斯坦福大学等著名高校讲学，传播中国辽金史研究的重要进展和成果①。

为了推进辽金契丹女真史研究的充分展开与人才培养，陈述先生在 1982 年即倡议成立“中国辽金及契丹女真史研究会”，并在生命的最后十年一直倾心于研究会的工作，为国内外的相关研究者搭建了一个和谐共赢的交流平台。数十年来，在这一平台上涌现出越来越多的史学才俊，对辽金史研究的发展和人才培养发挥了重要的作用。

三

陈述先生的《辽史补注》是 2017 年正式出版的，他的辽金史、民族史著述还有些没有面世，但多与《辽史补注》和辽金史研究相关。如《辽史五种别录》《达斡尔族史稿》《关于赫哲族的来源》等，其中第一种包括：辽史同姓名录 3 卷、辽史异姓名录 3 卷、辽史避讳表 1 卷、辽史赐姓名表 1 卷、辽史氏族表 2 卷，“五种者是识别和帮助识别辽代人物的工具书”。② 另外，因为辽金两代的紧密关联，陈述先生生前

① 参见陶晋生《陈述传略》，原载美国《宋辽金元学报》1992 年总 22 期。

② 参见台湾大学教授王民信在纪念陈述先生的文章《白玉马的怀念》中所引陈述先生语。

还曾计划编辑《全金文》、全面检索地方志中的辽金文献，且已着手做了一些工作。

参考2016年中华书局新点校出版的《辽史》前言，虽未明确提及1970年版陈述先生《辽史》点校本的重要贡献，但在参考书中注明有《辽史补注》（该书当时尚未出版，稿件在中华书局）。可见，对于新版《辽史》的点校而言，《辽史补注》可谓不言而喻的，最为重要和直接的参考。

值得关注的是，与以往的正史和补注类的史书不同，陈述先生的《辽史补注》是仅有的“私修”史著。与历代官修和现代的国家项目相较，私修的巨大困难不难想象。加之在陈述先生补注的近60年中，不仅屡有社会动荡，且搜集文献史料的困难也是今人难以想象的。其所参照借鉴的许多史籍、文献和随时出土的文物等，不少至今在网络上仍检索不到。

《辽史补注》虽属于史家私人著述，耗尽先生的平生心力，但却没有一些官修史书的拼凑、应付和急功近利之弊，反而使学者的独立性、专业性等有了更纯粹的保障和体现。陈述先生在半个多世纪的特立独行、艰苦奋斗之后，之所以能成就《辽史补注》的伟业，完全是因为其兼具传统史家的德、识、才、学所致。其贡献可谓前古罕见。

谈到《辽史补注》在史学界、学术界的影响，让我们想起几十年前就有的以下二例，可能有利于说明问题：

一是日本著名的中国学、中国民族史学者鸟居龙藏先生，曾在上世纪40年代末对陈述先生的《契丹史论证稿》写过一篇长篇书评，登在《燕京学报》上，除了高度肯定陈述先生专著的学术价值外，还充满期待和热情地写道：“还等着再作一次光荣的评价。”其所期既包括陈述先生在辽金史研究方面的新著，也包括更为基础性的《辽史补注》能早日问世。

二是在“文革”之后，在《辽史补注》基本进入成书、出版阶段，著名学者孙楷第先生曾高兴地题诗相贺：

读玉书学长新著《辽史注》，此乃光前启后之学，赋诗志喜。

吾友平洲彦，金台有盛名；百家添新谱，新史费经营；大任不堪任，原功未有功；老来见笺注，欣喜眼犹明。

并附注曰：

“百家添新谱”，谓玉书早年撰《金史氏族表》。“新史费经营”谓玉书抗日期间在后方撰《契丹史》。大任谓金陈大任，金世宗命大任改编辽李俨所编《辽史》。原功元欧阳玄字，元至正初，主编辽、金、元三史，大任书至简，原功编《辽史》基本上仍其旧，无所增益。玉书注《辽史》，则据宋元间正史、别史、杂史即文集，详为注解，较原书多数倍，其体例与裴松之注《三国志》同，而功力则过之，洵奇书也。“老见笺注”“眼犹明”二句本陆放翁诗。放翁有诗云

“远闻佳士辄心许，老见异书眼犹明”……①

孙楷第先生明确说明了陈述先生所著《辽史补注》在史学上的重大贡献，他还在不少场合提议，象《辽史补注》这样罕见的史学成果，应被评为学术界的“诺贝尔奖”。

在中国当代的历史界、学术界，工作的环境、治学的条件、信息的交流、生活的压力、经费的供给、宣传的支持、研究成果的出版等等，都有了极大的改善。但中国传统学者和史家的优良风范与精神却被越来越多地丢失了。通过对陈述先生及其历史巨著《辽史补注》的评介可以看到，要想在学术界、历史界真正有所作为、有所贡献，占据世界学术之林的高端，还必须坚守古今中外学界的共识，守得住“初心”、耐得住寂寞，知晓“人不知而不愠不亦君子乎”② 的真谛，坚信有志者事竟成。希望在中国史学优秀传统的激励和影响下，以陈述先生的言行为榜样，会有更多货真价实的史学名著问世，彰显中国史界和学术领域的正能量。

---

① 参见《历史文献研究》。

② 见《论语·学而》。

民族团结　古道今鉴

——纪念陈述先生

巴图宝音

陈先生生前，住在中央民族大学和平楼，我住在单元楼，正是前后楼的邻居。但是由于跟先生不熟悉，虽大名久仰，也不敢贸然前往拜访。两次拜访，都是出于达斡尔族族源研究的需要，与已故欧南·乌珠儿兄一块儿去的他家。

陈述先生虽然是我国著名的民族史学专家，海内外知名度极高的辽金契丹女真史学专家，国务院古籍整理出版规划小组顾问，著名教授、博士研究生导师、辽金史一代宗师、辽金史研究的权威学者，但他却没有一点儿架子，和蔼可亲地接待了我们，并尽量明了地回答了我们提出的一些问题，使我们收获颇丰，使我们更加从内心产生了对先生的敬仰。别说是陈先生有何等的了不得，就是先生栽培的研究生刘凤翥先生和景爱先生，在学界也都具有了相当大的声望。先生除了研究辽史和契丹外，也特别关心我们的达斡尔族。

陈述先生给我感触最多的有两件事。

第一件就是，帮助我们达斡尔族找到了祖先——契丹。远在利用当代新兴起的尖端科技——人类基因技术得出科学结论之前的40多年前，陈述先生就于1959年发表了当代研究达斡尔族族源方面最具权威性的第一篇论文《试论达斡尔族的族源问题》，从达斡尔族的传说、故事、歌谣、语言、地理遗迹、生产技术、社会组织、著名人物、人名屯名、宗教信仰、风俗习惯、族称族名、经济生活等诸方面，论述了达斡尔族就是契丹后裔，契丹就是达斡尔族祖先的问题，因此这篇论文就具有了里程碑的意义。因为，这之前的清乾隆皇帝钦定《辽金元三史语解》时，将《辽史语解》中“大贺”氏改成“达呼尔”氏也好，光绪年间派员到达斡尔族地区调查得出“契丹后裔”的结论也好，李有棠的《辽史纪事本末》上说“达呼尔”就是“大贺”氏也好，《呼兰府志》记载“达呼尔，本契丹种”也好，宣统年黑龙江省派员到西布特哈地区进行种族调查后得出“达呼尔系辽国皇族后裔”结论也好，民国九年版的《瑷珲县志》记《达呼尔本契丹种》也好，民国十五年达斡尔族学者郭克兴先生在其《黑龙江乡土录》第二章“达呼尔纪略”中认为“达呼尔乃大贺语转，系出契丹皇族”也好，论说达呼尔非索伦、满州、蒙古也好，民国二十一年版《黑龙江志稿》

记“达呼尔，契丹贵族”也好，孟定恭先生在其《布特哈志略》自序中说“所谓达呼尔者，契丹盛时，中国人以其关外东胡人尊称曰大胡人，于是本民族人亦以大胡人自称，契丹之君号，因之曰大贺”也好，书中收入古谣“边壕古迹兮，吾汗所遗留；泰州原野兮，吾之养牧场”也好，钦同普先生在其《达斡尔民族志稿》中收入本族“北避”的民间传说，以证辽亡后契丹人北迁的史实也好，盛襄子先生在其《契丹源流说略》中说“从民俗上研究，契丹人与达瑚尔人同族”也好，《呼伦贝尔志略》《满洲三省地志》等书，也都将“达斡尔族记载为契丹后裔”也好，这些都还是处在概念上的多，真正从全面论述的，还就是属陈述先生的这第一篇论文，在帮助我们达斡尔族找到祖先方面，起到了划时代的作用。尤其说到达斡尔与蒙古的关系问题时，陈述先生一点都不拖泥带水，他干脆而明白地说：“我认为，达斡尔与蒙古的关系很久很密切，但达斡尔的来源不属于成吉思汗本系。”这就一语否定了达斡尔族源于蒙古，并且举出了很有说服力的根据。陈先生这篇论文，除了有划时代的作用外，还有奠基性的作用，奠定了达斡尔族源契丹说的基础。因为此后从上世纪 80 年代开始的契丹说探讨，基调上没有超越陈先生这篇论文的，只是在探讨范围和细节方面有所补充。因此，我认为很有说服力的让我们达斡尔人相信契丹就是我们的祖先的第一人就是陈述先生。这一点上，陈先生是功不可没的！

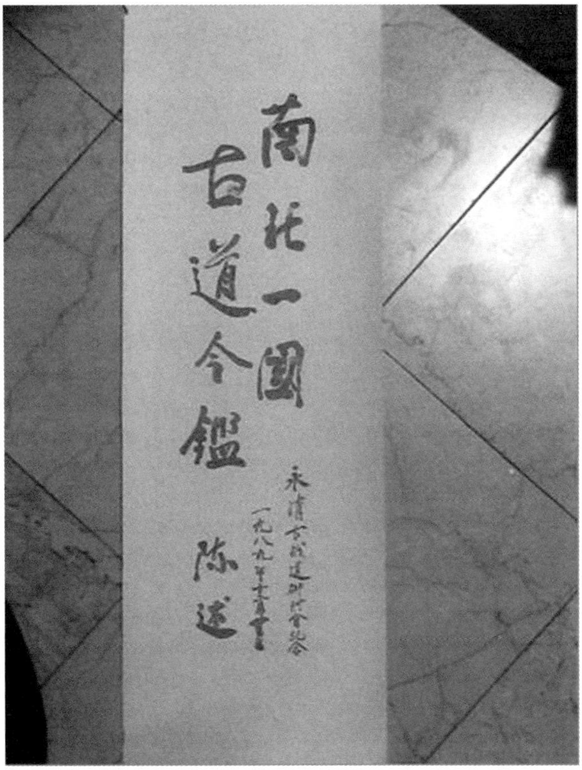

让我感触最多的第二件事就是，陈先生是大力提倡国内各民族大团结的思想家。这可以从两个例子中看得很清楚：

第一个例子就是，先生在所著的《辽代史话》一书开篇就表述了这一思想。他在“开头的几句话——从万里长城说起”中说道：“从秦始皇到现在，大约两千多年，一直没有断过长城南北的来往。但是，近一千年和千年以前，可大大地不一样了。这种不一样，这种改变，就是因为在辽代，经过契丹人、汉人和其他各族人民的努力，万里长城已经被大家拆除，实际上是融化了这一道城墙。辽代，通过各种方式，把长城以南的人带到北边的草地，在草地上建汉城；同时，也派草地上的人们来长城以南，营建定居点和辽城。近一千年来，完全改变了以前的状况，长城虽然矗立于北方的山岭，他只是作为历史古迹，留给人们游览凭吊；长城南北政治上完全成为统一的、不可分割的整体。经济上、文化上的联系，也一天一天地紧密，由逐渐接近到结合，并完全融合起来了。”“长城南北达到了真正的汇同无间，水乳一体。”先生这段话里所说的“万里长城已经被大家拆除”，即指辽朝当时领土的实践，更主要的是指人民从心理上拆除了这道城墙，表现了先生大力提倡民族团结的光辉思想。

第二个例子就是，先生为河北省永清县古战道研讨会题的词，上面写道：“南北一国，古道今鉴。”这是 1989 年题的，是景爱先生在《陈述先生的一帧墨迹》一文中披露的。这一题词，同样表现了先生以民族团结为重的爱国主义高尚情怀，很值得我们学习发扬。辽代与北宋始终保持着战战和和的一种关系，在和平相处的年代，两边的皇帝都曾互称北宋为南朝，契丹为北朝，所以先生就在题词中写为“南北一国，”虽然当时交战时处于敌对状态，现在看来那还不是国内两个朝廷的内战么！因为当时受战火的连累，老百姓就修了不少防战避难的古战道，类似地道。先生题词中的“古道今鉴”，就是提醒人们一定要维护民族团结，不要再因那种内战，劳民伤财，浪费大量人力物力。

今天，我们在纪念先生时，重温先生的上述民族团结的教导，还是很有现实意义的，因为现在，在一些民族地区，由于贯彻党的各民族一律平等的民族政策不力，由于执政者不依法治国，忽视宪法和民族区域自治法，在民族关系上和民族团结方面还存在不少问题，还需要知古鉴今、不断改善。

宗师百年　德识永志

——纪念陈述先生百年诞辰

陈志贵

在大学听罗继祖先生讲授辽金史课时，便以陈述先生的论著为必读的参考资料，罗先生并向我们介绍了陈述先生辽金史的研究成就与学术地位。自此便产生对陈述先生的仰慕之意。20 年之后的 1984 年元月，趁着到中央民族学院收集民族史资料的机会，经滕绍箴先生引见，得以初次拜访陈述先生。先生平易近人毫无大学者架子。当得知我毕业于吉林大学，工作在齐齐哈尔师范学院时，便亲切嘱咐我“齐齐哈尔对辽金史研究有地利优势，是达呼尔族的聚集地之一，你又受业于罗继祖先生，望你在辽金史和达呼尔族的研究上多做些事情”。聆听先生的一席话，我很受鼓舞，便说：“我一定努力学习，珍视机遇。”临别，先生又赠其力作《契丹社会经济史稿》，我尤为感激。当此次先生百年华诞之时，撰此拙稿，以表对陈述先生敬仰与缅怀之情。

一　辽金史的一代宗师　民族学研究的旗帜

（一）确立辽金史科学的学术地位

中国科学的史学研究，是从 20 世纪 20—30 年代中国思想理论战线展开的关于中国社会性质、中国社会史问题、中国农村性质的“三大论战”开始的，它涉及中国历史的各个方面，所以 20 世纪是中国史学的大发展时期。

中国历史科学在“三大论战”中得以确立和初步发展。当时许多史学家接受了社会进化论学说和唯物史观，以研究社会历史发展变化的原因、过程、结果为目的。这样，便可以预见历史的发展方向，为人们提供更为深刻的认识。

一代宗师陈述先生（1911—1992）是 20 世纪著名学者，他开创了辽金史研究的新局面，将辽金史研究推向了一个重要的新阶段。辽金史作为一个独立学科的出现，是与陈述先生的名字联系在一起的。

元代修辽金二史出现的所谓义例、帝统之争，就是承认不承认辽金政权合法性的问题。元代《辽史》《金史》的独立纂修，就是承认了辽、金政权的合法性。这是因为建立元朝的蒙古人也是中国北方的少数民族，承认契丹人、女真人政权的合法性。

对于维护元朝的统治是有益的；就事实而言，北宋、南宋在政治上经济上一直处于劣势，以纳贡来维持和平与生存，辽、金的强势是无法否认的，没理由否认辽、金的历史地位。

然而，自民国以来，一方面由于一些人受汉族正统观念的影响，站在大汉族主义立场来看待多民族中国的历史，对少数民族政权深恶痛绝，拒不承认；另一方面，由于辽、金历史研究不深入，辽、金的历史贡献、作用和影响，没有被充分被揭示出来。有鉴于此，陈述先生在其研究工作中，便将恢复辽、金的历史地位作为重要研究课题，在其著作和论文中，反复论证了辽金在中国历史上的贡献、作用和影响。例如早在 1949 年，陈述先生在其《契丹史论证稿》中，就曾提出："（辽）因对峙求比美，提倡文教。汉人地位渐盛，兴宗而下，吟咏唱和，亦无别于汉家之太平天子。"这表明北、南之间的争胜比美，促进了北方辽朝经济文化的发展，加快了北、南方的经济文化交流。

1963 年，陈述先生在《契丹社会经济史稿》一书中，对辽朝统治下的北方草原地区的农业耕种、京城营造、手工业的出现和商业的发展，都有详细论述。指出辽朝的建立加快了"南北文化的进一步交流与扩展"，"二百年来，因俗而治，获得了社会经济的繁荣"。

到了 80 年代，陈述曾撰著《辽金两朝在祖国历史上的地位》一文，深入论述辽、金的历从关系，是非常清楚的事实。历史的真实既然如此，史学家怎么可以不顾历史事实，将辽、金贬之为地方割据政权呢？这只能反映出一些人受大汉族思想影响之深，不肯承认历史事实而已。

针对史学界存在的上述问题，陈述先生便长期坚持论证第二次南北朝的出现及其影响。早在 1949 年出版的《契丹史论证稿》中，就提出这个问题。1963 年出版的《契丹社会经济史稿》内，进一步论证了辽、金与五代、两宋的对立，是我国历史上又一次南北朝。指出："（契丹）由于国富兵强，威慑四邦，开辟了祖国历史上又一次南北朝的局面，并为全国的统一创造有利的条件。"到了 80 年代初陈述先生关于第二次南北朝的论述更加深刻全面。他提出："契丹和后梁太祖朱温同年开国，辽、金两朝和五代两宋南北相峙 300 多年。辽、金在经济上虽有落后的一面，但在军事上、政治上却长期占优势地位。就当时实际情况看，可以说辽、金是中国历史上的第二次南北朝。"第二次南北朝的出现，对南北各方都产生了影响，为了不被对方所吞并，维持对峙的局面，都需要加强国家的统治，不断增强自己的实力。辽朝由于同南朝争胜比美，促进了北朝经济文化的发展。对南朝的影响尤为深远："石敬瑭后晋，刘崇北汉，都受辽卵翼。不用说赵宋开国，实际上是由于抗辽的兵力，没有周世宗的振作抗辽，那里来'黄袍加身'。王安石变法，当然属于宋朝内政，但各项政策的总要求，则无一不是面向北方的。这从当时宋廷君臣讨论对答中，可以看得明明白白。"

经过陈述先生长期深入的研究和反复论证，关于辽、金和五代、两宋的对峙是我国历史上第二次南北朝的观点，已逐渐被海内外学术界所接受。在许多中国通史著作和历史教科书中，均加以采纳，确定了辽、金历史在祖国历史中的地位。

（二）创建辽金史学会，培养辽金史研究人才

陈述先生远见卓识，主张为深化辽金史的研究，必须培养人才，扩大研究队伍。因此陈述先生创建了中国辽金史学会，是其对中国史学界的重大贡献，他培养了一大批辽金史研究专家，拓宽并深化了辽金史的研究，其功绩永志史册，他惠及后世的史学德识将永远为后学者所铭志。

早在1949年初，在徐特立的召集下，陈述先生与吴晗、郑天挺两位先生计议成立了新史学学会研究会。后因故，学会成立不久即停止了活动。中国共产党七届三中全会以后，迎来了科学的春天。当时，原哲学社会科学部已从中国科学院分出来，组建了中国社会科学院。各项研究工作逐渐走上了正轨。为了推进各学科研究，以中国社会科学院为重心，先后建立了许多学会。陈述先生高瞻远瞩，意识到筹建中国辽金史学会的机会已经到来，便在1980年春夏之交首先与朱子方（金毓黻的研究生，时任辽宁社会科学院历史研究所所长）商议创建中国辽金史学会之事，得到朱子方的赞同。后来决定由陈述、张政烺、蔡美彪、罗继祖、李文信、朱子方、王承礼等七人出面，发起成立辽金史学会。陈述等七人建立辽金史学会的倡议书，在学术界产生了广泛影响，许多专家学者表示支持辽金史学会的建立，愿意参加学会的活动。

1982年6月2日在沈阳市北陵辽宁大厦，举行了第一届全国辽金史学术研讨会和辽金史学会成立大会。在会上通过的章程中对学会的宗旨作了如下表述：“本会是我国从事辽金及契丹女真史研究、教学和考古事业工作者以及业余爱好者组成的群众性学术性团体。本会团结、鼓励坚持四项基本原则并遵照党的‘双百’方针，努力钻研本学科业务，积极开展学术活动。增进国内外的学术交流，为提高我国辽金及契丹、女真（包括渤海、西夏）史的研究和教学水平，促进民族史学科的繁荣和发展作出积极的贡献。”大会一致推举陈述先生为会长，朱子方、王承礼为副会长，朱子方兼秘书长。

中国辽金史学会的建立，是我国学术史上的一件大事。学会的建立推动了辽金史的研究，以前很少涉及辽金史的研究人员，纷纷改变研究方向，转向辽金史研究，一些年轻的研究人员，在陈述先生和学会的帮助下，茁壮成长，成为辽金史研究的骨干力量。辽金史研究队伍的扩大是辽金史研究空前繁荣的主要原因。

在陈述先生的威望和影响的感召下，其生前，中国辽金史学会共举办了五次学术研讨会。各次的地点先后为沈阳、北京、吉林、赤峰、大同。陈述先生在沈阳第一次学术研讨会上，以“辽金史研究的回顾与展望”为题作了学术报告，提出以往的研究注意个别问题多，而站在整个中华民族、甚至世界历史进程的高度来阐述辽金史还

很不够，这是辽金史在中国历史中没有站到应有地位的原因之一。在北京学术研讨会上，陈先生进一步提出，我们要精益求精，创造出更多更好的研究成果，开创辽金史研究的新局面。他强调："我们要本着民族平等精神，深入研究辽金史的各个方面，包括当时祖国历史上出现过的各个民族活动。通过认真细致的研究，提出各个民族共同创造祖国历史文化的具体事实，叙说他们在历史上的具体贡献。"他又指出："不能简单地说，北方民族进入中原就是历史倒退……辽金历史和北方各民族在当时的活动，是中国历史的一个组成部分，无论在当时还是在以后都有深远的影响。"他的这些指示，为辽金史研究指出了方向和应当注意的问题，是非常重要的。在吉林召开的第三次学术研讨会上，陈述先生从国际视角指出："辽金史是一门国际性的学科，国外有许多人从事研究，我们应当扩大学术交流的范围，听取国外学者的意见，这对于推动辽金史研究是很有必要的、很有益处的。"陈先生的高瞻远瞩，对学会的发展产生了深远的影响。在第四次学术研讨会上，陈述先生作了题为"辽金史研究的范围、方向和当前任务"的报告。在报告中提出，辽金史首先是断代史，其次是民族史：既是边疆史的基础部分，又是中西交通史的内容，而且还是文化史的重要环节。他特别强调研究方向问题："方向可以说是我们工作的总指导方针。"进而指出："辽金史研究的目标，要求我们认识辽金的实际，就应当用平等的眼光，公正的态度，持平分析当时事件。处理当时的历史问题，不能有民族偏见，不能以辽金为外国、外族。"

上述意见是针对长期以来，国内外的一切错误观念而发的。针对当时的状态，提出七项任务：一是通过考古发掘，揭示新资料；二是通过博物馆、文物陈列室，充实、丰富辽金文物陈列、展览，给人以直观的认识；三是填空补缺，加强薄弱环节，补足各种专史、通史在辽金时代的空白和遗漏。四是翻译有关外文著作，了解国外研究成果；五是为各级学校编撰补充读物、参考读物；六是加强工具书和语言文字方面的工作；七是扩大中外学术交流。陈述先生的这些意见，无疑是给辽金史研究勾画了切实可行的蓝图。先生还指出辽金史研究应当特别注意的问题："我们提倡出产品、出人才，不鼓励低层次的重复；我们提倡历史事件的考证、解释、人物评论，不鼓励谁是不是民族英雄的争辩；我们提倡实事求是的认真研究，不提倡有伤害民族感情、妨碍民族团结的议论；我们提倡出土材料尽快公开……"

二 编辑文集 著述丰硕

（一）编辑《辽金史论集》

在沈阳召开的辽金史学会成立大会上，陈述先生就曾承诺，要在每两年左右召开一次学术研讨会，大家在会议上提交的论文，一定结集出版。由于他在国内外学术界的崇高地位和影响，经过他努力地争取，千方百计地筹措，这两件事都圆满地实现了。这又是他对辽金史研究的重大贡献。

在陈述先生的主持下，先后出版了五辑《辽金史论集》。先生认为，《辽金史论集》虽然是学会编辑的文集，但作者不能只限于会员，为提高论集学术质量，他亲自向老一辈专家教授约稿，如杨志玖（南开大学教授），罗继祖（吉林大学教授），阎文儒（北京大学教授），程溯洛（中央民族大学教授），佟柱臣（中国社会科学院教授），闫万章（辽宁省博物馆研究员），韩荫晟（宁夏博物馆研究员），朱子方（辽宁社会科学院研究员）等等重要的作者，还有20世纪50年代成长起来的专家教授，如杨树森、张博泉、王承礼、李建才、佘大均、李逸友、邹逸麟、舒焚、王育民、赵其昌、苏赫、董克昌等人。而更多的作者，是20世纪60年代以后成长起来的专家学者，有些人是在辽金史学会影响下转向辽金史研究的。除此之外，还有台湾和外国的学者。

陈述先生很重视国外的辽金史研究，故委托吉林社会科学院副院长、辽金史学会副会长王承礼主持翻译工作，从英、俄、日文中翻译了一大批具有代表性的文章，辑为一集，是为《辽金史译文集》，由吉林人民出版社出版。为持续推进辽金契丹女真史的研究，陈述先生又委托朱子方副会长负责编印了《辽金史研究动态》。陈先生为编辑《辽金史论集》《辽金史译文集》《辽金史研究动态》等，付出了极大的精力。在他生命最后的十年（1982—1992），一直为学会和编印文集而操劳。在生命的最后时刻，还致函朱子方先生谈学会事。因而，张博泉先生作诗云："十年学会绿成荫，牛耳主盟新更新，此学隆兴称有主，陈公以外更何人。"

（二）丰硕而辉煌的研究成果

作为辽金史研究领域的一代宗师，陈述先生始终率先垂范撰写影响深远而丰硕的科学著作和论文。先生刻苦勤奋，敬业笔耕，把全部的时间和精力都用于研究、著述，成果丰硕，著作等身。据大体统计，著作为12部，主编之书6部，论文72篇。除此之外，尚有大批遗稿。包括：

1. 契丹史研究类：契丹官制史稿、契丹军制史稿、契丹的礼俗、契丹文字略论、回跋考、说南纪牙思等。

2. 东北民族史类：达斡尔史论证（草稿）、达斡尔族史稿、略论鄂伦春族的来源、略论鄂温克族的来源问题、赫哲族的来源问题等。

3. 史学理论类：关于民族形成和民族类型的体会、近年来中国辽金史研究的新进展等。

遗稿除上述十三篇（包括《辽史补注》）外，还有《辽代五京的建置及其作用》、《辽代美术》、"赴美访问讲学汇报"等三篇。

史学研究的任务，应当重视探索揭示人类和社会发生、发展及演变的历史规律。辽金史的研究亦是如此。陈述先生不仅著述极丰，而且治学理念先进。他虽然早年做过许多考证学和金石学的工作，但是，其研究重点很快转向辽金社会历史的研究。按照社会进化的观点，来研究契丹人社会的发生、发展与衰落。这在当时实属前沿的治史理论。虽然早在20世纪初社会进化论既已传入中国，但是真正按社会进化论研究中国历史，并取得显著成绩的人并不多。在20世纪上半叶，研究契丹史者不乏其人。然而用社会进化论的观点研究契丹史者，陈述先生是第一人，也是成就最大的学者。因此，顾颉刚先生在《当代史学》中称，关于辽金史的研究，以陈述先生“成就最多”。《契丹史论证稿》一书，集中地反映了这个时期的学术成就和先进学术观点。

三　阐述辽灭亡后契丹族去向，论证契丹是达斡尔族主源

陈述先生在辽金及契丹女真史研究中，侧重地研究了许多的课题。以对契丹研究为例，就有契丹族源和构成及其政治、经济、军事、官制、文化、文字、礼俗等各个方面。对辽朝灭亡以后契丹人的去向，也进行考察与研究，首先指出现今北方的达斡尔族是契丹的后裔，在云南保山地区也有契丹人的后裔。

关于达斡尔族源的探讨，已经有了几百年的历史。早在18世纪下半叶，清朝乾隆皇帝钦定《辽史》重印本时，将契丹贵族大贺氏与达斡尔族联系起来，这应是探索达斡尔族族源的起端，迄今已200多年。我国学者及日本、苏联等国学者都曾对达斡尔族的来源提出了各自的见解。不少达斡尔族知识分子为探索本民族的来源，著书立说，各抒己见。其作品有华灵阿的《达斡尔索伦源流考》，郭克兴的《黑龙江乡土录》，孟定恭的《布特哈志略》，阿勒坦噶塔的《达斡尔蒙古考》，钦同普的《达斡尔民族志稿》，何维忠的《达斡尔蒙古嫩流志》，孟希舜的《达斡尔民族志略》，以上作者对达斡尔族的本源提出各种不同的看法，莫衷一是。而陈述先生提出的契丹后裔主源说，论证最为充分，使达斡尔族族源不仅得到科学的解释，而且也为学术界和达斡尔族多数人所接受。

陈述先生对达斡尔族的研究，是从1952年任职中央民族学院（今中央民族大学）研究部开始的。自20世纪50年代起，陈先生在研究契丹史的同时，又分出一部分精力研究东北民族史。当时配合民族识别、民族调查，陈述先生应邀参与了少数民族的甄别，撰写了有关达斡尔、鄂温克、鄂伦春、赫哲等民族来源和族属的文章。针对达斡尔族的有《关于达斡尔族的来源》《大辽瓦解以后的契丹人》，刊载于《中国民族问题研究集刊》，《试论达斡尔族的族源问题》刊载于《民族研究》。还有一些文章和著作，如《达呼尔史论证》《达斡尔族史稿》等尚未发表和出版。

陈述先生在《大辽瓦解以后的契丹人》文章内，根据元人许谦撰《总管黑军石抹公行状》和元人黄缙《沿海上副万户石抹公神道碑》的记载综述道：“这两段文献说明契丹在辽亡以后，曾有一部分以库烈儿为首的契丹群众向北迁徙，退出了金女真

的统治范围，这些北迁的契丹群众，他们不属于辽时的统治集团，他们还保留着较多的契丹生活方式和组织形式的部落，转移到北山以后，仍然过着涉猎打牲和粗放的耕种生活。这种经济生活使它们保存了氏族组织。现在根河北岸土地，尚称库烈儿温都尔。按达呼尔语‘温都尔’是山或高地的意思（蒙古语同），库烈儿温都尔在库烈儿以前无闻，自库烈儿在该山即该地打牲涉猎，该地就形成了契丹人的一个据点；在脱罗华察时期，这个地区以南的契丹遗人，有些陆续向这一带集中。”

关于退出金朝统治范围，在北山生活的契丹人的去向，陈述先生在进一步研究后指出：“元时这地区是契丹和翁基拉杂居或邻接的地带。这一批以迪烈乣为主的契丹人，他们在这一带过着同样的生活，使用同一的语言，在故国观念支配下，更加凝聚，从而使得一些契丹属部也进一步地结合起来，他们并没有称号建国，但他们是有若干共同点的共同体，这一共同体的部落群众，在成吉思汗时期投附到蒙古，并组成一只兵力参加了蒙古南征。”

另一部分仍居留原地的契丹人，即留守的人们，过着同于以前的经济生活，由于劳动力的减少，当然会更加艰苦。这留居在原地的契丹人，就成为达斡尔人的祖先。达斡尔人就是由这部分契丹人发展而来，即达斡尔人是契丹人的后裔。

达斡尔人源于契丹人，有充分的论据可寻。陈先生指出了许多根据，简要引证如下：

1. 达斡尔关于本族来源的传说和契丹史相结合。2. 语言材料证明达斡尔族来源于契丹。3. 地理故迹证明达斡尔源于契丹。4. 从达斡尔的歌谣和历史故事看族源。5. 从达斡尔旧传的生产技术看族源。6. 从达斡尔旧传的组织制度上看族源。7. 由契丹、达斡尔人物证明达斡尔渊源于契丹。8. 达斡尔人名、屯民和契丹人名、屯名相同。9. 契丹、达斡尔在宗教上的关联或继续。10. 达斡尔的风俗习惯证明源于契丹。11. 达斡尔族名的由来、意义证明源于契丹。12. 契丹、达斡尔在经济生活上的继续。

陈述先生最后总结道：“达斡尔族的族源，主要是契丹人和契丹以外逐渐结合进来的人们，包括辽末、元末北迁的和辽、金、元时代留居鄂嫩河库烈儿山地带的人们。在长期历史的过程中，不可避免会有新成分渗入；当然也有很多契丹人（包括大辽统治集团内外的），在不同的时期中，不同的条件下已经融合于各兄弟民族，特别是汉族和蒙古族。直接称其契丹人并接受契丹传统的最后的一部分即现在的达斡尔。”

元代参加南征的契丹人，“他们曾争取担负进攻东京幽燕的先锋并胜利完成任务”。河北省宝坻县的耶律各庄、达子庄、达子屯、哈喇庄，蓟县的黑家庄、科科庄、野王庄、律家庄，昌黎县的达子营、黑各庄，滦县的野里庄等，“这些村庄命名的当时，主要住户可能是契丹人”：即南下进攻幽燕的契丹人。也有的随蒙古军远征云南，这些人即是后来居住在云南保山的契丹人的先人。陈述先生指出：“现在云南保山地区，如施甸、保山、龙陵等县有蒋姓人，即‘阿莽蒋’姓之人，故老相传，系来自耶律氏，在族谱里也有同样的记载。施甸蒋氏宗祠有前清举人林显清题的楹联‘耶律庭前千株绿，阿莽蒋氏一堂春。’撰联或本之族谱，族谱应得自口传。这些契丹耶律氏，显然是从军南来，以后就留驻著籍的。”

陈述先生此说在学术界产生了广泛的影响。内蒙古社会科学院孟志东（达斡尔族）先生根据陈述先生的见解，在 20 世纪 90 年代曾深入云南保山地区进行调查研究，找到了族谱、碑文、对联、传说等大批资料，令人兴奋的是在清代的墓碑上竟出现了契丹文字。大量的证据表明，云南保山地区还有契丹人的后裔，详见孟氏所著《云南契丹后裔研究》一书。

四 大师风范今犹在，四海学者共缅怀

2011 年 10 月 20 日是陈述先生百年诞辰，先生过世也近二十年。但国内史学界、海内外学子对先生的仰慕之情如故，先生的大师风范依然存在于学人的心目中。人们一直以崇尚心情怀念先生：缅怀先生的治学精神，高尚的人格和史德修养，缅怀他对人才，特别是对辽金史新秀的刻意培养。

（一）刻苦勤奋，一生致力于学术

陈述先生于学术研究，一向刻苦勤奋。据载，早在北京师范大学读书时期，深受陈垣（援庵）先生的教益与影响。陈垣先生为了激发学生们立志学习，曾提出“守土卫国军人的责任多，学术国防，我们责无旁贷。中国历史的研究，我们不能落后于国外。”陈述先生是北方人，陈垣先生特赠诗说；“师法相承各主张，谁是谁非费评量。岂因东塾讥东壁，遂信南强胜北强。”此诗意在鼓励勤奋读书，北方人也可以有所成就。

陈先生受此影响，养成了刻苦读书、奋发图强的良好习惯。从青年到老年，一直手不释卷地攻读史学。对此佟柱臣感言：“敬佩先生一生勤奋治学，敬佩先生一生诚实做人。”

刘乃和先生与陈述先生同出于陈垣门下，她对陈先生逝世出示的挽联为：“治史重辽金，著作等身勤不辍；师门称由夏，此生长卧大觉中。”意思是陈垣师桃李满天下，其中以陈述先生成就最大。犹孔丘门下弟子三千，贤者七十二，而以子由、子夏为最杰出。陈述先生即吾辈中之子由、子夏也。对此，罗继祖先生称：“不是过誉。”

吴富恒先生也回忆说，他是 1929 年与陈述先生同时考入北平师范大学，“他头脑敏捷，对社会问题及周围人物，都有敏锐的洞察力……对一些问题的评论常一针见血。”陈述先生的学术成就更缘于他治学中的不惧困难和执着。诚如著名的魏晋南北

朝隋唐史专家，前中国唐史学会会长唐长孺教授所言：“我很钦佩陈述先生，我研究辽金史大约与陈述先生同时，我中途改行易辙，而陈述先生在极端困难的情况下（引者按：系指辽金史资料特别少；官修的《辽史》错误百出，又夹杂许多契丹语的人名、地名、官名、部族名，皆需校勘核实，研究起来特别费工费事），毫不动摇，持之以恒，终于在辽金史研究上取得了令人瞩目的成果。先生还受到顾颉刚先生的肯定，成为海内外辽金史研究的权威学者，真是不容易呀！搞学问就应当向陈述先生那样执着，不怕困难。”谭其骧先生也讲：“有人把我与陈玉书、罗继祖相列，称作‘辽史三家’，戏言而已。陈、罗对辽史研究很深，都有专著问世，堪称大家。我只有几篇文章，没有形成专著，称我为辽史专家实不敢当，我只能算‘半个辽史专家’。”

陈述先生的著述，有很强的社会责任感。据景爱先生在《陈述学术评传》中所载，《辽史补注》在20世纪30年代即已成初稿，陈寅恪先生为之作序，然而当时并未付梓。其原因是有了新资料需要补充。直到先生逝世以前，仍在补充新资料。陈述先生认为，书中的一字一句，都会影响到读者，必须尽善尽美，做到万无一失。继承和发扬先生这种对社会、对学术负责的美德，在当今极有现实意义。

（二）学识渊博尚史德，奖掖后学育新秀

著名的西夏文史专家曾任中国社科院民族所副所长的史金波先生在为《陈述先生纪念集》作序时指出：“玉书先生去世后，熟悉他的人都在怀念这位慈祥、奋勉、蜚声海内外的著名学者，藉此三周年之际，宿儒学子回忆纪念，学界同仁抒发感怀，意在学习先生的工作精神和优良品德。”陈述先生永远活在人们的心中。

台湾中央研究院院士陶晋生先生在其文章中指出：“陈述教授不但培养了大批学者，而且积极参加了促进和推广中国辽金史和文化研究工作。他是中国辽金契丹女真史研究会会长，并在逝世以前一直担任此职，该研究会拥有300余名会员，每两年召开一次学术研讨会，并出版了四集《辽金史论集》，第五集也即将要出版。”这是对陈述先生生平事迹和研究成果、学术地位的评述。史学大师顾颉刚先生盛赞陈述先生的学术成就，获得美国哈佛燕京学社奖金和洛克菲勒基金会的邀请。后人称其为辽金史学宗师、大师，都是恰如其分的。

陈先生1949年的两位学生刘英航、徐殿文共同回忆说：“陈先生一向谈吐文静、平易近人，待人和蔼亲切”，可见先生对学生培养的尽心和自身的良好修养。杨树森教授回忆说，他是在从陈述先生学习期间，参照《契丹史论证稿》草拟了《辽代简史》大纲，经陈述先生修改斧正，后来撰写了《辽代简史》。佟柱臣先生回忆，他没有认识陈先生以前，就拜读过《契丹史论证稿》和《契丹社会经济史稿》，他受其启发，撰写了《东北历史考古中的几个问题》并诚恳地说：“这算是承受的一点恩泽吧。”台湾中兴大学王明荪教授怀着对陈述先生的崇敬心情赋诗云：“早岁慕公名，问学跨海行。谈论如昨日，西望一伤情。”韩国明知大学金谓显教授怀念道：“先生之学德，永怀我的心头。”

景爱先生是陈述先生的研究生，从陈述先生攻读三年辽金史并很为先生倚重，对先生十分敬重也有更多的了解。其精心之作《陈述学术评传》，对陈述先生的学术生平，作了全面、系统、精确、深刻的介绍，是了解与研究陈述先生必读的专著。在全书结尾部分，景爱先生情深意切地写道：“陈先生为人异常谦虚谨慎。他的著名著作称《契丹史论证稿》《契丹社会经济史稿》《契丹政治史稿》，为什么叫‘史稿’？先生认为此乃不成熟之作，尚有修改补充的必要，只能算作稿本而已。陈先生这种谦逊的学风，在社会上产生了一定的影响，张博泉称自己的著作为《金代社会经济史稿》，舒焚称自己的著作为《辽史稿》，都是受陈先生影响的结果。”

“先生虽然著作等身，学如大海，但是，他却很少谈及自己的成就，而是介绍前人和同时代他人的治学精神，树立良好的学风，奖掖后学，培养一代新秀。先生早期的学生，对此有口皆碑，我在从学三年中，亦深有感触。”

“民族研究所集中了国内一大批知名的专家学者，其出身背景各不相同，其人格表现大异，有些长者趾高气扬，虽然著作不多，但以己之长比人之短，信口开河，胡言乱语，给人以高傲的印象。陈先生则与人不争，他开口不言别人之短，尽说别人之长，这一点给我留下了极深刻的印象。”

“陈先生为人正直不阿，待人以诚、和蔼可亲，有如慈父。凡是与先生有过交往的人，都会有这种感觉和印象。”

“先生受中国传统文化影响至深，有良好的道德修养。律己严、待人宽、温良、谦恭、礼让。对晚辈、对学生，从来都是平等相待，绝无高傲之态。对人讲话，都是轻声慢语，绝无愠怒之言。……对于学生说话、回答问题，先生总是仔细倾听，不肯轻易打断，一直到说完为止。因此，在先生面前，没有任何约束之感，可以畅所欲言，尽情讲述。先生虽是大学问家，却没有丝毫的架子，极其平易近人，待人真诚、和蔼，这是许多人愿意到陈府登门拜访、请教学问的重要原因。”

“先生传授知识，教诲学生，重于启发，循循善诱，极力避免命令式的说教。每逢授课答疑，先生通常是先让学生抒己之见，尽情讲述，然后就其所言，加以阐述说明，指出正错之所在，以期举一反三，训练独立思考的能力，培养主动性、积极性。先生最厌恶的是懒惰、不肯用心。”

“先生是公认的史学大家，却无门户之见。只要有利于增长知识，百家均可学习，中外兼收并蓄。”

“先生宽弘大度，鼓励学生发展个性。……凡是从先生学习的学生，虽然研究方向有所不同，然而都成为著名的专家学者。先生在六十余年的讲坛上，培养了大批的人才，这是先生对国家、对中华民族做出的巨大贡献。”“先生之学问，如大海深渊；先生之德行，如高山仰止。”

（以上引文主要源于景爱著《陈述学术评传》）

先生得到史学界的广泛认同，是其道德高尚、德才兼备、一生致力于学术的结果，其成就、其精神是有目共睹、有口皆碑的。陈述先生作为名扬中外的史学大家、现代中国史学巨擘之一、辽金史一代宗师，将永远受到人们的尊敬和怀念。

陈述先生百年诞辰学术研讨会

马　倩　杨子琦

2011 年 10 月 22 日，在中国社会科学院民族学与人类学研究所一层会议室，举行了《陈述先生百年诞辰学术研讨会》，会议开幕式先由中国社会科学院民族学与人类学研究所党委书记、副所长张昌东致辞，中国社会科学院民族学与人类学研究所副所长黄行、刘正寅等主持会议。下面将大家的会议发言按先后顺序摘要如下：

黄行讲话：

今天是民族学人类学研究所举办的“纪念陈述先生百年诞辰学术研讨会”，大家都知道陈述先生是我国著名的辽金史及契丹女真学方面的著名学者。陈述先生生前为我国的民族史学及契丹女真学方面的研究做出了杰出贡献，这次活动也是为了纪念和缅怀陈述先生做出的重要贡献以及他正确为人的学风。

今天出席会议的有社科院民族所以及院外的一些高校的研究机构的学者和专家，还有陈述先生的子女亲友。首先由我来介绍就座的领导专家：中国社会科学院民族学与人类学研究所党委书记兼副所长张昌东同志、中国社会科学院荣誉学部委员及中国社会科学院民族学与人类学研究所前所长杜荣坤教授、中国社会科学院学部委员及中国社会科学院民族学与人类学研究所前副所长史金波教授、中国社会科学院著名民族史学研究员刘凤宇先生。今天的学术研讨会大概分为三个部分。第一部分是一个简短的开幕式，由有关的领导和专家致辞；第二部分是由各方面的代表发言；第三部分是分组讨论，接下来有请中国社会科学院民族学与人类学研究所党委书记兼副所长张昌东同志代表民族所致辞。

张昌东讲话：

大家上午好！今天，我们怀着崇敬的心情，在这里隆重举行“纪念陈述先生百年诞辰”学术研讨会。我谨代表中国社会科学院民族学与人类学研究所，向这位 20 世纪辽金史暨契丹女真史研究的学术泰斗致以崇高的敬意！向陈述先生的亲属表示亲切的慰问！向拨冗莅会的各位专家学者表示热烈的欢迎和衷心的感谢！

陈述先生字玉书，河北省乐亭县人，1911 年 10 月生。他早年就读于北京师范大学历史系，在陈垣先生等名师的培养下，很早就显示出治史的素养。1933 年他读大学三年级时，就在《师大月刊》第 6 期发表了处女作《蒋心余先生年谱》，文章长达 6 万余字，征引书目达 123 种之多。之后，他又发表了多篇重要论著，受到时任中央研究院历史语言研究所所长傅斯年先生的赏识，并于 1935 年大学毕业后即进入中央研究院历史语言研究所专门从事辽金史的研究，开始了长达 50 多年的学术历程。抗战爆发后，陈述先生随史语所辗转迁至昆明，后再内迁至四川省三台县的东北大学工作，在此期间，他发表了多篇重要论述，并因他在辽金史研究领域成果卓著，于 1943 获得美国哈佛燕京学社颁发的奖金。抗战胜利后，陈述先生到上海复旦大学历史系任教授，还曾兼任暨南大学教授。1947 年，他返回北平，任国立北平研究院史学研究所研究员，兼任燕京大学和中法大学的教授。新中国成立后，陈述先生回到母校北京师范大学历史系任教授。1952 年，陈述先生调往新成立的中央民族学院（今中央民族大学），担任研究部教授并兼任图书馆馆长。1958 年，中央民族学院研究部划归中国科学院民族研究所，陈述先生任民族研究所研究员、民族历史研究室东北内蒙组组长，1978 年起兼任中国社会科学院研究生院民族学系研究生指导教师。直至 1987 年退休，陈述先生在民族研究所工作长达 30 年，为民族所的建设和发展作出了重要贡献。

陈述先生毕生致力于辽金史、契丹女真史的研究，留下了大量独创性、开拓性的研究成果，是该研究领域中里程碑式的人物。他的代表性著作《契丹史论证稿》（重版后改称《契丹政治史稿》）、《契丹社会经济史稿》、《金史拾补五种》、《全辽文》、《辽史补注》、《辽史别录五种》、《全金文》等，都是辽史研究领域的扛鼎之作，问世后一直受到国内外学术界同行的推崇。另有发表论文百余篇，几乎涉及了辽金史、契丹女真史研究的各个方面，其中不乏开创性和大量填补学术空白的工作，集中反映出他的学术成就。陈述先生在严谨治学、笔耕不辍的同时，还积极参与研究生教学和青年学者培养工作，为我国辽金史、契丹女真史学科培养了大批后继人才，他们如今已经成为该研究领域的著名专家和学科骨干。为了促进我国辽金史、契丹女真史研究事业的繁荣发展，陈述先生还与国内同行一道创建了中国辽金史及契丹女真史研究会，并长期担任会长，为学会的发展倾注了大量心血。陈述先生堪称 20 世纪辽金史、契丹女真史研究的一面旗帜，开创了该领域研究的新局面，将辽金契丹女真史研究推向了一个重要的发展阶段，为中国民族史研究和民族史学科的发展作出了杰出贡献。

今值陈述先生百年诞辰之际，我们在这里举办专题学术研讨会，以此表达我们对一代学术宗师的缅怀与追思。本次专题研讨会虽然会期不长，但我想，通过与会专家学者围绕陈述先生的学术成就和学术思想进行深入研讨，能够使大家对陈述先生的学问之道和治学精神得到更加深刻的领悟，也会为我们每个人今后的学术之路提供许多启示和借鉴。集中体现在陈述先生等老一辈学者身上的热爱祖国、追求真理、潜心学问、淡泊名利的奉献精神，实事求是、严谨治学的科学精神和刻苦钻研、勇于开拓的创新精神，永远是值得我们后辈学人继承和弘扬的宝贵精神财富。

我相信，通过举办这次专题研讨会，必将对我国辽金史及契丹女真史的研究事业，乃至对整个中国民族史研究事业的繁荣发展起到积极的推动作用。

众所周知，中国社会科学院民族学与人类学研究所是一个具有多学科综合研究特色的国家级专业研究机构，现有学科主要包括民族理论、民族经济、民族语言、民族宗教文化、民族历史和社会人类学等等。由陈述先生等老一辈专家开创的民族史研究学科是我所的传统优势学科，也是中国社会科学院的重点学科之一，全国性学术团体“中国民族史学会”的常设机构也设在本所民族历史研究室。建所以来，民族史学科在民族史学理论、民族关系史、中华民族凝聚力、中华民族多元一体格局理论和中华民族形成问题、中国历代民族政策、少数民族族别史、少数民族专史、少数民族革命史、区域民族史、中国历代边政、古代民族志等方面的研究都取得了丰硕的成果，并形成了本学科的学术特色，在对各地区、各断代民族专门史进行深入研究的基础上，着重进行中华民族史的整体性与综合性研究。辽金史、契丹女真史的研究在我所民族史学科中占有重要地位。陈述先生等老一辈学者为我所的民族史学科奠定了厚重的学术基础，作为学术传人，我们研究所的后辈学者有决心也有信心与全国学界同仁共同努力，为推动我国民族史研究事业的繁荣与发展作出新的贡献。

最后，我预祝这次“纪念陈述先生百年诞辰学术研讨会”取得圆满成功！祝各位来宾身体健康、工作顺利！谢谢大家！

杜荣坤（中国社会科学院民族学与人类学研究所前所长）讲话：

尊敬的同志们、朋友们！今年是我国民族史学界著名的辽金史专家陈述教授的百年华诞，这是一个既难忘又令人怀念的日子。新中国成立后，我国著名的三大辽史专家傅乐焕先生、冯家昇先生和陈述先生，他们通过院系调整相聚在中央民大研究部。1958 年 6 月中国社会科学院民族研究所成立后，其中的两位，也就是冯家昇教授和陈述教授转入民族所工作，使我有机会接触到陈述教授，我感到非常荣幸。1957 年我由复旦分配到北京工作后，就认识了陈述先生。到 1992 年陈述先生故去，我们相处已有 35 年，我和陈述教授虽然在一个单位共事 35 年之久，但由于专业不同和不在一个研究室，故对他的了解不是很深，但毕竟相处几十年，受到陈先生很多耳濡目染的教诲，我受益匪浅，还是有较为清晰的记忆。我对陈先生总的印象是，他是位典型的学者型人物，有很多优点值得我们从事科研和教学工作者学习。现列举四点：

其一，陈述先生的自学和奉献精神是我们学习的楷模，陈述教授作为“一心只读案头书，两耳不闻窗外事”的学者，他较少参加各种活动，包括社会活动、政治活动、社交活动和娱乐活动等等，很少接任社会工作。相对来讲，比如说和费孝通先生、翁独健先生比起来他参加的不多，但是也不是说什么都不参加。平常从家里到办公室又从办公室到家里，无论是白天还是晚上，工作日还是节假日，都是研究到研究，把自己的一生都奉献给了新中国的教育事业和科研事业，奉献给辽金史研究工作。

他学问渊博，专业造诣深厚，治学严谨，成果卓著，在辽金史研究工作中做了大量基础性、综合性、理论性、普及性的工作。编辑出版了《辽文汇》《全辽文》《全金文》《辽史补注》等书，还出版了《契丹史论证稿》《契丹社会经济史稿》《契丹政治史稿》《金史拾补五种》和《辽代史话》等书，并发表了学术论文百余篇。陈先生之作，史料详细、观点新颖，有很大的影响力，深受学术界，尤其是民族史学界之重视。给我印象最深的是上世纪60年代他所撰写的《契丹社会经济史稿》，60年代无论是我们所还是就全国来讲，包括老同志在内科研成果出版的并不多，特别是有关辽金史的著作可谓是凤毛麟角，而陈先生较早地发表了此书稿，由于其较高的质量，收到的反应很好。上世纪50到60年代，当时全都是民族史学史，一般只限于简史、通史和起源史的研究阶段，而先生却能先走一步，从经济史之新视角来研究辽金史，走在学术界的前列，在当时实属难能可贵，因而受到学术界之关注。时隔四十年，此书至今仍是辽金史研究著作中的“佼佼者”，是一本备受欢迎的佳作。

为了宣传和普及历史知识，1971年至1974年，陈述先生参加了《二十五史》之《辽史》90万字的标点工作，并出色地完成了任务，使之成为迄今最好的版本。《二十五史》标点本中华书局已再版，使广大史学工作者和爱好者受益匪浅。陈述先生还曾担任好几届辽金史学会会长，在其领导下辽金史学会做了很多工作，对团结全国辽金史研究和教育工作者、开展全国和东北地区辽金史学研究活动都有成效，起了很大作用。这和陈述先生的领导及对辽金史活动的关注是分不开的。陈述先生对推动全国辽金史研究功不可没。总之，陈述先生在科研工作中孜孜不倦的精神、在研究领域中勇于创新，不断开拓的精神，对我国辽金史研究作出了重要贡献，是后辈学者的榜样和楷模。

其二，陈述先生为人正直、作风正派。特别是1957年至1958年，各民主党派和学术界正在批判费孝通、吴文藻、潘光旦等所谓“反动资产阶级”学术权威和社会调查组中所谓“资产阶级学者”时，尤其党内的高层人士，为了表现自己，趋炎附势，集结起来揭发检举、批判斗争，而陈先生则与之不同，只是做一般的发言，或针对其身上的缺点进行发言，在当时严峻形势和高压的气氛下，不随便给人“戴帽子、打棍子、定调子、划界限”，能做到如此是非常不容易的。我在与之相处的几十年中，也从没见过他整过人、批判过人，也未见他在背后议论别人、说别人的坏话，这充分说明陈述先生的思想作风正派、光明磊落和实事求是。

其三，人际关系方面，由于他把主要精力都放在研究工作中，平常与群众特别是中青年的接触比较少，即使有接触，他也不善于言笑，态度较为严肃，故此呢有不好接近之感，但陈先生作为国内外著名的专家和高层人士，在群众面前从不“拿架子、摆傲气”，对中青年循循善诱，对领导层和同辈心怀坦白，开诚布公。

其四，陈先生重视人才，重视对人才的培养和挖掘，陈先生除了以其身教、言教的模范行动来影响和教育周围的中青年外，还数十年如一日培养研究生。为了培养辽金史人才和接班人作出了重要贡献，他亲身培养的数批研究生不少已经成为各个单位的业务骨干和学术带头人，其中有的已经是国内外著名的专家学者。

总之，陈先生值得我们去认真学习。前面我已经讲过了，由于专业不同和不在一个研究部门的原因，我对陈先生的了解还是很肤浅的，在这方面今天在座的史金波先生过去分管民族史，也分管辽金史学会的工作，他对陈先生比较了解，在座的黄行先生前面已经做过介绍了，所以我就不多谈了。

我认为今天我们缅怀和纪念陈述先生最好的方式就是要通过纪念活动学习他的高贵品质、自学态度和工作风范，学习他献身祖国科研和教育事业的奉献精神，教育和激励后人，积极参与我国文化体制改革事业，跟上社会主义文化大发展的步伐，开拓创新、与时俱进，迎接更加光辉灿烂的又一个科教文繁荣发展的春天！谢谢大家！

史金波（中国社会科学院学部委员及中国社会科学院民族学与人类学研究所前副所长）讲话：

各位专家、学者，大家上午好！今天是陈述先生诞辰一百周年。今天由各位专家学者相聚在一起来缅怀陈述先生在学术上的业绩和重要作用，我觉得十分有意义。中国社会科学院民族学与人类学研究所过去有几位学术大家，陈先生就是其中之一。当时陈述先生和翁独健先生、冯家昇先生、王静如先生、傅茂勣先生是民族研究所几位著名的学术大家，是民族所的学术品牌，他们作为有力的支柱，撑起了民族所的学术大厦，老先生们都对民族所、对学术界作出了各自的突出的贡献，而他们又学术有专攻，各有自己的学术领域，各具学术特点、各显学术风格。以下我就根据自己与陈先生接触的经历，谈一谈感想。

在上世纪 50 年代国内政治运动较多，陈述先生依然把自己的精力集中在学问当中，还是天天伏案研读，笔耕不辍，整天钻研分不开、做不完的辽金史研究工作。陈先生始终注重资料的积累，他对辽金史史料细分整理和汇集作出了突出的贡献，此外，他也重视调查研究，陈先生开启了对辽朝主体民族契丹族后裔的调查研究，他写的《大辽瓦解以后的契丹人》《关于达斡尔族的来源》等等重要论文都是他的代表作，这些成果奠定了契丹族后裔研究的基础。20 世纪 80 年代初，陈先生接到了来自昆明市纺织工业公司设计学校校长蒋蔚复同志的来信，说他的老家云南保山地区的施甸县发现了一种文字，可能是契丹文，请陈先生进行研究。当时陈先生不在家外出，他知道我在 1983 年的 4 月到四川云南出差开会调研，所以陈先生就跟我商量，说我能不能顺便到云南做一次有关文字碑刻的调查？我义不容辞地接受了陈先生的嘱托，陈先生将来信者的姓名和工作单位告诉我，后来我在成都开完会以后，就在昆明找到了蒋蔚复同志，并了解了有关情况，特别了解了一些他掌握的碑刻的情况，还请教了对云南碑刻很熟悉的元史专家方龄贵先生和云南地方史专家王云教授。此外，我还亲自到了保山施甸实地考察了四天，了解到一些关于蒋氏家族家谱的情况和别的线索。遗憾的是，在线索提及的施甸县人民小学所在的墓地中，我查看了很长时间，却没能找到有契丹文字的碑，然后我就回来了找陈先生复命，将了解的情况告诉陈先生，陈先生说等以后有时间再详细调查。由此可见，陈先生不仅重视契丹族在北方的后裔的研究，也关心契丹族在南方后裔的调查。

所以，我通过这些事例能感到陈先生对契丹族的后裔调查研究是很重视的，而且他是比较早地确立了南方的契丹族的后裔问题。陈先生以其显著的学术成就成为辽金史研究的一代宗师，是里程碑式的人物，他不仅在研究的领域取得了骄人的成绩，而且做了很多组织领导工作，积极推进辽金史研究工作的发展，成为整个学科的组织者领导者。作为这一学科的领军人物，陈先生对辽金史研究的发展特别关注，倾注了大量的心血，他先后教授的几批研究生，早已经是这一领域的骨干专家。

更使人难忘的是，已经古稀之年的陈先生为更好地推动辽金史研究的发展，不辞劳苦地筹备组织了辽金契丹女真史学会。当时我是社会科学院民族研究所民族史研究室的主任，并且也参与过组织中国民族古文字研究会成立的工作，因此陈先生就找我谈话，希望我参加辽金史学会的成立工作，当时陈先生除了向我了解中国民族古文字研究会成立的程序和有关事项以外，他还有一个想法，他说辽金史学会也可以包括西夏（党项）史研究。后来我奉陈先生之命参加了两次筹备工作座谈会。不久，辽金史学会正式成立了，陈先生被大家推选为会长，后来几届选举，先生一直担任这个学会的会长，直到离开我们。在陈先生担任会长期间，辽金史学会在先生的领导下组织了多次学术会议，出版了五辑《辽金史论文集》，使得辽金史的研究开创了新的局面，有力地推进了辽金史的研究。

1992 年元旦刚一过，陈先生心脏病突发，病情十分严重，我当时作为副所长和晚辈，马上赶到医院看望陈先生，陈先生在协和医院急诊室就医，因没有床位而不能住院，家属和我们都十分的焦急，后来经过联系北京市卫生局，说是西苑医院还有床位，家属就将陈先生转到了西苑医院，我们也稍微有点安心，然后我就回家了。就在这天半夜里的凌晨一点多钟，急促的电话铃声把我从睡梦中惊醒，我拿起电话听到先生家属告诉我这个噩耗，陈先生抢救无效与世长辞。我怀着悲痛的心情立即向社会科学院值班室打电话，请他们迅速报告院领导这一噩耗。因为院里规定，凡是院内的知名学者逝世要立即向院里报告。然后，我立即在夜里骑着自行车前往西苑医院向陈先生告别并探望家属，大概我是除了家属以外送走陈先生的第一个人。在医院，看到陈先生安详地躺着，感觉他这一生太累了，躺在那里静静地歇息。想到陈先生的不朽业绩、想到陈先生的音容笑貌、想到几个小时以前我还在陈先生的床前，我不仅怆然泪下。

由于陈先生在辽金史研究方面的突出贡献，北京市文物局和大觉寺管理所给了陈先生的后事特殊荣誉待遇，盛情地将陈先生的骨灰安放在大觉寺供后人瞻仰祭奠，并建立了陈先生的纪念室。坐落在北京市西北郊的大觉寺原名清水院，是辽代首建的寺院。为陈先生的后事安排，我多次上大觉寺，看到先生长眠在这块有特殊意义的圣地，特意告慰先生的在天之灵，我不禁对此感到深深的欣慰。陈先生离开我们已经将近二十年了，辽金史学的研究在陈先生奠定的基础上都有了长足的发展，陈先生如果有知也会含笑九泉。

刚刚开过的党的十七届三中全会的报告，强调要推进社会主义文化大发展大繁荣，要繁荣发展社会主义科学，要造就高层次的领军人物和高素质的文化人才队伍，作为社会科学工作者要完成自己的任务，也要学习陈先生这样老一辈专家兢兢业业、踏实的工作精神，以及发展悠久传统历史文化的奉献精神，为促进社会主义文化大发展、大繁荣作出积极的贡献。谢谢大家！

罗贤佑讲话——此生长卧大觉中，怀念陈述先生：

大家好！在 1978 年，我进入中国社科院研究生院民族系学习的时候，陈述先生是我们各位德高望重的导师之一。我本人虽然不是直接受业于陈述先生，但陈述先生的为人和治学对我有很大的影响，所以我在心目中也一直自认为是陈述先生的学生之一。今天在陈述先生百年诞辰之际，我常常回忆起在差不多将近二十年前，参加过的陈述先生在大觉寺的骨灰安葬仪式上的一幕，印象非常深，所以利用这个机会跟大家谈谈当时我所记得的经过。因为陈述先生的骨灰安葬在京西的一个名寺大觉寺，而这个大觉寺作为陈述先生的安葬地点是很有意义的。据我所知，大觉寺好像是在北京地区，现在仍保留着辽代的寺院形制，是唯一的一所。它在辽代被称为清水院，因为契丹人都是尚火，所以这个寺院也是坐西朝东，是个典型的辽代寺院。除了形制以外，它还保留着一些辽碑等等辽代文物遗迹。陈述先生在生前，曾经到大觉寺进行过考察，他对这里的山川之美、文物之胜非常喜爱。所以在陈述先生逝世之后，经他的好友，著名的文物专家史树青先生倡议，也得到北京文物局和大觉寺领导的同意和支持，就把大觉寺定为陈述先生的安葬之地。

举行安葬仪式这天，我记得是 1992 年 4 月 4 号，正好是一年一度的清明节。就在这个春光明媚的日子里，陈述先生生前友好、门生弟子以及他的家属，有三五十人，一起来大觉寺，在北京市文物局长王金鲁的主持下举行了安葬仪式，陈述先生的骨灰安葬在大觉寺后院西北向一个竹林旁，在迦陵舍利塔的北侧，正好和古代的舍利塔南北相对。大家就轮流地取土掩埋，以向先生表示敬意，然后在这旁边种了五棵松树，象征着陈述先生开创的辽金史研究后继有人，万古长青。在安葬之前，在礼堂里举行了陈述先生的追思会，会议是由史树青先生来主持。大家都发了言，深情地缅怀了陈先生的学术成就和他的光辉人生。像有些专家学者，如刘乃和、徐萍芳先生等等，具体的就不说了，大家都很深情地发了言。我本人当时代表历史室的同仁学者进行了概括性的发言，追思了陈述先生的学术成就，尤其是对民族史研究作出的贡献。

就在这次会议上，有的专家学者提出了两个建议，一是应当在大觉寺中建立陈述先生生平纪念室，并在这个基础上成立辽金史研究中心。这个建议得到了陈述先生子女和大觉寺文物管理所的赞同。接着在不久之后，在大觉寺的藏经楼，楼门上面有个匾写着“最上法门”，一般被称为最上法门殿，在这个楼的二层建立了陈述先生的纪念室，其中的藏品主要有四大类：第一类是陈先生发表过的重要论文和他出版的著作陈列在那里；第二类是和陈寅恪等先生来往通信的信件原文也陈列在这儿；第三类就是陈垣先生的题词和罗继祖先生赠送的书法、绘画等等；第四类就是陈述先生生前的学术考察、参加的学术活动以及生活上的一些照片，还有其他的一些文物都陈列在这儿。他的子女在当时的追思会上捐赠了陈述先生生前使用过的部分图书，并把这些捐赠的图书也陈列在这里。但是很遗憾，后来由于一些人事变动等等的原因，现在到大觉寺去，那个纪念室已经不在了，被转移到辽金城垣博物馆去了。这实际上也是很遗憾的，应该呼吁恢复起来，因为这是一个很好的景观与导向，在一个辽代的寺院里有这样一个辽史研究的大家，是一件多么好的事情。其实，有条件的话，应该恢复起来。当然，这是题外话。

大家提出的第二个建议就是，在陈先生逝世三周年之际应当举办一次辽金西夏史国际研讨会，这一建议得到了大家的一致赞同。在 1995 年的夏天，就在大觉寺如期召开了这样的会议，除了中国大陆的学者以外还有中国台湾、美国、韩国等地的学者参加，会后将收到的学术论文正式出版，题为“陈述先生逝世三周年论文集”，副题是“辽金西夏史研究”。就这样，当时在追思会上提出的两个提议都实现了。

就在这次给陈述先生举办的追思会上，与陈先生同出陈垣先生门下的刘乃和先生，她是北京师范大学古籍研究所的教授和中国历史文献研究会的会长，出示了一副挽联给陈述先生。这副挽联是这样说的“治史重辽金，著作等身勤不辍；师门承游夏，此生长卧大觉中。”刘乃和先生解释说，陈垣恩师可谓桃李满天下，其中就数陈述先生的成就最大。犹如孔子门下弟子三千，贤者七十二，这七十二贤者中以子游、子夏最为杰出，所以她才说师门承游夏，陈述先生就是她们这一辈中的子游和子夏。刘乃和先生的评价得到不少学者的首肯，例如像吉林大学的罗继祖教授，他就说玉书先生出新会陈垣老门下，刘乃和教授称陈述先生为陈门中游夏之畴，不是过誉，其他的好多专家学者也都赞同这个说法。因为在当年，陈述、启功、柴德赓、周祖谟他们四位先生啊，曾经有过“陈门四翰林”这样的美誉，其中的周祖谟先生我是无缘相识，其他那几位先生我有幸都到过他们的寓所，因为陈述先生曾经住在和平楼处，我也住在和平楼和陈述先生是邻居，多次到陈述先生门下请教。启功先生呢，因为当年我老师翁独健先生去世的时候，到启功先生那里取他给翁独健先生写的挽联，到过他的家里。柴德赓先生去世得比较早，但是他的女儿柴丽雯曾经和我是同事，和柴先生的夫人陈璧子认识，所以到过他们家。

这几位先生啊，在他们那儿有个共同点，就是他们的客厅里面，都在最醒目的地方悬挂着陈垣先生送给他们的条幅，亲笔题的条幅。由此可以看出两点，一个是他们对自己老师有深厚的情谊，另外就可以看出陈垣先生对他们的器重和爱护，所以专门写了条幅给他们。对于陈述先生，陈垣先生似乎格外的偏爱，他曾经还专门地给陈述先生赠诗一首，这首诗是这样写的："师法相承各主张，谁是谁非费评量，岂因东塾讥东壁，遂信南强胜北强。"他这个意思是，因为陈述先生是北方河北乐亭县人，陈垣先生是广东人，所以这首诗的用意是陈垣先生鼓励他奋发努力、刻苦读书，北方人也可以有所成就，可以和南方人相比肩。后来刘乃和也曾经写过一首诗给陈述先生，她说的其中有一句叫"北强原不弱南强，南北史家各擅长"，她的意思也是这样，陈述先生的成就完全可以和南方学者相比肩、媲美。

陈述先生受恩师陈垣先生的影响，一生勤奋治学、兢兢业业、埋头耕耘，在他逝世之后有一副挽联是这样说的："默默春蚕编织丝未尽，绵绵秋水慈恩爱永存。"这副挽联正是陈述先生治学和为人的真实写照，陈述先生就像春蚕织丝一样，他可谓是为学术事业贡献了一生，默默地编织着蚕丝。

在这之前，我还重新温读了一下陈述先生写的自述，他在自述中这样说："在大学读书期间，为了激发学生们勤奋学习，陈垣老师曾经提出'守土卫国军人的责任多，而学术问题我们责无旁贷，中国历史的研究我们不能落后于国外。'"陈述先生把他老师的教导可以说是铭记了一生，他正是以高度的责任心和使命感，以毕生精力研究辽金契丹女真史，做出了举世瞩目的成绩，开创了辽金契丹女真史研究的新局面。

陈述先生治学有一个明显的特点，就是善于总结和开拓，在继承和发扬中阐扬精华。陈述先生在他的学术研究中彰显的也正是这种精神和风格，体现在他一生的治学当中。这方面例子很多，因为时间有限不能多说，我就说一点从他自述中看出来的。他在青年时期曾经参考《元史·氏族表》的体例，并斟酌改定而形成《金史·氏族表》，广泛搜集宋、辽、金、元各史以及这一时期的其他文献，所参考的文献达一百八十多种，共分八卷，这是一项非常艰巨而细致的研究，就像他本人在自述中所说："始读《金史》，感女真姓名之驳杂，深为苦之，读至《百官志》，渐觉有线索可寻，往复比较，始稍辨习。凡遇金源人名，辄随手编缀，四五年来，灯窗暇日，手此一册，锲而不舍，未敢辍也。"书成之后，他也受到老师陈垣先生激赏。1933 年春在一个小型集会上，陈垣先生特别把他的《金史·氏族表》这本书交给陈寅恪先生来看，并且让他猜一猜这个作者的年龄有多大，陈寅恪先生看了以后，他估计说可能在四十多岁左右，后来陈垣先生就得意地说"实际上他只有二十一岁，是我的学生"。陈寅恪先生感到很惊异，并说"你让他跟我见个面"。就这样陈述先生去了西四姚家胡同，就是陈寅恪先生的家里。初次见到了陈寅恪先生，与之相谈甚欢，临别的时候陈寅恪先生还特别相邀，说"我平常在清华园，周末进城，你到时候可以再来，我们再谈谈”，所以说陈寅恪先生对陈述先生是非常赏识的。

陈述先生作为20世纪著名的学者终身致力于辽金契丹女真史研究，他的学术成就是多方面的，在国内外产生了重大的影响，称他为辽金史研究的一代宗师是名副其实的，刚才文章中已经对陈述先生的学术成就做了全面的总结，我就不多说了。我到今天还珍藏了一张1981年夏天我们社会科学院研究生院民族系第一届毕业生同各位导师的合影，在前排就座的就是当时的牙含章所长以及各位导师，像翁独健、傅茂勣、陈述、王森、王辅世、王均和李有义先生。现在除了远在美国已经一百岁高龄的李有义先生之外，其余的先生均已作古，我们这批学生也都进入了老年之境，尽管包括陈述先生在内的老一辈学者已经离我们远去，但他们的音容笑貌、道德文章将长驻在我们心中，成为我们前进的永恒动力。最后我想以陈述先生自述中最后一句话作为我发言的结束，并且和大家共勉，那就是：“活到老、学习到老、工作到老！”谢谢大家！

穆鸿利先生发言——略论辽金史学泰斗陈述先生的学术地位、贡献和影响

首先我要感谢会议的发起单位能够邀请我参加这个会，我非常荣幸。陈述先生是我们的老会长，是中国辽金契丹女真史举大旗的人物。我接到这个通知以后，当时我就想到陈述先生早在1980年，在承德召开的中国民族古文字研究会上我们在一个组讨论的情景。当时我正在跟着我的业师金启孮先生学习女真文，带到会上的文章，就是招远大将军女真墓碑的考释。陈先生鼓励我说：“研究辽金史啊要学好基本功，一个是语言文字功，女真文或者契丹文，对搞辽金史很有好处。”我感念老先生当时对我语重心长的话。我说今天这个会我参加，我应该写个东西，写个女真文和汉文合璧的条幅送给这个会，这也算是体现我的一个报答心情。（会场展出穆鸿利先生写的汉文和女真文合璧的条幅——辽金史学泰斗，学术光辉永存。）

作为我对老会长的一种怀念和纪念，不成敬意，献给会议。我希望这个字能献给陈述先生家属来保存，作为一个纪念。

很抱歉的一件事，我的发言内容因为没来得及打印，所以我今天只带了提要。我的发言题目我想了半天，最终写成了“略论辽金史学泰斗陈述先生的学术地位、贡献和影响”。文章分为三个部分，第一部分是讲陈述先生是科班出身、功底深厚，谈他的学术阅历和成就，他精力非凡，著述等身，我读过陈述先生的自述，看过《辽金史论辑》第六辑介绍的陈述先生的生平，加上我对陈先生的了解，我觉得他是地地道道的科班出身，在辽金史学界里像他这样科班出身的我认为很少。他在大学期间就有习作，有人整理说当时有四本书，我所知道的一本是陈述先生对陈寿的《三国志》和范晔的《后汉书》作比较，写成的《陈范异同》，还有《南齐书·艺文志》和《蒋士铨年谱》等。

有人说陈述先生是辽史大家没有人怀疑，但金史他没什么建树，我说不对，你们不了解，应该是金史先起家，陈先生毕业以后开始写《辽史补注》，以后就开始陆续地干辽史、契丹史的东西，发表了很多著作。《金史拾补五种》更是研究金史必读之作，我从中受益匪浅，我就不展开说了。

第二部分是讲学界泰斗、引领担当、跻身学界，普遍赞佩。国内外学者都赞成，辽金史学界泰斗对于陈先生来说是恰如其分，可以说是当之无愧。所谓泰斗是大师当中的领军人物，辽金史研究除了陈述先生之外还是有一些大师的，但是在这些人中领军人物应该是陈述先生。给这样一个称号的不是我，而是韩国的著名学者金在满教授，在他写的回忆陈先生的文章当中，说陈述先生是伟大的大学者、是契丹女真史研究业之泰斗、大陆的学者巨人，是德高望重的中国学术巨人。这话是他最先说的，这个评价已经很高了，我认同这个评价，我觉得先生当之无愧。

第三部分是学者风范光辉永存，继往开来再创辉煌。这个主要是谈陈先生的治学精神、涵养地位，在座的各位陈先生的弟子们都是辽金史学界著名的专家学者，有的也是现在的领军人物，好多我就不一一谈了。这是第三部分内容，我就不详细展开了。

最后我在这个会上呼吁，对陈先生最好的纪念，除了开这个会要纪念缅怀，我还希望民族所或者是在辽金城垣博物馆，应该给陈先生立一个铜像，如果需要我们集资，那么我也愿意出力，要让大家永远看到陈述先生的音容笑貌，祝他学术光辉永存。陈述先生是我们国内著名的学者，也是我们辽金史学界的带头人，我自己也十分怀念他，虽然在十几年前我曾经在陈述先生纪念日写过一篇文章，当时的题目是“一代宗师光环永存，缅怀陈述老会长治学二三事”，当中我谈了当初我跟老会长的认识以及他治学方面的一些东西。今天这个会我就补了这么一个文章再次纪念陈述先生。

我的发言就到此结束了，谢谢大家！

姚大力（南京大学历史系教授）讲话：

首先感谢民族所的邀请，我对民族所的感谢远远不止是这个，因为我在博士论文的最后阶段是由民族所负责培养的。我写论文答辩的时候翁独健先生已经去世了，是他的好朋友刘荣庆教授代替他作为我的导师参加答辩会，所以我一辈子都不会忘记民族所对我的培育之恩。今天能参加这个非常接近自己专业领域的学术研讨会，并且以此来纪念一位我们都敬重的老一辈学者，我想我们每一个人都感到非常的亲切和激动。

时代已经变化了，处在今天这样一个有一点浮躁，有一点虚夸的环境里，使我们与庄子当时的一个想法变得有点不太一样。庄子曾经借几条待在快干枯的泥沟里奄奄一息的鱼儿们的嘴说“相呴以湿，相濡以沫，何若相忘于江海”。今天的我们大多都在项目和需要赶着结项的大海里拼命地游水，游得筋疲力尽，所以只有在类似今天这样的场合，有这么多在专业上能想到一起，说话投机的学者聚在一间会场里，要切磋有切磋，想起意能起意，这样一种相呴以湿，相濡以沫，难道不是那些相忘于江海的鱼儿们更想要的吗？

陈述先生的著作都被罗列在我们做研究生的第一批必读的书目里，他的几部文稿真是辽金史领域里经得起反复研究的精品，辽史最大的一个难点就是它的记载缺略、资料极少，而陈述先生最让人佩服的地方恰恰就在于他能够以高瞻远瞩的眼光去统帅，从庞杂的文献中提取出来相关的历史信息，所以我想在这里就学习陈述先生的辽史研究成果谈两点感想：

一是他的史料丰富，可以说为我们这些后辈的历史从业者树立了一种楷模。陈述先生的著作并不算很多，但他留下的《辽史别录五种》、《金史拾补五种》、《全辽文》、《全金文》（待出），尤其是马上就要出版的《辽史补注》等，向我们展示出他在检索、反复揣摩、把握文献资料方面是如何的不遗余力。这点在今天尤其值得强调，因为电脑检索的便利很容易让人以为，史料的功夫大部分已经可以被机器替代了，但这是一种极大的误解，历史从业者想让人们了解过去，首先他们自己必须能看见过去，对过去能有一种肌肤触碰般的感觉。但是我们怎么才能看见那无法重现的过去，能对它有一种肌肤触碰般的清晰、鲜活的感觉呢？一种最重要的途径就是通过当时人们留下的文字，通过当时的人对他们那个时代的感受的记录去尽可能直观地感受那个时代。历史研究可能永远做不到还原某一个时段的真实过程，但它首先必须可以还原那个时代的人们对他们当时生存环境的感知。在这个意义上，反复阅读史料绝不仅仅是为了检索几个词条，而是要用全身心去感受那个过去的时光，这是永远无法用机器人替代的。

二是陈述先生通贯整体、深邃高远的史学眼光。在契丹人之前已经出现过不少少数民族进入长城以南，在汉族社会建立自己的政权，但是他们几乎都完全融合到汉民族之中，他们对待长城以北的游牧人社会跟一个汉人王朝防御中原的骑兵几乎没有什么两样。京剧中的李克用有一段著名的唱段叫“昔日有个三大贤，刘关张结义在桃园”。这段唱的最后两句尽管也提到沙陀，他说：“贤弟休往长安转，就在沙陀过几年，落得个清闲。”但是戏里的李克用一副汉人扮相，连演戏的和看戏的都丝毫不再记得他其实不是汉人，其实是沙陀族。可是契丹不一样，陈述先生精辟地指出“如果说有汉而唐千余年，中央王朝一直力图维持一道隔绝农牧地区的边墙，那么契丹族是第一个融化这道边墙的王朝”。所以他说，中国历史辽以前是一段，辽以后又是一段。沿着陈述先生的这个思路我们就不难看出，中国历史上的帝国其实有两种模式，宋明时代时两个帝国的一统模式，而辽、金、元、清则代表了另一种帝国的模式，那就是在一个统一的国家里维持的传统文化和民族多样性并存的帝国模式。陈述先生就这样为我们揭示出中国历史文化的多样性，揭示出中国各民族在创造中国历史文化中各自所作出过的贡献，揭示出从多民族统一国家的视角去认识中国历史文化的重要意义。这样一个视角对反对单单从汉族、汉文化为中心去处理中国历史的倾向，而提倡高度重视各个非汉民族的主体经验和主体叙事，包括以汉语文献、民族语言文献为媒介的少数民族的主体叙事，同时也反对片面的去中心化的边缘视角，反对完全否定多民族统一国家形成发育的历史进程，在防止上述两种偏向方面，陈述先生的契丹史研究和金史研究都是至今值得我们取法的表率。

衷心希望他的《辽史补注》能尽快地顺利出版，同时也衷心希望今后还能有一部他的论文集出版。这样做更方便我们把陈述先生当作自己学术追求的一种榜样。他的这么多作品都是在没有申报立项，没有特批经费，也没有、更无须召开要花费很大一笔费用的结题审查会议的前提下写出来的。我们今天要混饭吃，当然必须要申报立项，领课题费，再花很多的钱去请专家参加审评、结项的会议。但除了这一切我们还要力争写出一篇真正的好论文、好著作，不是为了混饭吃，而是为了对得起我们自己的专业和我们自己。谢谢大家！

在纪念陈述先生百年诞辰学术研讨会分组讨论会议上讲话的有：

陈志贵先生（齐齐哈尔大学）讲话——师宗百年，师德永存

首先呢非常感谢民族研究所这次给我这么一个参加会议的机会，我对陈述先生接触的并不多。我在吉林大学做学生时期，当时我的老师罗继祖先生讲课的时候，陈述先生的著作被列为我们必读的参考资料，罗先生向我们介绍了陈述先生对辽金史的研究成就、在学术方面的学术地位，从那以后我便产生了对陈述先生的仰慕之意。

毕业之后我被分配到黑龙江，还是没有机会拜访陈述先生。所以在二十年以后的1984年的元月，借着到中央民族学院搜集民族史资料的时候，通过康兆林（音）先生的引荐得以初次拜访陈述先生。先生平易近人，毫无大学者的架子，当得知我毕业于吉林大学，工作在齐齐哈尔师范学院的时候，陈先生亲切地对我说齐齐哈尔对辽金史研究有地理优势，是达斡尔族的聚集地之一，先生还鼓励我要在辽金史和达斡尔族的研究中多做些事情。这次谈话之后，我很受感动，并说“我一定努力学习”。临别先生又赠我《契丹社会经济史稿》，我尤为感动。

在陈述先生的百年诞辰之际，我一方面是缅怀陈述先生，另一方面我永远不会忘记陈述先生对我们的教诲和嘱咐。我觉得作为一个史学工作者，就像章学诚讲的，要从史才、史学、史识、史德四方面都完善才能做一个完整的、很有作为的工作者。我觉得陈述先生的这一生在这四方面都是非常遵守、非常完备、非常典型的一个史学工作者。

在今天这个社会，我们纪念陈述先生诞辰百年，陈述先生渊博的史学、史识、史才以及高尚的史德尤其具有现实意义。

详细情况上午开会各位同志都说了很多了，这里我就不再重复了。我觉得陈述先生作为一个史学工作者，他的影响、他的地位、他的意义不但不会随着时间的流逝而

淡漠，而且会越来越被人们所追思、所怀念。

刚才同志们谈到达斡尔族和契丹的关系问题，我就这个问题谈谈自己的想法和简略的介绍。陈述先生对达斡尔族的研究，是以辽金史为基础进行研究的。陈述先生对辽史研究基础性的贡献使辽史研究得以继续和深化，以及深化达斡尔族关系的研究。

他的观点主要在三篇文章里头体现。我觉得陈述先生在这个问题上从来是讲得非常清楚的，也讲得非常全面。从理论上讲，任何一个民族他的族源都是多源多头，多源多流，这种政治理论是不错的。我记得我们达斡尔族的杰出人物之一布林先生在世的时候，我们就谈论这个问题，达斡尔族的族源它不可能是单一的一个民族，这个问题在史学研究者中是不会有分歧的。任何一个民族他不可能在下一步就变成了另一个民族。不论是现代的制度，就是古代也不会有这种情况。比如说，肃慎系的有肃慎、挹娄、勿吉、靺鞨和女真、满族。他不可能说所有的肃慎一下子变成挹娄了，由挹娄都变成勿吉了，也是不可能的。而且这里面存在着他们活动地区的问题，哪个部族势力强大的问题，他牵扯到很多的问题。但是达斡尔族和契丹族的这个关系在一个大的理论前提之下，它还真有点特殊情况。特殊在哪里呢？在论及大辽瓦解以后，契丹族的去向的时候，陈述先生列出了好多个去向，这说明不可能是契丹人都变成了达斡尔族，达斡尔人是比较少的，特别是清朝的顺康雍乾时期，达斡尔人也就两万人，现在也就十四万人左右的人口。大辽人口是很多的，陈述先生讲得明明白白，有的和汉族融合在一起，有的和蒙古族融合在一起，甚至还有人和高句丽融在一起。但是陈述先生在《大辽瓦解以后的契丹人》以及《谈谈契丹的族源》这两篇文章里边都提到在继承契丹族的各个民族、各个部族当中，唯有达斡尔族是完整的全面地继承了契丹族生产、生活的习俗和内容，这是陈述先生非常强调的。

陈述先生非常具有代表性的一篇文章，是在 1959 年《民族研究》第八期上发表的《四论达斡尔族族源》。在最后结论的时候，陈述先生特别强调，文字不多，原话我记得不是很清，意思我记得很清楚，文字不超过八十个字，强调达斡尔族的族源、族流是契丹，但是也有吸收其他的成分。对于契丹族就是达斡尔族，达斡尔族就是契丹族，这是不能画等号的。达斡尔族和契丹族的特殊关系是必须强调的，这是一个问题。另外一个问题是，咱们研究陈述先生关于达斡尔族和契丹族的关系的时候，要从达斡尔族的族源这方面来看陈述先生的东西，这是很关键的。

现在我再就严尔纯同志就陈述先生在契丹研究这个问题上的特殊意义、特殊地位说几句。严尔纯同志是黑龙江省达斡尔族协会的理事长，是达斡尔族，其中有些见解对契丹族和达斡尔族这个问题可能有些帮助。陈述先生对达斡尔族和契丹族的关系这方面的见解，首先得到了史学界的认同，而且也得到了达斡尔族绝大部分支持者、民族史学研究者和达斡尔族学术团体的认同，今天咱们出席会议的达斡尔族协会的几位领导都参加了这个会议，这本身就说明了问题。我们都知道达斡尔族聚居地现在有四个地区：莫力达瓦达斡尔、齐齐哈尔达斡尔、海拉尔达斡尔、新疆达斡尔。这其中人口最多的是莫力达瓦达斡尔和齐齐哈尔达斡尔。刚才发言的敖主任他是莫力达瓦达斡尔学会的理事长，这些人来参加这次会议就说明了达斡尔族对陈述先生研究的结论是接受的、欢迎的、肯定的。陈述先生对达斡尔族族源，关于契丹和达斡尔族的研究成果有下面的几个方面：

首先第一点陈述先生达斡尔族族源源于契丹说，说明了契丹民族在文化意义上并没有完全消失，契丹民族是没有了，但是在中华传统文化意义上来说它并没有消失，契丹文化以其独立性还有沿袭，最典型的代表就是达斡尔族。

第二陈述先生明确了达斡尔族源于契丹，了解契丹民族，对辽的认识才具有完整性，契丹民族的历史才是一部完整的历史。

第三点陈述先生达斡尔族源于契丹说整合了几百年契丹学政治论，使马克思主义民族理论系统更完整，从全方位的视角论证了达斡尔族的重要问题，是研究达斡尔族历史的一个里程碑。

第四点陈述先生的达斡尔族族源为契丹说对于最终认为达斡尔族为独立民族具有重要贡献和意义，这点咱们在座的同志都是知道的。

张志勇先生（辽宁工程科技大学）发言：

我来自辽宁阜新，在辽宁工程科技大学工作，从辽金史学会成立就一直参加会议，也聆听过陈述先生的教诲。首先是感谢中国社会科学院民族学与人类学研究所，也感谢周鹏先生给我提供这样一个学习的机会；第二是因为恰逢陈述先生百年诞辰，我想通过这样缅怀先辈，主要的目的是开创辽金史研究的新局面。陈述先生既是一个学术大师也是一个教育家，应该说先生学高为师，德高为范，先生的严谨治学精神、科学的治学态度、多学科多角度治学方法对我们应该说有着重要的启示；第三点就是我读过很多陈述先生的论文和著作，特别是《契丹社会经济史稿》《契丹政治史稿》还有《全辽文》，这些年来我也一直从事辽金史研究，特别是侧重辽代法律史研究，陈先生有一篇论文《辽代契丹刑法史论证》对我的教育和启发都有很大的意义。因此这次开会我提交了一篇论文叫《辽代行政伦理文化的特色研究》，后来我给周先生又提交了一篇论文，因为邮寄的比较晚，所以没有收到这篇文章。

在此，我就把这篇论文的题目和观点给大家做一个简单的介绍，希望在座的专家学者多多批评指正。我这个题目叫《论辽代法律及其特色》，副标题《基于碑刻资料透露出来的法律信息》，这些年来辽朝的碑刻资料出来的非常多，特别是向南先生、张国庆先生、李宇峰先生编的《辽代石刻文编》和《辽代石刻文续编》，我都进行了详细地拜读，收集出有关辽代法律方面的信息，通过这些信息来证明辽代法律的一些特征。

从内容角度来讲我是分这么几个内容：一个是碑刻所见辽代的法律形式，这个法律形式通常也叫法律的来源。根据出土的碑刻，碑刻涉及的主要是法律，还有科条也叫例条，还有的叫条例，这些都是属于单行的法规，所以认为辽代形成了以治条和科条为主，作为律的补充，这样一个法律体系。第二个内容是碑刻所见的辽代法律内容，通过碑刻资料我们发现，在其中涉及刑事法律、行政法律、民事、经济、婚姻和家庭方面的法律，内容也相当丰富。因为时间关系我就不一一给大家介绍了。第三部分是碑刻所记辽代的司法机构与司法官员，这一部分涉及的问题比较多，像御史大夫、御史中丞、殿中使等，这里我就不一一给大家作介绍了。第四部分是碑刻所展现的辽代诉讼和审判情况，包括诉讼制度也包括审判制度、审判的执行。第五个方面是碑刻以文献资料的形式折射出辽代法律的特点，可概括为这么几个特点：一个是沿用诉讼，传承习惯。第二个是一国两制，南北二辕，这个是受陈述先生的影响，认为辽代的法律传承唐律，由习惯法到传承唐律，南北二辕最后又重返一辕，形成了法律发展的这样一个大势。第三是刑法残酷，一罪数刑。第四是民族歧视，同罪异论。第五是注重执行，整治吏治。辽代法律在实施过程中也有较大的随意性，我这里就不一一谈论我的论文了。

总之通过这次会议的学习我深受启发，通过纪念陈述老先生来推动辽金史研究的进一步发展，作为晚辈，我们要弘扬老先生的治学态度、精神和方法，踏踏实实地做好辽金史的研究。谢谢大家！

杨优臣先生（齐齐哈尔市政协）发言——达斡尔族族源研究的几个问题

大家好！这篇文章写得很匆忙，所以提交的也是提要，不是文章的全部内容。一是陈述先生在达斡尔族族源研究中的地位，第二写的是陈述先生之后达斡尔族研究的几个突破和意义，第三个写的是目前达斡尔族研究还存在的几个值得探讨的问题，重点还是第一部分就是陈述先生在达斡尔族族源研究中的地位，达斡尔族的族源研究说句实在话现在也已经有二百多年了，是达斡尔族历史研究中延续时间最久的一个，但是到了陈述先生这儿就是一个里程碑，所以陈述先生关于达斡尔族是契丹后裔的论述有这么以下几点意义：

第一个是陈述先生的“契丹说”，说明了契丹民族在文化意义上并没有完全消失，契丹文化属于独立性的发展延续。

第二陈述先生明确了达斡尔族族源为契丹，对契丹民族、对辽的认识具有完整性，契丹民族的历史也才有完整性。

第三是陈述先生的“契丹说”整合了几百年契丹说的论证，并用马克思主义民族理论系统而全方位地论证了达斡尔族族源问题，是达斡尔族研究历史的一个里程碑。

第四个是陈述先生的“契丹说”为最终确认达斡尔族为独立民族，至关重要。因为新中国建立以后黑龙江首先成立了龙江县达斡尔族自治区，新疆在一九五四年也成立了自治区，比县还小比乡还大，那么从某种意义上来讲从中央到黑龙江到新疆已经承认了达斡尔族是一个独立民族，因为黑龙江的民族自治县是政务院正式批准的，但是由于一九五四年历史存在着达斡尔蒙族，所以五四年又搞了一次民族识别，在这个背景下陈述先生关于达斡尔族族源源于契丹说的完整论述，才确定了达斡尔族是一个独立民族，如果没有陈述先生完整系统的论述，目前达斡尔恐怕还是蒙古达斡尔，就没这个民族了，所以在达斡尔族的问题上，陈述先生是永远不可忘记的，所以在这次百年诞辰上达斡尔族很多人都来参加会议。陈述先生关于达斡尔族族源源于契丹说的论述在学术方面有这么几个方面的科学性和学术内涵，这方面大家都是专业的我就不详细说了。

陈述先生之后关于达斡尔族族源的研究主要的突破点就是穆鸿利老师他们搞的研究。这个意义相对来讲进一步论证了达斡尔族族源是契丹族的说法是没问题的，但是同时有东胡说，大夏说，很凌乱，虽然它的DNA鉴定从血缘关系上鉴定了，那么很有可能其他民族某一个团体比达斡尔族还近，但是这跟达斡尔族族源的论证没关系。所以第二个突破点我认为还是文化的承续，就是契丹文化和达斡尔族文化的接续。第三个突破就是从民间传说民间故事到契丹历史的接续证明了这一点。还有一点突破是契丹的部落和现在某些达斡尔族部落的接续也有碰撞。

目前达斡尔族族源的研究还存在着一些问题，突出的是两个问题，一个问题是作为民族共同体达斡尔族是契丹后裔，但是这个民族共同体形成的时候是契丹的哪些部落？哪些人？这里头有没有契丹化的非契丹人？所以这个契丹文化不完全是契丹文化，这方面的研究还不够深入，还有些部分存在一些说不清楚的问题；第二个突出的问题反映在两个方面，一个是简单地把契丹和达斡尔族画等号，似乎现在的达斡尔族就是契丹，契丹就是现在的达斡尔族，这种说法是非常不严肃非常不科学的，因为大家知道契丹作为那么大的一个民族，解放初期达斡尔族才四万人左右，目前也不过十三万人口，那更多的契丹人不都是融合蒙古和汉族人之中了吗？所以这个画等号是非常不科学的。还有一个研究上的问题将现在达斡尔族的某一个文化现象和古代的某一个文化现象直接对接，然后不断地独善其身，不断地完善自己，实际上达斡尔是一个民族共同体，其实就是大夏说早期的大夏比汉族还要早，所以目前还存在这么几个问题，所以简要地就说这么几点，谢谢大家！

穆鸿利先生发言——达斡尔族族源研究的几个问题

我首先接着史金波先生刚才的话，因为史金波先生提起了辽金史协会是陈述先生和老一辈的专家发起的，其中陈述先生是最主要的。那么辽金史学会成立到现在，从1982到现在已经接近三十年了，今年是2011年，那么明年就是正式成立三十周年。我很怀念并珍惜陈述老先生当会长的那几届，那十年使我更深地认识了老会长，当然这其中也有一点工作关系，我是在1985年第三届会议上被推选为副秘书长，副秘书长的工作主要是搞会务，而给我的分工主要是跟陈先生谈，他说你把这次会议的报道工作争取搞好，我说一定，因为在吉林那会儿我是搞会务的，当时是会务秘书长，下面有几员大将，张阳荣是吉林省民族所的所长，他是搞会务的，会务就是开会这种事由他负责。搞材料的是吉林省社会科学院历史所的所长张鸣奇，还有一位是李树全先生，吉林师范学院，他是管后勤的，这几位是组长，我呢是搞全盘，当时比较忙，要紧跟着会长，有关会务的事要跟会长请示，所以那时候接触陈先生比较多。

实际上我接触陈先生是更早的事情，我在上午的发言关于“陈述先生治学二三事”中谈到了。

我是大学毕业以后，因张亮才教授给我介绍，我才认识陈述先生。张亮才教授和陈述先生是在40年代金毓黻先生在四川三台搞东北史地研究中心时的同事，当时陈述先生在历史系任教授，张亮才当时也是历史系的一个头头，所以他们之间接触比较多，而张亮才先生也是搞辽史研究的，所以他经常跟我们宣传陈述先生的为人和做学问的事。

我印象中最深的就是他跟我们说，陈述先生是真正的科班出身，再三强调这个。他说念书的时候陈述先生就对辽金史感兴趣，后来我看到景爱先生编的《陈述先生学术评传》，附录了一个陈述先生的自述，看了自述我进一步了解了这段历史。金毓黻先生当时主持东北历史的研究工作，包括史地和经济的研究，张先生他们在一起，其实还不光是他，后来包括钟志芳先生、四川大学的古老，这些人他们都接触很多，所以那时候我还没见到陈述先生本人，听到张先生说我就很敬仰。再加上自己的兴趣，所以毕业后我搞辽金是自己的兴趣，主要分配的工作不是搞这些，是教中国古代史上段。所以这样就比较早地接触了陈述先生。

那时候虽见不到人，但是陈先生的有些书还是能在图书馆见到。毕业以后正好赶上陈述先生的《金史拾补五种》出版，大本的，出版之后我就买了，这是我搞金史的入门之作。我对金代是在那时候就感兴趣，我前几年写了一个关于女真满族姓氏的一个稿子，后来发在《满族研究》上，以后收在我的论文集《海庭记》里头。那里边我着重介绍《金史拾补五种》，谈到姓氏、包括异姓名，好多都是受陈述先生的启发。后来我写的时候，我又补了一个，就是他那个《金史・氏族表》里边其中有一个谈到金代几次整理姓氏，后来我通过看书我觉得陈先生那时候落了一个，首氏正好是太祖，太祖天辅年间，《金史・阿离合蛮传》里面提到修姓氏谱的记载。后来我在文章之中补充了，我说第一次应该是太祖的时候，陈先生说第一次是熙宗的时候，是完颜亶整理的那个，我做了一个补充，应该是太祖的时候。

听陈述先生的学术演讲是我学术起步的很重要的一个方面，但是真正见到陈述先生就是辽金史研究学会开始的那个时期。那是在承德召开的民族古文字研究会上，金先生带我们去参加的会议，我上午也提到了我写的文章是用女真文考证的处女作，金代招远大将军的墓碑，女真字的考释，当时在会议就是一个打印稿，陈述先生当时特别鼓励我，他说挺好，因为女真墓碑这是头一个发现，正好是1979年发现的，就是在完颜希尹家的墓里面，招远大将军墓里面出土的。这时候我正在内大跟金启琮先生学习女真文，可以说我还没完成论文。

我有一个习惯，就是在学习过程中我经常备一个本，这个本对我自己来说就是一个小字典，老揣在兜里。当时是寒假的时候，我回到吉林文物考古研究所，张英队长说我们出土一个女真字的碑，但是也不确定是不是女真字，正好你是学习女真文的，你就给我们翻译翻译，于是就把我拉过去看那个碑的照片，总共二十多个字我能答上十多个，好多都是拼音字。招远大将军节度使之墓，女真文总共就二十一个字，最后两个字，音我都找着了。我学的满文，这个是“坟”，这事结束后我马上给金先生打电话，于是他说正好明年民族古文研究会成立，你就拿这个做见面礼，写一个考释文章，这样我就开始做这个文章，然后在会上见到了陈述先生。

这我是盼望已久的，因为以前没有机会见到陈述先生，那时候“文革”很少出差到北京，总算是见到了。之后我就经常找陈述先生请教，聊的时间也比较多，所以我就把这些事在我写的《回忆陈述先生二三事》里谈了，而且把陈述先生给我说的所有的话我都记下来了。现在我的记忆也很清楚，他说“你学女真文是真的好，你要搞辽金史研究，掌握契丹文掌握女真文就如虎添翼。”这些话我印象最深，我当时也觉得是这么个事，尝到了甜头，这个甜头到我后来搞金史研究一直都在鼓舞着我，我也确实觉得从那以后我再看金史就不一样，掌握女真文以后你再看金史，确实和好多一般的字不一样。因为好多女真术语啊，包括官字、部族名称、人名，好多都是女真文，或和女真文关系很大，你都有可能从那些字中受到启发，所以那次见面给我留下的印象颇深。虽然认识时间不长，但是这也算老师，他说：“除了语言文字之外，你还要注意两点，一个是文献要尽量求全，他搞《全辽文》和后来搞《辽史补注》，对我们真正研究历史这都是基本要求；再一个是要注意考古，这些年辽金考古出土不少东西。”恰好那几年我也很关心这个，所以陈述先生提的这几点，我做学问一直都没忘记。所以这些年对考古资料、文献资料还有契丹、女真语言文字方面的东西，我都比较了解，这都是我得益于老先生的，我辽金史研究入门是得到陈先生的启发，所以我至今不忘。

再一个不忘的就是，1985 年选任副秘书长之后，每一次开会我都必须把每一个人的发言加以记录，他们的文章我都要一一进行拜读，摘要点，然后进行归纳，最后搞一个学术报道。所以那些年大家可以常常看到在《民族研究动态》，还有像《人民日报》《社会科学在线》关于这个会议的报道。

那些年，每一次会我都要做一次功课，至少占我一个月时间要把会议报道整理出来，而整理出来之后我还没有百分百的把握，我又递交给陈先生。有时候借着出差机会到北京亲自到陈述先生家中请他指导，然后由他把关，再交给《人民日报》等，所以那些年我也受到了锻炼，掌握了一点学问，如果没有这些经历，我也不会锻炼出这种能力。参加一个会并且能够归纳出一二三，把会议的学术要点、学术观点提炼出来，这也是个本事。所以这一方面也得益于陈先生给我这类机会。实际上副秘书长干的就是搞个会务，最后把会议报道出去你就完事了。直到陈先生去世前一年，大同那个会是个国际性的学术讨论会议，好多国外的著名学者都来参加，包括美国的、日本的、韩国的、中国台湾地区的专家都来参加这个会。那次任务比较重，报道的要求也高。陈先生说你整理的这个东西争取在《光明日报》发表，所以我整理出来的会议的要点最后《光明日报》还真发了。《中国历史学年鉴》也发了，做了介绍。这些稿子都是不一样的，《民族研究动态》是最全的，它的篇幅长，文字不受限制，《光明日报》限制字数。这些事实际上是老先生的嘱托，最后也是经过老先生之手发出去的，我觉得这也是老先生对我的栽培，使我得到了更好的锻炼，所以我每当辽金史开会的时候，我总是想起那会儿。那段是辽金史研究从上升阶段走向黄金时代，团结了不少国内外的学者，每次开会都有国际学者参加。我们都是经常见面的，如韩国的金在满、金渭显，美国的葛雾莲、陈学林等，那时候都经常参加咱们的中国辽金史研究学会议。那时候在我印象中，辽金史研究学会并不比相邻学科、兄弟学科的包括宋史、元史差多少。老先生在的时候，我认为那时候我们的学术水平在不断地提高，在国内外都有影响，所以我总怀念那段时光。怀念归怀念，这历史总是还在不断的走，中间走过大家众所周知的一段低谷。低谷这一段我也有责任，学会的工作做得不像原来那么有水平，质量不像那么高，但是也有成绩，不过这个成绩经过事实检验，在2003 年咱们学会从国家一级学会变成了二级学会，是民族史学会的一个分支。那时我有好几天睡不好觉，因为这事广播了，报纸也刊登了，中国辽金史学会被取消了。所以那时候心里不是滋味。但是不是滋味归不是滋味，也知道有客观原因，也有我们的主观原因，学术工作没做好，我们有责任。但是从总的来说，起起伏伏更加使我们怀念老先生。

现在我已经 77 岁了，我就盼望在有生之年还希望辽金史学会能够长江后浪推前浪，能够有一天恢复国家一级学会，我还希望有这一天。但是就像史金波先生说的一样，不太容易，辽金史研究毕竟还有过一段辉煌，它要恢复也还是有好多条件的，靠咱们一些还健在的老学者、特别是能干的中年学者，还有不断努力的年轻学者，近些年也有转机。这几年我也比较注意这方面的信息，周峰办的那个网站，包括 21 世纪的这些著作我也仔细看了，21 世纪咱们辽金史研究最重要的一个特色，就是咱们有好多学校都有博士生导师在带博士生，这我感觉是有希望，在逐渐培养年轻人。

今天参加会议的有好多都是辽金史研究学会的博士生导师，他们的课题我也注意了，因为那个网站里将博士生论文等都做了介绍，我一看还是有希望，研究领域开拓的多。而且课题也是纺织、医药、绘画，都更加的专业化了，不像以前都是大题目，现在很丰富多彩，后生可畏！再一个，大学、研究所包括咱们社会科学院的研究生院也不断地在培养这些新人。我想把希望寄托在中青年身上，将来会有辽金史复兴的局面，这样也不会愧对老先生当初创办这个中国辽金契丹女真史学会。

希望今后的辽金史学会尽管是二级学会也好，能够在短一点的时间内争取变成一级学会，能够把大旗扛下去，这是我们对陈述先生最好的纪念。一代人有一代人的任务，我总觉得辽金史应该跟西夏史、跟宋史攀亲，本来都是同一时代，十世纪到十三世纪这个时代是多朝并立，多国多部族的一个时代，这个时代正好是为元朝大统一做准备的时期。所以研究辽宋夏金史的研究人员坐在一起讨论共同性的问题是个多么好的事情。但是这么长时期并没有做到很好。当然，要排除一些狭隘的偏见，比如我参加宋史研究会受到启迪受到教育，在那里你可以听到好多有关宋史学者的声音，尽管在有些观点上和他们有些许不一样，但是我很喜欢能够听到不同的声音。西夏到现在没有研究会，老先生在去世之前就说过能不能跟西夏一起搞个西夏辽金史研究会，一起讨论问题，因为这几个朝代都有关系啊，所以这是非常必要的。而且西夏的研究这些年有很大的起色，出了很多著作，很多大家，例如史金波，李范文，四川大学的胡先石，还有兰州大学的李卫教授等，在西夏研究方面都是领军级人物。那么有朝一日辽金史能够跟西夏坐在一起是多么好的一件事。我记得西夏有一次会，是李范文还有一批人来参加，当时是想要联合，但是由于个别原因没合成，其实也是因为准备工作没做好，那么我希望咱们本届的管理者能够把相关的人物邀请一下，共同商议。

思念父亲陈述

陈　正

父亲陈述是一位历史学者，离开我们已经有二十多年了，但我还是常常思念他，往事历历在目。

清晨我在附近的公园散步，周围来来往往的人们老年居多。看着他们花白的头发、沧桑的面孔，还有的坐轮椅由亲人推着。我心里别是一番滋味。我没见过父亲这么老态的样子，他好像还没有老就走了，竟没有留给我任何照顾的机会。看到那些推着亲人散步的人们感觉他们好幸福！父亲在八十高龄的时候还在夜以继日地工作，他总感到时间不够用，而我那时却疲于奔命，对父亲的关心太少了。

父亲是一个很自律的人，每天的工作生活安排得有条不紊，除了清晨在户外散步，工作的时间排得很满。责任是他一生看得很重的一件事，就像军人要保家卫国鏖战疆场，学者就要努力去伪存真，为后世学人铺平进步、发展的道路。我想父亲是以生命的代价完成他的学术事业。我指的生命不是登梯爬高需要冒险的生命，而是他放弃了休息、放弃了娱乐、放弃了安逸、放弃了名利双收的出国发展，以及那个时代一切可以使生活更加轻松愉悦的机会和有利条件，苦行僧般的埋头著书，在我的心目中，父亲既平凡又伟大。战争时期英勇的战士会为了胜利拼上生命，而父亲对自己的工作有如为胜利拼上性命的战士，放弃了健康、也放弃了养尊处优的长寿之旅，最终成就了一部填补历史缺漏诸多的辽代历史大百科。

历史上由朝廷下诏修史被称为官修，官修历史有用人、档案资料取用等诸多便利。相反，由个人立志补注一朝正史，我想可称私修了，既无取材的优势也无用人的便利，从创意起笔至收笔全凭个人坚强的意志和对于史学的热爱与执着追求。父亲可称是现代私人修史的典范。他工作的年代条件有限，既没有复印机，也无录音机，运用照相机这种奢望更是一个年轻人不敢想的，发现有用资料更多的是靠自己抄录。不但每个观点证据要自己建立，资料查找、誊写文章都要亲力亲为，最多是母亲替他抄录。漫漫求学路，做学生时父亲是锲而不舍，做先生时他又是诲人不倦，身体力行。我见过父亲有一大抽屉请抄书先生抄资料的付款收据，那是很多年前的事情。我曾问他留这个有什么用，是报销吗？父亲说不能报，只是留着作为对自己工作的一种肯定，有付出之后的欣慰。其实他根本不知道那是多少，谁都不知道有多少，各种时期的纸，各种笔体，各种方式（有预支付的）由抄书先生工整的字写的收据。对现在越来越先进的检索、查找、复印，年轻人可能难以理解，但父亲确实是亲力亲为那样做的。至今有些资料即使他提供了出处，在网络上还不能查到，可见父亲青年时期博览群书，有着怎样坚忍的毅力和信念才能做到的。

在整理父亲的遗稿时见到他的日记，尤其是在生命最后一程的记录，让我很感动。在1991年12月26日的报纸上，北京市政府提出要办八件对市民有益的事。父亲在日记中写下："明年辽金城垣博物馆就要开办了，被排在第六件。"他剪下了这条消息，用红笔在该条做了标记，可惜他没有等到辽金城垣博物馆的开馆。最近我才明白为什么父亲这样关心此事：在整理资料中我见到了父亲亲笔手写的倡议书，其中写到北京作为首都是从辽代开始……建议北京修建一个辽代古城博物馆。倡议书有理有据，写给当时的主管部门。想来当时的市政府参考了父亲的建议，并将建馆事宜列入日程，父亲感到很欣慰，在笔记中做了记录。直到临终前他的工作都排得很紧，工作日记中记录着要写什么信、要改什么稿、要找谁谈什么事……全身心投入到工作中，很是忘我。现在想想，这样的工作状态，哪里像是一个老人呢？但他就是这样一个忘我、无私的人。平时他最不能容忍小病大养、无病呻吟，就像人们当时常说的，"小车不倒只管推"。也正是如此，今天我才猛然想到：这样忙碌的父亲怎么会有老年的感觉呢？我常听到他讲："要对自己做过的工作负责，若后人再遇到类似的问题，可以少费周折，因你的工作而让后人节省时间、精力，你的工作才有意义，否则无数的人为一个事情反复投入时间精力研究，就是劳民伤财。每个人对自己做过的事情、研究过的内容要负责，要有担当。"他不仅是这样说的，更是这样做的。他对自己的工作都有记录。给一个成品找问题是相对容易的，而面对庞杂的资料找出那些有价值的东西，这种判断需要深厚的学术功底，缜密的分析，史料的支持以及足够的自信担当。父亲的工作基本都是为后人铺路，以工具书为多，在他的工作中从未对前人或旁人的工作评头品足，即使有不同见解，他也只是通过举证、说明、阐述自己的观点，从未通过批评他人来肯定自己，学术上做到各抒己见，由读者定夺。这是他良好的学术道德。

在多年的工作过程中，除了不断解决遇到的难题，他还将诸多相关问题收录、整理和总结，并出版学术成果以供后学取用。如先将搜集的辽代文章和出土文献辑成《辽文汇》，后又增广为《全辽文》，等等。他希望后世学者们再用文献时不必像他那样费时费力，可以经他的工作而得到帮助。又如编著《金史拾补五种》，父亲把自己在研究过程中遇到的金代诸多少数民族人名、地名等等易混淆的内容另录成册，边发现边考证、边整理边补充，探究学问精益求精。我曾亲耳听到一位老编辑讲他自己用破了三本这部书，赞扬父亲在这部书上用功很深、很实用。之后，父亲又辑成了辽史的部分，汇在一起成为《辽金工具书十种》（待出版），为后学研究难治的辽金史提供更多有益的帮助。

之所以如此努力地做研究的基础工作，是因为父亲有学习的心得。在他做学生的时代以及最初工作的年代，条件都没有后来好，为搞清一些难解的史实，常要花费很多时间和精力。那时我常见他仰天长叹，口中念念“恨不能起先人而询之”。对当时只是小学生的我来说，根本听不懂是什么意思，但我知道他很为难。我问他为什么这样说，父亲耐心地给我讲：“太难了，资料缺乏，我不能很快得出确切结论，想有知情的前人能给我一些指引。”这句话我至今记忆犹新，不经意间我也会说，真想起先人而询之，说明我的无奈与无助。我也更加深刻地理解父亲工作的艰辛，在当时的条件下，凭一己之力做这样庞大的一个学术工程是多么不易。

即便在这样无助的情况下，父亲还是以他扎实、深厚的史学功底及超越常人的毅力，凭着一支笔，几十年如一日，孜孜不倦地执着于他的工作。为了自己的研究使命及学术追求，放弃了太多的休闲，放弃了太多的名利诱惑。经历了受教学习的民国时期，强化他使命感的抗战时期，爱国责任升华的内战时期，报效祖国的解放初期，无奈迷茫的“文革”时期，以及奋而发力的改革开放新时期。在不同的社会时期，他始终对自己的学术追求坚定不移。他的目标是将《辽史》补注得更完善，为中国在人类发展史中的记录更少瑕疵作贡献。他一直以来的工作动力就是在有生之年为后世学人做一部立得住、信得过的辽代历史百科，这使得他没有时间关注主题工作之外的许多事情。六十年来，父亲全身心地投入到辽金史资料的研究之中。由于经历了各种动荡的社会历史环境，使他更加珍惜平静环境下的工作条件。他的内心是充满正义感的，由于工作压力大，他没有精力分神，只能选择他认为更重要的事情做。事实也的确如此，枯燥、乏味、劳累的工作虽然使他晚年的生活少了许多享受和安逸，但同样也多了许多旁人难以理解的充实，父亲是幸福的。

我与父亲受的是完全不同的教育，成长在完全不同的年代，但在近距离与父亲的生活接触中，我很认同与崇拜他所坚守的学风，知之为知之，不知为不知，做任何事情都脚踏实地、没有虚浮。要做到这点很难，尤其在庞大繁芜的历史求索中更显不易。有一次家里来了几位年轻学者，因一个问题争论不休，年轻人自恃记忆力好，执着己见。当时恰好我在家，父亲喊我去书房取《册府元龟》第几册，拿来打开第几卷第几页。我照办了，那几位年轻学者看后惊叹不已，深深地敬佩父亲的学问及过人的记忆力。类似的事情还有很多，这也让我深深地佩服父亲的学识和能力，许多了解他的先生也有同感。

在父亲百年纪念会上，南京大学姚大力先生几句朴素的话，也让我感慨万千：“人不是生而做官的，陈先生也曾有许多机会，但他有学术上的追求，他放弃了仕途，成就了一位学者，否则他不一定不是一个好领导，因为他有强烈的责任心，对社会负责、对工作负责、对自己负责……”父亲的一生确如姚大力先生所言，为了学术追求矢志不渝，心无旁骛。对于地位、虚名不做计较，完成学术研究的使命才是他最为在意的事情。从学生时期立志学习历史，到之后几十年父亲的工作经历，正如他的学生所赠的挽联所述：一代宗师昭史册，毕生心血写辽金。

在经历过的诸多运动中，父亲始终保持了自己的尊严和知识分子的气节。这种态度也深深地影响了我们子女，虽然我们也曾经受了许多磨难，但我们都是积极向上和宽容的。这与父母对我们的教育与影响分不开。父亲本人更是在有机会为社会服务时把握住机会，再次投身到辽金史研究的振兴工作中。他鼓励青年学生参与专题研究，提倡搞历史要重视考古发掘，自己也多次为考古部门提供背景资料，帮助一线考古工作者及时作出报告，及时填补历史空缺，解决学术问题。他一如既往地承担责任，为各方面求教的学术单位、个人提供真诚的帮助。

“文革”后父亲被国务院聘为国家古籍整理出版规划领导小组顾问、担任了辽金契丹女真史研究会的创会会长、并被聘为社科院研究生院首批博士生导师。在研究生招生时他因考虑到在辽史研究中有契丹字研究的问题，就有意在计划中安排了一个有数学专业背景的学生。因当时新的计算机技术已经开始走进各研究领域，并在世界上先进的国家应用，而在中国社会科学领域还很少有类似的研究探索。父亲正是看到了先进科技的力量，希望能利用计算机破解契丹字之谜。虽然之后未能如愿，但这一尝试足见父亲在专业研究中的锐意进取和对学科建设的远见。

父亲虽受教于上世纪之初，但学术思想是开放和与时俱进的，并不僵化和陈旧。学界同仁认为，他是少有的以旧科班的功底运用新史学方法研究历史的专家，是一个有科学思维和创新意识的史学家。

近年来我在整理父亲文稿的过程中，知道了他的一些经历：从大学预科起父亲就勤工俭学，为学校图书馆抄词条、为古籍做标点，而这些工作是学校在选拔之后，提供给优秀学生的，同时也是一种参与研究实践的机会。父亲在大学读书期间的多份作业被老师看好，其中大二的一份作业由校长亲自题笺、刊印成单行本作为全校同专业学生的范文。看到了他的求学经历，我更加佩服他的认真专一，对工作的敬业，对事业的奉献，以至于达到了忘我的境界。就是这段学习练就了他扎实深厚的专业基本功，并确立了他后来一直坚守的学术目标。经过大学几年的学习生活，充实了父亲的头脑，开阔了他的胸怀与眼界，他在学术研究上选定的方向也越来越清晰，辽金史研究成了父亲此后六十余年矢志不渝、拼尽全力的学术研究领域。

大学还未毕业，父亲便在陈垣、傅斯年、陈寅恪等先生的举荐下，到“中研院”史语所工作。之后的数十年，他主攻辽金史、东北史及东北民族史。

上世纪50年代初，他参加了全国的民族调查，到当时东北的黑龙江省海拉尔地区很多个少数民族聚居地，通过各种方式深入调查做广泛的文献研究，父亲形成了颇有史学、民族学、文化学、政治学影响的学术著作和重要观点，如达斡尔族源于契丹、“第二次南北朝”、东北部分民族（赫哲、鄂伦春、鄂温克等民族）史源探寻等，并参与了部分民族名称的确立。在一定程度上补充和完善了相关的研究，其影响也远超于史学研究之外。父亲参与确定的几个少数民族名称及族源至今深受认可。

比如论证达斡尔族源于契丹的问题，父亲曾留下《达斡尔族简史》的手稿。他不仅翻阅了卷帙浩繁的、有史以来的各类史料文献，进行了实地调研，还借鉴了日本、俄国等部分国家中国学研究者的研究成果和方法。父亲做出这一学术判断是下过功夫的，在研究中兼用了中国传统学术和近代西方传入中国的各类方法。虽然在学术界曾存在不同意见，但约半个世纪后 DNA 等新科技的运用证实了父亲当时的判断，达斡尔族学者和民众也由衷地感谢父亲在这方面所作的重要贡献。

再如父亲通过研究辽金契丹女真史，更多地看到了辽金时期北方各民族对国家发展所作的重要贡献。为了改变以往史学研究和史学教育对辽金两朝的偏见，如异邦、外族、侵略、蛮夷、落后的说法，以及历史分期略过辽金时期，甚至把辽金视为“国外”敌对王朝的错误认识与民族偏见等，明确提出了辽金时期是中国历史上“第二个南北朝”的观点，这对当时国外有些主张“长城以外非中国”，企图分裂多民族中国的错误论调，起到很及时的批驳作用。在他写的《辽代史话》这本书中，以史实作为学术依据指出了这些错误，维护了国家统一和民族团结。这也在史学界产生了重要影响，为今天中国多民族的共存共荣提供了丰富的历史依据。在父亲去世后的一次纪念会上，有位女老师说道：在建国初期，中小学的课本中提到中国历史时，只提：唐、宋、元、明、清五个朝代。是陈先生向教材主管部门提议要改变过去错误的提法，强调辽金两朝在祖国大通史中的位置，强调北方民族为祖国发展所作的贡献。之后的中小学教材确实做了改变。

“高调做事，低调做人”是现在人们表扬勤奋努力工作的同志时常用的一句话，而我由衷地感到，父亲就是这样的人。由于自己的选择，父亲多年的学习生活可以说只围绕一个中心内容。尽管他学识渊博，受到学界肯定，可他从未满足，各种赞誉他都不为所动，永远地保持低调，这就是他的一贯作风。作品未出手时，他会不断努力完善，不会有任何的哪怕是“窃喜”，这种甘于寂寞的心态，成就了父亲一生的治史事业。尽管成材路上有无数的驿站，父亲从未给自己小憩的机会，连病假都没有过。一生遇山开路，勇往直前，不见“补注”成书，不停下脚步。他要将最完美的作品留世。

他做人朴素、诚实，没有虚情假意，对生活没有过高的要求，一心放在学术研究上。记得一次我中午下班回家来看他，问道：“今天怎么样？有事吗?”他非常高兴地告诉我：“哎呀！今天太好了，来了一个达斡尔族姑娘，聊了很多，还给我跳了本民族舞蹈，我太高兴了。”也有时我回家问他后，父亲会幽默地告诉我：“哎呀！今天可是连个蚊子都没飞来过。”也有时我回家会见到父亲与朋友在家里聊天，多是在谈工作、学术上的事情，很少说到现在老年人关注的养生之类的事。这也是我心里很难过的事情，工作上要高标准、严要求，对生活却很少计较。

父亲的生活虽然很简朴，但充满了关爱和幽默。一次我中午回家晚了，父亲没休息一直等我，并迎我进了厨房。当时我眼前一亮，一大盘摊鸡蛋放在桌子中央，很整齐漂亮，我忙问他怎么还没吃饭，他很开心地告诉我他吃过了，这个蛋饼是专门留给我的，是他自己做的。他热爱生活，总愿意把最好的呈现给别人，我很理解。

转眼父亲离开已经二十多年了，这些年我一直在整理父亲遗留的稿件等文献，但因专业不同，必须克服各种困难；也因各类琐事干扰；更因无数的回忆，无限的怀念，使得整理工作时断时续。

在和中华书局的共同努力下，父亲倾其一生完成的《辽史补注》出版发行了。这是父亲一生学术追求的部分成果，也是其最为在意、用功最勤、用时陆陆续续几近六十年的成果。几十年来，父亲无论做什么工作，内心深处都记挂着他的《辽史补注》。做学生时，他练就了专业的基本功，做教授时他不忘积累资料，做研究员时更是将资料去伪存真、辩驳梳理。平时的工作生活目标也很明确。为了辉煌新中国的史学事业，充实国内的史学力量，他几次放弃了受邀去国外、去台湾享受各种优厚的待遇，而坚持留在国内为中国的历史研究工作尽力，培养研究人员，在他的带领下，辽金史研究领域结出了大批硕果。一生中父亲始终在辽金史领域做一切他能做的宣传与推广工作，强调辽金两朝在中国通史中的重要地位，北方少数民族在历史上起到的重要作用。

父亲所作的《辽史补注》作为对辽代历史的学术补充，曾被太多学人寄予厚望。早在上世纪 70 年代，台湾学者就曾在报纸上著文期待这部父亲从 30 年代即着手的一代史著能早日问世。80 年代台湾“中研院”在院庆之际，以中华杰出学人的名誉邀请父亲赴台同庆。虽未成行，但父亲感受到两岸华人对祖国文化历史传承所做的努力，很受鼓舞。

90 年代初父亲组织辽金史学会召开了辽金史国际研讨会，并邀请了许多国外中国辽金史研究的专家。为了推广介绍国内的研究成果、介绍研究状况，父亲不顾年迈，亲自赴美讲授国内辽金史研究的进展与成就，更难能可贵的是他的讲稿全部是自己用英文写就的，并能用英文与年轻学生们沟通。他的出访使国内的辽金史学术研究受到了国际同行的瞩目与赞誉。

想到和想说的话太多太多，在此辽金史学会的年度学术会议中，我真诚地感谢所有支持过父亲工作的人。祝愿辽金史学会在今后的工作中发挥专业特长，为后来人学习、研究辽金历史提供帮助，成就辉煌，这也是父亲的愿望。

第六篇

学术名家

不到长城非好汉

——记西夏史专家李蔚教授

高士荣

一　成长经历

1934 年 10 月，李蔚先生出生于江西省九江市兴隆村杨柏岭。杨柏岭是一个坐落在半山腰的只有三户人家的小村庄，因地处大别山深处，单靠种地务农难以养活一家七口。李蔚先生的父亲在安徽省宿松县凉亭镇租了一个店铺做裁缝，同时将李蔚姐弟三人送到凉亭中心小学读书。私塾先生教授四书五经、唐诗宋词、《古文观止》等内容，为李蔚先生奠定了深厚的国学根基。

父亲对李蔚姐弟讲述自己经商的艰难历程和祖辈励志敬业的故事时告诫道："学习也好，做事也好，做人也好，认准的目标，就要有一种执着的韧劲，绝不能见异思迁，半途而退。"李蔚先生牢记父亲的谆谆教诲，在学习上脚踏实地，既不求一时的功利，也不靠小聪明投机取巧，最终以全校第一名的成绩考入太湖中学。上中学的时候，李蔚先生因学习刻苦导致营养不良，患上了肺结核。当时的肺结核相当于绝症，李蔚先生不得不休学回家治病。通过这场大病，他深刻认识到运动对健康的重要性。于是，李蔚先生学会了打乒乓球、做体操、慢跑等体育运动。他在病情好转后坚持自学，最终以优异成绩考入安庆第一中学。1953 年，他顺利考入山东大学历史系。当时，由于父亲开店只是小本经营，家里人口众多，时常入不敷出，生活陷入困境。李蔚先生去青岛上大学的路费是通过亲戚朋友借的。弟弟李盛明虽然学习很好，但终因无钱升学而不得不回老家种地。在四年大学生活中，李蔚先生因家庭困难而拿不出路费，寒暑假从没有回过家。他每天过着宿舍、图书馆、食堂三点一线的单调而又充实的生活。

20 世纪 50 年代的山东大学历史系号称"八马同槽"，即八位教授共聚一系，这在当时我国高校中是极为罕见的。在迎新会上，历史系主任杨向奎教授强调"三基"（基础知识、基本技能、基本理论）教育的重要性。历史系经常召开学术讨论会，欢迎大学生踊跃参加讨论。山东大学良好的学习与研究氛围潜移默化地影响着求知欲正旺的李蔚先生的心境，陶冶着其治学精神。于是，他开始坚持写札记、做摘录、制卡片，俨然一副“潜学者”的做派。虽然费时劳神，但李蔚先生却自得其乐，为日后从事西夏学研究打下了坚实基础。

1957年夏天，是李蔚先生一生中最为难忘的时光。由于父亲的教育和影响，他在大学期间始终如一地刻苦学习，成绩优异，在赵俪生教授指导下完成了题为《清乾嘉年间南巴老林地区经济研究》的长达45000字的优秀毕业论文，深得赵俪生先生赞赏。

1957年8月，李蔚先生大学毕业，本打算回安徽老家工作，却被赵俪生教授说服前往西北。当时，赵教授响应支援大西北的号召，准备奔赴兰州大学历史系。赵先生对他说：“兰州是丝路重镇，而兰州大学是西北文化教育的一颗明珠，是全国重点大学。西北人朴实厚道，为人实在，你选择这所大学，比你回老家更有发展前途。”就这样，赵先生带着李蔚和周世茂、尹居诚到兰州大学历史系农民战争研究室从事研究工作。后因赵先生补划右派，研究室遭到撤销，李蔚先生转入中国古代史教研室继续工作。

二 教书育人

李蔚先生是一位爱岗敬业、诲人不倦的老师，其严谨的治学态度和良好的师德风范一直为历届学生所称道。由于教学成绩突出，李蔚先生与刘光华、齐陈俊两位前辈共同被誉为兰州大学历史系的“三驾马车”。他不但讲授必修课宋元明清史，还为本科生和研究生开设了西夏史、宋辽金史料学、宋史专题等选修课。当时的选修课没有教材，李蔚先生就亲自编写讲义，将西夏历史的教学与科研紧密结合起来，更为宏观和深刻地研究西夏史。

李蔚先生对研究生的要求十分严格。对于20世纪80年代的研究生来说，中小学期间有一多半时间都在“文革”中度过，文字功底很浅。他对研究生的文字表述能力与逻辑思维能力都不太满意，认为需要多读书和多练多写加以提高。首先，李蔚先生要求研究生除精读宋、辽、金史外，还必须熟读唐宋诗词、唐宋文集与笔记。当时的学术书籍和论文不多，兰州大学中国古代史硕士点又新设不久，相关书籍除二十四史、《四库全书》（台湾出版的影印本）外，其他书籍都很缺乏。其次，李蔚先生在研究生第一年要求学生每月交一篇作业，或为读书笔记，或为小论文。每次收来作业，李蔚先生都会对词语表达、错别字、标点符号等进行细心修改。从李蔚先生手中接过作业的研究生，看着上面的红色笔迹，总会感到汗颜。李蔚先生自己的文稿非常干净整齐，很少有改动，即使写给学生的书信和便条也是如此。他经常说，写不清楚是因为没有想清楚，应该想清楚了再动笔。从一篇文稿是否干净清楚，就可看出作者对这个问题的认识程度。

三 学术成就

1963 年，李蔚先生到四川大学历史系进修元史。在蒙思明先生的引荐下，李蔚先生有幸认识了当时四川大学历史系高级资料员、西夏史专家吴天墀先生。从此，李蔚先生对西夏史产生了浓厚兴趣。他经常到学校图书馆或资料室搜集西夏史方面的资料。吴先生很欣赏这个勤奋的年轻人，认为李蔚先生有锲而不舍的执着精神，将来必成大器，对其给予了巨大鼓励。从此，吴天墀先生和李蔚先生成了忘年之交。

进修结束回到兰州大学后，李蔚先生继续到图书馆搜集西夏史料。邓广铭先生曾说过："西夏属大宋史。"从 1038 年元昊登基称帝，到 1227 年被蒙古所灭，西夏立国长达 190 年。它统一了我国西北大部疆土，不但先后与北宋、辽、南宋、金长期并立，而且有仿汉文而造的西夏文，成为当时应用范围广、使用时间长的少数民族文字。由于历代封建史家囿于正统观念，始终不承认西夏政权的合法性，所以二十四史中竟然没有一部西夏史。因此，李蔚先生觉得西夏史研究是很有价值的一项工作。

西夏灭亡后，蒙古统治者将西夏遗民迁往全国各地，致使西夏实物被毁，文献失散。元代史学家在撰写《宋史》《辽史》《金史》时，仅将西夏事迹简略地附在三史末尾。由于党项、西夏方面的史料零星散见于曾驻守西北边疆的唐宋时期大臣的文集或奏议之中，所以李蔚先生只能到图书馆寻找这方面的资料。他从相关书籍中一字、一句、一段地搜集，校内找不到西夏史方面的资料，他便托人在其他大学寻找。对于搜集西夏史方面资料一事，当时与李蔚先生一起从山东大学调来的两位同志十分不理解，说他何苦呢，西夏资料匮乏，相当于"无米下锅"，很难研究，而且西夏文字更难认识，还不如研究宋史。李蔚先生却说："研究西夏学很有价值，现在是'冷门'，以后肯定会'热'起来。"就这样，不管遇到多大困难，李蔚先生都想尽办法获得第一手资料。

1978 年，改革开放迎来了学术研究的春天，李蔚先生对西夏史研究投入了更大热情。但是，研究西夏历史却不认识西夏文字，这对他来说谈何容易？于是，李蔚先生写信向四川大学的吴天墀先生诉说自己的苦衷。吴天墀先生在回信中为李蔚先生分析了研究西夏史的有利条件和不利条件。有利条件为：西夏史是宋史的一部分，李蔚先生是研究宋史的，熟悉宋、辽、金的历史，可以从宏观视角研究西夏历史而不局限于某个具体官名或地名的考证，所以一定会取得成绩。不利条件是：李蔚先生不懂西夏文，但可以利用年龄优势边学习西夏文边研究西夏史。在吴先生的鼓励下，李蔚先生和自己的研究生汤开建专门到北京向黄振华先生学习西夏文。同时，利用西夏学专家王静如先生到兰州大学讲课的机会向其请教。就这样，李蔚先生逐步掌握了西夏文。当时，与李蔚先生一起研究西夏史的还有汤开建。他研究了一段时间后取得了阶段性成果，认为西夏史研究得差不多了，就转而研究吐蕃史，后又转入港粤史研究。

但是，这一切并没有动摇李蔚先生对西夏史研究的执着追求。他常说："人要想在一定科学领域取得成绩，没有执着的精神，哪怕是天才，也不会研究出很有成就的成果。"他正是凭着这种执着的精神，才能在西夏史研究方面屡出成果。李蔚先生先后在《民族研究》《兰州大学学报》《中央民族大学学报》发表了近20篇西夏史论文，引起了国内学术界的关注。

1989年3月，宁夏人民出版社出版了李蔚先生的第一部学术专著——《西夏史研究》。该书共收集论文15篇，其中《西夏蕃官刍议》一文大胆否定了西夏有两套官制的传统观点。文章通过对蕃官的授受、职责、使用时间和宋元史料阙载等方面的考证，认为蕃官是汉人和党项人皆可担任的官职的西夏语译音，明确了西夏只有一套官制，开拓了西夏官制研究的新思路。《略论西夏文化同河陇文化的关系》一文驳斥了苏联学者提出的西夏文化源自中亚并自成一体的观点，指出西夏文化深受汉文化、回鹘文化和吐蕃文化的影响。西夏文化是在晋唐以来河西、陇右地区的河陇文化土壤中形成的一种文化，肯定了其作为中华民族传统文化组成部分的历史地位。这种学术观点既有理论意义，又有重要的现实意义。20世纪80年代初，吴天墀先生的西夏学专著《西夏史稿》公开出版，李蔚先生熟读后受益匪浅。但是，由于这部书稿形成于"文革"时期，因资料方面的限制而缺少对西夏历史的特点、地位、分期和长久性等内容的研究。李蔚先生将自己所掌握和搜集到的文献资料加以整理，经过几年的努力和耕耘，终于修改完成了《简明西夏史》的初稿，弥补了《西夏史稿》中的一些不足。1997年10月，《简明西夏史》一书由人民出版社正式出版，次年荣获甘肃省政府一等奖。

全书分为八章，共计29万字，在体例结构的安排、理论的分析和具体问题的考证上达到了较高水平，堪称西夏史研究领域的一部扛鼎之作。吴天墀先生对《简明西夏史》一书给予了高度评价，认为其在西夏史研究方面"甚有功力"。总体来看，《简明西夏史》一书具有以下三大特点。

第一，该书充分肯定了西夏在中国历史发展中的重要地位。元代史学家不为西夏单独修史，显然是不承认其合法地位。李蔚先生对这种观点进行了批判，进而指出：西夏作为中国境内以党项为主的各族人民共同创建的封建王朝，是中国历史不可分割的重要组成部分。

第二，结构布局别出心裁，突破了此前一般断代史的体例。李蔚先生将《总论》作为全书大纲，从宏观层面论述了西夏历史的发展阶段、社会性质、历史特点和历史地位，体现了较高的理论水平。第一、二章阐述了西夏建国以前的历史和夏州地方政权建立的过程。第三、四、五、六章按照时间顺序叙述了党项拓跋部兴起和西夏建立、巩固、繁荣和衰亡的全过程。这种创新体例有助于增强人们对西夏历史发展的动态认识。第七章和第八章静态描述了西夏的社会经济与文化成就，在内容方面是对第二至第六章内容的丰富与提升。这样三大板块互相联系、相互补充，形成了一个有机整体，系统地反映了西夏社会的全貌。

第三，钩沉抉微，考疑订谬，探赜索隐。在研究过程中，李蔚先生除遍览宋元明清各种西夏史料外，还重视搜集出土文物，运用二重证据法对某些争论不一的问题进行重新考证。如关于党项“秃发”的时间问题，经典文献记载元昊时期开始“秃发”。李蔚先生根据宁夏石嘴山市西夏城出土的秃发瓷人头像，证实早在德明时期就已“秃发”。又如，一些西夏史专家认为乾顺时期西夏开始实行分封制度。李蔚先生根据西夏陵108号墓出土的相关文物，运用传统史料加以论证，推断元昊时期西夏开始封王，乾顺为巩固皇权而推广了分封制度。这一结论弥补了过去学者研究的不足，恢复了历史的真实面貌。

《西夏史研究》和《简明西夏史》这两部西夏学术专著公开出版后，李蔚先生并未就此止步，决心撰写第三本书。2002年6月，甘肃文化出版社出版了《西夏史若干问题探索》一书，进一步展示了李蔚先生在西夏学研究方面的深厚功力。一时间，兰州大学有西夏学专家的消息在学术界不胫而走。但是，李蔚先生本人却显得极为平静，坦言“只想把西夏史研究透彻，多出专著，执着追求是我奋斗的目标”。此后，李蔚先生又参加了李学勤、徐吉军主编的《黄河文化史》西夏部分的撰写工作，该书于2003年5月由江西教育出版社出版发行。

2009年6月，人民出版社出版了《中国历史卷》第十分册——《西夏史》。该书分为八章，共计33万字，是李蔚先生对《简明西夏史》进行修订增补后形成的学术著作。书中不但新增了西夏地理环境、西夏统治者的文化政策、西夏文化的区域划分及其特点、西夏社会经济发展的各种制约条件、西夏遗民的流向、蒙元时期党项人从政的主要功绩等内容，而且在西夏社会生活方面增加了道路和交通工具、姓氏与发式、饮食与健康等条目。《西夏史》一书中的文物图片由原来的20多幅增至300余幅，文后还附有“主要征引文献与参考书目和索引”。

李蔚先生除积极著书立说外，还在前人基础上对《西夏书事》和《西夏纪》进行了整理和点校，纠正了200多处错误。该成果收录在车吉心、王育济主编、瞿林东先生作序，泰山出版社出版的《中华野史·辽夏金元卷》之中。

李蔚先生正是凭着“不到长城非好汉”的坚忍不拔的拼搏精神，才能在西夏史和西夏学研究方面独树一帜，建树颇丰。

（此文刊发于《西夏研究》2017年第3期）

第七篇

博硕士论文提要

金代饮食生活研究

黄　甜

女真人崛起于“白山、黑水”的东北地区，历经征战逐渐将领土范围拓展至秦岭、淮河一线，与辽、宋、西夏、蒙古等政权存在着激烈的对峙、频繁的交流，促进了金代社会饮食生活的丰富。

首先，饮食种类逐步形成了以麨、粥、面食、糕点等为主食，以肉乳、蔬菜、瓜果、调味品等为副食，以水、酒、茶、乳、汤等为饮品的饮食种类，并且向以农产品为主的趋势发展。其次，磨、砻、杵臼和碓等工具的普及和改进，以及蒸、煮、煎、烤、腌渍等烹制方式的普遍采用，进一步促进饮食生活的丰富。饮食在餐制与座次、岁时节日、人生礼仪等方面融合了辽、宋社会的饮食习俗，逐渐产生了饮食娱乐、饮食治疗、饮食营养等思想。最后，饮食器由早期使用木质的盘、楪、碗等简陋器具，到碗、盆、盘、罐、瓶等陶瓷盛食器，以及盏、杯、盅、壶等陶瓷饮具的使用过程中，逐渐形成了以匕、箸、勺、匙等多种进食工具搭配使用的进餐方式。

金代饮食生活具有两项突出特征。其一，饮食阶层性差异强。金代社会统治阶层和富者饮食注重享受、娱乐和尊卑，相反平民百姓则常以野菜、糠米果腹，差异强烈。另外，在日常居家、宴饮、宗教信仰等方面所使用的饮食器具，也明显体现出了饮食生活的阶层性差异。其二，民族饮食文化融合突出。金代饮食方式为聚众合餐而食，食餐制为两餐制与三餐制并存，是宋辽金时期饮食的时代特色，但随着金代社会的稳定以及民族融合的加深，各阶层中出现了较多的开芳宴、散乐侍酒宴等，融合了辽、宋社会的饮食文化特色。

总之，金代饮食文化历经百年的多民族融合与沉淀，在中国古代饮食史发展中具有承上启下的重要地位，也无疑为元明统一政权的多民族饮食文化奠定了基础。

（博士学位论文，西北大学，2016 年）

《经律异相》等夏译典籍谓词词头量化研究

张永富

在谓词前附加词头来表示一定的语法意义是藏缅语族羌语支语言重要的语法形式之一，作为藏缅语族中为数不多的文献语言，西夏语同样具有这一特点。对西夏文献材料的解读是探究西夏语语法最主要的手段，作为西夏语重要语法形式之一的谓词词头自然得到了学界的诸多关注，国内外学者的研究成果亦颇为可观，对每个词头的用法也有了初步的了解。但毋庸讳言，文献中仍有大量的语料与现有研究成果相互龃龉，且各方学者对同一问题的认识也有不尽相同之处，西夏语谓词词头进一步研究的空间还很大。本文在此基础上选取《经律异相》《新集慈孝传》和《十二国》三部夏译典籍，以专书穷尽的方式挑选出三部典籍中所有关于谓词词头的语料，对每个词头所表示的语法意义进行类化分析和研究。

本文之研究主要分以下三部分：

第一部分，三部夏译典籍的基本情况介绍。本章主要对三部典籍的出土地、收藏地、形制和保存状况以及学界目前的研究现状进行简单介绍。

第二部分，三部典籍中词头与谓词的结合情况。本章为论文的重点，将每一词头在句中所表示的语法意义分类开来，并将其所结合谓词的情况进行量化，重点分析一些特殊的语料。

第三部分，有关谓词词头的语法现象的探讨。本章为论文的难点，主要探讨了三种语法现象：一是同一谓词与不同词头结合的情况；二是西夏语中的禁止式和命令式；三是西夏语中的词头连用现象。

本文在选择文献材料方面，基本遵循以下几个原则：一、尽量选取对话体材料；二、尽量选取有确切汉文原本可参照的夏译汉籍文献；三、尽量选取西夏学界语法研究过程中尚未充分利用的文献材料。据此，初步选取《经律异相》《新集慈孝传》和《十二国》等三部夏译典籍，并酌情结合其他文献中的语料进行研究。本文通过搜集以上文献中谓词词头出现的全部语料，在专书穷尽式搜罗材料的基础上作量化研究，避免关键或特殊材料的遗漏，将各词头的语法功能以及与谓词的搭配关系作一详细梳理，以期为推动西夏语谓词词头的研究提供更加翔实的材料。

西夏语谓词词头经克平提出以及一代又一代学者的努力，其语法功能的框架已基本勾勒出来，这些研究成果对西夏文献的解读和西夏语支属的探讨具有无可替代的作用，但毋庸置疑，目前关于谓词词头的研究还有很多亟待解决的问题，仅从本文所选取的《经律异相》《新集慈孝传》和《十二国》三部夏译典籍中便可看到这一点。文章通过对两套 13 个谓词词头在三部典籍中的具体表现进行专书穷尽式的梳理，并根据其语法功能，对每一词头分门别类、量化研究，一方面为前辈学者的研究结论提供更多令人信服的语料，另一方面整理出诸多已有理论无法解释或已有研究暂未关注到的语言现象，并尽量给出作者的意见。有关西夏语谓词词头的研究任重而道远，对每一个词头语法功能正确无误的认识，不仅有助于正确解读西夏文献，勾绘西夏语法体系，而且有助于深化对藏缅语法体系历史演变进程的认识，同时为藏缅语族诸语言之间亲属关系的判定提供一种参考。

（硕士学位论文，宁夏大学，2018 年）

西夏蒙元时期黑河下游历史地理研究

贾玉雪

黑河下游流域的城镇是黑河下游经济开发、军事屯戍、环境变迁、社会发展的产物。西夏蒙元时期的黑水城和亦集乃城更是夏、元两代的边陲重镇，为统治者所重点经营。水是西夏蒙元时期的黑河下游区域存在和发展的基础，城镇聚落的形成，居延道路的繁荣，水利社会的构建都是以黑河水的存在为前提。人口的迁移和水资源的变化息息相关。水资源变化还会直接影响到黑河下游社会的生产生活，在人水矛盾突出的情况下，水利灌溉和水利管理应运而生。

本文通过对历史文献、考古资料和部分地理学研究资料的整理利用，加之实地考察调研，以期能够重建出西夏、蒙元时期黑水流域地理系统和区域空间，并以地理环境和人类活动为主导，阐述该地区在发展过程中的环境和空间变迁以及各要素相互影响关系。全文主要分为以下五个部分：

第一部分是绪论，进行研究背景介绍，叙述文章选题的意义和选题的缘由，对该领域内当前的研究现状进行总结回顾，加以分析研究领域内的研究情况及研究薄弱地带，最后对文章的研究内容、研究的思路与方法以及资料来源等问题加以说明。

第二部分是谈论黑水与黑水流域地理概述，结合地理学者的研究成果，构建历史时期到西夏蒙元时期的生态地理环境演变。

第三部分探讨西夏蒙元时期黑河下游的城镇与交通。讨论居延道的兴起与变迁，地位与影响。论述黑水城兴衰变化与城市形态功能及周边聚落城镇情况。

第四部分是西夏蒙元时期黑河下游的人口与生产生活，以及人类活动对水资源的管理利用。

最后是结语部分，探索西夏蒙元时期黑河下游历史地理变迁规律。

夏元时期，为了解决水资源不足的问题，在有限的水资源中创造更大的生产效益，各种水利设施的兴修，水利灌溉的发展也推动了水利管理的发展。然而农业畜牧业的开发反过来加深黑河下游沙漠化的程度。水土资源利用矛盾，或者说人水矛盾愈加严重。在西北干旱地带，有水就是绿洲，没水就是荒漠。气候干冷、水资源缺乏，水利灌溉、沙漠化扩大、城镇衰退是西夏蒙元时期黑河下游的特征和标签，这些因素最终也导致了黑河下游古居延地区的衰退和湮灭。

（硕士学位论文，西北大学，2018 年）

西夏古籍文字样本数据库的创建及应用技术研究

杨文慧

古籍文献的数字信息化，有利于古籍文献的保护整理与研究交流，是现代社会研究古籍文献的主要渠道。西夏文是记录西夏党项族的一种古文字，通过古籍文献中的西夏文字我们能够充分了解当时西夏的社会历史形态和民族文化，因此当前发掘并保存的西夏古籍文献是我们研究西夏文的重要窗口。但由于年代久远，能存留至今的西夏古籍文献少之又少，并且存在纸张毁坏、文字不清等问题，严重阻碍了西夏文的数字化发展。如今光学字符识别、机器学习等技术将极大地帮助人们对古籍文字的解读，但这些技术都是基于文字数据库的，文字数据库为文字识别提供了训练样本和评价标准。因此建立标准、公开、通用的西夏文字样本数据库是开展西夏文识别研究的前提和基础。西夏文样本数据库不仅为西夏文智能识别算法提供测试样本和评价标准，同时能够弥补熟练掌握西夏文语言专家的稀缺性，为西夏学研究者提供更加便利的科研工具和高效的科研方法，也为古籍数字化文献信息检索在方式和内容提供有力支持。

目前针对西夏文识别的样本数据库的建立尚处于空白阶段，本文重点探讨西夏文样本库的建立及应用技术研究。首先选择西夏文佛经文献作为数据源，然后对扫描后的古籍图像进行预处理和文字提取，将标注提取到的西夏文字图像信息组织整理为西夏文古籍样本数据库，包括文本样本数据库和单字样本数据库。文本数据库以 Excel 表格文件的形式组织，通过阅读 Excel 表中的信息，用户能方便地查询西夏文字并改善传统注释方式；单字符数据库以字符频率的顺序进行组织，单字符图像文件严格按照规定进行命名，以确保西夏学研究者在查阅研究西夏古籍文献时，通过数据库检索，方便地查询出该西夏字在哪些文献中出现过以及如何被翻译注释的。最后在创建的样本数据库的基础上开展西夏文智能识别研究，采用卷积神经网络建立深度学习模型对西夏文数据库进行训练学习，同时为了解决样本不均衡问题，提出了基于 MLSD 样本扩充技术提高对西夏文学习和识别算法性能。

（硕士学位论文，宁夏大学，2018 年）

中国藏西夏汉文书法研究

许　婧

书法作为中国具有历史性的博大精深艺术文化，在考古发现的充实的资料中探寻其历史发展与传承的过程中，也能更深一步探索西夏汉文书法的发展状况。西夏汉文的书法承载着文化的积淀，也在文化的传承中渗透着时代的特点与烙印。

西夏汉文文献及其书法更多的还是倾向于实用，对西夏汉文文献的研究不仅为学术界提供了可靠的研究文本，与此同时也方便了解其文化与历史。由于史书记载的简陋，西夏一度成为神秘的王朝，正因为西夏汉文书法的发掘与研究，使一个未知的王朝浮出水面，让我们根据其间流传的汉文文献更好地去解读它，与此同时，不论是文化的发展，还是政治背景的影响下，西夏的进一步探知和西夏汉文书法的进一步研究，也为少数民族书法艺术的补充和相关研究以及西夏学相关研究范围的扩充，起到了积极作用。

西夏汉文书法兼备珍贵的学术价值和以其特殊历史背景下独有的实用性和艺术性相结合，绽放着西夏文化的灿烂，也体现着民族的发展与融合的过程。在书法的艺术审美上，西夏汉文楷书，以其深受唐楷影响下的结体方正、点画间劲健沉静，行笔间显示出颜体、柳体、欧体的特点和风貌，在西夏汉文书法中具有很高的艺术价值。西夏汉文行书和草书行笔间线条流畅，点画灵动，笔画之间牵丝映带，形随势生。篆书则端庄大方，浑然天成。也体现了西夏人对书法艺术的追求和探索。在西夏的发展历程中，汉文书法贯穿于西夏的整个历史进程当中。

虽然西夏由于其历史和文化局限未有著名书法家传世，在少数民族艺术史中，但其遗留下来的汉文书法作品的艺术价值仍然可观。西夏汉文书法还有很多值得深入研究的地方，不仅仅是因为其珍贵的文献价值，也因为它承载了西夏民族文化的发展历程，尤其是其书法艺术上的研究，西夏王陵碑刻书法，虽然残破，但依旧显示了西夏书法的最高水平，为少数民族艺术书法的研究和补充有着很重要的历史价值意义。

（硕士学位论文，宁夏大学，2018 年）

西夏文构件研究

李　雷

构件是具有一定构造功能的形体单位。无论是构字理据还是构字方法，都与构件密切相关。因此，论文在合理使用《文海》等辞书的基础上，综合其他学者的构拟意见，总结构件功能和特点，梳理构件构字情况，进而尝试归纳出西夏文特殊的构字模式。

全文主要分为五个部分。

第一章为绪论。包括选题意义及研究目的、方法，西夏文及文献概说，相关研究综述。从研究现状来看，学界对西夏文构件的研究多体现在构字方面，且有不少成果，对西夏文构字的认识也在逐步深化和细化，但仍有完善的空间。

第二章是对西夏文构件的描写。包括构件的定义、分类、功能及特点。我们将构件界定为具有一定构造功能的形体单位。根据不同标准，西夏文构件可分为直接构件与间接构件、基础构件与复合构件、成字构件与非字构件等。西夏文构件的功能主要是表义、示音和标示，偶有代字功能。与汉字构件相比，西夏文构件的特点可归纳为构件形体相似度高，非字构件多、成字构件少，构件具有多重功能，构件不具备固定的音义信息等。

第三章是对西夏文构字过程的探索和总结。首先指出西夏文构件是在参与构字的过程中因沾染而获得新的读音和意义，其中每一个构件都可获得所构字的音义信息；其次说明只有继续使用新音义参与构字，构件之前所获得的新音义才得以外化或显现；最后指出构件音义具有序列性的特点。

第四章是对个别具体构件构字情况的系统分析。从中我们可以看出某一构件的功能及音义信息在整个构字系列中的变化，为第三章的探索和总结提供更详细的例证。

最后结语部分总结全文。附录是关于西夏文异体字类型、特点及成因的研究。

本文认为，西夏文是先造出一批基本字，这些基本字构字能力较强，记录的也是较常用的词。之后基本字中所包含的构件都具备该字的意义和读音，成为构件参构其他字。不同构件之间通过不同方式构成其他字。在这个过程中，构件沾染上所构字的读音和意义，并不断使用沾染后的音义信息参与新的构字。每一构件所具有的潜在音义信息只有在进行下一次构字时才能得以外化或显现，并不断随字转移下去。由此导致同一构件往往具有多种意义和读音，并呈现出序列性的特点。

（硕士学位论文，西南大学，2018 年）

西夏继承制度研究

陈时倩

继承是积累和传递的过程，也是新陈代谢、吐故纳新的过程。继承伴随剩余财产的出现而产生，包括财产继承、政治身份继承等多方面内容。西夏在与周边各民族的长期交往中，逐渐形成了独具特色的政治法律制度，这在继承制度方面有着充分的体现。西夏继承制度是西夏法律制度的重要部分，对研究西夏荫庇制度和西夏家庭财产的分配有重要意义。

本文主要依据西夏法典《天盛改旧新定律令》和西夏社会文书等材料，结合唐宋时期的法律法典，并借鉴近几年的研究成果对西夏继承制度的内容分别整理研究，并分析继承制度的方式、特点，对继承制度在西夏社会生活中的作用进行了深入探讨。西夏继承制度的主要内容包括官职世袭和财产继承以及继承方式。其中官职世袭包括官职世袭的传统、范围、限制和正军世袭的范围、限制等方面的内容；财产继承包括家庭男性成员和女性成员的财产继承，其中涉及西夏的“同居共财”原则；西夏的继承方式主要包括长子继承和本家的叔伯兄弟继承以及养子继承，西夏养子继承制度比较完善。本文还对西夏继承制度的特点进行分析，从正军继承具有的强制性、继承制度具有广泛性和灵活性以及女子有限的财产继承权等方面探讨，对西夏继承制度做了比较全面、细致的概括，又对西夏继承制度与西夏职官制度、家庭社会和军事制度的内在联系进行了探讨。

西夏的继承制既借鉴了汉民族崇尚的儒家思想，又立足于现实、保留自己本民族文化特色并独创了适用于本民族需要的政治法律制度。通过研究可以发现，西夏政治制度的多样性在西夏继承制度中有明显的体现。一方面，西夏官职和军职继承以嫡长子继承制为主要继承原则，如果没有嫡长子，则由同姓五服之内的兄弟叔伯继承官职和军职。另一方面，西夏继承制度也有不同于汉民族的特点。首先，西夏继承制度具有一定的强制性；其次，西夏继承制度有广泛的社会基础，其中正军继承比较普遍，最具有广泛性。此外，西夏妇女的财产继承权十分有限，妇女只能继承娘家的财产，不能继承夫家财产，体现西夏继承制度独特的一面。

（硕士学位论文，北方民族大学，2018 年）

西夏水月观音造像研究

金　鹏

水月观音又被称为水吉祥观音或者水吉祥菩萨，是佛教中三十三观音其中的一个，是观世音专心观看水相的化身。始创于唐代，经过各代的发展，尤其以西夏水月观音造像最为出色。本文主要以西夏这段时期的水月观音为考察对象，主要分析了敦煌这个地区的壁画和黑水城出土的一些卷轴绘画中的水月观音造像，并对不同时期水月观音造像中的各种元素归类，就其造像起源、绘画技法等方面作综合探究，归纳概括西夏水月观音的艺术特征。

由于西夏水月观音造像主要受到汉、藏地区以及周边一些少数民族本身艺术风格的影响，在原有的基础上有所改变。西夏水月观音造像之所以如此盛行，除了水月观音造像符合母性审美观念以外，还有水月观音引领往生净土的神职作用以及西夏一些女性当权者的大力支持。西夏水月观音造像所呈现的不仅仅是一种艺术审美，更重要的是通过艺术暗示信仰。西夏期间的水月观音造像呈现出独有的特性，不仅与各民族艺术风格有所糅合，而且具有创造性的多元复合民族文化特征。但我们同时也看出，水月观音从唐发展到西夏虽然画中精彩华贵有余，但灵气不足，这也许与佛教的发展由盛行转变为衰弱的大趋势相符。

从整体历史发展的角度看，西夏是一个被忽视的时期。通过西夏水月观音造像研究，可以看出，西夏时期壁画的成就在很大的程度上被遗忘。虽然莫高窟西夏壁画的遗存给我们的感觉是模仿，没有新意，但是在瓜州的东千佛洞花纹榆林窟，却令人惊喜，正如段文杰先生所说“大有异军突起之势”。到了唐代，它有了明显的衰落趋势，在五代和宋代巨型石窟中，它是一种重复的、僵硬的复制品，很难达到唐代壁画艺术的辉煌。西夏水月观音造像艺术的出现打破了敦煌壁画发展的寂静，也呈现一种动态的新的征兆。由于政治动荡和历史变迁，这些变化是突兀的，但在历史的岁月中，西夏壁画在敦煌的艺术成就和独特地位不应被遗忘。

（硕士学位论文，宁夏大学，2018 年）

西夏剔刻划瓷研究

杜玉奇

剔刻划是西夏瓷器的主要品种之一，代表了西夏瓷器的最高成就。西夏剔刻划瓷以黑瓷为主，它在西夏的流行并非偶然。从内部看，西夏瓷器受原料和制瓷技术影响，胎体含杂质多，更适合生产黑瓷，而西夏并未掌握黑瓷釉色窑变技术。从外部看，11—13 世纪，剔刻划技术已发展成熟，尤其适用于黑瓷装饰。由此，剔刻划瓷成为西夏最具特色的瓷器。

西夏剔刻划瓷已采用辽、宋、金时期先进制瓷技术，但工艺水平还不甚高，瓷器制作较为粗糙。在造型和装饰上，西夏剔刻划瓷并非简单模仿辽、宋、金瓷器，而是根据实际情况进行调整和创新，最终形成独特的西夏风格。

西夏剔刻划瓷器类达十三种，包括瓶、罐、钵、壶、缸、盆、碗等，以瓶、罐、壶为主，造型保留有辽、宋、金瓷造型基本特征，但口部、肩部和腹部差异较大。如西夏剔刻划经瓶多是折肩或圆折肩，以方唇口折肩最为流行；而辽、宋、金同类瓶尺寸更大，多是宽圆肩，流行卷唇和斜唇，方唇少见。

西夏剔刻划瓷装饰技法有印花、剔花和刻、划花，剔、刻、划花各有侧重，通过线条明暗、虚实变化让器物纹饰具有立体感。在题材上，菊花纹、鱼纹、鹿衔花纹和牡丹纹较为典型，纹饰线条特征一般是：轮廓线痕较深，锦地多用笔划纹装饰，剔釉常常伤及花纹；花头造型复杂多变，花瓣瓣形、花叶筋脉均与辽、宋、金时期区别明显。

西夏剔刻划瓷作为重要的历史文化遗存，带有社会历史发展的“烙印”，是西夏经济、社会、文化发展状况的综合反映。11—13 世纪古代中国多民族政权并存，彼此交往不断，因此，西夏剔刻划瓷造型、装饰以及器物组合，既与同时期周边地区同类瓷器有一定相似性，也具有自己的特征。分析西夏剔刻划瓷流行的原因，探讨它的地区差异及与周边地区同类瓷器的异同，有助于提高我们对西夏剔刻划瓷的认识，进一步探究西夏瓷器生产技术、发展演变规律及其文化内涵，书写 10—13 世纪西北地区瓷器发展史。

（硕士学位论文，宁夏大学，2018 年）

《中国藏黑水城汉文文献》四至六册俗字研究

刘 贺

"俗字"是相对于正字而言的，是指具有流俗性，在字形横造上不符合造字规范，不同于官方典籍文献正体文字的汉字形体。本文对《中国藏黑水城汉文文献》四至六册中的俗字进行穷尽式地搜集、整理。在搜集、整理的基础上，进行了深入分析和考证。

本文共辑录俗字602例，典型俗字形792个。以《说文解字》《干禄字书》《集韵》《正字通》等字书及流通于宋元时期典范文献中的繁体字作为正字标准，综合利用偏旁分析、归纳类比、字书佐证、审查文义、自证与旁证相结合等研究方法，对文献中所辑录的俗字行了全面系统的比较分析，从简省、增繁、草书楷化、改换构件、易位、合笔等六个方面对所辑录的俗字进行类型分析，以附表形式将考证结果置于文后，并选取文献中所辑录的34例典型俗字进行详细考证。

通过对四至六册俗字的整理、研究及分析，总结出四至六册文献中的俗字除具备俗字通俗性、任意性、时代性的共同特征外，《中国藏黑水城汉文文献》四至六册中的俗字还具有其自身特点及其形成过程中所显示出的规律性特征。文献俗字自身特点如：每篇文献皆有俗字，且多为民间手抄，说明了俗字作为一种简便的通俗字体而流行于民间；一个正字在文献中可能有好几个俗字形，一篇文献中正字与俗字并存，并且这些俗字型可以归为不同俗字类型。

文献俗字形成过程中所显示出的规律性特征主要反映在俗字书写时通过有规律性的改造方法使得汉字形体简化趋易，或通过换用形近、义近或音近的构件，或废弃重复构件，或偏旁类化趋一。但受地域、文化水准等因素影响，某一汉字仍有很多俗体字形，并未达到文字形体统一，并在一定程度上造成了汉字形体的混讹，如"来"与"耒"、"余"与"佘"等。

《中国藏黑水城汉文文献》四至六册俗字研究能够为进一步考证、研究黑水城汉文文献俗字的构型特点及其规律性、系统性特征提供参考，为黑水城文献的释读工作、《汉语大字典》等大型字典辞书的补充工作提供参考，有利于完善黑水城汉文文献的俗字系统。

（硕士学位论文，宁夏大学，2018年）

佛教造像符号迦陵频伽的象征与表达

张艺洋

迦陵频伽是形象特征为上半身人形，腰部以下为鸟身的虚拟生物，又称“妙音鸟”。“迦陵频伽”是起源于古印度神话传说中的鸟，在佛教典籍中，描述其鸣声可传递佛菩萨讲经说法。或指其为极乐净土之鸟，能发出梵音或演奏乐器，其在现实中是不存在的虚拟形象。在佛教国家如印度、泰国、柬埔寨、中国等多有不同材质、造型各异的迦陵频伽造像。而在汉传佛教中出现的迦陵频伽是菩萨与鸟的结合，意在度化众生。大量的经书、造像及艺术作品资料表明，迦陵频伽起初作为古印度文明衍生的神话形象，后随印度佛教在中国的土壤上生根开花，受到传统思想的影响，在原有的基础上融入各国不同地域间、不同民族、不同朝代的不同特色，并在其文化背景影响下，如今呈献出的是造型风格独特、材质多样但象征内涵相通的“迦陵频伽”造像。

本文分五个部分对迦陵频伽的象征与表达进行探究。通过研究迦陵频伽的起源，分析其表达的原因和方式，发现其所表达的象征内涵。据不完全统计，敦煌壁画中现今可考的迦陵频伽乐伎就有80余身；近年来作为建筑构件在西夏王陵3号陵考古出土的迦陵频伽，其数量之多，工艺之精细，使之成为最具有代表性的圆雕陶制迦陵频伽。本文的目的在于提供一种重点侧重的方式，即选取两种类别（绘画、雕塑）的迦陵频伽仔细研究，从而见微知著，深刻认识佛教造像“迦陵频伽”。

本文通过对人首鸟身形象的收集，以及探寻千百年来人面鸟身的文化痕迹，笔者经大量资料的探究与实地考察，认为作为佛教造像符号迦陵频伽形象的出现并非偶然，但也并非如一些学者认为的敦煌迦陵频伽是由希腊神话中的女妖塞壬嬗变而来这么简单。迦陵频伽的演变，体现了以人为载体的文化交融与碰撞。迦陵频伽起初由人头鸟最简化的形象，经历史的长河涤荡逐渐演嬗变成精美绝伦的造像符号，与其伴随的依然是象征美好的寓意。如今，我们所在的这个高速发展的时代，需要我们对文化充满敬意，需要我们去研究、传承文化之美。

（硕士学位论文，陕西师范大学，2018年）

宋太宗时期对夏州李氏政策研究

郭冰雪

宋太宗时期对夏州李氏采取的政策既是宋太祖朝处理党项族关系的延续，也是北宋后世应对西夏政权的前车之鉴。由于夏州李氏是我国西北地区长期存在并且根基深厚的少数民族之一，其军事实力强劲、民族风气剽悍，北宋为了安抚稳定这一政权，对夏州李氏采取的政策也区别于其他少数民族。宋太宗在位时期（976—997 年），为经略夏州李氏，与朝臣一起商定了相关政策。伴随着以李继迁为代表的夏州豪酋势力的增长，宋太宗朝的应对之策也在不断地调整变化，这对之后的北宋御夏政策产生了深远影响。

影响宋太宗对夏州李氏政策转变的因素主要有：党项族长期发展的民族性格、李继迁诈降诈服的误导、战争中的过度消耗、宋廷大臣的建议和宋辽夏三角关系的牵制五个方面。宋太宗对夏州李氏的态度及策略，成为继任者处理夏州李氏政策的指导思想，对宋朝后世征夏行军路线、对党项羌内部发展以及夏辽宋间的关系产生了深远的影响。

本文以《宋史》和《续资治通鉴长编》为主要史料依据，首先概括出宋太宗时期对夏州李氏的政策及双方关系问题，然后分析制定政策的原因、变化及对后世的影响，最后对宋太宗时期的夏州李氏政策给以定性分析。

本文对宋太宗时期对夏州李氏的政策问题分为两个阶段研究，前期宋太宗主要以拉拢安抚为主，在必要时辅之以制裁打击的策略。后期战和不定，从真宗到英宗朝，朝廷便放弃军事征讨，一直执行姑息放任夏州李氏的政策。西夏王朝的最终建立也标志着宋太宗以来对夏州李氏政策的彻底失败。无论宋太宗对夏州李氏的政策是否有效，这些政策都对后世处理民族关系提供了值得借鉴的经验教训。

（硕士学位论文，延安大学，2018 年）

西夏汉官研究

刘维栋

西夏立国近二百年，帝祚传承十代，汉官在这其中发挥了重要作用。从元昊时期就开始重用的张陟、张文显、杨守素、张元等汉官，到谅祚时的景询，再到秉常、乾顺时期的梁氏宰相、王仁宗，仁孝时期的任得敬、斡道冲，后来的贺宗寿、高智耀，汉官的身影一直贯穿了西夏的始末。汉官的任用政策，从元昊时期的限制到《天盛律令》中座次的排定，都表明了西夏统治者对汉官任用的复杂态度，一方面国家的稳定和发展需要汉族来参与，必然要任用汉官，一方面由于狭隘的民族心理，对汉官有着天然的防范，这种矛盾心理也一直伴随着西夏政治。但众多汉官的任用，表明西夏用人政策的开放性，也反映了当时西夏多民族聚居的现实。

在夹缝中生存一直是西夏汉官生存的真实写照，辽、宋、金对西夏政权来说都是大国强敌，汉官作为西夏官员文化水平较高的一部分，还担负起了众多出使任务，汉官出使的人数占西夏总出使人数的一半以上，除了一般礼节性的出使，还有请和、请援、告哀、请婚等。汉官成了西夏与周边交往的一道桥梁。

随着西夏汉化的不断加深，西夏汉官的来源也逐渐多元化，汉官的实力也不断增强；与此同时，正是汉官不断参与到西夏内政外交的活动中，因而作用于西夏的汉化，形成了互相推动向前发展的模式；利用出土文献对汉官信仰进行研究，是对他们的精神世界的一些探索，希冀还原他们在西夏浓厚佛教氛围中的精神追求。

由于资料的制约，西夏汉官研究并不能像辽、金汉官那样从正史中找到材料，出土文献和考古资料也极为有限，对汉官的家族、事迹并不十分清楚，另外，汉官在西夏军事中也发挥了很重要作用，如窦惟吉主兵马，派李良辅救辽这都是汉官在军事上发挥作用的见证，而这些只能期待以后新资料的发现，能将汉官在相关方面的贡献补充完整。

（硕士学位论文，西北民族大学，2018 年）

榆林窟第29窟壁画研究

朱生云

榆林窟第29窟位于踏实河东岸崖壁北端，所处位置较为偏僻，又被称作“秘密寺”。该窟是西夏时期在瓜、沙二州监军司中担任高级武官的赵麻玉家族开凿的功德窟。洞窟营建于西夏仁孝皇帝乾祐二十四年（1193），在敦煌地区数量众多的西夏时期洞窟中，该窟是目前所见唯一可以确定营建年代的洞窟。因此，该窟的年代、窟内壁画的内容及风格在敦煌地区的西夏石窟中有着一定的“坐标”意义。

榆林窟第29窟所绘壁画既有敦煌石窟中传统的文殊变、普贤变、净土变等题材，又有藏传密教中的金刚手和不动明王，还出现了西夏时期流行的水月观音图像，绘画风格既有汉地传统因素，又融合了藏传佛教艺术风格，反映出西夏时期“显密圆融”的特点。壁画中多处出现的几何状山岩，在榆林窟、东千佛洞的几处洞窟中多有出现，黑水城出土的唐卡中也有雷同的山岩形式，不属于汉地传统的山岳表现，而是藏传佛教艺术中经常出现的表现手法，从一个侧面反映了佛教艺术传播的路径和影响的方式。

第29窟南壁通壁绘制了赵麻玉家族祖孙三代供养人像，共计25人，另有男女僧人和男女侍从像，共计21人。洞窟南壁的供养人题记显示，赵氏家族男性供养人当中，有几位是瓜州监军司和沙州监军司的高级武官，从侧面反映了西夏时期对河西走廊西端的瓜沙地区的统治、经营状况以及势力的变迁。供养人形象有武官、贵族、贵族妇女以及儿童和男女侍从等世俗人物，还有西夏国师、僧人、尼姑等宗教界人物，涵盖了西夏上层社会的各种角色，人物形象真实地体现出西夏民族的特点。不同身份的供养人所着服饰也不尽相同，展现出西夏民族的服饰制度和服饰特点，是十分难得的历史、图像资料。

西夏创立了帝师制度，僧人在西夏社会中有着至高无上的地位。榆林窟第29窟出现西夏真义国师鲜卑智海像，反映出该窟的营建有着不同寻常的背景。

西夏是个崇佛的民族，西夏立国后，不断地吸收中原汉地的文化，通过求取大藏经、译经等佛教活动大力推动佛教在本国的发展。西夏同时也吸收藏传佛教的众多元素，在当时多民族文化交流的大背景下，将藏传佛教艺术和汉地艺术巧妙地融合到一起，形成本民族佛教鲜明的特点。榆林窟第29窟同时容纳了汉传佛教和藏传佛教艺术的内容，绘画有着明显的西夏藏传风格，反映了西夏时期汉藏佛教和佛教艺术的彼此交流和相互融合的情形。

（硕士学位论文，陕西师范大学，2018 年）

西夏文《现在贤劫千佛名经》（上卷）考释

贾　搏

《现在贤劫千佛名经》（上卷），出自《大藏经》中经集部，又称《集诸佛大功德山》。汉文《现在贤劫千佛名经》有两种译本，一是“阙译人名今附梁录”本，一是“开元拾遗附梁录本”。西夏文本是从第一种本子中翻译出来的。西夏立国期间佛教盛行，西夏皇帝敕命将这部佛教经典翻译成西夏文，用于宣扬佛法，使广大民众也受到佛法的熏陶。绝大多数的佛经经历了不止一次的翻译抄写，其中一部分一直保留到今天。

全文共分为三个部分：

第一章，绪论。首先分别介绍了《现在贤劫千佛名经》（上卷）及其西夏译本，其次简明叙述了本文的选题依据、研究意义、研究现状及研究方案。

第二章，西夏文《现在贤劫千佛名经》（上卷）的释读。这是本文的主体部分，由原文、夏汉对译、汉文底本和注释四个部分组成。比较分析夏、汉语言文字方面的差异；发现特殊的西夏字词句现象，即注释文献中出现的特殊词语、佛学名相、语法现象等。

第三章，西夏文《现在贤劫千佛名经》（上卷）的研究。本章分为两节，分别是西夏文《现在贤劫千佛名经》（上卷）的翻译风格；不同版本《现在贤劫千佛名经》（上卷）的比较。

现存西夏文献之中，佛教文献占据了百分之九十以上，这些浩如烟海的文献大多数还没有得到有效整理，正如白滨先生所说：“西夏文佛经的回译是整理西夏文佛经必不可少的工作之一，它对丰富西夏文字义、词条、语法，更完善地解读西夏文字提供了可能。”因此本文对西夏文《现在贤劫千佛名经》（上卷）进行考释，希以通过逐字的对比探究，发掘此经卷中的语言文字学、文献学以及佛学价值。

（硕士学位论文，陕西师范大学，2018 年）

西夏文《大般涅槃经》卷二十二译释研究

曾金雪

西夏文《大般涅槃经》多为写本，装帧形式有卷子装、经折装、梵夹装多种，版式规格不同，行数、字数不定。西夏文《大般涅槃经》卷二十二是写本，经折装，字迹比较清晰，版面疏朗，墨色纯正，西夏文标题前插有版画，约占一个折面。通过对西夏文《大般涅槃经》卷二十二原文佛经的录入、整理和夏汉两种文献的对勘研究，从中发掘出不同之处。本卷佛经虽然存在脱、讹、衍、漏等问题，但仍属于中古时期优秀的版本、古籍当中的珍本和善本。因此对它的研究有重要的历史文献意义。本文以西夏文《大般涅槃经》卷二十二为研究对象，本卷佛经选取于上海古籍出版社影印出版的《俄藏黑水城文献》第 23 册，此卷佛经为写本，经折装，字迹清晰，首尾完整。

本文共分四章：

第一章先论述西夏以佛立国和黑水城出土的西夏佛教文献为依据，以求赐的汉文佛经为底本，在创造出西夏字的基础上，翻译出西夏文大藏经的史实，对《大般涅槃经》卷二十二从语言学、文献学、佛学的角度论述其研究意义。随后论述研究现状、研究内容和研究方法。

第二章首先对《大般涅槃经》的翻译者昙无谶和汉夏文本做一简单概述。其次运用历史史料学的方法研究考证《大般涅槃经》的翻译和校勘年代。

第三章是本文研究的重点。释文部分包括西夏文、对译汉文、汉文原文（以《大正藏》第 12 册中的《大般涅槃经》卷二十二为对勘底本）和注释。通过对西夏文《大般涅槃经》卷二十二夏汉语言详尽的对勘研究，发现两种语言的不同之处，并对其进行注释说明，利用《夏汉字典》《汉语大词典》以及佛学词典，对佛经中出现的疑难字、词以及佛学词条进行解释和考证，探究其缘由。此外通过夏汉语言对勘研究，对西夏文原文中出现的脱、衍、误、倒等问题给予纠正。

第四章是结论，通过对第三章的研究，总结出本卷佛经的翻译风格和语言特点，并对原文中的异体字和讹体字进行归纳总结。这不仅可以进一步丰富西夏文的字、词汇和语法的新认识，而且可以发现西夏文翻译汉译佛经的语言特点，极大地丰富了西夏语言学、佛教史和西夏的翻译史。

通过对《大般涅槃经》卷二十二逐字逐句的夏汉对勘研究后，不难发现西夏人在翻译本卷佛经时既在忠实汉文佛经原文的基础上，又按照本民族语言特点主要采取直译的翻译手法，此外佛经本来是汉文由梵文翻译过来的，又被翻译成西夏文，被不同语言翻译的过程中，由于语言文化和地理文化背景的差异，翻译者不仅在佛学上要有高深的造诣，可能还要精通梵、汉、西夏文三种语言，所以翻译者在对佛经义理能晓通达的理解上，不改变汉文佛经原意的前提下，语言上进行灵活的翻译，以达到让西夏境内修行佛法的人容易且准确阅读和理解佛经，从而有利于佛教文化的传播。

（硕士学位论文，陕西师范大学，2018 年）

西夏文献题记研究

雷明亮

西夏文献题记是指刻印或书写在文本、墙壁等介质上，记述西夏历史时期的年代、书写、刻印、校勘、流传、供养、祈愿、所有者等信息的文字。西夏文献中保留了大量的题记，这些题记蕴含着丰富的社会史料，反映了西夏历史时期民众的社会生活，从中可以了解版刻、纪年、书写、名物、宗教信仰等多方面的情况。

本文辑录了现已公布的西夏文献题记，校正了前人录文。从西夏文献题记的指称入手，尝试归纳了西夏文献题记的内容及分类特点；由书写格式探讨了西夏写刻本的情况，试图证明西夏不存在“复姓”现象。从个别题记入手，探讨了一些具体问题。以大量题记为基础，使用统计学的方法，追索了西夏“平阙”之制的时代特点，探究了西夏在礼佛时间上的选择与可能的原因，通过题记估算出西夏雕版和抄书的效率，讨论了西夏时期刊刻西夏文大藏经的可能性。举例阐述了西夏文献题记在史料学上的重要价值：既可印证传统史籍，又可由题记引出新的史学论题，其中的番汉双语题记更是对西夏名物解读有着重要意义。

（硕士学位论文，宁夏大学，2018 年）

辽宋夏金元时期鄂尔多斯高原军事地理研究

梁景宝

鄂尔多斯高原位于内蒙古高原与黄土高原之间，是中国古代北方游牧民族政权南下和中原封建王朝北进必经的军事通道，具有重要的战略地位。辽宋夏金元时期，鄂尔多斯高原经历了由多个民族政权竞相争雄到最终为蒙元统一的过程。在这一过程中，辽、北宋、西夏、金和蒙元诸势力为加强对各自辖区的统治，相继实行了具有自身特色的军政管理方式。本文以朝代先后为序，从疆界演变、政区沿革、军事部署和相关战争四方面论述辽宋夏金元时期鄂尔多斯高原的军事地理问题。

辽宋夏对峙时期，西夏在原有的夏、绥、银、宥、静五州之地的基础上，不断向鄂尔多斯高原北部和西部扩张。至元昊时，西夏已基本上占据了除高原东南部麟、府、丰三州之外的大部分地区。元昊结合部落兵制和州县制度创立了监军司制度，在占据的高原地区设置了左厢、宥州、韦州、绥州、翔庆五个监军司，并构筑了靠近监军司的军事堡寨。1043 年和 1048 年，辽夏两度在河曲开战，西夏虽然取得胜利，但失去了高原东北部之胜州和唐龙镇。辽随即在这一地区设置河清、金肃二军和宁边州，移民戍守，并将之划隶西南面（路）招讨司。神宗、哲宗和徽宗统治时期，北宋积极奉行拓边政策，在与西夏接壤的鄂尔多斯高原缘边诸路大筑城堡寨，趁势出击，步步为营，不断蚕食西夏疆土，使西夏陷入了极度被动的境地。

夏金对峙时期，西夏趁金灭辽亡宋之机占领了辽之金肃、河清、宁边三州军及北宋之丰州、府州，并从金人手中获得横山北鄙之地。为了巩固对高原占领区的统治，西夏对监军司制度作了一些改革，以适应金夏对峙时期的新形势。金灭辽宋后，在鄂尔多斯高原占领区实行兵民合一的路府州县体制，同时又设置西南路招讨司和陕西统军司，以防范西南诸部族和西夏。金末，面对蒙古之凌厉攻势，在陕西前线设行省、行元帅府等地方军政机构，由宰执兼领之，以统一调度战略物资。

13 世纪初，蒙古崛起，通过 20 余年时间灭夏亡金，全部接管了鄂尔多斯高原。蒙元在吸收金行省的基础上，结合自身的断事官制度，创立了行省制度。又结合中原王朝的分封制度和蒙古的兀鲁思体制确立了宗王出镇制度，以皇室诸王“将兵镇边微襟喉之地”，统御地方驻军并负责征伐，代表朝廷监临地方，以为藩屏。除此之外，元还设立了宜慰司都元帅府，掌“边睡军旅之事”，并兼理民政。蒙元的这些制度和措施具体到鄂尔多斯高原，就是中书省、陕西行省、甘肃行省和察罕脑儿宣慰司都元帅府兼领军民之政，安西王坐镇关中，统领军马以备征伐。

辽宋夏金元时期的鄂尔多斯高原以其重要的战略地位，成为辽、北宋、西夏、金和蒙元诸政权着力经营的地区。这一地区不仅反映了诸政权之间错综复杂的政治军事角逐，而且见证了各民族间不断融合的历史进程，对当时的北方政局产生着不可替代的作用。

（硕士学位论文，陕西师范大学，2018 年）

从出土唐卡看西夏的金刚亥母信仰

王丽娟

唐卡是一种用彩缎装裱的特殊的可以悬挂的卷轴画，一般绘制于绢、帛、布或纸上，用来宣传宗教人物和宗教历史事件、教义。藏传佛教产生后，唐卡作为它的艺术传播载体之一，随着藏传佛教传播而传播。西夏与吐蕃地域相邻，文化交融，唐卡艺术在东渐过程中，率先传入了西夏。

目前，与金刚亥母有关的西夏艺术品，发现最多的是唐卡。通过对这些唐卡内容的分析，我们知道金刚亥母信仰在西夏的传播时间开始较晚，大约为西夏中后期；但传播的地域比较广阔，几乎在西夏统辖疆域内都有相关遗物发现；传播载体较多，除去唐卡，还有民间传说、壁画绘制、铸像与雕刻、石窟寺开凿等；金刚亥母、胜乐金刚与金刚亥母以及修习金刚亥母的高僧大德都是西夏修习金刚亥母人员观想的对象；金刚亥母在西夏传播过程中内容有改变。

20 世纪 80 年代，在原西夏都城及陪都区域的佛塔及石窟寺里，亦有关于金刚亥母内容的唐卡出土。这些有关金刚亥母内容的西夏唐卡，可分为两种，一种为金刚亥母单身像，另一种为胜乐金刚与金刚亥母双身像；这两种像在构图方面又可分为两种，一种是普通单、双身像，另一种是坛城；其中坛城又可分为两种，一种为长方形方格式构图表现坛城内容，另一种是典型的圆坛式构图。主尊周围一般绘眷属神，上方为五方佛，下方为空行母，两侧及底角一般绘依止主尊修习的高僧大德，或绘有供养人。

通过有关金刚亥母的唐卡所呈现的内容，并结合西夏其他遗物、遗迹、佛事活动等，我们可知西夏的金刚亥母信仰：传入时间约在西夏中晚期，传播地域包括首都、陪都及边地，遍及其统辖范围；除唐卡绘制外，还有民间传说、佛经翻译、艺术品制作、开凿石窟寺等，传播载体种类较多；修习内容除观想金刚亥母、胜乐金刚与金刚亥母，还有依止金刚亥母或胜乐金刚为本尊的高僧大德外，还有佛经仪轨文等的翻译传诵；修习人员有党项人、吐蕃人等；在传承过程中内容构图等有所改变，并在后世流传下去。

（硕士学位论文，西北师范大学，2018 年）

西夏文契约的担保与汉文契约担保的比较研究

——以史金波《丝绸之路出土民族契约文献集成（西夏文卷）》（待刊稿）为基础

余惠娟

担保是商品经济发展到一定阶段的必然产物和特定要求。担保制度的建立极大地推动了契约关系中的债权债务的实现，从而有效降低了各种契约引发的法律纠纷的发生率，推动了社会的和谐发展和稳定进步。党项羌族在其建国活动的过程中，由于特殊的历史背景和社会因素，其所创建的西夏文化深受中原文化的影响，在其社会制度及其文化的各个方面，都能见到中原汉地的制度及其文化的身影。从出土的西夏文契约来看，西夏的契约也大体继承了汉文契约的格式。因此，探究西夏文契约中担保和责任的起源时有必要从汉文契约的研究入手探究其源流。

本文以西夏文契约作为研究对象，通过对古文献资料和出土契约文书的研究和分析，比较西夏文契约和汉文契约在担保责任方面的异同之处。一方面，西夏文契约与汉文契约在担保方面的共同点包括第三方参与人的基本职能和第三方参与人称谓的多样化。从本质来看，西夏文契约与汉文契约所表现出来的这种共通性是在先进的汉契约文化影响下，西夏民族对汉式契约文化仰慕、学习、引进的结果。另一方面，本文又从契约的担保格式与担保内容两个方面揭示了西夏文契约担保责任方面表现出的个性特点。

本文采取由面到点，由一般到特殊的研究思路，首先对中国古代历史上的契约担保作一个简单的分类和分析，从担保的形式上分析人的担保和物的担保。在这个全面的一般性分析的基础上，针对西夏文契约的担保这个特殊的点作出进一步深入的考察。

除了西夏文化和汉文化的渊源、西夏文契约中担保制度的渊源、担保在西夏文契约中的呈现等内容的介绍，还进一步从契约担保格式和担保内容两个方面比较分析西夏文契约与唐代汉文契约关于担保的异同之处。在此基础上，深入探析西夏文契约中担保制度演变的原因，主要从西夏法典《天盛律令》较唐律对民间契约关系的进一步规制这个根本原因来考虑。最后，简要分析西夏文契约的担保制度的演变对于商品经济的影响。

（硕士学位论文，武汉大学，2018 年）

西夏文借贷契约与唐汉文借贷契约的比较研究

——以史金波《丝绸之路出土民族契约文献集成（西夏文卷）》（待刊稿）为基础

周　利

民间的借贷契约是约束借贷双方信用关系的一种文字约定，也是自古以来，在建立借贷关系时普遍采用的一种形式。随着时间的更迭，每个地区与时代都产生了有着自己民族特色的契约。在西夏时期，大量以西夏文书写的借贷契约成了西夏人民维持借贷关系的一种凭证。这种西夏文契约是在学习和继承唐代汉文契约的基础上，不断吸收本民族文化与信仰而逐步形成的。因此，西夏文契约既有和汉文契约相似的主体部分，也有西夏党项族独特的民族特色部分。

本文研究的目标是以西夏文借贷契约为中心，将其与唐代借贷契约进行比较研究，从契约的行文格式、行文内容、契约的国家干预程度以及契约所反映的商品经济四个方面对两种契约进行详细的比较，并探寻二者的相关关系。力求通过对于两个时期契约的比较研究，拓展西夏社会经济史研究的纵深方向发展，并系统全面地展现西夏社会的借贷经济活动。

本文在研究西夏文借贷契约的基础上，通过将其与唐代汉文契约进行比较，研究不同时期下借贷契约的构成、内容以及行文条款等方面的异同，从而归纳出中古时期我国契约制度的演变进程。本文的研究内容主要分为绪论、西夏文借贷契约与唐汉文借贷契约概述、西夏文借贷契约与汉文借贷契约的结构内容比较、西夏文借贷契约与汉文借贷契约所反映的实质问题比较、结论及未来展望五个章节。

第一章，绪论。本章介绍了本文的研究背景和研究意义，通过对西夏文契约文书的相关研究成果进行梳理与回顾，总结目前学界的研究进展。进而阐述了本文的研究目标、研究内容、研究方法、创新点和不足点。

第二章，西夏文借贷契约与唐汉文借贷契约概述。本章先后阐述了西夏时期的社会经济背景以及此背景下西夏文借贷契约的特点，唐代的社会经济背景及其借贷契约的特点。从借贷契约的起源、借贷契约的成立要素、契约的行文格式等几个方面，分别详细阐述了西夏时期与唐代时期各自借贷契约的特点。

第三章，西夏文借贷契约与汉文借贷契约的结构内容比较。本章一是将西夏借贷契约的行文格式与唐代汉文契约进行展开式详细比较，探讨两个时期契约立契结构、格式安排、行文语言、契约形制等格式上的异同，并研究这种契约演变形式的原因。得出西夏契约大体上学习并沿用了唐宋的契约形式，但是，在其基础上进行了一些改变和发展的结论。二是从本利偿还期限规定的区别以及利率的区别两个方面来研究两个时期契约的异同与渊源。在偿还期限的规定方面，通过将契约与相应法律文书综合研究的方式，探讨了两个时期契约偿还期限规定的法律基础。在利率研究上，以表格的形式整理并罗列史金波先生《丝绸之路出土民族契约文献集成（西夏文卷）》（待刊稿）中的59件借贷契约利率，并将其与张传玺先生的《中国历代契约会编考释》所载13件唐五代钱绢借贷契约与14件粮食借贷契约相比较，得出两者的利率异同并分析其原因。

第四章，西夏文借贷契约与汉文借贷契约所反映的实质问题比较。由于民间契约不仅可以反映当时的经济活动，更是当时民间法律关系的体现。既反映了民间百姓的法律意识，更体现出政府利用国家政权对于民间经济活动进行法律干涉的程度。本章首先从官府受理范围和违约惩罚两个方面，探讨西夏时期和唐时期契约所折射出的国家干预程度的不同，反映出契约制度随历史进程的变化而变化。其次，对西夏时期与唐代时期借贷契约所反映出的商品经济问题进行了比较与分析。分别分析了西夏与唐代不同时期的商品经济结构，经济发展方式及两个时代在各自经济结构下的商品经济发展水平。

第五章，结论及未来展望。通过以上比较分析，本章对西夏文借贷契约与唐代汉文借贷契约，在契约格式、契约内容、政府干预程度以及契约所反映的商品经济四个主要方面的异同进行了总结与归纳，概括出本文的观点。并在最后分析了目前西夏文借贷契约研究中的困难与不足之处，探讨了未来西夏文借贷契约的研究发展方向与新角度。

本文通过详细研究并整理西夏文献资料，从契约文献中探寻西夏时期的经济活动规律以及人文环境等内容，有助于加强关于西夏历史的理论研究。此外，本文通过将西夏时期的契约资料与唐代汉族契约进行比较，一方面阐述了西夏时期契约文化的特点，另一方面通过对比说明西夏契约文化的历史渊源，为契约发展的研究起到推动作用。

（硕士学位论文，武汉大学，2018 年）

第八篇

文摘·论点摘要

【阿保机时代宗教与政治关系研究】

契丹建国前宗教与政治关系，经历了神权时代和英雄时代，每个时代各有特点。传统萨满教在阿保机取代遥辇氏的政治斗争中，起到了关键的作用。当他们成为阿保机打破“世选制”和“任职期”，实现“终身制”王权政治障碍时，阿保机对其采取了改造后利用的政策，逐渐从契丹信仰体系上淡化萨满教的政治影响力。在打破“世选制”，实现“终身制”后，阿保机最重要的政治需要是如何将“终身制”皇权转变成为可以传承万代的“世袭制”皇权。儒教刚好可以为阿保机提供“最正确”的答案。

（李　鹏）

【阿保机“迁都”发微】

916 年 2 月，阿保机在龙化州建国称帝。918 年 2 月，阿保机始建皇都，同年 7 月完成了政治中心从龙化州到皇都（上京临潢府）的转移。起因于 917 年夏季幽州（今北京）及周边地区的强降雨，导致老哈河下游的西辽河平原地区发生大洪水，龙化州（福巨城址）应当遭遇水患，致使阿保机被迫“迁都”。

（李　鹏）

【“以强盛夸于中国”：论辽兴宗的对宋外交】

辽兴宗时期的对宋外交，在维系辽宋盟好的同时，又“以强盛夸于中国”，在关南争地逼迫宋朝岁币称“贡”，在处理宋夏两国和战事务时自视为天下“共主”，积极谋划甚至颐指气使，反映了辽兴宗在坚守澶渊盟约精神的同时也努力想扩大本国在两国对峙中的优势。

（蒋金玲）

【辽朝皇帝庙号三题】

关于辽朝皇帝实行庙号制度的时间有多种记载，结合宋人和辽代碑刻中的记载，可以确定辽朝的庙号制度当是在耶律隆绪即位后才得到完善；《驸马赠卫国王沙姑墓志》“赞”中的“太祖”是撰者焦习为了骈体文写作的需要，根据中原儒家文化传统而使用的词语，并不表示此时耶律阿保机已经有了庙号“太祖”；辽朝的太庙不是严格意义上中原王朝的太庙，只是已故皇帝的“先庙”或“祖庙”，被追尊的皇帝并不供奉其中，皇后死后也不配享在相应皇帝的庙中，身穿红色锦衣的皇后神主木人是与契丹人传说女始祖赤娘子一同被供奉在木叶山庙中。辽朝的太庙不是固定建筑物，而是由毡帐和毡车组成的，前面置纛，处于草莽中，跟随皇帝四时捺钵。

（肖爱民）

【辽朝官赙考】

辽朝的官赙自太祖初年即已开始施行，作为政府重要的抚恤政策，体现了国家的制度关怀。在吸收中原制度文化的基础上，辽代的官赙在对象、内容等方面都形成了相应的制度。其中以金银钱币、牲畜马具及木制小帐、帷幔、网络、面具等葬具为主的赙赠内容，集中体现了辽朝的经济发展状况和契丹民族特色，同时也反映了契丹统治者在官赙制度运行中根据自身特点进行改造的真实情况。

（李月新）

【辽朝“人名”视域下的文化映像——以石刻文字为中心】

查验石刻文字及历史文献，辽朝人的名字确能客观真实地反映辽朝文化的某些特征。譬如，以“奴”字为名，是为中原“贱名”习俗在契丹辽地之传承；以地名及封号为名，反映了取名者对某事的感怀与纪念；以佛教名词为名，是为佛教文化影响之扩大；以儒学名词为名，是为汉儒文化影响之深远；汉语名与契丹语名的互用，彰显了汉与契丹民族文化之交融；皇帝赐名及与皇子联名，凸显了取名中蕴含的政治文化。要深入研究辽朝之人名，厘清人名与文化之间的复杂关系，仍需不断发掘新的史料，以支撑新的学术观点之可信度。

（张国庆）

【新出土辽代耶律弘礼墓志考释】

耶律弘礼为辽景宗耶律贤曾孙、楚王耶律隆裕之孙、卫王耶律宗熙第三子，后又过继给辽代重臣大丞相耶律隆运（韩德让）为嗣。本文对辽宁北镇市富屯街道洪家街二号辽墓出土的耶律弘礼墓志铭进行了详细考证，梳理了耶律弘礼的家族世系及其生平事迹，特别是对为大丞相韩德让奉祀的相关人等做了仔细辨析，可为《辽史》研究之补充与印证。

（李玉君　李宇峰）

【铁岭市境内辽塔及辽代塔基的调查与研究】

辽金两朝皆以佛教为国教，在统域范围内营造了大批佛塔，一时间，处处梵声经诵，葛麻芒履，黄卷青灯，蔚成风气。铁岭所处，辽时即为辽东富裕之地，州县相望，人口密集，经济发达，佛事自然兴盛，历经千载至今，竟留有不下十余座的佛塔。这十几座佛塔的构筑年代过去在一些资料中或以有辽冠之，或以金修定论，更多则是概言辽金所遗，而无明确始建年代。为确实弄清铁岭境内现存古塔和塔基的年代，2013 年春季我们结合各种已经掌握的资料和线索，以及对这些资料线索的分析，对境内我们认为是辽或始建于辽的几座古塔或塔基进行了一次田野调查，大体搞清楚其年代及其结构。

（周向永　刘文革）

【护法与护国的守门将：辽庆州白塔 56 尊神将像研究】

庆州白塔系兴宗的生母章圣皇太后发愿建造的七层八角楼阁式砖塔，位于辽庆州城址，始建于重熙十六年，历三年竣工。该塔塔身刻有许多浮雕，不仅数量在辽代佛塔中最多，尺寸亦相当大。这些塔身浮雕造型优美，雕刻精湛，构图独特，达到了相当高的艺术水平，与辽皇室的名声相符，可谓研究辽中期皇室佛教美术及其信仰的重要资料。然而目前学界对这些浮雕未有进行针对性的研究，有感于此，笔者在本文中将对该塔塔身 56 尊神将像进行探讨。

庆州白塔塔身每层刻 8 尊神将像，

分别配置在塔身东、西、南、北面各设的拱形门两侧，共计56尊，皆身躯伟岸，着精炼的铠甲，作传统的武将模样。这些神将像盖匠人用石膏制作，光照下显现鲜明的明暗对比，有独具一格的庄重节制之美。而且56尊神将像的数量配置史无前例，与四天王、八部众、八大明王等常见数字历来规范不符。因此，目前学界连最基本的各尊像的尊名都尚未推定。比起识别各尊像的尊名，笔者更倾向于调查配置56尊神将像的背景与意图，继而分析每层塔身神将像的造型与图像的特征。最后考察其对辽代与后世的造像产生的影响，并寻查该塔塔身56尊神将像的美术史上的意义 。

（成叙永）

【云南契丹后裔落籍滇西考辨——兼说元代在云南滇西的屯驻军】

契丹、蕃汉军是金朝境内的契丹、汉儿人等各色人种组成的军队，也是最初降附蒙古，后又被蒙古驱使征服金朝、南宋、云南及缅甸等地的先头军队和随后驻军边疆屯守力量。云南契丹后裔的存续史例，正是元初统治阶层派军征服边疆，并屯军、屯民以驻守军防的直接结果。

（蒋开磊）

【金熙宗、海陵王时期女真人内徙考】

金太宗时期，女真人第一次大规模内徙中原后，并没有停止南下的脚步，又在熙宗和海陵时期两次内徙中原。熙宗时约迁徙20猛安，海陵时迁徙13猛安和一些宗室家族，其猛安完颜斡论并非学界所认为的完颜晏，而是《金史》中另一完颜斡论。这两次女真族大移民约有50余万人，其一部分进入黄河以南地区，剩余部分仍然迁入长城以南、黄河以北地区。历经三朝的女真人南徙，河北两路和山东两路一直是女真人迁入的主选地，金统治者对本族人口内徙中原的人口布局及其这种布局带来的影响值得我们思考。

（郝素娟）

【金代金源郡王封爵研究】

“金源”作为女真人的发祥之地，对女真民族具有重要意义。以“金源”作为郡号封爵，是金朝统治者效仿中原王朝将封爵与郡望相结合的产物。《金史·百官志》载金代“封王之郡号十”，其中金源郡王处于郡王封爵体系中的最高等级。金代通过降封、追封、进封等不同的方式封授金源郡王。金源郡王爵位的封授方式和封授群体范围的变化，与金代政治制度的变革和皇权的加强密切相关。

（孙红梅）

【金朝女性谥号考】

金朝女性谥号出现于熙宗时期。从身份上看，女性获谥者以皇后和为国战死官员的妻女为主；从谥号用字上看，女性谥号以二字美谥为主，也有部分女性谥号中含有平谥用字。国家通过赐予她们谥号，对她们的行为进行褒奖，进而对国家女性的行为起到引领作用。

（苗霖霖）

【金朝章宗宣宗立皇后事件探析】

金朝章宗和宣宗册立皇后的事件，均是对完颜皇室册立皇后必择女真显姓贵族之家婚姻习惯法的破坏。金章宗立李师儿为后企图的失败、金宣宗立王氏为后的成功，以及两位皇帝在立后事件中所采取的应对方式，显示了族际通婚的发展对女真族最为核心的婚姻制度的巨大冲击。同时，章宗和宣宗立皇后事件，也说明了多民族文化于有金一代碰撞、冲突与融合的艰难进程。

（闫兴潘）

【儒释道三教融合视阈下金代宗教典籍的出版——以佛、道二教为中心】

金朝建立之时，鉴于儒释道三教的融合已经有了较大程度的发展，统治者采取了三教并用的政策。在此背景下，佛道典籍的出版进入了一个黄金发展时期。无论出版数量还是出版规模，都具有一定的代表性。佛道典籍的出版与流通，既是三教融合趋势的体现，同时又推动了三教合一思想的发展，成为金代宗教典籍出版的主要特色。

（李西亚）

【金代辽海地区士人与区域文化】

金代辽海地区是汉、渤海、女真和契丹各族杂居的地区，以汉、渤海文化为主要特征。在金朝前期，辽海地区士人以渤海、汉族为主，从世宗朝开始，辽海地区涌现出渤海、汉、女真、契丹各族士人，体现了辽海地域文化的整体性进步。

（王万志）

【金朝遗僧龙川大师考略】

金朝与南宋、西夏鼎立而存，国祚一百余年。受到多种文化等的影响，金朝佛教兴盛，僧人众多，华严宗、禅宗、净土宗、密宗、律宗等都有一定发展。随着蒙古军队先后灭金、西夏和南宋而统一国土，为不同地域佛教文化传播、僧众交往提供了良好契机。前朝很多遗僧继续从事佛事活动，弘扬佛法，推动了蒙古、元时期佛教的发展，龙川行育大师就是其中之一。本文主要依据洛阳白马寺出土《龙川和尚遗嘱记》《龙川和尚塔志》《大元重修释源大白马寺赐田功德之碑》《故释源宗主宗密圆融大师塔铭》《扶宗弘教大师奉诏修白马寺纪实》，国图藏《中国历代石刻拓本汇编》中收录《清凉国师妙觉塔记》和佛教题记等材料，并结合传世文献等对金朝遗僧龙川大师在蒙元时期的佛事活动进行考证研究。

（崔红芬）

【金代卫绍王朝进士辑录——兼谈其在金元文化传承中的地位】

女真族崛起于白山黑水之间，此后吞辽灭宋，在中国北方建立了金政权（1115—1234）。金朝充分吸收辽、宋体制，续行科举。金朝的科举制度经历了从无到有、从简到繁的过程，并在世宗、章宗时期渐成完备。世宗朝和章宗朝前期是金朝一百二十年国祚中难得的几十年太平，史称“大定、明昌之治”。承袭前朝的文治余晖，卫绍王在位时期虽面临严峻的内忧外患，但在科举取士、擢用人才方面仍处在高峰。在这短短五年时间里，金朝共开科两次，此二科的进士成材率极高，号称“名士数十人，世以比唐，曰‘龙虎榜’”。这些士人虽身逢乱世，但他们不为时事所动，积极投身文化学术活动，推动了金元易代之际的文化传承。

（张宝珅）

第九篇

重点课题研究报道

【《西夏经济文书研究》入选2017年国家社会科学基金中华学术外译项目】

中国社会科学院民族学与人类学研究所史金波研究员著《西夏经济文书研究》入选2017年度国家社会科学基金中华文化外译项目。中华学术外译项目是国家社科基金项目的主要类别之一，主要资助代表中国学术水准、体现中华文化精髓、反映中国学术前沿的学术精品以外文形式在国外权威出版机构出版并进入国外主流发行传播渠道，旨在深化中外学术交流与对话，增进世界了解中国和中国学术，增强中国学术国际影响力和国际话语权，不断提升国家文化软实力。

《西夏经济文书研究》是2006年申报批准的国家社会科学基金项目。2012年完成，2013年被评为优秀结项项目。后经四年修订、补充，2016年入选国家社会科学基金成果文库，由社会科学文献出版社2017年3月出版，82.3万字。《西夏经济文书研究》叙述了西夏的历史和汉文文献记载的一些经济状况；概述了出土文献中的有关西夏经济的资料：一是西夏法典《天盛律令》中有关西夏经济的条款，二是新发现的西夏文经济文书；对西夏文经济文书中的户籍文书、租税文书、粮物计账、商贸文书、契约文书进行了分类研究；对西夏汉文文书进行了研究。书末附录了文书的图版和西夏文录文以及对译、意译汉文译文。

中国社会科学院民族学与人类学研究所史金波研究员的著作《西夏经济文书研究》入选2017年国家社科基金中华学术外译项目推荐选题目录，经专家评审、社会公示并报全国哲学社会科学规划领导小组批准，最终入选2017年中华学术外译项目立项名单，将由国家社科基金立项资助，翻译为英文向国外出版发行。这是对该著作学术水准的充分肯定，也是对广大科研人员打造精品力作、勇攀高峰的极大鼓舞。

（段　靖）

【教育部哲学社会科学重大委托项目《西夏多元文化及其历史地位》《西夏文大词典》开题会议】

2017年5月25日，教育部哲学社会科学研究重大委托项目《西夏多元文化及其历史地位研究》《西夏文大词典》开题报告会暨学术研讨会在银川召开。自治区教育厅副厅长王春秀，宁夏大学副校长田军仓、相关专家出席开题报告会。杜建录教授主持会议，课题组成员参加了会议。

会上，《西夏多元文化及其历史地位研究》负责人陈育宁教授与《西夏文大词典》负责人史金波教授，分别报告了所主持项目的主旨、意义、各子课题的内容结构以及进度安排等。与会专家进行了热烈的评议。

比起以往西夏文化研究，《西夏多元文化及其历史地位研究》更加突出具体文化形态、内涵特征分析和历史地位评价的研究。《西夏文大词典》编撰完成后，可为西夏学界提供一部包含最大量西夏文词语的工具书，在凝聚和提高已有科研成果的基础上，又有很多新的发现和新的认识，为进一步整理西夏文献奠定新的基础，更牢固地立足西夏学学科发展前沿，是一项在国内外取得西夏研究话语权的创新成果。

经过几代学人的不断努力，曾经是“绝学”的西夏学走出国门，走向国际，已成为一门国际显学，在昔日的建都之地昭示出它勃勃的生机。在宁夏和全国各地的西夏学专家、学者的带动下，一批年轻的西夏学学者正在迅速地成长。重大项目的实施和完成，将会在西夏历史、语言、文化研究方面取得重大突破，产出一批具有深远影响的学术成果，推动西夏学跨越式发展，带动宁夏大学民族学学科建设。

（廖莎莎）

【国家社会科学基金特别委托项目“西夏文献文物研究”的重点项目、教育部哲学社会学重大委托项目《西夏文大词典》第三次编纂工作会】

教育部哲学社会学重大委托项目《西夏学大词典》2017年5月25日正式在宁夏银川市开题，中国30余位西夏学专家将合力编纂这部约600万字的大型工具书，让“书写在古籍里的文字活起来”。

这一重大项目由中国社科院学部委员、宁夏大学特聘教授史金波主持，全国近20家单位的30余位学者共同参与，预计于2019年结题，2020年出版。

老一辈西夏学学者已经编纂了一些解释西夏文的工具书，如《文海研究》《夏汉字典》等，但随着西夏学的新进展，以单字为条头的字典已不敷使用。

在此背景下，中国学者决定编纂一部内容丰富、释义准确的《西夏文大词典》，为进一步释读西夏文文献提供科学依据。

史金波说，编纂这样大型的西夏文辞书是几代西夏研究人员的梦想，但长期以来不具备条件，一是没有掌握大量西夏文文献，二是被解读的西夏文文献较少，三是能解读西夏文文献的人员很少，无法承担这样的任务。

据了解，《西夏文大词典》资料来源涵盖目前所见所有西夏文文献种类，既包括印本（刻本和活字本），也包括写本；既有楷书文献，也有行书和草书文献；既有世俗文献，又有宗教文献以及金石铭文等。所收词既包括普通语词、宗教语词、风俗和典章制度语词等，也包括与词有同等地位和相同功能的固定词组、成语、习语、定型化的短句等固定结构。总之，凡在西夏文文献中出现的词语尽量收入。

史金波说，词典编纂完成后可为西夏学界提供一部包含最大量西夏文词语的工具书，无论是已经有较好西夏文译释基础的专家，还是初学西夏文者，皆可借助这部工具书，更方便、更有效地从事西夏文文献的译释工作，从而推动西夏研究的进展。即便是其他专业工作者，也可借助本词典查找、了解想要知道的西夏文语词。

部分转载自中国社会科学院官网

（廖莎莎）

第十篇

考古新发现

2018 年辽上京宫城考古发掘取得重要收获

董新林　汪　盈

辽上京遗址位于内蒙古自治区巴林左旗林东镇东南。城址由北部的皇城和南部的汉城两部分组成，平面略呈“日”字形。不规则方形皇城的城墙保存较好，近方形的宫城于皇城中部偏东。为了进一步认识辽上京遗址的布局和沿革，中国社会科学院考古研究所内蒙古第二工作队和内蒙古文物考古研究所联合组成辽上京考古队，于 2018 年 6—11 月，对辽上京宫城东向轴线西侧的宫殿址（17JZ3）和宫城西北部的长方形建筑基址（18JZ1）进行了考古发掘，取得了十分重要的收获。

三号建筑基址（17JZ3）位于辽上京皇城和宫城的东向中轴线最西端建筑——一号建筑基址的西北部，是一座东向的长方形宫殿建筑基址。JZ3 建有双层夯土台基。下层台基四周边壁原有包石。上层台基南北面阔22. 3 米、东西进深16 米、高约1. 48 米，四周边壁原有包砖。台基上的地面建筑保存较差。根据残墙体和方形磉墩分布，可确认建筑的平面布局。原柱网应共有两周，外周为副阶檐柱，内周为墙内金柱。外周较大磉墩共 18 个，副阶檐柱面阔五间、进深四间。内周较小磉墩共发现 10 个，殿身面阔三间、进深两间。内周磉墩之上为殿身外墙位置。墙体均为夯土墙，抹白灰皮，未见基槽。殿身东、西两侧明间未夯筑墙体，西侧明间南北两端发现础石（或柱洞），其间为木门限及其残迹；东侧夯土墙南端也发现对位柱洞。殿内仅存垫土，铺砖情况不详。根据东侧台基残存迹象推测，东侧原有登临的踏道类遗迹。西侧在改建时增设月台或坡道等。根据层位关系可知，在三号建筑基址始建之初，外有夯土墙围合的院落，东、西、北侧均发现夯土墙体（南墙被破坏）。南墙不存，西墙和北墙闭合，仅东侧围墙对应殿身明间部分，有缺口，推测应为院门位置。因此确认建筑朝向为东向。通过解剖，发现三号建筑基址的早期（始建时），四周有围墙；晚期（改建修补之后）四周围墙废弃，建筑基址格局没有变化，只是增补了西侧月台。根据地层关系和出土遗物判断，三号建筑基址始建于辽代早期，废弃于金代初期。

根据地面遗迹和考古勘探资料，在宫城西北部有一组南北向的长方形建筑群，呈东、西两列对称分布，每列 5 个。2018 年度对西列第 3 个长方形建筑基址进行发掘，编号为一号建筑基址（18JZ1）。该基址是一座南向的长方形建筑基址（即排房）。根据解剖可知，该基址至少有两次较大营建。晚期建筑编号为 JZ1A，早期建筑编号为 JZ1B。

JZ1A 利用 JZB 基础，修筑低台基，平砌三层长方形砖高。东侧直接建在生土之上，西侧垫土找平。总面阔 15 间，进深 3 间。四面建有夯土墙，东西宽约 66 米、南北进深 15 米。室内设两道隔墙，将 JZ1A 分为东隔间、中隔间和西隔间三部分，每部分面阔 5 间。均于当心间设门，门前为三瓣蝉翅慢道（西间慢道保存较好）。夯土外墙和隔墙中均发现墙内柱，有大小之别。大柱用础石，二大柱之间小柱垫砖块或石块。室内有明础石呈东西两排，共 12 列。

根据解剖沟可知，此排房建筑分两次营建。其整体格局基本没变，门道位置基本也没变，只是早期基础范围略大。第一次营建用方形磉墩承重，第二次营建础石略西偏移，下有夯实的垫土。根据层位关系和出土遗物推定，长方形建筑基址第一次营建为辽金之际，第二次营建为金代。

一号建筑基址下面，发现保存较好的辽代地面，以及辽代小型夯土遗迹，形制性质不详。较为重要的是，在进行关键性解剖时，我们发现了一号建筑基址第一次营建时的两个祭祀坑，是重要的考古新发现。其中西侧长方形祭祀坑葬 3 匹整马和骆驼蹄、牛头、狗头等动物，也有残人头骨等；东侧圆形祭祀坑深约 3 米，上层为切割、砍断的牛、马、羊等动物骨骼，坑底殉有 14 人尸骨，有 5 具完整尸骨，余为 9 个人头骨或下颌骨等。部分有砍凿痕，表明是暴力致死。可识性别者均为女性，还有数名婴幼儿。圆形祭祀坑的祭祀方式较为特殊。这两个祭祀坑的性质还有待进一步深入探讨。

2018 年辽上京宫城遗址的考古发掘，取得了重要的学术收获。第一，增加对辽上京东向中轴线的认识。三号建筑殿址位于辽上京皇城东向中轴线最西端的大型建筑基址的西北，位置重要；此建筑东向，体量较大，形制独特，早期四周有夯土围墙。表明其建筑性质特殊，且十分重要。三号建筑基址应是辽代宫廷内重要的殿址之一；第二，丰富了辽上京皇城和宫城布局和沿革的新资料。宫城西北部的长方形建筑基址（18JZ1）为南向，是金灭辽之时始建，沿用到金代晚期。此建筑之下，没有发现辽代大型建筑基址，有保存较好的地面。第三，一号建筑基址（18JZ1）下两个祭祀坑的发现，填补了辽上京遗址考古的学术空白，是重要的新发现。两个祭祀坑，形状不同，瘗埋内容各异，分别以马和人为主体。这为研究辽金时期历史文化、民族礼俗和建筑营建理念等提供了难得的新材料，具有重要的学术价值。今年考古工作为辽上京国家遗址公园建设和申请世界文化遗产等提供了新的学术依据。

图 1　辽上京宫城西北建筑基址位置示意（上为北）

图 2　一号建筑基址（18JZ1）全景（上为北）

图 3　三号建筑基址（17JZ3）全景（上为北）

图 4　长方形祭祀坑（上为南）

图5　圆形祭祀坑下层（上为南）

图6　长方形祭祀坑内提取工作场景

图 7 圆形祭祀坑清理情况

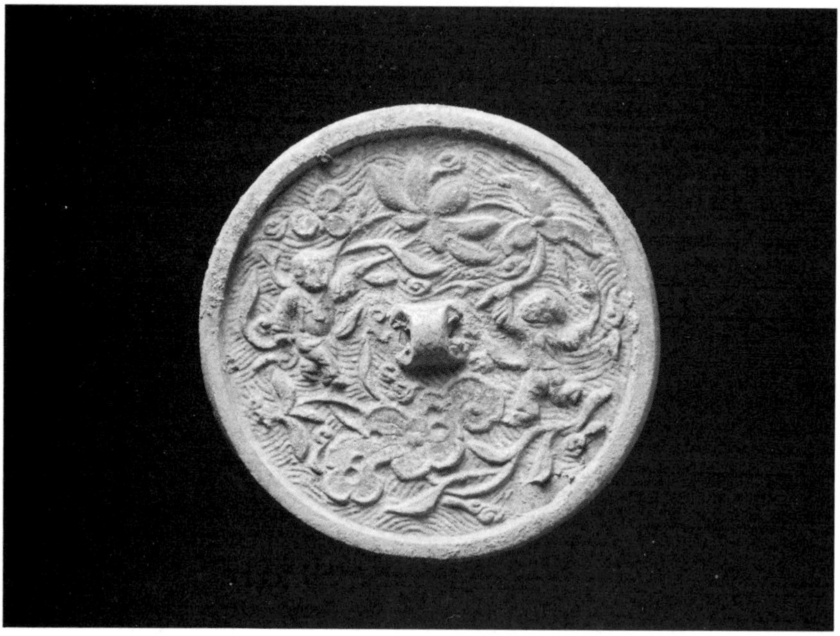

图 8 一号建筑基址出土铜镜

图9　三号建筑基址附近灰坑出土白釉碗

内蒙古开鲁县发现辽代皇族墓葬

连吉林　长　海

金宝屯墓地位于内蒙古自治区通辽市开鲁县东风镇金宝屯东南约5公里，地处新开河与西辽河冲积平原地区。2016年6—8月，受内蒙古自治区文物局委派，内蒙古文物考古研究所与开鲁县博物馆联合对金宝屯两座遭盗掘的辽代墓葬进行了抢救性清理发掘，墓葬编号为M1、M2。墓葬内出土及公安局追缴的随葬品有金腰带、金耳坠、鎏金马具构件、铜器、陶瓷器等。

M1为砖砌多室墓，由墓道、甬道、墓门、东西耳室和主室组成。全长约24米，墓室底部距现地表深约7米。方向140°。墓道呈斜坡状，残长约16米、宽4—6米。甬道口用三块长方形石板封堵，其内垒砌琉璃砖填封加固。甬道平面形状呈长方形，长4.5米、宽1.8米。甬道原为砖券拱形，现已坍塌，地面铺大长方形砖。甬道左、右两壁均绘壁画，现大部分脱落，甬道东壁北侧存一幅归来图。另外，在甬道墙壁发现记载墓主人身份等内容的契丹、汉文墨书题记共计百余字。

M1甬道中部左、右侧有东西耳室。东耳室平面呈方形，边长2.4米，从墓底向上1.4米高处叠涩起攒尖顶。顶部用长方形巨石封堵，墓室高约3.1米。东耳室四壁和顶部均绘有生活场面和吉祥云纹题材壁画，现大多已脱落。在东耳室东壁残存一契丹女侍备膳壁画。另外，东耳室门顶部绘仙鹤图案。西耳室破坏严重，墙体残高0.5—1米。西耳室壁画也保存很差，大部分脱落，仅在西耳室墓门北侧存有一身穿汉服老年男吏。M1主墓室平面呈方形，边长约3.9米，墙体用绿釉琉璃砖砌制，在1.36米的高处叠涩起攒尖顶。墓顶现已经坍塌，残高约2.8米。墓室内地面铺长方形青砖。在主室北部设长方形尸床，尸床为琉璃砖垒砌。墓主人骨骼也保存很差，仅剩部分头骨和肢骨。墓葬出土随葬品较少，见有鎏金马具构件、铜泡钉、铁箭头、陶瓷残片等。

M2为单室石室墓，由墓道、墓门、主墓室组成，方向120°。墓道前端为斜坡式，靠近墓门处为石砌台阶。墓门封门石由整块巨石凿成，高2.4米、宽1.6米、厚约0.20米。墓室近方形，长3.9米、宽3.8米、残高2.9米，从距墓室地面约1.3米处开始叠涩攒尖顶。墓东壁南侧设长方形壁龛，长1.6米、宽0.7米、高1.4米。墓室四壁原来绘有壁画，现大部分已脱落，仅剩莲花纹、云纹彩绘及人物壁画。画面有身穿白色圆领、左衽、窄袖袍服人物，脚蹬黑色长靴，单脚跪地，口含一物，应是史籍中所记契丹人的“鹿叫子”，形状似在吹“鹿叫子”引鹿射猎。由于M2曾多次被盗，棺椁和墓主人尸骨均不存。墓葬内出土遗物较少，主要有陶瓷残片、鎏金铜泡钉、骨簪等遗物。

金宝屯M1和M2两座墓葬相距很近，同属一个家族墓地。从墓葬形制、壁画及出土随葬品等分析，应属辽代中期墓葬。这两座墓葬的发现意义重大，主要有以下三点：

一、M1和M2规模很大，尤其是M1墓葬用砖均为绿色琉璃砖，此类墓葬在以往所发现的众多辽代墓葬中，是继赤峰市阿鲁科尔沁旗耶律羽之墓后第二次发现。从M1甬道出土残留的“蒲骨（古）”“夷离□”“惕隐”等汉文墨书题记推断，墓主人可能为辽代皇族耶律蒲古（骨）。《辽史·列传第十七》记载“耶律蒲古，字提隐，太祖弟苏之四世孙。以武勇称。统和初，为涿州刺史，从伐高丽有功。开泰末，为上京内客省副使。太平二年，城鸭渌江，蒲古守之，在镇有治绩。五年，改广德军节度使，寻迁东京统军使。莅政严肃，诸部慑服。九年，大延琳叛，以书结保州。夏行美执其人送蒲古，蒲古入据保州，延琳气沮。以功拜惕隐。十一年，为子铁骊所弑。”从《辽史》记载可知，耶律蒲古是生于辽景宗时期的契丹皇族耶律家族的重要人物，在辽圣宗太平年间建功拜“惕隐”，太平十一年（1031年）为子铁骊所杀。这与M1出土墨书题记残片的“惕隐”“太□”“一人早亡”等记载基本吻合。所以我们初步判断M1墓主人为太祖弟苏之四世孙耶律蒲古。

二、虽然M1、M2墓葬经多次盗掘，随葬品较少，但珍贵的是在两座墓葬内留下了多幅壁画。壁画题材有门吏图、归来图、备膳图、云鹤图、莲花图案等，为研究辽代契丹族社会生活、丧葬习俗等提供了珍贵的资料。

三、M1出土的汉文墨书题记“葬□龙化州西□□里”等记载基本上锁定辽代龙化州的地理位置，即龙化州应在此墓的东部，且距此不远。这为解决辽史研究领域中长期悬而未决的神秘龙化州的问题提供了非常重要的线索。

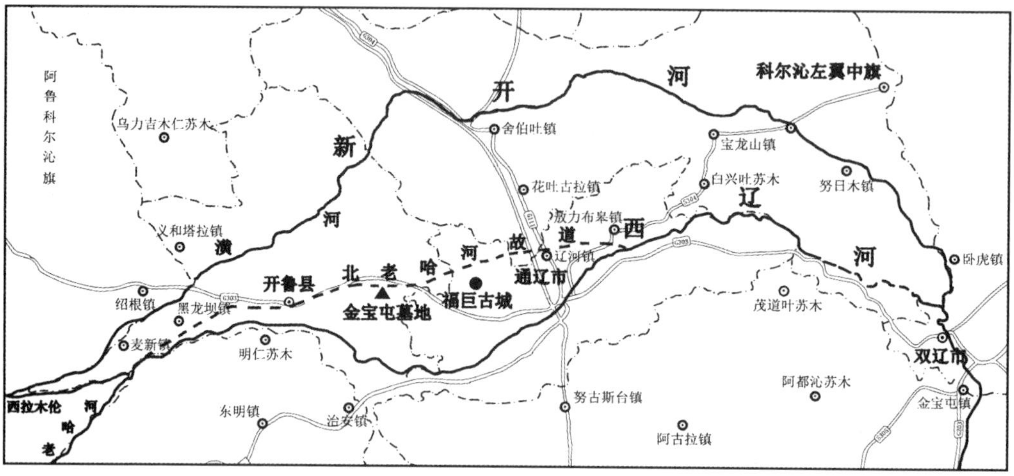

图1　金宝屯墓地位置示意图

图2　M1 主室尸床

图 3　M1 出土的部分汉文墨书题记

图 4　M1 归来图

图 5 M1 左耳室祥云仙鹤图

图 6 M1 左耳室备膳图

图 7 M2 哨鹿人

医巫闾山辽代帝陵考古取得重要收获

——辽宁北镇新立辽代建筑遗址发现辽乾陵陵前祭殿和乾陵玄宫

万雄飞　苏军强　周大利　张　壮

据《辽史》等文献记载，辽代有两座帝陵（显陵和乾陵）修建于医巫闾山，但具体位置不详。辽末金初，医巫闾山辽陵遭到金兵大规模毁掘，此后湮没于深山野林之间，逐渐成为历史之谜。为了探寻和全面了解医巫闾山辽代显、乾二陵的位置、范围、布局、形制和保存状况，推动两陵文物保护工作的有效开展，2015—2018 年，辽宁省文物考古研究所对医巫闾山辽代帝陵的重要组成部分——北镇新立辽代建筑遗址进行了主动考古发掘。

发掘收获

新立辽代建筑遗址位于辽宁省北镇市富屯街道新立村樱桃沟村民组西北约 100 米的黄土台地上，在北镇市区西北约 8 公里。这里地处医巫闾山中段东麓的“三道沟”沟内，遗址所在黄土台地背倚骆驼山，东、西两侧各有一条季节性小河，周围群山环抱，风景殊绝。整个台地经过了全面考古勘探，北部为一组大型建筑址，南部为规模较小的附属建筑。北部建筑址的西南侧发现一座巨型墓葬（编号新立 M1），全长 84 米；建筑址北侧发现一座大型墓葬（编号新立 M2），全长约 44 米。两座墓葬与北部建筑址紧密相邻，最近处均不足 10 米。

此次发掘区在台地北部，发掘面积约 6000 平方米，揭露出一组较完整的辽代四合院式建筑基址。它由正殿、殿门和四周廊庑围合而成，建筑外部环绕一周露明的排水通道，整个建筑朝向东南。

正殿　台基位于廊院建筑的北部正中，方向 150 度。台明四壁包砖，内填黄色夯土，可以分为大殿和月台两个部分，月台南侧应有踏道，但已被破坏无存。台基用青砖包砌，露明部分磨砖对缝，外表整齐。大殿平面呈长方形，东西宽 29. 6 米、南北深 24. 2 米，原地面和柱础均不存，但保留成排分布的大型磉墩，大殿面阔 5 间，进深 4 间。磉墩中心距所反映的当心间、次间、稍间尺寸相近，均约 5 米。月台位于大殿台基中南部，保存较差，夯土内部包含较多石块。月台平面呈长方形，东西宽约 19. 4 米。

文博中国

文博中国

廊庑 廊庑左右对称分布于正殿、殿门两侧，并与它们一起围合成一个封闭院落。廊庑台面呈阶梯式由南至北，逐级抬升。南廊庑最低，其次为东、西廊庑，北廊庑最高。东、西廊庑由南至北，又分为三级，也是逐级抬升。西半部廊庑保存较好，东半部廊庑大部分被冲毁不存。

北廊庑（正殿西侧）台基平面呈长方形，东西宽 24 米、南北深 11 米。台基南北边缘各有 6 个圆形磉墩，呈南北 2 排，东西 6 列分布。由此可知，台基上为面阔 5 间、进深 1 间的建筑。依据磉墩中心距，建筑面阔相同，均约 4.3 米，进深 7.5 米。

西廊庑平面为长方形，总长 73.3 米、宽 12.4 米，由逐级抬升的三座台基连接组成。由低到高，由南至北，把它们依次编号为西廊庑 1、西廊庑 2 和西廊庑 3。西廊庑 1 长 36.3 米，西廊庑 2、西廊庑 3 长度均为 18.5 米。三座台基的柱网结构大体相同。

南廊庑（殿门西侧）台基平面呈长方形，东西宽 14.7 米、南北深 10.2 米，台面高度低于西廊庑 1 约 0.2 米。台基面保存较差，磉墩迹象较少，推测台基上为一面阔 2 间、进深 1 间的建筑。

殿门　殿门位于整组建筑的南部居中，保存情况较差，不仅台面和柱础不存，且台明包壁和夯土已缺失较多。台基东西宽 23.5 米、南北深 13 米。台基上磉墩保存很少，仅西北部残存 3 个相邻磉墩，依据柱间距推测台基上可能是一个面阔 5 间、进深 2 间的建筑。台基南部中间设有一斜坡漫道，内填夯土，外包青砖；台基北部居中设有一踏道，仅存外边一层包砖，长 4.8 米、宽 1.5 米。

庭院　庭院由正殿、殿门及四周廊庑合围而成，南北长 61.2 米、东西宽 53.3 米。庭院由南向北分为三级，逐级抬升，依次编号为庭院 1、庭院 2、庭院 3。三级庭院地面每级高差约 0.3 米。庭院地表平铺一层黄土，其上用方砖海墁。庭院 1 与庭院 2 规模相同，南北均长约 22 米，庭院 3 南北长 17.2 米。庭院 2 西南部有一个等边六边形建筑基座，边长 2.9 米。

建筑外围排水系统　建筑台基外围与基槽护坡墙之间环绕一周露明的排水通道，结构大体相同。护坡墙斜倚基槽四周的生土壁，由内向外叠涩砌成，底部建有砖砌的二层台，二层台与建筑台基外侧包砖之间即为排水通道，其底部夯实，地面满铺方砖。

各部分排水道的高程和宽度都经过严格的设计，以利于排水。北部排水道最窄，宽约 1.1 米，中间高、两侧低，呈漫坡状；西部排水道宽约 1.4 米，北高南低，呈阶梯状分为四级；南部排水道宽约 2.3 米，西高东低，呈坡状。雨水最终都汇集到排水道的东南部，流向台地东侧的樱桃沟内。

樱桃沟内黄土台地东侧的坡地上发现一段石砌暗渠。暗渠顺坡而建，底部为人工夯打的基础，其上平铺石板，底板之上两侧立石，立板之上盖顶板，形成封闭管道。暗渠出口为一雕刻精美的大型石螭首，流水从螭首口中吐出，石螭首前地面铺有青砖。暗渠顺坡而上，通向台地，但中、上部已被冲沟破坏。

出土遗物　以建筑构件为大宗，主要有筒瓦、板瓦、瓦当、檐头板瓦、兽头、鸱尾、通脊砖、铺地花斑石等。屋顶瓦件绝大多数为绿色琉璃件，仅出土个别灰陶瓦件，表明该四合院建筑为一座满铺绿琉璃瓦的高等级建筑。琉璃瓦件样式单一，胎釉、纹饰、形制等高度统一。正殿周围出土了大量铺地花斑石残块，这种高级石材一般仅见于皇家宫殿和陵寝建筑。玉册残块集中出土于正殿之上，有契丹小字和汉字两套。其他遗物有定窑白瓷、越窑青瓷、影青瓷、玻璃器等，它们应该是祭祀用器。

契丹小字玉册

石螭首

兽面瓦当

通脊砖

学术意义

此次发掘的北镇新立辽代建筑遗址四合院建筑与巴林右旗辽庆陵三座陵前主要殿址进行比较，它们的朝向、平面形制、结构基本相同，出土的兽面瓦当、檐头板瓦、筒瓦、板瓦等绿琉璃建筑瓦件高度相似，加上遗址体现出的高等级以及出土玉册等现象，可以证明北镇新立辽代建筑遗址四合院建筑就是辽代帝陵玄宫前的祭殿。辽代显、乾二陵均位于医巫闾山，但只有乾陵与庆陵前后相继，结合遗址出土建筑构件、瓷器等遗物的时代特征，我们认为北镇新立辽代建筑遗址就是辽代乾陵的陵前殿址。

新立辽代四合院建筑北部新发现一座大型墓葬（新立 M2），通过探沟解剖可知，M2 墓道上口宽约 6 米，方向 172°，墓道两壁用土坯和青砖砌筑，表面抹黄泥，底部用双层方砖砌成规整的台阶。这些做法为历年发掘辽墓中所罕见，体现出很高等级。更重要的是，新立 M2 位于四合院建筑的北部，它们之间的位置关系与辽庆陵东、中、西三陵的玄宫和陵前殿址基本相同。据以上理由，推断新立 M2 就是辽代乾陵的玄宫。辽代乾陵陵前殿址和乾陵玄宫的确定，是医巫闾山辽代帝陵考古工作的重要突破和重大成果，为全面了解医巫闾山两陵的陵园位置、范围和布局迈出了最关键一步。

北镇新立辽代建筑遗址的发掘填补了辽陵考古和辽代陵寝制度研究的空白。辽乾陵是辽代中期帝陵，它承上启下，是辽代陵寝制度发展演变中关键的一环。通过与辽早期的祖陵、怀陵和辽中晚期的庆陵比较可知，从乾陵开始，辽代帝陵玄宫前祭殿形制、祭殿用瓦等形成了统一规制，并与辽代早期帝陵有很大区别。据此，辽代帝陵陵园形制可以分为前后两个阶段，第一阶段包括辽祖陵、怀陵和显陵，为初创和探索期；第二阶段包括乾陵、庆东陵、庆中陵和庆西陵，为定型和成熟期。

辽乾陵开创的以一组四合院建筑作为帝陵玄宫前祭祀建筑的模式，与唐、北宋以及辽代早期以一个单体建筑（献殿）作为玄宫前祭殿的做法有显著区别，突出了朝拜祭祀仪式的重要性，并且被明、清两代帝陵继承和发展，充分体现了辽代陵寝制度在中国陵寝制度史上的重要地位。

另外，此次通过科学发掘大面积揭露出的北镇新立辽代四合院建筑基址，形制古朴，方正严整，营造方式独特，保存较为完好，是罕见的中古时代东方四合院建筑的代表，为古建筑学研究提供了不可多得的实物标本。新立辽代四合院建筑是迄今发现的中国古代木构建筑中最早的满铺琉璃瓦顶实例，这种瓦顶不仅代表了很高的建筑等级，而且由于屋顶重量的成倍增加，直接导致了建筑木构架发生重大变化，是古代木构建筑发展史上的重要事件。遗址中出土了大量的琉璃质通脊砖、铺地花斑石等，其出现和使用年代之早，大大突破了以往学术界的认识，为古代建筑史研究提供了珍贵资料。

康平张家窑林场长白山辽墓群

赵晓刚

康平张家窑林场长白山辽墓群位于沈阳市康平县沙金台乡张家窑林场西部边缘的长白山区域。墓群的发掘缘起于2015年底的盗墓事件，沈阳市文物考古研究所（以下简称市考古所）于当年12月至2016年1月对被盗辽墓进行了抢救性考古发掘，出土银丝网络、鎏金银面具等珍贵文物，确定墓葬为辽代中期契丹贵族墓葬。2016年，市考古所向国家文物局申报了张家窑林场辽墓群的主动性考古发掘项目并获批准。2016年10—12月，经考古调查、勘探及发掘，张家窑林场范围内共计发现辽代墓群5处、遗址6处，重点对其中的柳条通墓群进行了勘探和发掘，发掘石筑墓葬6座，出土鸾鹤纹铜镜、绿釉鸡冠壶等随葬品14件，时代大体在辽代中晚期。2017年4—11月，市考古所对长白山墓群进行了考古勘探和发掘。长白山辽墓群共分为三个墓葬区，其中Ⅰ区发掘墓葬6座，Ⅱ区发掘4座，Ⅲ区经勘探发现疑似墓葬1座，尚未发掘。Ⅰ区位于长白山东南坡，Ⅱ区和Ⅲ区分别位于Ⅰ区东北和西南约500米。另对墓群东约400米的长白山遗址进行了发掘，推测该遗址应与Ⅰ区墓群存在一定关系。长白山Ⅰ区辽墓群曾入围“2017年度全国十大考古新发现”终评项目，是近年来国内辽代考古的一次重要发现，具有很高的历史、考古和科研价值。

一　长白山Ⅰ区辽墓群

六座墓葬位于长白山的东坡上，坐西朝东，背依长白山，面朝利民河，以M3为中心，两侧雁翅排开。其中M1和M5呈一前一后排列，M6距M2较远，且M6墓道方向略向北偏。六座墓葬中M1、M5、M6为石筑单室墓，M2、M3、M4为砖筑多室墓。

M1为2015年12月至2016年1月进行抢救性考古发掘，近方形石筑券顶单室墓，由墓道、过洞、天井、墓门、甬道、墓室等几部分组成，全长约22米，墓底距地表深约12米，墓向118°。葬具为木棺，位于墓室西侧正中，紧挨墓室西壁。墓主头北脚南，仰身直肢葬。尸身通体包裹银丝网络，头部银丝网络连缀一银鎏金面具。

墓内随葬品主要有银丝网络、银鎏金面具、银质璎珞、玛瑙管、绿釉鸡冠壶、白瓷碗、白瓷碟、篦齿纹陶壶、马具（包括银鎏金龙纹蹀躞带、铜鎏金带具、银鞍桥包片、铁马镫等）、铁剑、铁灯、铁环钩、铁镞、铁锁、磨石、羊头骨、蚕丝等。根据墓葬形制和出土器物的特征推断，该墓葬的年代为辽代早期晚段，墓主人为男性，二十五岁左右，其身份应为契丹高等级贵族。

M2、M3、M4 均为大型砖筑多室墓，由阶梯墓道、墓门、甬道、前室、左右耳室和后室等部分组成，总长度 30 米左右，方向均为东南向。M2 主室八角形，耳室圆形，M3 主室、耳室均为方形，M4 主室为圆形，耳室为方形。三座砖室墓主室的直径（边长）均在 4—4.5 米左右，耳室的直径（边长）在 1—1.5 米左右。M2 和 M4 主室砖壁内有八角形木壁椁室，墓底有带边厢和棺厢的木椁葬具，并都发现有银丝网络，M2 木椁上镶嵌有大量银片，M4 还发现有鎏金面具。M3 墓室结构完整，未经盗掘，在墓门两侧及主室墙壁发现有少量壁画残留，其他部分均已脱落。三座墓出土随葬品十分丰富，M2 经早期和现代多次被盗，仍出土海兽葡萄镜、铜盏托、玛瑙配饰、围棋子、琥珀吊坠、串珠、绿釉鸡冠壶、白釉渣斗、青瓷碗、白瓷碗等各类文物 50 余件。M3、M4 随葬品组合保存基本完整，M3 出土白瓷鸡冠壶、盘口壶、绿釉鸡腿坛、白瓷碗等陶瓷器，墓主人双手满带 10 枚银鎏金戒指，双耳佩戴摩羯形金耳环，左右手腕分别佩戴鎏金银镯各一个，胸前佩戴玛瑙项链和葵形银镜，腰部为银鎏金捍腰。西耳室出土整套铜鎏金马具、蹀躞带、双鱼配饰和铁器，共计出土随葬品 200 余件。M4 出土陶瓷器数量和种类更加丰富，除上述器型外，还发现有白釉黑彩、褐彩梅瓶各 1 件，白瓷小盖罐 4 件，盘口执壶、莲花纹执壶、青瓷碗、青瓷盘、影青器盖等，另外还出土有玻璃器、玉臂鞲、银鎏金面具、金丝未断的玛瑙璎珞一套、银鎏金带式、银盏、银杯、银鞍桥、银蹀躞带等金银器和成套马具等，各类随葬品总计 140 余件。这三座墓葬的年代以 M3 为最早，为十世纪中期，M4 较晚，为十一世纪中期至十二世纪初，M2 则介于两者之间，为十一世纪前期。

M5 和 M6 均为石筑方形单室墓，由阶梯墓道、甬道、墓室等部分组成，边长 3 米左右，墓道长约 8 至 10 米左右，东南向。其中 M5 甬道为过洞式，与 M1 相同。两座墓葬均早期被盗，仅 M5 中残留铁镞 4 枚。因出土遗物较少，仅据墓葬形制推测应为辽代中晚期墓葬。

二　长白山Ⅱ区辽墓群

M1、M2、M4 均为小型石筑方形单室，由墓室、甬道及墓道等部分组成，边长 2.5 米左右，墓道分斜坡式和阶梯式，长约 3 至 5 米左右，东南向。3 座墓葬均严重被盗。M2 出有 4 件残损的铁器和部分人骨，M4 出土一件篦齿纹陶壶。M3 仅挖掘了墓圹，并在墓道里填石块，未修建墓室。Ⅱ区墓葬的总体时代大体应在十一世纪中期前后，等级规模明显小于Ⅰ区，墓主人应为契丹小贵族阶层或一般富户。

三 长白山遗址

遗址位于Ⅰ区墓群东约400米。经勘探，发现两排大型房址，目前仅发掘其中一排。房址面阔8间、进深1间，东西长约30米，南北宽约7米，总面积约210平方米，方向155°，与墓葬方向大体一致。墙壁石筑，具体由三个套间和两个单间组成，房屋内均有火炕和灶台，屋内地面保留有泥质灰陶片、白瓷片等遗物，从遗物分析，该房址废弃的年代在辽晚期或是金初，延续下限晚于墓群。经勘探，在该房址西侧约20米，还有一座规模与其相当的大型房址，说明当时在此居住的人群应具有一定的规模。该大型居住址应与上述墓群有一定关系。

四 发现意义

1. 从长白山Ⅰ区M1出土银丝网络、银鎏金面具、银鎏金马具带饰多为龙纹图案，M2出土银丝网络，M3出土有凤纹银鎏金捍腰，M4出土有金属冠、黄金面具、银丝网络等情况分析，这一墓群的墓主人应与辽代的皇族或后族有关，生前身份地位极其显赫。M1、M3、M4三座墓葬随葬品组合完整，且年代分别处于辽代早、中、晚三个时期，为研究辽代契丹高等级贵族葬俗、墓葬制度和社会发展状况提供了极为珍贵的实物资料。

2. 长白山Ⅰ区墓群出土的大量精美葬具和随葬品，对于研究辽代历史、文物等有重要价值。M1和M4出土的一整套完整的面具、耳环、璎珞、银丝网络、腰带等殓葬用具，是辽宁省内首次发现。保存完好的瓷器精品，如白瓷鸡冠壶、盘口壶、盖罐、酱釉鸡腿坛、青瓷花口碗、影青瓷、秘色瓷碗盘等，既有辽地本土产瓷器，又有大师北宋定窑、耀州窑、景德镇窑和越窑等窑口的输入瓷器。尤其以两件白釉黑、褐彩梅瓶最为珍贵，为国内首次发现，专家认为是海内孤品。白釉黑彩梅瓶图案由梅花鹿、羊、狗和兔子构成奔跑追逐的狩猎场景，绘画手法写实、生动、细腻。玻璃瓶经检测为钠钙玻璃，产于西亚地区的伊斯兰国家，是经古代草原丝绸之路传播而来的珍贵文物，是中西文化交流的历史见证。此外墓群还出土了金手镯、金带饰、金丝串连的玛瑙璎珞、玉臂鞲等精美文物。

3. 长白山遗址发现的大型辽代房址，疑为长白山Ⅰ区墓群的守冢人遗存。这为研究辽代契丹高等级贵族家族墓地布局和墓园制度提供了重要的线索。

图1　长白山Ⅰ区M2和M3墓圹

图2　长白山Ⅰ区M2墓室形制及棺椁葬具

图3　长白山Ⅰ区M3东耳室出土陶瓷器

图4　长白山Ⅰ区M4发掘场景

图5 长白山 I 区 M4 发掘场景 2

图6 长白山 I 区 M4 白釉黑褐彩梅瓶出土情况

图 7 长白山 I 区 M4 出土金面具

图 8 长白山遗址大型房址

金上京遗址考古收获

赵永军　刘　阳

金承辽制，设五京。金上京是金代五京之一，上京会宁府遗址是金王朝的早期都城。位于今哈尔滨市阿城区南郊2公里，东临阿什河左岸，俗称“白城”。

自金太祖完颜阿骨打建国称帝，至海陵王完颜亮贞元元年（1153年）迁都到金中都燕京（今北京），金朝以上京为都城，前后经历四朝皇帝统治，历时达三十八年之久。海陵王即位之后，上京城遭到毁弃。金世宗时期，又对上京城进行全面恢复，重新修建了主要宫殿等建筑。先后两期的大规模营建，在上京地区保留了一批重要的金代城址、宫殿建筑址及其贵族墓葬等遗存。

为了加强对金上京遗址的科学认识和学术研究，推进对金上京大遗址的有效整体保护，黑龙江省文物考古研究所制定了《金上京遗址考古工作计划》，该工作计划获国家文物局批复立项，于2013年启动实施，目前，已连续开展考古工作六年，取得了阶段性的成果。

一　近年考古工作成果

1. 城墙结构

上京城城墙整体保存较好，仅局部损毁。2013年度考古发掘，选择在腰墙（编号YQ），北城西墙（编号BXQ），南城北墙（编号NBQ）上各开1条探沟进行墙体的解剖。

腰墙，即北城和南城共用的一段城墙。其西部和北城西墙连接的部位已被现代村路穿过损毁。探沟2013ASYQTG01，位于腰墙西侧，西距北城西墙约30米。腰墙方向为102°，现存地表高度约为0.5—0.7米。城墙为夯土板筑，直接建于生土层之上。底部掘一凹槽，其内为垫土层，垫土层为夹杂有大量的碎小的砖、瓦块和陶片的黏土。腰墙主体城墙外端，经过两次修筑。腰墙墙体南侧有壕沟。

北城西墙发掘点，即探沟2013ASBXQTG02，位于南、北城交接处向北20米。

西城墙为夯土板筑，直接建于生土层之上。底部掘一凹槽，基槽深0.5—0.6米，底部基槽东西宽10.1米。基槽内底部和上部各铺一层碎砖瓦，碎砖瓦层的中间为一层垫土。此段城墙亦经过二次修筑。

南城北墙发掘点，即探沟 2013ASNBQTG03，位于北城与南城交接处的东北转角处，西距北城东南角约 32 米。

南城北墙方向为 102°，与腰墙方向一致，其夯墙结构与北城西墙及腰墙夯筑相同（图一）。墙体存高约 3. 05 米。基槽直接建于生土层上。基槽宽为 12. 6 米。基槽内最底部垫有一层厚 0. 1—0. 15 米的碎砖瓦，夹杂着碎陶片，经过夯实，十分坚硬结实。其上为垫土，厚约 0. 2 米；垫土之上还有一层同最下层一样厚度的碎砖瓦块。夯土墙两侧，有包砖。此包墙砖系后期加固夯土墙而筑。该段墙体南、北两侧，均有壕。

图一　2013 年南城北墙 TG03 北侧剖面（北—南）

2013 年度发掘，首次从考古层位学上确认了城址的营建使用情况。根据城墙的地层堆积和包含遗物特征，确认城址的始建年代为金代；后期至少有过一次以上的修筑情况。发掘所揭示的外城三段城墙，即腰墙、北城西墙、南城北墙建筑结构和修筑方法相同。均为夯土板筑，底部基础部分都挖有基槽，且基槽内垫层亦大致相同。三段城墙中，腰墙的宽度明显比作为外墙的北城西墙和南城北墙要窄许多。同时，腰墙南侧有壕；而和其走向一致又连为一体的南城北墙两侧均有壕。由此也可以说明一点，北城和南城在营建时序上是同时或同步的。揭示的三段城墙两侧均有以砖包砌城墙的二次构筑现象，这和文献中记述金朝曾有相关的修筑城墙的情况相吻合，二者得以相互印证。

2. 南城南垣西门址

金上京城址外城早年确认的6座城门（经勘探确认有12座），多已遭损毁，仅南城南墙西门址保存尚好，且有完整的瓮城。

2014年度重点对金上京城南墙西门址进行了考古发掘，发掘面积1100余平方米。金上京南城南墙西门址由城门和瓮城组成（图二）。该门址和上京城皇城午门址在一条中轴线上，位置颇为重要。城门址由单门道、路面和东西两侧的夯土城墙（墩台）组成。门道方向北偏东5°。门道呈长方形，其两侧中部尚存有门砧石，中间有石门限。西侧门砧石北部存留有石地栿，石地栿上有少量的木痕。从门砧石的间距，推测门道宽约6.5米左右，南北进深约20米。两侧门砧石外侧各有4根等距分布的大圆木柱，每侧木柱的间距约3米左右。每根木柱底部有平整的柱础石，础石近长方形，系花岗岩质。这些木柱为支撑城门顶部的中心柱。城门墩台南北两面均有青砖砌筑包墙。

图二 2014年金上京南城南墙西门址发掘俯瞰（上北下南）

瓮城平面大致呈马蹄形，东西内径长约50米，南北内径宽约20米。东南侧有一出口，为瓮城门。

此次发掘，出土器物标本500余件，种类多样，有陶、瓷、石、骨、铁、铜器等，包括生产、生活用具和兵器等；以陶建筑构件和铁兵器等为主。

2014 年度发掘，较为完整地揭露了一处金代都城的门址。南城南垣西门址，具有显著的唐宋时期门址特点。其由城门和瓮城两部分组成。城门系单门道，两侧有排叉柱。系金代中期以后所建。发现多层路面。瓮城内东北角发现有带火炕的房屋，具有特殊的居住使用功能。瓮城墙内侧筑有砖砌的一类用于排水的特别设施，为了解金代城墙结构特征提供了新材料。

3. 皇城的布局与特征

金上京城的皇城位于南城西部，其布局大致可分为中部、西部和东部三个部分，中部主要为轴线分布的宫殿区建筑。

2015 年度的工作重点是对皇城宫殿区第四殿址西部的建筑址进行考古发掘，以了解皇城宫殿区西侧建筑址的基本形制、结构及布局。此次发掘，揭露面积 3100 余平方米。揭露出一个呈十字形的夯土台基址，其中部主体建筑面阔七间，进深三间，两侧有减柱。南部正中有出入的踏道。基址周围包砖，有砖砌散水。建筑址布局清晰，形制完整。其北部、东部、西部有院围墙，院内有配殿、亭台、装饰墙等附属建筑，前院地面有墁地砖，西部有门道和砖甬路与其他院落相通（图三）。

图三　2015 年皇城西建筑址及院落布局全景俯瞰（上北下南）

出土遗物以灰瓦、青砖等建筑构件为大宗。灰瓦有板瓦和筒瓦及瓦当。瓦当纹饰主要为龙纹，个别为兽面纹和花卉纹；其他还有套兽头、人物塑像等。铁器多为钉，个别为车马具、兵器、生产工具；少量的瓷器、石器等；铜钱多为北宋钱币。

2015 年度揭露的皇城西部建筑址，属于宫殿区西侧的附属建筑。是上京城首次揭示的一处重要的带院落的建筑址。建筑址中心夯土台基呈十字形，台基边缘以砖包筑，其上磉墩分布有序。台基中部面阔七间，进深三间，东西两侧有减柱。建筑址布局清晰，形制完整。院内有配殿、亭台、装饰墙等附属建筑。

2016—2017 年工作的重点是对金上京皇城东侧中部区域的建筑址进行了局部勘探，主要学术目标是搞清皇城宫殿区东部大型建筑址的基本形制、结构、布局及性质。通过考古勘察，皇城东部建筑址体量较大，相关遗存分布密集，大致位于宫殿区第四殿址以东位置。其西北部，与其西侧紧密衔接的为一组相对独立的小型建筑址，编号为 TJ1，2016 年对此建筑址台基进行发掘，揭露面积 1200 余平方米。TJ1 东部建筑基址分布纵横交错，且互有关联。在 2016 年度工作的基础上，2017 年，对 TJ1 以东区域进行大面积发掘，揭露面积 2500 余平方米。

2016TJ1，整体平面呈 T 形，由两部分夯土台基组成，北部夯土台基呈东西向，南部夯土台基呈南北向（图四）。

图四　皇城东 1 号建筑址 2016 年发掘区俯瞰（上北下南）

北部夯土台基，即 TJ1 - 1 平面呈长方形，东西长 33 米，南北宽 11.8 米。东、西、北三面为漫坡状，至底部与砖砌路面衔接。台基边缘以长方形砖竖立砌筑。台基中部高于东、西两侧的砖路 0.85 米，高于北侧的砖铺路面 0.65 米；台基中部与南部的台基高度相同，中间以砖砌墙相隔。在台基上分布有三处不规则椭圆形坑状遗迹，结构相同。其中东北部发现 2 处，西北部发现 1 处。坑壁是以青砖砌筑，并涂抹白灰。但砖壁仅保存少许。坑底部有 3 个或 2 个小柱洞，柱洞较深。台基西南角接近路面底部，有一砖砌的排水槽（沟），编号 SG3。SG3 平面呈长方形，东西走向；SG3 表层距地表 0.8 米。

南部夯土台基，即 TJ1—2 与北部台基垂直分布，平面呈长方形，南北揭露长度约 25. 2 米，东西长 21. 6 米，高 0. 5 米。该部分台基的四周为环绕的墙基，墙基宽 2. 35—2. 65 米。其建筑方式是用碎砖瓦片夯筑一层，再用素土夯筑一层。同时沿墙基一周有磉墩分布。在墙基东、西两侧及北部有砖槽，槽内砌砖包筑。护墙砖槽宽 0. 6 米，深 1. 05—1. 15 米。护墙砖槽破坏严重，仅存沟槽痕迹和少量砌砖。

在台基北部，东、西两侧，各有一道以砖砌筑的排水槽，分别编号为 SG1、SG2。排水沟底部用砖铺设，中部的砌砖将排水沟一分为二，砖顺砌而成。

台基的边缘和中部分列 16 个柱础的磉墩，平面呈方形，大小略有差异。磉墩的表面层为碎小瓦砾层，上面覆盖一层黄沙，其上为大小不一的石块堆砌于中央，现仅存少量石块，上面的础石无存。

通过磉墩柱网的排列，可确认南部台基址为面阔三间，进深四间。在台基的中部位置偏南，东、西各有一个较大的磉墩分布，应是室内中央的中心柱础，两磉墩内侧间距为 5. 8 米。这两个中心柱础将南部建筑基址空间分隔成两部分，两室相通，各进深两间，内部减柱造，为大开间。其中北部室内空间东西长约 16. 5 米、南北宽约 7 米；南部室内空间，主体为数条烟道构成的取暖设施（火炕）。现存烟道共有 9 条，烟道两侧壁为黄土堆筑，表层铺砖，烟道口上覆盖方砖。火炕部分南北总体长约 7. 3 米，东西宽约 13. 5 米。烟道宽 0. 35—0. 4 米，深 0. 2—0. 25 米。烟道口大底小，剖面为 U 形。底部均有木炭。在烟道的南端东西两侧，分布有 3 个灶址。其中东部 1 个，西部 2 个。灶址由操作间、火门、火道、火膛、烟道等部分组成。平面呈凸字形，系土圹砖室结构。

该建筑址台基的外侧地面，为用大小不同的青砖平铺而成的路面，路的边缘为顺向竖立砌筑的道沿，道沿高出地面 0. 03—0. 05 米。

总体看，2016 年度揭露的 1 号台基址（TJ1），仅是东部建筑址的一部分。该建筑的主体部分面阔三间，进深四间、内部减柱，大开间；南部有特色鲜明的取暖设施；北部为后期增筑的露台。

通过勘探和局部发掘，认识到 TJ1 以东和以南区域的另一主体建筑为一呈十字形的夯土台基址，台基址整体由三部分单独的夯土台基交汇构成（图五）。东西向的西段编号为 TJ2、南北走向的台基编号为 TJ3、东西向的东段编号为 TJ4。三条台基交汇组成十字形的台基址，高出周围的砖铺地面约 0. 7—0. 8 米。台基上磉墩排列有序，表面残存铺砌的方砖。其中南北向台基的北部上面分布着多处取暖设施（灶址），台基址的边缘均有一定宽度的包砖墙残留。综合分析，此处应为廊庑基址。结合 2017 年考古勘探成果，南北向台基长度约 270 余米，是一条纵贯皇城东部的长廊址。

TJ2 西段与 TJ1 的南端相连接。TJ2 平面呈东西向长方形，东部略宽于西部。发掘揭露部分东西长 24 米，南北宽 17. 8—11. 8 米。东部与 TJ3 相连，东部高出 TJ3 约 0. 15—0. 2 米。其上排列磉墩 13 个。磉墩的排列，西部为单列，东部为双列。TJ2 南

图五　皇城东建筑址 2017 年发掘区俯瞰（上北下南）

部墙基外包砖已无存，基槽宽 0.6 米，墙基痕迹尚在，有白灰残迹。

TJ3，南北走向，平面呈长方形。南北揭露长度 59.8 米，北部宽 13.7—14 米。TJ3 上共发现柱础基础（即磉墩）54 个，灶址 3 个。磉墩平面略呈方形，呈南北向对称排列，东西两侧各 2 列。磉墩之间东西间隔 0.45—0.5 米，南北间隔 2.8—3 米。TJ3 东西两侧各有砖砌护壁墙及散水。磉墩上面有的还存留柱础石。TJ3 西部被 TJ2 东部叠压，即 TJ3 的修建应略早于 TJ2。

TJ4，平面形状呈长方形，东西走向，其和 TJ2 在一条线上。发掘揭露部分东西长度为 23.2 米，南北宽 10.7 米。该段台基南北两侧各有包墙砖和散水，包砖墙基宽 0.8 米，散水宽 0.45 米。台基上亦有磉墩，呈东西向 3 排分布。磉墩的宽度约为 1.3 米，东西间距 2.5—2.9 米、南北间距约 2.9 米。TJ4 的夯土基础叠压在 TJ3 的散水之上，即 TJ4 的修建应略晚于 TJ3。

由 TJ2、TJ4 及 TJ3 构成的十字形长廊式基址，其将东部区域分隔成若干建筑单元，并互有关联。在长廊的东北部，分布有 TJ5 和 TJ6。

TJ5，即 5 号台基，平面呈方形，夯土结构。东西长 6.8—7 米，南北宽 6.7 米。该台基址西部和南部紧贴 3 号和 4 号台基址修筑。东侧和北侧外壁有包砖及散水。包砖多已无存。推测 TJ5 是一处平台式建筑。

TJ6，即 6 号台基，平面长方形，位于 TJ5 的东部。夯土结构，台基四周残留包砖墙，包砖外有方砖铺设的散水。东西长 6.3 米，南北宽 1.8 米，外侧有包砖。台基上东、西各有 1 个磉墩，间距 3.8 米。推测 TJ6 可能为牌楼式建筑。

在长廊的东南部，分布有 TJ7 和 TJ8，两者以包砖墙相连接。TJ7 和 TJ8 未予完整揭露，只发掘出一小部分。从磉墩柱网结构上看，应是大型殿址基础的一部分。

在长廊东段与 7 号台基及 8 号台基之间，分布有排水沟和水井等附属设施。

排水沟，即 SG1，位于 TJ4 南侧，平面呈长方形，与 TJ4 大致平行，略有弯曲，斜壁底平，西高东低呈坡状，揭露长度 15 米，两侧沟壁以长砖顺向错缝砌筑，用白灰勾缝。沟底局部保存较完好，为方砖错缝铺筑，从所处位置看，此排水沟是一处明渠。但在东、西两处连接南北建筑址的两段隔墙下有涵洞，为砖砌券顶。

水井，即 SJ1，口部距地表 1.2 米。井的上口平面呈椭圆形，土圹，口大底小，斜壁。井口东西长径 3.2 米，南北短径 3 米。实际发掘深度 4 米，经钻探至井底深度约 10.3 米。从井壁壁面上发现有磉墩及础石分析，推测井口周边原有“亭子”类建筑。

在廊庑址与各个建筑台基址之间，分布有砖砌的甬路相通。

2017 年度发掘的 TJ3、TJ2 和 TJ4 是属于皇城内东部区北部贯穿各建筑之间的两条交叉的廊庑基址。TJ1 是廊庑址西北部区域一组相对独立的建筑基址。

通过对关键部位的发掘解剖，了解到作为廊庑址的 TJ3、TJ2 和 TJ4 存在叠压关系，TJ3 分别早于 TJ2 和 TJ4，东西向和南北向的三条廊庑址大致属于两期修建。

发掘出土遗物以灰瓦、青砖等建筑构件为大宗。灰瓦有板瓦和筒瓦、滴水及瓦当。瓦当纹饰主要为龙纹、兽面纹和花卉纹；滴水纹饰均为龙纹；其他还有凤鸟、人物塑像等；少量的带纹饰的砖。

2016—2017 年度揭露的皇城东部建筑址，属于宫殿区东侧的附属建筑。两条交叉的廊庑基址贯穿各建筑之间，构成了多组相对独立的建筑格局。

4. 皇城外南部大街

按照考古工作计划，为了了解上京城内的街道路网情况，在前期考古勘探的基础上，2018 年，黑龙江省文物考古研究所对金上京城皇城外南侧道路遗迹进行了考古发掘，发掘面积 1255 平方米，取得了初步的学术成果。

通过勘探，确认在上京城皇城与南城南墙西门址之间，有一条大街（道路），全长约 560 余米，路的宽度约为 46 米，路两侧有排水沟设施。2018 年度选取该大街北部一段进行了发掘。

由于现代道路直接叠压在古代“路基”上侧，此次发掘仅对路址的西侧一部分进行布方发掘。发掘区位于皇城午门外南约 120 米处。

此次揭露的南北向大街（道路）一条，编号为 L1；其西侧，另有一条与之垂直的东西向道路，编号为 L2。道路两侧均有排水沟（图六）。

L1 为南北向，为皇城午门通向南城南墙西门的主干道，发掘揭露西侧段宽度为 26—28 米，南北向揭露宽度为 19 米。由于现代道路覆压与农业生产，路面已遭到破坏。路基为河卵石铺垫，石子较为碎小。其间掺合有残瓦片、碎砖块等。通过后期的

图六　2018 年金上京皇城外南侧大街发掘区俯瞰（上北下南）

探沟解剖，路面残存石子垫层厚约 0.2 米，底部还存在早期地层。在路面西北部发现车辙痕迹，车辙宽 0.2—0.5 米，间距 1.6 米，低于路面 0.05—0.08 米。

L2 为东西向，位于 L1 的西侧，和 L1 垂直相接，为东西向的一条辅路，经勘探，其直接通向南城西墙。L2 南北宽 6.3—6.9 米，东西向发掘的长度约 38 米。原始路面多已遭到破坏，残留路基，路基为河卵石铺垫，石子大小不均。路面填土较硬，结构较致密，土色为深灰色，其间掺合有残瓦片、碎砖块及少量的陶片、瓷片等。经过后期探沟解剖，L2 的垫层厚约 0.05—0.15 米。垫层下还存在早期的地层。

路面的两侧，各有一段道沿，沿路向分布，宽约 0.5 米，系用黄褐色土堆筑，密实坚硬。道路两侧皆有排水沟。L1 的西侧沟的北段部分与 L2 的北侧沟相通，L1 的西侧沟的南段部分与 L2 的南侧沟相通。四段沟的构造，宽度与深度基本相似等同。口宽底窄，斜壁。沟口宽 1.3—1.4 米，底宽 0.5—0.8 米，深 0.75—1 米。沟内堆积主要为黑灰色淤积土，出土大量陶瓷器碎片等，少量的建筑构件和金属器，还有较多的动物骨骼。

道路（L2）两侧发现较多的灰坑遗迹，灰坑形状有圆形、椭圆形和不规则形等。灰坑内包含物有灰陶砖瓦残块、陶瓷碎片及铜钱等。

出土陶瓷器以生活用器为主，砖瓦等建筑构件皆为废弃后的残件。陶器为泥质灰陶，有罐、盆等；瓷器有碗、盘、碟等，以定窑白瓷为多，少量耀州窑青瓷产品。铜钱均为北宋钱币。

2018 年度发掘成果，对认识上京城内道路、排水系统等构筑情况增添了重要的考古资料。

二　初步学术认识

近年来，通过开展有计划的考古工作，形成了对上京城基础研究新的学术认识。

其一，通过考古发掘，首次从考古层位学上确认了城址的营建使用情况。根据城墙的地层堆积和包含遗物特征，确认城址的始建年代为金代。

其二，发掘所揭示的外城三段城墙，即腰墙、北城西墙、南城北墙建筑结构和修筑方法相同。均为夯土板筑，底部基础部分都挖有基槽。揭示的三段城墙两侧均有以砖包砌城墙的二次构筑现象，这和文献中记述金朝曾有相关的修筑城墙的情况相吻合，二者得以相互印证。

其三，通过考古发掘，较为完整地揭露了一处金代都城的门址。南城南垣西门址，具有显著的唐宋时期门址特点。其由城门和瓮城两部分组成。城门系单门道，两侧有排叉柱。系金代中期以后所建。

其四，2015—2017 年揭露的皇城西部建筑址和东部建筑址，属于宫殿区两侧的附属建筑。通过对皇城区域开展的勘探及发掘，进一步证实宫殿区建筑址的布局、性质及功能。宫殿区建筑采取门址——殿址依次排列组合的布局，外围有回廊分布；东西两侧建筑址由多个单元组成，内部多减柱构造，大开间；有特色鲜明的取暖设施；皇城内建筑址至少存在金代早、晚两个时期的遗存。

其五，通过 2018 年度考古勘探发掘，初步了解到 L1 为皇城南门（午门）通往南城南墙西门址的中轴大街，该街与宫城内多重殿址处于一条轴线上。进一步明确了上京城宫殿—门址—御街—外城门址（瓮城）的相对应关系。

河北崇礼太子城遗址2018年考古发掘取得重要收获

黄信　胡强　魏惠平　任涛

太子城遗址位于河北省张家口市崇礼区四台嘴乡张家口奥运村内，东南距北京市区140公里，西距崇礼县城20公里，现为河北省重点文物保护单位。为做好遗址文物保护工作，保障北京2022年冬奥会太子城遗址保护与展示工作顺利实施，河北省文物研究所、张家口市文物考古研究所、崇礼区文广新局等单位自2018年5月起，对太子城遗址进行了连续第二年的考古发掘，取得重要收获。

太子城遗址经勘探与发掘确认为一座平面为长方形的城址，南北400米、东西350米，方向158°，总面积约14万平方米。现东西南三面城墙存有地下基址，墙外有护城河，其中西墙有2道，东西间距50米。城门目前仅发现南门1座，门外有瓮城。城内钻探与发掘共确认建筑基址67座，道路14条，排水沟2条。

太子城遗址2018年共发掘6500平方米，对城址南门、9号基址、三号院落、一号与二号院落南院、东南角、城西外基址等6处地点进行了考古发掘，确认城址南门、9号基址、三号院落呈南北轴线分布（与东西墙方向一致，158°），南区核心9号基址是太子城内单体面积最大、台基最高、规格最高的基址，北区以三号院落为中心，南北区以东西向道路相隔。2018年南门地点主要对南门内侧道路进行清理，基本搞清南门进入太子城后的道路情况，确认南门与9号基址间共4条南北向道路相通；另对南墙与瓮城东墙进行解剖，搞清了太子城城墙与瓮城墙的营造方式。9号基址重点对台基本体进行了解剖，确认其存在前后两期营造过程，第二期在第一期的基础上向南扩建，同时柱网结构进行了大改动；另外对其西北侧的10号基址进行揭露，明确其与9号基址有道路相通，应为9号基址的附属亭式建筑之一。三号院落的全面揭露明确其由南北两院组成，总长南北105.38米、东西46.7米，两院间有隔墙。南院由南向凸字形主殿（东西32.2米、南北21.4米）、东配殿（东西8.9米、南北13.28米）、西配殿（东西8.74米、南北13.23米）、后殿（东西13.97米、南北9.47米）组成；北院由三组基址群组成：第一组（南部）由中部长条形基址（东西29.45米、南北6.81米）与西侧长方形小基址（东西6.57米、南北6.19米）组成，其中中部基址上有灶2座；第二组（中部）为东西面阔十间、进深一间，南侧带廊的建筑基址（东西42.71米、南北9.64米），基址上有灶4座；第三组（北部）为东西并列的4座长方形小基址（南北5.98—6.6米、东西5.3—5.45米），其中在第一、第三、第四座基址（自西向东顺序）上各有灶1座。一号与二号院位于三号院西侧，规模与布局完全相同，与三号院相似，但规模较小，南院由南向凸字形主殿与西配殿组成，北院由1座长条形基址与2座长方形小基址组成。城址东南角发掘确认，其形制为东墙与南墙直接相交，未发现角台及附属建筑。城西外基址位于城西约690米，扼太子城西谷口，为城外戍守遗迹。

太子城遗址出土遗物以各类泥质灰陶砖瓦、鸱吻、嫔伽、凤鸟、脊兽等建筑构件为主，另有部分绿釉建筑构件、铜铁构件、瓷器、鎏金龙形饰等，其中青砖上多戳印“内”“宫”“官”字，部分螭吻上刻“七尺五地”“□字四尺五”“天字三尺”等。瓷器以定窑白瓷为主，已发现刻“尚食局”款18件，另有仿汝窑青瓷盒、黑釉鸡腿瓶罐等。铜器有坐龙、铜镜等残件。

太子城遗址出土的垂（戗）脊兽与北京金陵M9（1189年以后）出土同类器形制相同，嫔伽、凤鸟、兽面纹瓦当、连弧纹滴水与黑龙江金上京皇城西部建筑址（1173年以后）、吉林安图宝马城遗址（1172年以后）出土器物基本相同，白釉“尚食局”款瓷器与河北曲阳定窑窑址金代后期（1161年以后）出土器物完全相同，故可以确定：太子城遗址时代为金代中后期（1161—1234年）。

太子城遗址规模小，但城内建筑规格很高，未发现商业、民居、戍守等一般类型与军事性质建筑。遗物中“尚食局”“内”“宫”等器物集中出土，体现皇家性质。据《金史》载，金章宗泰和二年（1202）与五年曾驻夏于西京路宣德州龙门县（县治位于现太子城东南18公里）的泰和宫，这与太子城在时代、性质、位置、规模与等级上高度契合，且经考古调查，太子城是金代龙门县唯一具有皇家性质的城址，故可以推测太子城即金章宗夏捺钵的泰和宫。

太子城遗址是第一座经考古发掘的金代行宫遗址，是仅次于金代都城的重要城址，是近年来发掘面积最大的金代高等级城址。城址双重城垣选址理念，主体建筑呈轴线分布、前朝后寝的布局方式对金代捺钵制度、行宫的选址与营造研究有重要意义。编号“七尺五”“四尺五”“三尺”的鸱吻分别对应城内不同等级建筑，与《营造法式》记载完全吻合，对金代官式建筑研究有重要帮助。“尚食局”款定瓷、仿汝窑青瓷、雁北地区化妆白瓷的组合对金代宫廷用瓷制度、供御体系研究有重大推进。

太子城遗址发掘十分重视多学科合作研究，已分别与中国社科院考古研究所、北京大学签订课题合作协议，共同对遗址进行环境考古、物探、遥感、建筑复原、出土品成分测定、文物保护等课题研究工作，同时与各高校合作进行动植物考古、三维数字化、地理信息系统等研究，现已取得阶段性成果。

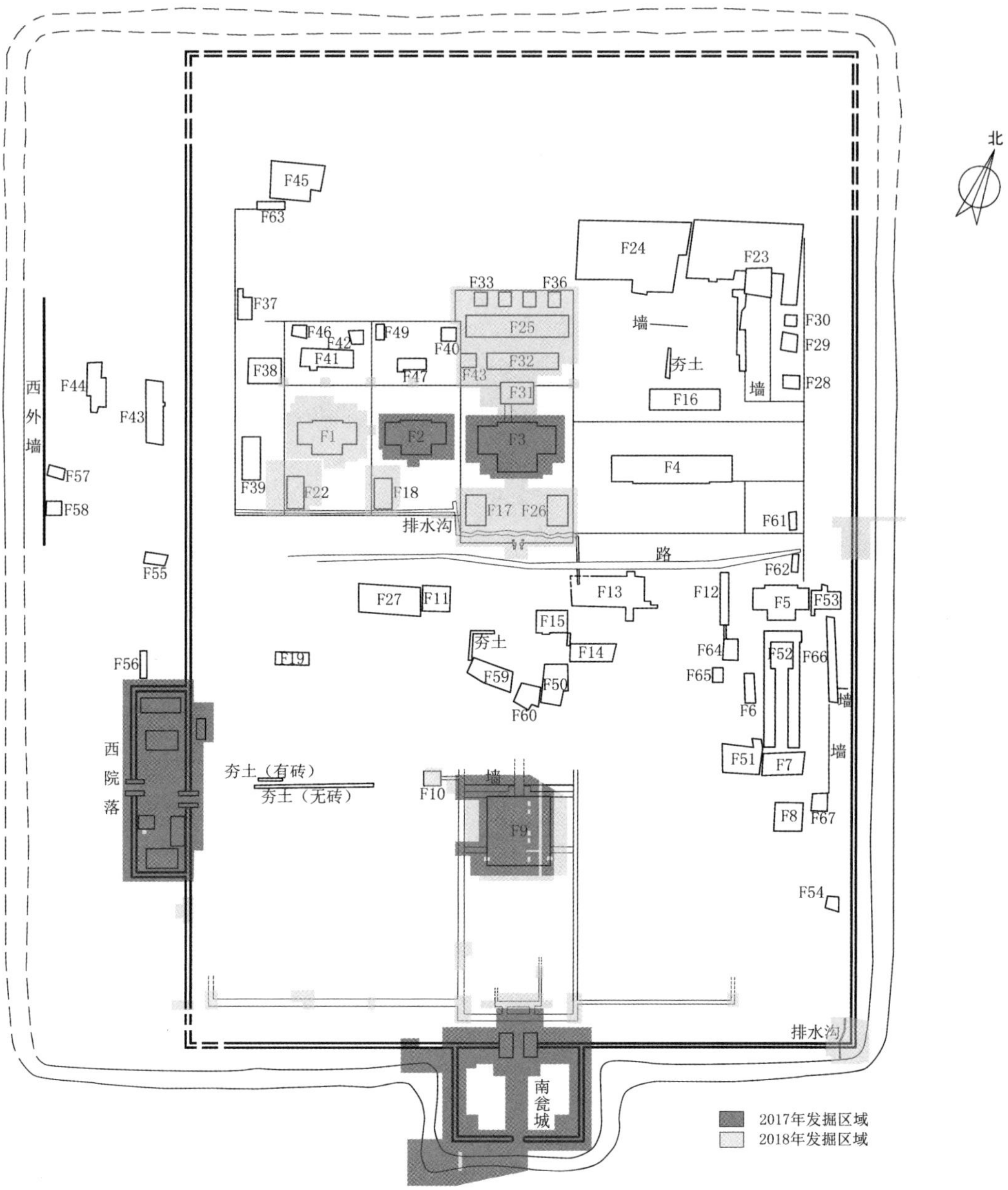

2017—2018 年发掘平面图

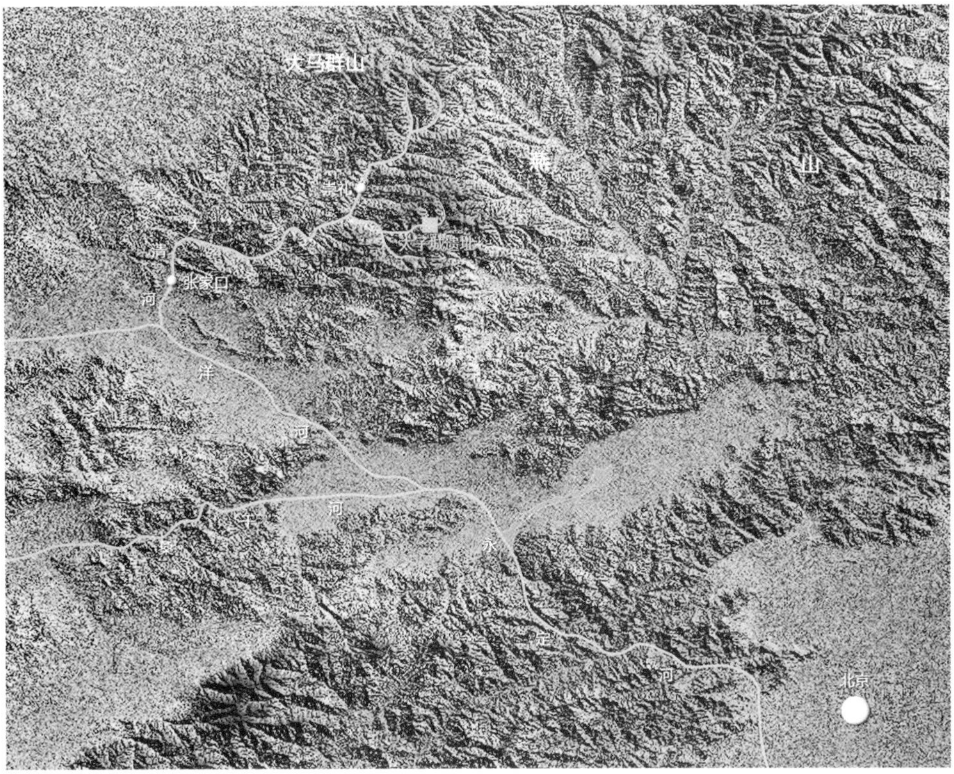

崇礼太子城位置

垂脊兽

垂脊兽 2

连弧纹滴水

绿釉凤纹脊刹

频迦脊饰

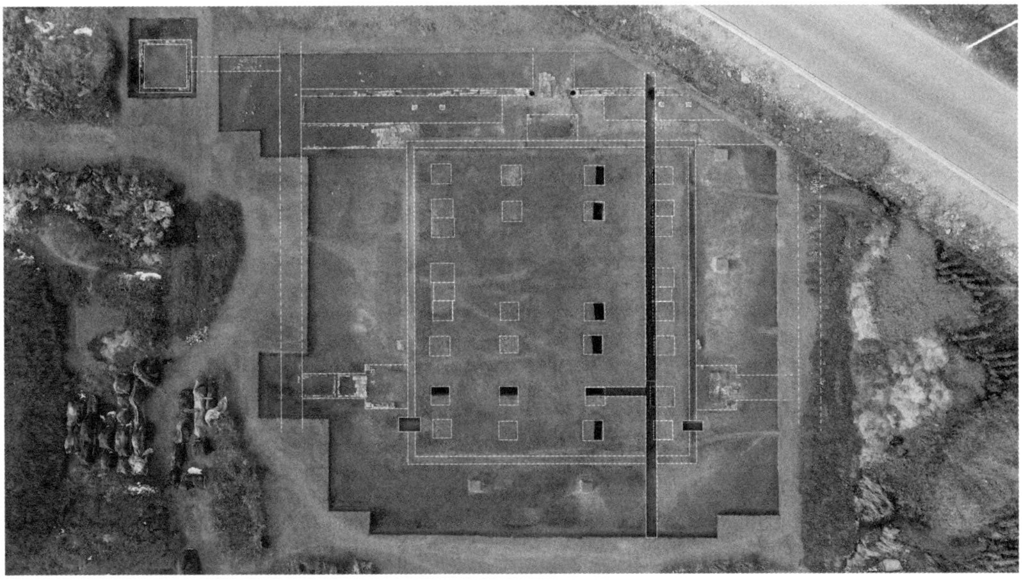

前朝区核心 9 号建筑基址

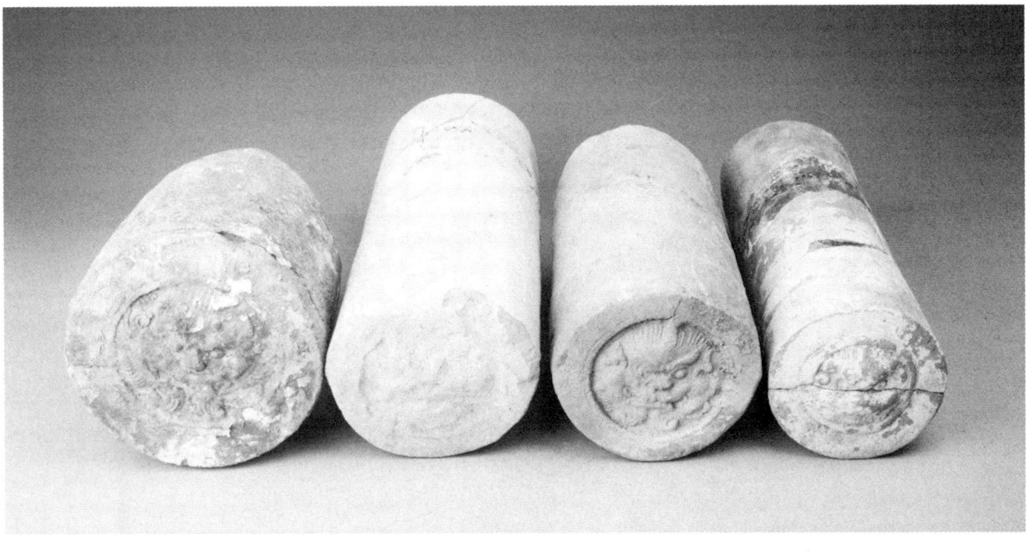

兽面纹瓦当

金代长白山神庙遗址

陈健　周昕悦　张宛玉　赵俊杰

金代长白山神庙遗址（原名宝马城遗址）位于吉林省安图县二道白河镇西北4公里处的丘陵南坡上，南距长白山天池50公里，现为吉林省文物保护单位。该遗址在民国十七年所修《安图县志》中已有著录，以往学术界普遍视该遗址为渤海朝贡道上的重要驿站，也有学者将其比定为当时中京显德府下辖的兴州，沿用至辽金。

为把握遗址的年代与性质，自2014年起，吉林省文物考古研究所与吉林大学边疆考古研究中心对其进行了连续五个年度的考古发掘，确认遗址为金代皇家所建的祭祀长白山的神庙，基本掌握了遗址内主体建筑的布局与单体建筑的基础结构，2018年度主要发掘了神庙遗址东侧廊庑、水井、外墙东北角以及位于遗址墙外东侧的两座窑址（编号为Y1、Y2），发掘面积约为900平方米（图1）。

图1　2018年发掘区航拍图（北向南拍摄）

一　遗迹

（一）东侧廊庑

廊庑位于主体建筑东侧，方向与主体建筑一致，台基由夯土筑成，高度随自然地势有所不同。廊庑外侧筑墙，残存墙体宽度在 0.4 米到 1.09 米之间，最高处 35 厘米。墙内柱础可分为方础与不规则形状础石，以 5 米一块大础石，中间 2.5 米处一块小间础的方式布设。廊庑内地面不铺砖，有多处火焚痕迹。

廊庑东南角发现廊院内排水系统的出口，位于南回廊东段，为砖砌暗渠，北侧入口与南侧出口均采用石条砌筑。排水系统出暗渠后在廊院外变为明沟，转向东南，通向位于院墙东南角的整个神庙遗址的排水系统出口（图 2）。廊庑东北角发现一处廊屋，屋内地面发现有大面积火焚痕迹，形成层状结块（图 3）。

图 2　廊庑东南转角与排水暗渠

（二）水井

水井位于廊院外东南，为方形井干式，以方形榆木条围砌，深 11.8 米，形制基本完整。

图 3　廊庑东北转角与廊屋

（三）外墙东北角

外墙东北角保存尚好，墙体由夯土筑成，残高约 0.4 米，东墙北段被一晚期沟打破，东北角北墙内侧发现整齐码放的多排筒瓦，每一排大体由五块筒瓦摞成，有的带有瓦当，分布范围向西伸出发掘区外。

（四）窑址

两座窑址均位于神庙遗址东部约 200 米处，均为馒头窑，半月形火膛，窑床近长方形。Y1 窑口为斜坡式，朝向东北，产品以砖为主，还有少量瓦和其他陶制品，窑门外坡下分布大量废弃堆积。Y2 火门保存较好，为条砖垒砌的拱门，窑床西侧底部有连续排列的七块条形砖，疑似为产品。

二　遗物

2018 年度出土遗物以滴水（檐头板瓦）、砖瓦等建筑构件为大宗。滴水纹饰多样，包括戳点纹、叶脉纹及花瓣纹等；瓦当均饰高浮雕兽面纹，总体数量不多，但在外墙东北角发掘有较多的粘接完整的筒瓦及瓦当。此外还发现有陶质兽头、凤鸟等建筑构件（图 4），以及大量铁钉、铜钉、陶瓷片、陶制品等。东北角的廊庑内还发现有较多玉册残块，部分保留有完整穿孔（图 5）。

图4　发掘出土建筑构件

图5　发掘出土玉册残块

三　发掘收获

2018 年度发掘取得了非常重要的收获，不仅掌握了遗址廊院内外排水系统的走向、构造与连接方式，还确认了廊庑东北角较为特殊的廊屋，首次发现外墙东北角内侧整齐码放的用于修缮神庙的筒瓦堆积；水井可能是目前全国保存最好的金代木构水井之一，窑址及其废弃堆积的清理则清晰全面地展现了当时陶窑的形制、产品种类与装烧方式，这在全国同类遗址中都是不多见的。

2018 年度发掘结束后，目前发现的神庙遗址的所有构成要素都已经得到全部或者局部的揭露，已经具备了开展复原研究的条件。

第十一篇

考古新发现与龙化州

“龙兴之地　契丹故壤”

——科尔沁考古大发现

李　丽

在科尔沁草原腹地、通辽市科尔沁区莫力庙苏木福巨嘎查北约2.5公里处的沙质台地上，沉睡着一座千年的辽代古城遗址。自2011年起，内蒙古民族大学西辽河流域历史考古研究中心李鹏教授，对该古城进行了深入的考古调查与研究。

这座古城址，南距西辽河约19公里，北距新开河约35公里，南距北老河古道约2.5公里。

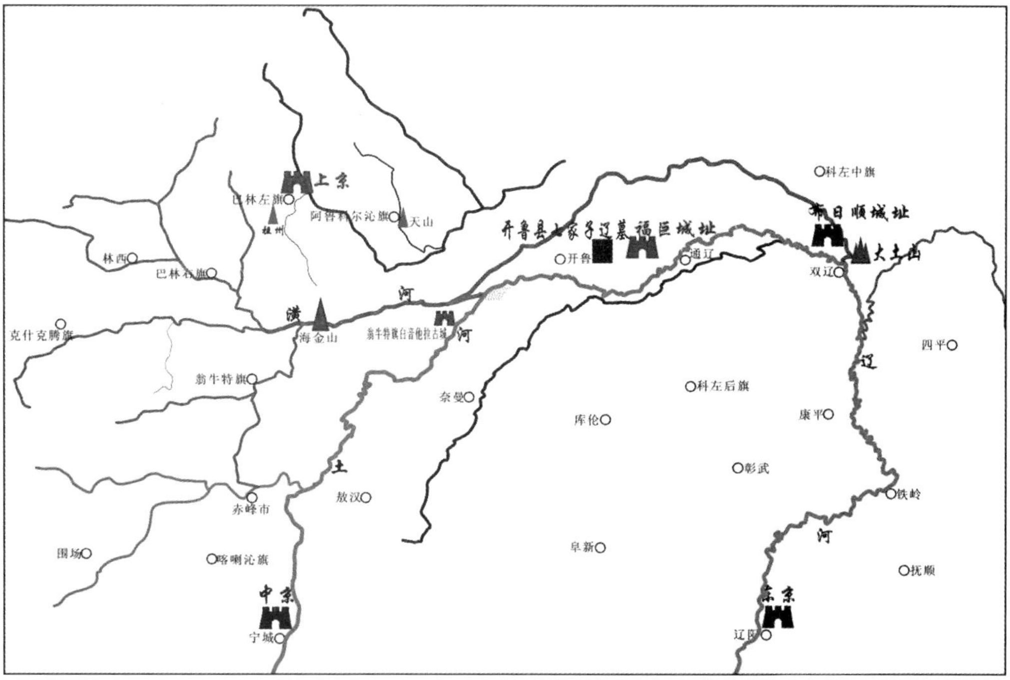

李鹏通过对其地表勘察、文物标本采集、周边古河道以及周边古城遗址的比对研究，运用遥感考古等方法，同时又参考了 2016 年 8 月内蒙古考古队在开鲁县东风镇七家子村，发掘两座被盗的辽代古墓中的墨字题书“葬于龙化州西”等文字内容的分析，提出了“福巨遗址是辽代龙化州”及“通辽是契丹人的祖源地”等学术观点。李鹏的论文发表以后，在学界引起很大反响，争论也随之此起彼伏。

2017 年 5 月，内蒙古民族大学就李鹏的观点，请来国内部分辽史专家进行考察研讨。经过几天的实地考察和研讨，其观点得到了专家们的认可。中国辽金契丹女真史学会会长韩世明总结时指出：“李鹏老师的研究成果在辽金史研究领域是一次重大突破，填补了该领域的学术空白。将龙化州定于福巨古城，依据目前发现的史料来看，最符合文献记载，定论通辽市是契丹早期活动中心‘龙兴之地，契丹故壤’具有充分的考古学、文献学、历史学、地理学依据。”

2018 年 6 月，科尔沁区政府为了进一步确认李鹏的观点，请来中国辽史研究方面的 15 位专家再一次考察论证。专家们针对李鹏的观点到奈曼孟家段老哈河和西拉木伦河二水河流处、科尔沁区福巨古城遗址、科左中旗巴彦塔拉玻璃山、双辽大土山、西辽河和新开河二水合流处、布日顺古城遗址、科左后旗吐尔基山辽代古墓遗址进行了实地考察。经过实地考察，专家们对福巨古城是龙化州给予认可。会上，吉林大学文学院历史学系教授、辽金史研究专家武玉环说：“以前我们研究基本是根据历史文献及其他研究者的论文，从中寻找信息，而这次通过实地考察，打开了思路。福巨古城是龙化州没有问题，可以确定了。”

2018 年 7—8 月，科尔沁区根据专家们的建议，请来专业考古勘探队和地表勘察队，对福巨古城进行了地下勘探和地表调查，得出权威报告，福巨古城为内外双层式结构，其中，内城居东，东城墙居中开一主门，南城墙居西开一门，两门各有瓮城；城墙四角筑有三个角楼，北城墙、西城墙和南城墙还筑有马面；城内道路沿东城门展开说明城市布局以东西向中轴线布局，符合辽代早期城市形制特征。另外，地表调查发现福巨古城周边分布有大量的辽代部落遗址，还发现了两座辽代寺庙遗址，地表分布有大量的遗物，并发现了一批辽代残留文字的辽代经幢残片。从地表遗物和考古钻探表明，福巨城址始建于辽代早期，与《辽史·太祖纪》中902年“九月，城龙化州于潢河之南”“明年（904年）广龙化州之东城”以及龙化州有“开教寺”和“大广寺”的记载高度吻合，进而为福巨城址的认定提供了坚实的考古学证据。

2018年8月23—28日，科尔沁区与内蒙古民族大学共同承办了中国辽金契丹女真史大型学术研讨会。在研讨会上，专家们听了李鹏的汇报。经过研究讨论，大多数专家学者同意李鹏的观点。

2018 年 8 月 28 日，专家代表与科尔沁区四大班子领导进行了座谈交流。北京市文物研究所前所长齐心在会上说，通过考察和地表收集到的标本和文字分析，福巨古城是龙化州没有问题。并且建议科尔沁区要大胆些，在保护的同时要合理利用，让古人留给我们的文化遗产为考古研究、为文化产业发展发挥作用；辽宁师范大学教授都兴智先生从开鲁墓葬墨书题字的拼接分析说：“葬于龙化州西”非常清楚，可以说福巨古城就是龙化州；中国社会科学院民族学与人类学研究所研究员、契丹文字专家刘凤翥老先生看到开鲁古墓题字，他说“葬于龙化州西”这几字是正确的；还有河北大学教授、辽金史学会副会长肖爱民，赤峰学院院长、辽金史学会副会长任爱军也一致认为，福巨古城是龙化州；中国民族史学会辽金暨契丹女真史分会韩世明会长总结时，再次强调说：“李鹏所长的研究成果，经过三次研讨论证，越来越清晰，越来越与辽史文献记载吻合，将龙化州定于福巨古城，依据目前发现的史料来看，最符合文献记载，定论通辽市是契丹早期活动中心‘龙兴之地，契丹故壤’具有充分的考古学、文献学、历史学、地理学依据。而且，绝大多数辽史研究专家都认可李鹏老师的观点。”

据史料记载，龙化州之前是契丹始祖奇首可汗居住地，称龙庭。龙化州始建于902年，当时是辽代始祖耶律阿保机的私城。904年增修东城，当时人口近10万。907年，耶律阿保机统一了契丹各部，成为部落可汗。916年，耶律阿保机在龙化州城东筑金铃岗举行称帝仪式，尊曰大明大圣天皇帝，他的夫人曰大明大圣地皇后，国号契丹，年号神册，耶律阿保机成了古代中国北方民族的皇帝。从此，契丹在龙兴之地出发，东讨西征，南迁北伐，很快就建立了北方第一个半封建、半奴隶制帝国。其国土大于当时的宋朝两倍之多，割断了中原向西北亚、东欧一些国家的古丝绸之路，代替了中原与这些国家的贸易往来。十三世纪，阿拉伯及欧洲国家都叫中国为契丹。因此，那些国家至今还叫中国为契丹。

由于契丹建国后又改为大辽国，在历史上有很重要的地位，所以，从明清到现在，研究辽史的专家们寻找龙化州的脚步从未停歇过。

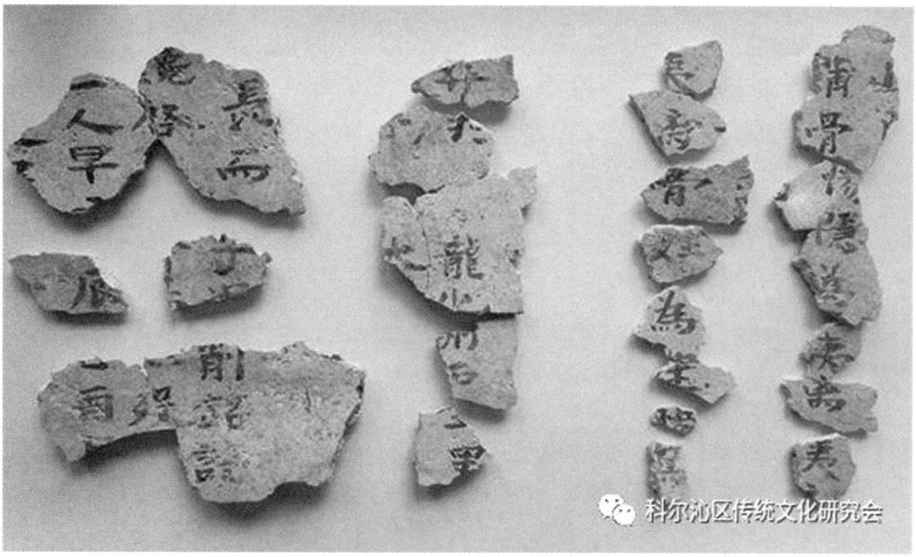

龙化州城市遗址的发现，解决了辽史研究中长期悬而未决的重大问题，极大地推动了辽史地理志的研究。龙化州位置的确定，使通辽市科尔沁区名正言顺地成了契丹辽王朝的龙兴之地，为通辽市历史文化旅游资源的开发以及地方史的研究，提供了坚实的理论依据。与此同时，也为科尔沁这座美丽的草原名城，又添加了“龙兴之地，契丹故壤”两个重量级的“历史文化符号”。

通辽市科尔沁区福巨城址考古勘探纪实

李　丽

2009 年 12 月 7 日，在全国第三次文物普查工作中，由通辽市博物馆、科尔沁区文管所闫洪森、刘伟臣、赵伟东、刘辛宇、王明佳等组成的科尔沁区文物普查队，在通辽市科尔沁区莫力庙苏木福巨村北约 2.5 公里处发现一座大型辽代城市遗址，当地百姓称之为土埋城，文物普查队将其命名为“福巨城址”。

从此，科尔沁区历史上这座一千多年前的辽代古城正式展现在世人面前，成为对世界历史进程产生深远影响的一座著名城市。

2011 年起，内蒙古民族大学西辽河流域历史文化研究中心李鹏教授，通过对其地表勘察、文物标本采集、周边古河道以及周边古城遗址的比对研究、运用遥感考古等方法，对该古城进行了深入的考古调查与研究。

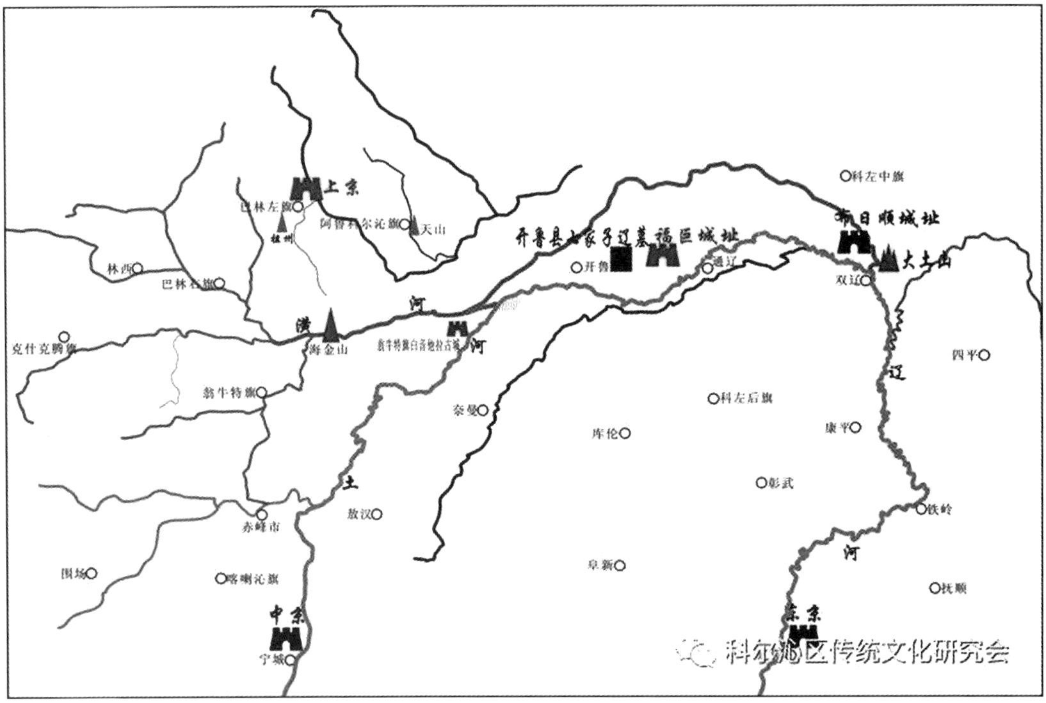

2016年，李鹏撰文《辽代永州、王子城、龙化州与木叶山通考》，将福巨城址考订为辽代龙化州。他的观点得到中国辽金史学会韩世明会长等一批知名辽史专家的认同，但专家组也提出了有必要通过考古勘探，以获取进一步的证据支撑。

2018年7月，通辽市科尔沁区人民政府拨专项经费，经内蒙古自治区文物局批准，通过政府招标程序，由内蒙古察右前旗金元勘探技术有限公司中标，承担福巨城址考古勘探作业。为确保该项工作顺利实施，通辽市科尔沁区人民政府专门成立了领导小组；内蒙古文物考古所、通辽市文物局、通辽市博物馆考古中心、科尔沁区文物局为业务监管单位；内蒙古民族大学西辽河流域历史文化研究中心为协作单位，科尔沁区莫力庙苏木政府、科尔沁区文化暨莫力庙传统文化研究会、福巨嘎查村委会为后勤保障单位。科尔沁区政府领导要求勘探勘察工作，要以科学的精神，实事求是的工作态度为出发点，拿出真实可靠的报告。

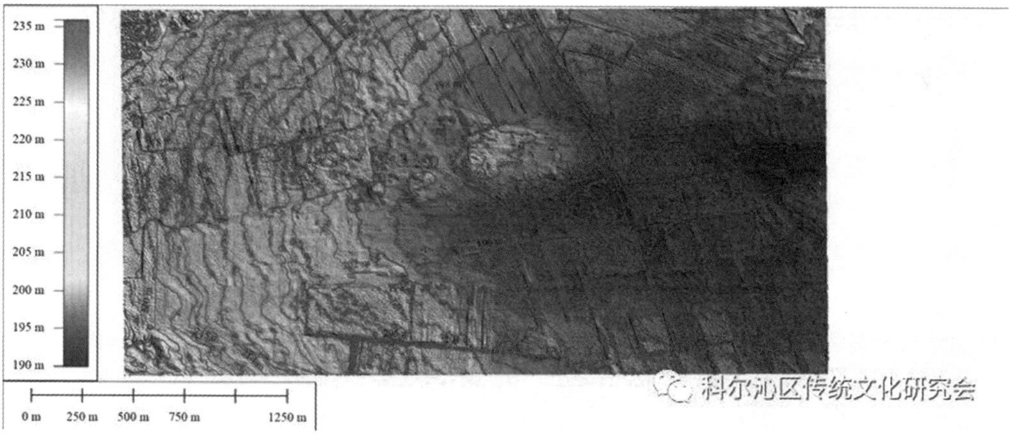

2018年7月22日，正式开始对福巨城址进行考古勘探作业。根据内蒙古民族大学西辽河流域历史文化研究中心前期提供的遥感影像，城址区域三维模型、高程图、等高线图等科学数据，考古钻探工作异常顺利，第一铲便打到城墙夯土层。截至2018年8月20日，考古勘探面积约十万平方米，重点勘探面积为3.2万平方米。探出了城址（内城）的四面城墙、城门、主要道路以及外城东、南城墙残段等，圆满完成一期作业。

2018年8月20日，正式出具《内蒙古通辽市科尔沁区福巨辽代城址考古勘探及周边调查报告》，报送内蒙古自治区文物考古所、通辽市文物局、通辽市博物馆、科尔沁区文物局留存。现将考古勘探结论摘要如下：

该城址为内外双城式结构，内城居东，其中：

（1）北城墙总长320.5米，有马面（注：军事防御设施）两个。其中东马面距东北角121米，西马面距西北角132米，两马面间距72米。

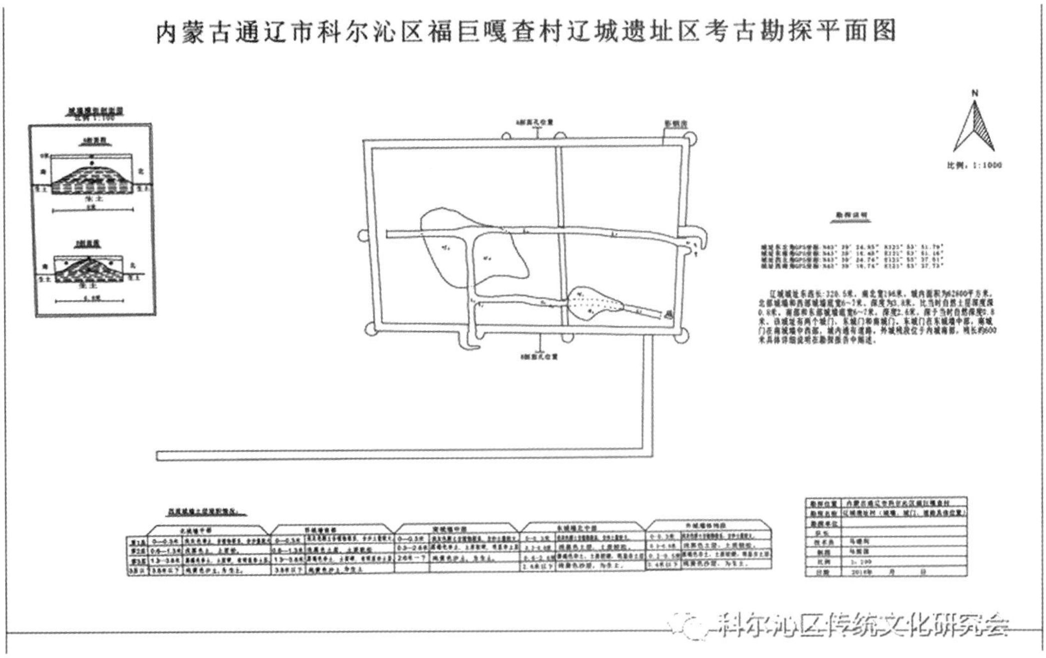

（2）南城墙总长 303 米，有一城门和一马面。其中城门居西，距西南角 90 米，有瓮城，瓮城探出南墙 18 米，门道宽 8 米。东马面距东南角 106 米，西距城门 85 米。路面距地表 1.9 米深发现层次分明的路土，厚度为 0.6 米，内含少量青砖渣、陶

片及烧土颗粒等。

（3）东城墙总长196米，居中开一门，有瓮城，瓮城探出东墙20米，门道宽8米，在门道南侧探有柱础石一块。门口南侧中部发现一处形状不规则、直径0.8米、深度1.5米石块，用途不详。路面距地表2米左右深度发现层次分明路土，厚度0.6米。

（4）西城墙总长188米，居中有马面一座。

（5）中部城墙位于马面之间，呈南北走向，在北城墙东马面与南墙之间南北走向夯筑有一道城墙，底宽约6米，开二门，门宽约8米。其中北门距北城墙78米，路面距地表1.9米深发现层次分明路土，厚度为0.7米左右。南门距南城墙21米，两门间距68米。南侧发现一处东西长6米，南北宽1米，深度为2.4米青砖墙体。底宽6米，路面距地表2米深度发现层次分明路土，厚度为0.6米。门口北侧发现一处东西长4米、南北宽1.8米、深度1.8米的石块垒砌而成的墙体。

城墙为外运来黑褐色冲积土，经过人工夯制而成的夯土城墙层次分明。四周的马面按比例绘制在勘探平面图上和城墙融为一体。夯土每层厚度为：8—11厘米，土质较硬。四面城墙深度不同，北城墙和西城墙深度3.8米，底宽6—8米。东城墙和南城墙及中部城墙深度为2.6米，底宽6—7米。

（二）外城墙残段

在城址南墙外侧发现有一段墙体，呈“L”形，总长约600米。其中，南北走向一段位于南墙的东南角楼与马面之间，东距角楼约35米，总长约110米；东西走向墙体位于南北走向墙体南端，并与南城墙呈平行走势向西延伸，总长约490米。该段墙体上部距地表2.6—3.2米之间，墙体残高0.2—0.5米，宽8—10米。城墙为外运来黑褐色冲积土，经过人工堆放夯制，在夯土层上发现有纯净白沙层，厚度约0.2—0.3米。

结语

根据《辽史·太祖纪》记载：902年，“秋七月，以兵四十万伐河东代北，攻下九郡，获生口九万五千，驼马牛羊不可胜纪。九月，城龙化州于潢河之南，始建开教寺”；904年“岁甲子，三月，广龙化州之东城”。《辽史·地理志》记载：“龙化州，兴国军，下，节度。本汉北安平县地。契丹始祖奇首可汗居此，称龙庭。太祖于此建东楼。唐天复二年，太祖为迭烈部夷离堇，破代北，迁其民，建城居之。明年，伐女直，俘数百户实焉。天祐元年，增修东城，制度颇壮丽。”“增修东城”和“广龙化州之东城”，说明龙化州属“内外双城式结构，且内城居东”。考古勘探结论，刚好契合了龙化州筑城时间与城市形制的记载，为福巨城址是龙化州的认定，提供了坚实的考古学支撑。

通辽市科尔沁区福巨城址辽代寺庙遗址发现记

李　丽

2018 年 7 月，为配合福巨城址考古勘探作业，由勘探队、通辽市博物馆文物保护中心、内蒙古民族大学西辽河流域历史文化研究中心等单位联合组成调查队，对城址周边展开拉网式地表考古调查，以理清城市周边附属功能区的分布情况。历时近三十天，又获重要考古发现。

经调查，新发现大型建筑基址一处、寺庙遗址两处、窑址两座、房址十座。在福巨城址周边近十平方公里的范围内，地表遗物呈连续分布的态势，构成了庞大的城市附属功能区体系。其中，两座辽代寺庙遗址的发现，尤显重要。

（一）1 号寺庙遗址，位于城址西南约 1300 米处。表层被风积沙土覆盖，遗址大体呈长方形，南北长约 50 米，东西长约 40 米，残高约 3 米。地表遗物包括筒形瓦、板瓦、莲花纹饰瓦当、残留有阴雕石刻文的经幢碑残块五件、柱础石以及石雕残块等遗物。

2018 年 8 月 21 日，在听取发现文字消息的汇报后，内蒙古自治区文物考古所连吉林研究员、中国辽金史学会会长韩世明教授、顾问都兴智教授，会同通辽市博物馆部新河研究员一同赶赴现场，对该遗址重点区域进行了初步的地表考古清理工作，又发现残留有阴雕石刻文的经幢碑残块一件。经辨别，六块残存文字分别是“……布十个……”“……张氏牛一……”“……王……”“……生死苦……一切地狱……不念……”“……佛……”等内容，第六块文字不详。结合地表遗物，几位专家一致认为，该遗址属于辽代大型寺庙遗址。

（二）2号寺庙遗址，位于城址东约500米处。表层被风积沙土覆盖，呈圆形，直径约15米、残高约2.5米，由于早年间被当地村民围在牲口圈内，损毁严重。地表遗物包括筒形瓦、板瓦和彩绘墙皮残块等。几位专家初步推断，该遗址很可能属于又一座辽代寺庙遗址。

根据《辽史·太祖纪》记载：902 年“九月，（阿保机）城龙化州于潢河之南，始建开教寺”；909 年“夏四月乙卯，诏左仆射韩知古建碑龙化州大广寺以纪功德”，说明辽代龙化州至少有两座寺庙，即“开教寺”和“大广寺”。福巨城址周边附属功能区内辽代寺庙遗址的发现，为福巨城址是龙化州的学术观点，又添新证。

内蒙古开鲁县辽墓发现的墨书题记与辽之龙化州

连吉林

2016 年 5 月，位于内蒙古通辽市开鲁县东风镇金宝屯东南的两座大型辽代墓葬遭盗掘。同年 6 月至 9 月，内蒙古自治区文物考古研究所与开鲁县博物馆联合对金宝屯遭盗掘的这两座古墓葬进行了抢救性发掘，墓葬编号为金宝屯一号和二号墓。墓葬内出土及公安局追缴的随葬品有金腰带、金耳坠、鎏金马具构件、铜器、陶瓷器、玉器等。金宝屯一号墓为砖砌多室墓，由墓道、甬道、墓门、东西耳室和主室组成，主室平面呈方形，墙体及墓室顶部均用绿釉琉璃砖砌制。

在金宝屯一号墓甬道中发现了类似墓志的墨书题记。题记内容虽然残缺不全，但仍然透露出许多有价值的信息，特别是其中提到了龙化州，为我们研究和探讨辽代龙化州地理位置提供了间接的佐证。

一 墨书题记的发现与初步研究

墨书题记原题写在金宝屯一号墓甬道的白灰墙壁上，用两种文字写成，分别为汉字和契丹大字。由于该墓已多次被盗，古墓葬遭到严重破坏，随葬品所剩较少，墨书题字几乎从墙壁上脱落殆尽，变成碎片。经过初步研究，能识别出来的约有百余字，其他均已残缺，难以辨识。汉字能识别出来的有“蒲骨”、“夷离”、“惕隐”、“削铭志”“为生”“四女”“男”“女”“六”“聓（音 xu，同婿）”“小二人”“一人早（亡）”“纔启”“妻生”“人小若”“长而”“罹难”“龙化州西”“□里”“葬”“拎”“萨”“照”“笃”“为”“辰”“姓”“拎”“北”“列”“亦”“立”“斯”“三”“至”“家”“姑”“殁”“□西日”等。2018 年 8 月，第十四届辽金契丹女真史年会在通辽市科尔沁区举行。借参会之机，由韩世明教授、都兴智教授及笔者三人对墨书题记残片又进行了认真的拼对，并请中国社会科学院民族学与人类学研究所契丹文字专家刘凤翥先生对墨书碎片中契丹大字进行了识辨。拼对和识辨的结果在许多地方有所突破，获得了新的信息。目前能解读出来的契丹大字有“孩子”（出现三次）、“之祇侯”、“龙（辰）”、“夫（府）”、“之”、“大”、“女”、“二十”等。

根据辨认出的金宝屯一号墓墨书题记文字推测，墓主人的妻子可能先后生了六个儿女，为四女二男，其中一男早亡。墨书题记的汉字和契丹字中均有“辰（龙）”字，当是叙述天干地支龙年的。“□酉日”可能是墓主人下葬的日子。契丹字中三次出现“孩子”字样，无疑也是叙述墓主人子女的情况。

二 关于一号墓墓主人

根据金宝屯一号墓墨书题记中“蒲骨”“夷离”“惕隐”“削铭志”等文字记载和墓葬的形制规模及出土的随葬品（包括公安机关从盗墓者手中追缴的），初步推测金宝屯一号墓主人就是《辽史》上所记载的耶律蒲古。“耶律蒲古，字提隐，太祖弟苏四世孙，以勇武著称”。蒲古曾先后担任涿州刺史、上京内客省副使、广德军（乾州）节度使、东京统军使等职。“（圣宗太平）九年，大延琳叛，以书结保州。夏行美执其人送蒲古，蒲古入据保州，延琳气沮。以功拜惕隐。十一年，为其子铁骊所弑”。①

通过进一步对墨书题记碎片的拼对和识辨，我们认为金宝屯一号墓墓主人即耶律蒲古的依据主要有以下几点：

第一，墨书题记中有“蒲骨”二字，应该是墓主人的契丹名。“蒲骨”，与《辽史》所记的“蒲古”为同一契丹语的不同汉字异译，“古”与“骨”是同音字。

第二，金宝屯一号墓和二号墓都是规模很大的贵族墓，两墓葬左右排列，相距仅10多米，墓主人很可能是兄弟关系。墓室内壁均绘有精美的彩色壁画，特别是一号墓，墓室内门楣上绘有飞龙形象。还有从墓葬中出土的精美的金银、玉器等随葬品来看，墓主人也应该是皇族子孙。耶律苏是辽太祖耶律阿保机的同父异母弟，耶律蒲古是耶律苏的四世孙，是名副其实的皇族成员，一号墓的墓主人与耶律蒲古的身份完全相符。

第三，金宝屯一号墓墨书题记中三处见“夷离”二字，后续字残，有“夷离堇”“夷离毕”几种可能。从墨书题记叙述的墓主人身份家世看，当为“夷离堇”这一官名。“夷离堇”是契丹部族联盟时期军事长官之名，耶律蒲古仕宦活动主要是在圣宗时期，他不可能担任此职。题记中三次出现此官名，应是叙述其先祖的职务。但题记中出现“惕隐”这一官名，则与《辽史》本传所记蒲古的最后任职完全相同。蒲古是在平定了大延琳之乱后以功晋惕隐之职。惕隐，又称大内惕隐，是辽代管理皇族的最高长官，相当于后代的大宗正府的宗正。此官必须由皇族成员充任，而且一般是由功劳卓著、辈分较高的皇族成员出任。蒲古为耶律苏四世孙，且为末支人，按皇族世系排，他辈分很高，加之平叛有功，故得授此职。题记中“惕隐”当是叙述墓主人所任的官名。

① 《辽史》卷87《耶律蒲古传》，中华书局1974年版。

第四，金宝屯一号墓的墓室是用琉璃砖砌成。辽代贵族包括许多高级的契丹和汉族贵族墓葬罕见有使用琉璃砖的。迄今为止，墓葬使用琉璃砖砌成者只有辽耶律羽之墓，此为已发现辽代契丹贵族墓之第二例，说明此墓主人无疑应属于皇族成员，其身份与耶律蒲古的身份亦相符合。耶律羽之是太祖的再从侄，也是皇族子弟。

第五，从墓室内壁画的绘画特点、风格及随葬品的特征来看，金宝屯一号墓的下葬时间应在辽代中期。《辽史》本传明确记载，耶律蒲古死于圣宗太平十一年（1031年），时间亦基本相符。

第六，墨书题记中有“罹难”“殁”字样。罹难，即遭遇不幸；殁，死亡。这三个字出现在题记中，就是委婉地叙述墓主人遭遇不幸而死，这与《辽史》所记耶律蒲古的人生结局又完全吻合。用罹难而殁不过是书写题记者的曲笔而已。

根据我们对金宝屯辽墓一、二号墓附近的调查和勘探证明，在已经发掘的两座墓葬周围，还有数座规模相类似的大型辽墓。所以我们推测，这里应该是耶律苏的家族墓地。进而推断，今开鲁县东风镇金宝屯附近之地应该是皇族耶律苏的领地。

三　关于龙化州的地望问题

金宝屯一号墓墨书题记汉字中，最有价值的就是出现了龙化州字样。关于辽之龙化州建立的时间和方位，《辽史》上有明确记载：唐天复二年（902 年）“九月，（辽太祖）城龙化州于潢河之南，始建开教寺”①；“明年（唐天佑元年，904 年）岁甲子，三月，广龙化州之东城”②；“龙化州，兴国军，下，节度。本汉北安平县地。契丹始祖奇首可汗居此，称龙庭。天佑元年，增修东城，制度颇壮丽。”③；“潢水之南，土河之北，奇首可汗故壤也”④；奇首可汗是契丹耶律宗室传说中的先祖，其名见诸耶律羽之墓志。研究者已经早就指出，关于龙化州“本汉北安平县地”的记载是《辽史·地理志》作者的误记。大体上说，龙化州始建于公元 902 年，904 年又对东城进行了扩建，即龙化州是由东西两城组成。其地望应位于今西拉木伦河（包括今之新开河）之南、老哈河以北之地。

关于龙化州的地理定位，是一个长期以来困扰学术界的疑难问题。研究者对这一问题一直争议较大，可谓众说纷纭，莫衷一是。或曰在今内蒙古奈曼旗八仙筒子镇的

① 《辽史》卷 1《太祖纪》，中华书局 1974 年版。
② 《辽史》卷 1《太祖纪》，中华书局 1974 年版。
③ 《辽史》卷 37《地理志一》，中华书局 1974 年版。
④ 《辽史》卷 32《营卫志中》，中华书局 1974 年版。

孟家段古城①；或曰在今库伦旗扣河镇的酒局子古城②；或曰在今敖汉旗的南城子古城③。但以上所比定的方位和地点都在老哈河以南，与史料上有关龙化州的记载不符，因而遭到学术界的质疑。内蒙古民族大学李鹏教授近年来对西拉木伦河与老哈河两河流域的辽代古城址进行了实地踏查和研究，提出了今通辽市科尔沁区莫力庙镇福巨古城为辽代龙化州的新说法，引起了学术界的广泛关注。福巨古城位于西拉木伦河与老哈河之间，其方位与文献记载基本相符。金宝屯辽墓墨书题记发现有关龙化州的字样，为福巨古城为辽的龙化州说提供了又一个有力的佐证。

金宝屯一号墓墨书题记中的关于龙化州汉字经初步整理的资料公布后④，有学者曾对此表示质疑⑤。经过我们对墨书碎片的进一步拼对，现在已经可以准确地排列为“葬扵□□龙化州西”。其中的□□是空白。我们认为，“葬扵”与“龙化州”三字之间所以空两字格，就是书写常识中的所谓留白，即书写墨书者表示对龙化州这一地名的敬畏。龙化州是契丹先祖奇首可汗旧壤，称为“龙庭”。龙化州又是太祖耶律阿保机神册元年（916 年）登基做皇帝的地方，契丹人视其为圣地，故临书留白以示尊崇。辽代墓志中“龙庭”即龙化州前面留白的情况耶律羽之曾孙耶律道清墓志也曾出现，耶律道清墓志在“龙庭”“先皇帝”“皇上”之前均有留白⑥。另外，墨书题记残片中的“□里”字，与“龙化州西”四字字体风格、大小一致，当为金宝屯辽墓与龙化州的距离之“□里”，“里”前一字今尚存二或三横笔，“□”字似为“二”或“三”字。

“葬扵□□龙化州西”，无可置疑地说明龙化州在今金宝屯辽墓的东方。今通辽市科尔沁区的福巨古城在金宝屯辽墓正东约 25 公里，经过详细实地考察，二者之间再无大型辽代城址，故金宝屯一号墓墨书题记把龙化州作为金宝屯辽墓之东的最明显的地理坐标。金宝屯辽墓墨书题记是福巨古城为辽之龙化州说证据链上最有力的证据。福巨古城近日经钻探，证明是由两个城组成。其外城的东墙起自东城的南墙，向南延伸一百余米后折而向西，延伸约五百米。这与太祖 904 年“广龙化州之东城”的文献记载是完全吻合的。

在福巨古城外的东面和西南面不远处，近期各发现一处寺庙遗址。古城东面的寺庙遗址地表发现有辽代板瓦、莲花纹瓦当、彩绘墙皮残块等；西南面的一处遗址经小范围清理出土有板瓦、筒瓦和莲花纹瓦当等辽代典型的建筑构件，带“佛”字的石刻、经幢残块，以及篦点纹陶片等。两处遗址均应是辽代的佛寺建筑，这与文献记载

---

① 张修桂等：《辽史地理志汇释》，《地理志一・龙化州》，安徽教育出版社 2001 年版，第 45 页。

② 冯永谦：《辽代部分州县今地考》，《北方文物》1994 年第 4 期。

③ 杨姝：《敖汉旗区域契丹族源论——契丹遥辇氏的发祥地、世里氏的重要历史活动舞台》，《前沿》2013 年第 23 期。

④ 连吉林：《内蒙古开鲁发现辽代琉璃砖皇族墓葬》，《中国文物报》2016 年 9 月 28 日。

⑤ 宋立恒、迟浩然：《辽代龙化州琐议》，《第十四届辽金契丹女真史学术研讨会文集》，未刊稿。

⑥ 盖之庸：《内蒙古辽代石刻文研究》，内蒙古大学出版社 2002 年版，第 27 页。

辽的龙化州先后建有“开教寺”和“大广寺”相一致。根据金宝屯一号墓葬出土的墨书题记、福巨古城的调查钻探成果、新发现的两处佛寺遗址并结合古文献记载，我们推测通辽市科尔沁区的福巨古城即辽代的龙化州。

后记：本文写作过程中，承蒙中国民族史学会契丹女真史分会会长韩世明教授、顾问都兴智教授亲自参与出土文字残片的拼对，并对文章写作进行指导，中国社会科学院民族学与人类学研究所契丹文字专家刘凤翥先生对墨书碎片中契丹大字进行了辨识，在此一并谨致谢忱。

附　　录

2018 年辽金史论著目录

周　峰

一　专著

（一）哲学、宗教

1. 金代儒学研究，刘辉著，中国社会科学出版社，2018 年。
2. 金元全真道，张方著，中州古籍出版社，2018 年。
3. 金元之际全真道兴盛探究：以丘处机为中心，钟海连著，江苏人民出版社，2018 年。

（二）政治、法律

4. 南望：辽朝前期政治与制度研究，林鹄著，生活·读书·新知三联书店，2018 年。
5. 辽代汉官集团的婚姻与政治，齐伟著，科学出版社，2018 年。
6. 金代吏员研究，王雷著，社会科学文献出版社，2018 年。
7. 金元之际转运司制度的变迁，陈志英著，新华出版社，2018 年。

（三）民族

8. 泾川完颜氏传奇，完颜玺讲述整理，吉林人民出版社，2018 年。

（四）文化

9. 金代学术文化区域性研究，王万志著，吉林大学出版社，2018 年。
10. 辽金风俗，宋德金著，上海文艺出版社，2018 年。

（五）语言、文字

11. 契丹小字研究，清格尔泰、刘凤翥、陈乃雄、于宝林、邢复礼著，中国社会科学出版社，2018 年。

（六）文学

12. 金代河朔地区文学研究，魏玮著，陕西人民出版社，2018 年。
13. 金代诗论辑存校注（上下），胡传志校注，人民文学出版社，2018 年。

14. 金元诗学理论研究，文师华著，商务印书馆，2018 年。
15. 金代主要别集散文研究，陈蕾安著，（台湾）花木兰文化出版社，2018 年。
16. 宋金文论与苏轼接受研究，张进著，中国社会科学出版社，2018 年。
17. 金元全真诗词研究，郭中华著，中国社会科学出版社，2018 年。
18. 全金元词，唐圭璋编，中华书局，2018 年。
19. 金元明清词精选，严迪昌编选，凤凰出版社，2018 年。
20. 辽金元宫词，柯九思等著，陈高华点校，北京出版社，2018 年。

（七）艺术

21. 中国古代契丹—辽音乐文化考察与研究，陈秉义、杨娜妮著，上海三联书店，2018 年。
22. 中国古代契丹—辽音乐史料图文集，陈秉义著，上海三联书店，2018 年。

（八）历史

23. 中华大典·政治典·宋辽夏金政治分典，谭景玉主编，人民出版社，2018 年。
24. 宋辽金夏元史，邓之诚著，北京理工大学出版社，2018 年。
25. 辽金西夏研究 2014—2015 ，景爱主编，中国文史出版社，2018 年。

（九）考古文物

26. 蒙古贞辽代墓志，胡娟、童立红主编，辽宁大学出版社，2018 年。
27. 辽代砖塔，陈伯超、赵兵兵、马鹏飞、王南著，华中科技大学出版社，2018 年。

（十）论文集

28. 辽金历史与考古（第九辑），辽宁省博物馆、辽宁省辽金契丹女真史研究会编，科学出版社，2018 年。
29. 十至十三世纪东亚史的新可能性：首届中日青年学者辽宋西夏金元史研讨会论文集，余蔚、平田茂树、温海清主编，中西书局，2018 年。
30. 隋唐辽宋金元史论丛（第八辑），刘晓主编，上海古籍出版社，2018 年。
31. 宋辽金元玉器研究学术研讨会论文集，天津博物馆编，科学出版社，2018 年。

二　总论

（一）研究综述

32. 传承与发展：契丹学学术史的回顾与反思，孙国军、杨福瑞，赤峰学院学报（汉文哲学社会科学版），2018 年第 10 期。
33. 新世纪以来辽代东北亚关系研究综述——辽朝境内区域关系篇，张儒婷，中国民族博览，2018 年第 10 期。
34. 辽西夏金宗族研究综述，王善军、郝振宇，宋史研究论丛（第二十二辑），科学出版社，

2018 年。

35. 2014 年辽史研究，纪楠楠、王德忠，辽金西夏研究（2014—2015），中国文史出版社，2018 年。
36. 2015 年辽史研究，纪楠楠、王德忠，辽金西夏研究（2014—2015），中国文史出版社，2018 年。
37. 2014 年金史研究，白刚、赵永春，辽金西夏研究（2014—2015），中国文史出版社，2018 年。
38. 2015 年金史研究，白刚，赵永春，辽金西夏研究（2014—2015），中国文史出版社，2018 年。
39. 2014 年西夏学研究，杨富学、韩树伟，辽金西夏研究（2014—2015），中国文史出版社，2018 年。
40. 2015 年西夏学研究，杨富学、韩树伟，辽金西夏研究（2014—2015），中国文史出版社，2018 年。
41. 2014 年辽金文学研究，胡传志、裴兴荣，辽金西夏研究（2014—2015），中国文史出版社，2018 年。
42. 2015 年辽金文学研究，胡传志、裴兴荣，辽金西夏研究（2014—2015），中国文史出版社，2018 年。
43. 部落联盟·国家·酋邦：契丹早期社会形态研究述评，耿涛，哈尔滨师范大学社会科学学报，2018 年第 1 期。
44. 云南契丹后裔研究述评，达福兴，保山学院学报，2018 年第 3 期。
45. 二十世纪以来的辽金农牧业史研究综述，刘壮壮，中国社会经济史研究，2018 年第 2 期。
46. 辽代头下军州研究综述，李进欣，辽金历史与考古（第九辑），科学出版社，2018 年。
47. 辽代契丹族文学研究述评，花兴，内蒙古民族大学学报（社会科学版），2018 年第 5 期。
48. 金代文学辑佚与考订成果综述——以《全辽金诗》《全金元词》《全辽金文》为基础，张桐，内江师范学院学报，2018 年第 1 期。
49. 辽金史研究中的“大宋史”，景爱，辽金西夏研究（2014—2015），中国文史出版社，2018 年。
50. 辽金史研究中出现的纰漏，景爱、陈晓敏，辽金西夏研究（2014—2015），中国文史出版社，2018 年。
51. “乣”字研究述评，李俊，长春师范大学学报，2018 年第 9 期。
52. 宋元墓葬中二十四孝图像研究综述，李庆玲，河南工程学院学报（社会科学版），2018 年第 4 期。
53. 2001～2015 年辽代陶瓷研究综述，王馨瑶，赤峰学院学报（汉文哲学社会科学版），2018 年第 7 期。
54. 清代辽史地理学研究，张剑，扬州大学硕士学位论文，2018 年。

（二）学术活动

55. “中国辽金文学学会第九届年会暨草原文学研讨会”述评，花兴，民族文学研究，2018 年第 1 期。
56. 中国民族古文字研究会第十次学术研讨会暨会员代表大会综述，孙颖新，辽金西夏研究（2014—2015），中国文史出版社，2018 年。
57. 深度学术研讨 助力辽上京申遗，王子奇、董新林，中国文物报，2018 年 9 月 7 日第 6 版。
58. 中国社会科学网关于《年鉴》的报道，唐红丽、高欣然，辽金西夏研究（2014—2015），中国文史出版社，2018 年。

59. 中韩第七届宋辽夏金元史国际学术研讨会综述，王冬亚、王晓龙，中国史研究动态，2018 年第 5 期。

（三）学者介绍

60. 金毓黼七律《赠日本鸟居博士》考实，李彦朴，辽金历史与考古（第九辑），科学出版社，2018 年。
61. 思念父亲陈述——写在《辽史补注》出版之际，陈正，中华读书报，2018 年 2 月 7 日第 7 版。
62. 陈述先生与《辽史补注》，刘凤翥、李锡厚、林荣贵，文汇报，2018 年 6 月 15 日 W03 版。
63. 《辽史补注》与史注传统，苗润博，文汇报，2018 年 6 月 15 日 W07 版。
64. 陈述先生与史语所，张峰，文汇报，2018 年 6 月 15 日 W09 版。
65. 开创并践行女真满蒙学兼通研究的光辉典范——纪念恩师金启孮大师百年诞辰，穆鸿利，满族研究，2018 年第 3 期。
66. 清格尔泰先生学术生平述略，孙国军、陈俊达，赤峰学院学报（汉文哲学社会科学版），2018 年第 4 期。
67. 孟广耀先生年谱，孟昭慧，辽金西夏研究（2014—2015），中国文史出版社，2018 年。
68. 深切怀念姜念思先生，辽金历史与考古（第九辑），科学出版社，2018 年。
69. 大任先生与辽金元文学热之关系，张晶，名作欣赏：鉴赏版（上旬），2018 年第 6 期。
70. 先生不独是晋人，王昊，名作欣赏：鉴赏版（上旬），2018 年第 6 期
71. 刘凤翥先生在契丹学领域的学术贡献，李俊义，辽金历史与考古（第九辑），科学出版社，2018 年。
72. 我尝过古墓里的辽代老酒，卢立业，辽宁日报，2018 年 8 月 16 日 T19 版。
73. 博采众长治学路，铢积寸累求新知——程妮娜教授访谈录，王万志，淮阴师范学院学报（哲学社会科学版），2018 年第 3 期。

（四）书评、序、出版信息

74. 《辽史补注》陈寅恪序署年斠讹，田耕农，中华读书报，2018 年 1 月 24 日第 10 版。
75. 从新角度审视辽朝社会——《科举与辽代社会》评介，孙伟祥，北方文物，2018 年第 2 期。
76. 抽丝剥茧理谱系、阐微决疑撰文章——《辽朝后族诸问题研究》评介，肖爱民，内蒙古师范大学学报（哲学社会科学版），2018 年第 4 期。
77. 《忠贞不贰？——辽代的越境之举》评介，律其林，唐山文学，2018 年第 6 期。
78. 在历史的田野中追踪历史——评陈秉义、杨娜妮的《契丹—辽音乐图像学考察》，修海林，乐府新声（沈阳音乐学院学报），2018 年第 2 期。
79. 问题意识、思辨精神与理论高度——评《美学与诗学——张晶学术文选》，王永，辽宁师范大学学报（社会科学版），2018 年第 3 期。
80. 美学与诗学的贯通与升华——评《美学与诗学——张晶学术文选》，于隽，辽宁师范大学学报（社会科学版），2018 年第 3 期。
81. 李玉君著《金代宗室研究》评介，孔维京、刁培俊，中国史研究动态，2018 年第 2 期。

82.《金代宗室研究》评介，撒海涛、张冰，白城师范学院学报，2018 年第 5 期。
83.《金代泰山文士研究》名山文化研究的新成果，胡传志，中国社会科学报，2018 年 3 月 27 日第 7 版。
84. 史论结合见功夫 乡献证史数风流——《金代泰山文士研究》评介，李志刚，中国社会科学报，2018 年 3 月 27 日第 7 版。
85.《元遗山论》的四大学术优势，黄震云，名作欣赏，2018 年第 16 期。
86. 一部金代儒家思想研究的力作——读《金代儒学研究》，华文，长春日报，2018 年 3 月 19 日第 8 版。
87. 学在会通，力在拓新——《金元之际全真道兴盛探究——以丘处机为中心》评介，孙鹏，南京晓庄学院学报，2018 年第 5 期。
88. 儒风汉韵流海内——《两宋辽金西夏时期的中国意识与民族观念》评析，安北江，赤峰学院学报（汉文哲学社会科学版），2018 年第 6 期。
89. 精择底本 新补要籍 重收散佚——评马振君整理本《王若虚集》，王永，许昌学院学报，2018 年第 3 期。
90. 当金词放在多民族文化交融视野中——评于东新《金词风貌研究》，美成，博览群书，2018 年第 4 期。
91.《金朝"异代"文士民族认同之路》评介——兼议"汉化"命题，耿涛，宋史研究论丛（第二十二辑），科学出版社，2018 年。
92. 中英文译注本《祖州城》后记，李俊义，赤峰学院学报（汉文哲学社会科学版），2018 年第 2 期。
93. 汉契一体 华夷同风——《祖州城》中英文译注本跋，高福顺，赤峰学院学报（汉文哲学社会科学版），2018 年第 2 期。
94. 就《辽金西夏研究年鉴》采访景爱先生，祝立业，辽金西夏研究（2014—2015），中国文史出版社，2018 年。
95. 理论性、资料性与工具性的统一，胡传志，辽金西夏研究（2014—2015），中国文史出版社，2018 年。

（五）目录索引

96. 2014 年金史研究论著索引，白刚，辽金西夏研究（2014—2015），中国文史出版社，2018 年。
97. 2015 年金史研究论著索引，白刚，辽金西夏研究（2014—2015），中国文史出版社，2018 年。
98. 2014 年西夏学研究论著索引，杨富学、韩树伟，辽金西夏研究（2014—2015），中国文史出版社，2018 年。
99. 2015 年西夏学研究论著索引，杨富学、韩树伟，辽金西夏研究（2014—2015），中国文史出版社，2018 年。

三　史料与文献

（一）《辽史》《金史》

100.《辽史·百官志》"宿卫司"事目考源疏证，姚庆，中国典籍与文化，2018 年第 1 期。

101. 晚清李慎儒《辽史地理志考》研究，张剑，镇江高专学报，2018 年第 1 期。
102. 《辽史·属国表》探析，张宏利，辽宁工程技术大学学报（社会科学版），2018 年第 1 期。
103. 《辽史·萧陶隗传》辨误，乐日乐，内蒙古农业大学学报（社会科学版），2018 年第 4 期。
104. 《辽史》记载的“斡里”“斡鲁”“斡耳”“窝鲁”演变分析，香莲，赤峰学院学报（汉文哲学社会科学版），2018 年第 1 期。
105. 论《辽史》述录萧太后事迹的文学性，张雅难，赤峰学院学报（汉文哲学社会科学版），2018 年第 1 期。
106. 统计分类分析《辽史》中出现的“夷离堇”之词，香莲，赤峰学院学报（汉文哲学社会科学版），2018 年第 2 期。
107. 《辽史·国语解》“惕隐”的统计及分类分析，吉日嘎拉，赤峰学院学报（汉文哲学社会科学版），2018 年第 4 期。
108. 《金史》本纪校读札记，陈晓伟，西北民族论丛（第十八辑），社会科学文献出版社，2018 年。
109. 《金史》衍圣公家族事迹丛考，陈晓伟，文史，2018 年第 2 期。
110. 《金史·忠义传》史源考，张雪，文化学刊，2018 年第 1 期。
111. 宋金《礼志》比较研究，汤勤福，史学集刊，2018 年第 4 期。

（二）其他史料与文献

112. 应县木塔葬书中的“木奴”与“天牛”考，杜成辉，辽金历史与考古（第九辑），科学出版社，2018 年。
113. 空间叙事批评语境下的《焚椒录》，刘澍芃，江苏科技大学学报（社会科学版），2018 年第 3 期
114. 《宋会要·蕃夷类·辽门》研究，孙昊，文史，2018 年第 2 期。
115. 《宋会要·蕃夷类·女真国门》笺注，孙昊，隋唐辽宋金元史论丛（第八辑），上海古籍出版社，2018。
116. 《金源纪事诗》文史价值论略，宋佳东、李宜蓬，边疆经济与文化，2018 年第 1 期。
117. 俄藏黑水城金代《西北诸地马步军编册》新探暨重命名，范学辉，王曾瑜先生八秩祝寿文集，科学出版社，2018 年。
118. 晚清李慎儒《辽史地理志考》研究，张剑，镇江高专学报，2018 年第 1 期。
119. 金代名士刘长言佚文辑校，马振君，国学，2018 年第 1 期。
120. 《中州集》误收张九成《客观余〈孝经传〉感而有作》考辨，吕继北，中国典籍与文化，2018 年第 3 期。
121. 《书目答问》著录王鹗《汝南遗事》版本指瑕，王超凡，西南古籍研究（2016），云南大学出版社，2018 年。

四　政治

（一）政治

122. “八部聚议立王”和早期契丹的社会性质，潘静，内蒙古社会科学（汉文版），2018 年第

1 期。
123. 10—13 世纪民族政权对峙时期的“中国”认同，赵永春、王观，陕西师范大学学报（哲学社会科学版），2018 年第 1 期。
124. 辽金少数民族政权建设历史补遗，周子豪，高考，2018 年第 35 期。
125. 燕云十六州问题的由来及其归宿，覃旭，内蒙古大学硕士学位论文，2018。
126. 契丹：一个消失的王朝，一段沉睡的历史，杨淳惠，中国民族教育，2018 年第 4 期。
127. 五代《赵凤墓志》考释——兼议契丹南下与“南北朝”问题，武文君、辛时代，宋史研究论丛（第 23 辑），科学出版社，2018 年。
128. 利益权衡下的政治取舍：从燕云诸州的实际控制权看石晋割地的政治考量，李小霞，宋史研究论丛（第二十二辑），科学出版社，2018 年。
129. 辽金元贵族政治体制与选官制度的特色，关树东，王曾瑜先生八秩祝寿文集，科学出版社，2018 年。
130. “契丹”仍是中国的代名词之一，贾知梅，辽宁日报，2018 年 8 月 16 日 T06 版。
131. 捺钵与行国政治中心论——辽初“四楼”问题真相发覆，陈晓伟，十至十三世纪东亚史的新可能性：首届中日青年学者辽宋西夏金元史研讨会论文集，中西书局，2018 年。
132. 从皇帝巡幸西京看辽代社会的兴衰，李珍梅，山西大同大学学报（社会科学版），2018 年第 6 期。
133. 辽代斡鲁朵及相关问题辨析，杨逍，内蒙古社会科学（汉文版），2018 年第 6 期。
134. 辽代斡鲁朵的生态价值，李碧瑶，赤峰学院学报（汉文哲学社会科学版），2018 年第 8 期。
135. 说“头下”，康鹏，文史，2018 年第 4 期。
136. 辽代避讳问题研究，姜维东、郑丽娜，史学集刊，2018 年第 6 期。
137. 论辽代汉官的政治地位，蒋金玲，宋史研究论丛（第二十二辑），科学出版社，2018 年。
138. 辽朝前期“谋逆”问题研究，安洁，哈尔滨师范大学硕士学位论文，2018 年。
139. 诸弟之乱与两代后族之争——兼论辽朝帝、后二族共治模式的形成，吴翔宇，黑龙江民族丛刊，2018 年第 6 期。
140. 耶律乙辛集团与辽朝后期政治格局，王善军，王曾瑜先生八秩祝寿文集，科学出版社，2018 年。
141. 辽末南京地区政局相对稳定的历史原因，白雪，哈尔滨师范大学社会科学学报，2018 年第 3 期。
142. 浅析北宋与辽时期的山西，孙倩楠，现代交际，2018 年第 5 期。
143. 辽代的黑龙江，周喜峰，奋斗，2018 年第 22 期。
144. 辽朝东南部边疆治理问题研究，武宏丽，长春师范大学硕士学位论文，2018 年。
145. 巫术与金代皇权关系研究，周永川，河北大学硕士学位论文，2018 年。
146. 异象、梦兆与仪式：论巫术在金太祖反辽建国中的作用，周永川，集宁师范学院学报 2018 年第 1 期。
147. 关于金朝开国史相关材料的再思考与新认识，叶帅，学习与探索，2018 年第 5 期。
148. 论金朝政治制度建设及历史影响，姚雯雯、吴传刚，黑龙江民族丛刊，2018 年第 2 期。
149. 金朝忠义问题研究：以《金史·忠义传》为中心，张雪，哈尔滨师范大学硕士学位论文，

2018 年。

150. 金代女真国家文明的发生及其社会形态研究，李秀莲，哈尔滨师范大学社会科学学报，2018 年第 1 期。
151. 从“强狄”到“正统”：史籍所见高丽君臣心中的金朝形象，陈俊达，域外汉籍研究集刊（第十八辑），中华书局，2018 年。
152. 金朝前期“汉制”改革研究，吕瑞瑞，哈尔滨师范大学硕士学位论文，2018 年。
153. 金代君主的信息渠道研究——以近侍局为中心的考察，崔健，辽宁师范大学硕士学位论文，2018 年。
154. 内外之间：试论金代近侍局官员与君主的信息传递，崔健，周口师范学院学报，2018 年第 3 期。
155. 金代皇帝对官员的物质赏赐，李变变，文存阅刊，2018 年第 8 期。
156. 辽宋汉官仕金比较研究，李晓辉，吉林大学硕士学位论文，2018 年。
157. 选择之后——金朝南人文士的心灵世界，沈圆圆，山东大学硕士学位论文，2018 年。
158. 金代贪官及其身份特点，崔莎莎，辽宁工程技术大学学报（社会科学版），2018 年第 1 期。
159. “正隆南征”的原因与其历史意义的消殒，李秀莲、方智，黑龙江社会科学，2018 年第 1 期。
160. 试论东夏的文化内涵，蒋戎，社会科学战线，2018 年第 8 期。
161. 论“金以儒亡”与金朝推行汉化的影响，张昊，边疆经济与文化，2018 年第 3 期。
162. 金朝亡于汉化？关山远，领导文萃，2018 年第 24 期。
163. 兴亡千古事，胜负一枰棋——耶律楚材有关“金亡”的两首诗作释证，路元敦、裴兴荣，山西大同大学学报（社会科学版），2018 年第 6 期。
164. 金宋元易代时期文人的行为选择及其心态分析，赵灵，江南大学硕士学位论文，2018 年。
165. 金末元初苏门山士人群体研究，马奥远，广西师范大学硕士学位论文，2018 年。
166. 金蒙之际的漠南山后地区，邓进荣，内蒙古大学博士学位论文，2018 年。
167. 金元兴替之际山东地区政局研究：以益都李氏家族为探讨，宁波，中国社会科学院历史研究所博士后出站报告，2018 年。
168. 试论杨妙真、李璮时期（1231—1262 年）的山东，曹文瀚，宋史研究论丛（第二十二辑），科学出版社，2018 年。

（二）制度

169. 两面官制是对中国的一大贡献，陈琳琳，辽宁日报，2018 年 8 月 16 日 T07 版。
170. 辽代东宫官制的特点，车欣，卷宗，2018 年第 12 期。
171. 辽代枢密院及其官员群体研究，王成名，吉林大学博士学位论文，2018 年。
172. 辽代节镇建制的发展与演变，陈俊达、杨军，中央民族大学学报（哲学社会科学版），2018 年第 4 期。
173. 辽代节镇体制研究，陈俊达、杨军，古代文明，2018 年第 2 期。
174. 辽代节镇体制的创立与定型，陈俊达、杨军，宋史研究论丛（第 23 辑），科学出版社，2018 年。
175. 辽代巡检制度考述，李碧瑶，东北亚研究论丛（第 11 辑），商务印书馆，2018 年。

176. 宋朝监察制度与辽、金监察制度的比较，孙娜，文化学刊，2018 年第 5 期。
177. 辽代军事监察制度新探——兼析《辽史·百官志》“监军”“都监”诸问题，李碧瑶，北方文物，2018 年第 3 期。
178. 辽代南京三司研究，付亚洲，广播电视大学学报（哲学社会科学版），2018 年第 1 期。
179. 辽朝郎君考述，乐日乐，辽金历史与考古（第九辑），科学出版社，2018 年。
180. 辽朝郎君再考述，乐日乐，内蒙古民族大学学报（社会科学版），2018 年第 3 期。
181. 辽“本班郎君”非本部族之郎君考辨，乐日乐，北方文物，2018 年第 3 期。
182. 勃极烈制度与议政王大臣会议制度比较研究——从制度改革的相似性出发，马林莹，黑龙江工业学院学报（综合版），2018 年第 4 期。
183. 金代文官制度研究，张迪，山东大学硕士学位论文，2018 年。
184. 金朝中央政务研究——以尚书省左右司为中心，田晓雷，中央民族大学学报（哲学社会科学版），2018 年第 3 期。
185. 金朝宗室及皇子任枢密使考，胡珀，中国社会科学报，2018 年 7 月 5 日第 7 版。
186. 金朝品官谥号考，苗霖霖，宋史研究论丛（第二十二辑），科学出版社，2018 年。
187. 试论金代户部机构，郭威，东北亚研究论丛（第 11 辑），商务印书馆，2018 年。
188. 金代礼部职官籍贯分布探究，孙久龙，宋史研究论丛（第二十二辑），科学出版社，2018 年。
189. 金代南京（汴京）留守选任与转迁考论，张冰、杨军，宋史研究论丛（第二十二辑），科学出版社，2018 年。
190. 金代诸京留守研究，张冰，吉林大学博士学位论文，2018 年。
191. 金朝閤门司研究，李希言，吉林大学硕士学位论文，2018 年。
192. 金代尚书省令史研究，郭晓东，吉林大学硕士学位论文，2018 年。
193. 金初泰州军政长官考略，孙文政，齐齐哈尔大学学报（哲学社会科学版），2018 年第 11 期。
194. 金朝群牧研究，郑成龙，满语研究，2018 年第 1 期。
195. 金代地方吏员相关问题探讨，王雷，辽宁省博物馆馆刊（2017），辽海出版社，2018 年。
196. 金代吏员制度评价，王雷，内蒙古民族大学学报（社会科学版），2018 年第 3 期。
197. 金代郎君考，乐日乐，宋史研究论丛（第 23 辑），科学出版社，2018 年。
198. 辽代治安制度研究，林丽群，内蒙古民族大学硕士学位论文，2018 年。
199. 辽朝国家养老制度初探，李月新，辽宁师范大学学报（社会科学版），2018 年第 1 期。
200. 辽金元法制的汉化历程，沈玮玮，民主与法制时报，2018 年 5 月 31 日第 2 版。
201. 辽朝礼典编修钩沉，李月新，史志学刊，2018 年第 1 期。
202. 契丹柴册礼的仪式构建与精神旨趣，李月新，赤峰学院学报（汉文哲学社会科学版），2018 年第 5 期。
203. 宋辽金元铁券考，关树东，北方文物，2018 年第 4 期。
204. 辽金符牌制度沿革，彭军超，哈尔滨学院学报，2018 年第 7 期。
205. 试论辽朝太祖时期的宗庙制度构建，康建国、李月新，赤峰学院学报（汉文哲学社会科学版），2018 年第 12 期。
206. 箕子八条之教与辽朝礼制渊源考论，李月新，内蒙古社会科学（汉文版），2018 年第 5 期。
207. 金代职官犯罪与刑罚述论，武玉环，辽金历史与考古（第九辑），科学出版社，2018 年。

208. 从《松漠纪闻》看金初刑法特点，姜雨、孙红梅，内蒙古民族大学学报（社会科学版），2018年第6期。
209. 试探辽朝柴册仪之坛及相关的两个问题，葛华廷，宋史研究论丛（第23辑），科学出版社，2018年。
210. 辽代旗鼓研究：以辽墓壁画为中心，肖冬男，中国人民大学硕士学位论文，2018年。
211. 金代优抚措施研究，白雪，渤海大学硕士学位论文，2018年。
212. 金代岳镇海渎祭祀研究，孔维京，辽宁师范大学硕士学位论文，2018年。

（三）对外关系

213. 西夏、高丽与宋辽金关系比较刍议，史金波，史学集刊，2018年第3期。
214. 辽与北汉关系研究，魏帅朋，渤海大学硕士学位论文，2018年。
215. 对立到兄弟：试论辽朝人对北宋人的敬慕观，岳凯峰，阴山学刊，2018年第2期。
216. 辽宋对峙下的边民群体研究，于盼，西北大学硕士学位论文，2018年。
217. 契丹王朝东北边政述论——以辽与女真关系为中心，郑毅，辽金历史与考古（第九辑），科学出版社，2018年。
218. 宋辽交聘中的御容往来，张鹏，考古、艺术与历史——杨泓先生八秩华诞纪念文集，文物出版社，2018年。
219. 宋辽贺正旦使研究，徐睿、柴锐，学术探索，2018年第6期。
220. 宋辽使臣与雄州印象，王慧杰、薛志清，河北北方学院学报（社会科学版），2018年第6期。
221. 苏颂与宋辽外交，蒋武雄，（台湾）东吴历史学报（38期），2018年6月。
222. 北宋出使文学中的人文地理问题及其文化特征，方丽萍，学术论坛，2018年第1期。
223. 辽金使者身故于宋相关礼节探讨，里景林，辽宁工程技术大学学报（社会科学版），2018年第4期。
224. 澶渊之盟创造百年和平，卢立业，辽宁日报，2018年8月16日T10版。
225. 论辽与唃厮啰政权和亲路线的选择，张钦，青海民族大学学报（社会科学版），2018年第4期。
226. 辽圣宗朝的和亲政策及其在对外战略部署中的作用，周路星，哈尔滨师范大学社会科学学报，2018年第3期。
227. 契丹和回鹘的关系，松井太著，巩彦芬译，杨富学校，河西学院学报，2018年第3期。
228. 浅析回鹘与契丹的关系，王艳丽，文物鉴定与鉴赏，2018年第17期。
229. 《高丽史》所见辽朝出使高丽使者类型及派遣，李碧瑶、杨军，域外汉籍研究集刊（第十八辑），中华书局，2018年。
230. 宋徽宗联金灭辽政策新探，李瑞，兰州教育学院学报，2018年第8期。
231. 宋金海上之盟历史经过考察，孙文政，黑龙江社会科学，2018年第1期。
232. 宾礼·殿阁·北朝——《高丽史·宾礼》中的“北使”及相关仪制成文年代探析，许玉龙，华中国学（总第九卷），华中科技大学出版社，2018年。
233. 宋金初期交聘研究（1117—1127），曹渊启，辽宁师范大学硕士学位论文，2018年。
234. 宋金交聘地方公务接待清单的发现与研究，周立志，黑龙江社会科学，2018年第1期。

235. 略谈宋金交聘礼仪中的礼物问题，王大鹏，黑龙江史志，2018 年第 12 期。
236. 史弥远当政时期南宋对金政策之演变——从嘉定和议到联蒙灭金，李超，保定学院学报，2018 年第 5 期。
237. 南宋初期宋金局势与使节际遇个案研究——以洪皓为例，陈奕廷，（台湾）史辙（第 14 期），2018 年 7 月。
238. 金朝遣宋使臣群体研究，姚喆，中央民族大学硕士学位论文，2018 年。
239. 金朝遣高丽使臣选派考论，鞠贺，宁夏大学学报（人文社会科学版），2018 年第 6 期。
240. 金夏交聘礼仪考述，马旭俊，西夏学（第 17 辑），甘肃文化出版社，2018 年。
241. 天会议和后西夏与金和平局面得以长久维持的原因探析，贾搏，安康学院学报，2018 年第 2 期。

（四）军事

242. 五代时期后晋与契丹战争论，曾国富，武陵学刊，2018 年第 5 期。
243. 燕云问题和契丹南下中原板荡留给北宋最后的“债务”，原廓、郑逸钒，国家人文历史，2018 年第 13 期。
244. 辽代军队中的渤海军人，孙炜冉，黑龙江社会科学，2018 年第 4 期。
245. 契丹骑兵研究，丛密林，东北师范大学博士学位论文，2018 年。
246. 辽代保州与东南边防研究，王珏，河北大学硕士学位论文，2018 年。
247. 出河店之战的历史还原，李秀莲，哈尔滨师范大学社会科学学报，2018 年第 3 期。
248. 出河店之战的历史还原，李秀莲，辽金历史与考古（第九辑），科学出版社，2018 年。
249. 金代陕西战争研究，邓英昊，西北大学硕士学位论文，2018 年。
250. 金代上京路军事的发展及衰落分析，高铁民，魅力中国，2018 年第 31 期。
251. 啼则与果：南宋的忠义人与朝廷的应对政策，雷家圣、黄玫瑄，上海师范大学学报（哲学社会科学版），2018 年第 6 期。
252. 金朝后期的弩军制度，张映晖，满语研究，2018 年第 2 期。
253. 辽宋夏金元时期鄂尔多斯高原军事地理研究，梁景宝，陕西师范大学硕士学位论文，2018 年。
254. 蒙金战争中的金源节士影像——史肃《哀王旦》、郝经《王子明》诗释证，路元敦，东岳论丛，2018 年第 5 期。

五　经济

（一）概论

255. 渤海遗民对辽代社会的经济贡献，孙炜冉，云南民族大学学报（哲学社会科学版），2018 年第 4 期。
256. 临汾地区金元时期佛教寺院经济生活探析，王一君，文物鉴定与鉴赏，2018 年第 4 期。
257. 营口地区金代的经济与文化，魏耕云、杨帅、崔艳茹，艺术品鉴，2018 年第 4X 期。

（二）人口、户籍与移民

258. 吴松弟《辽代人口新考》驳议——兼谈辽代的“丁”，张晨光，史学集刊，2018 年第 6 期。
259. 浅析辽初中原汉族人口的北迁，贾秀梅，文物鉴定与鉴赏，2018 年第 14 期。
260. 辽代中京道的人口构成与经济形态，任冠，河南社会科学，2018 年第 6 期。
261. 浅析金元之际石州人口迁徙的原因、变化及影响，李文辉、任春耀、吕勇兵，吕梁学院学报，2018 年第 6 期。
262. 试析辽代渤海移民的生存状态，黄为放，东北亚研究论丛（第 11 辑），商务印书馆，2018 年。

（三）赋役制度

263. 辽代农业赋税减免及原因分析，陆旭超，赤峰学院学报（汉文哲学社会科学版），2018 年第 12 期。

（四）贸易、商业

264. 辽朝商贸市场及商务管理综论，张国庆，辽金历史与考古（第九辑），科学出版社，2018 年。

（五）生态环境、自然灾害及救灾

265. “春水”纹饰与辽金生态观念，孙立梅，遗产与保护研究，2018 年第 10 期。
266. 《辽史》所见辽宁地区自然灾害及应对措施，李亚光、赵宏坤，辽宁工程技术大学学报（社会科学版），2018 年第 2 期。
267. 宋金时期陕北地区自然灾害研究，刘利，延安大学硕士学位论文，2018 年。
268. 金代救荒研究，陈晓晓，辽宁师范大学硕士学位论文，2018 年。

（六）农牧业

269. 浅析早期契丹农业发展原因，刘丽影，白城师范学院学报，2018 年第 9 期。
270. 论辽代农田开发，赵雪婷，牡丹，2018 年第 21 期。
271. 辽代辽东农业发展述论，李世浩，邯郸职业技术学院学报，2018 年第 4 期。

（七）手工业

272. 辽代冶金业的发展及其管理制度，李明华，内蒙古社会科学（汉文版），2018 年第 2 期。
273. 辽代冶铜业概述，李明华，赤峰学院学报（汉文哲学社会科学版），2018 年第 2 期。
274. 辽代金属制造业研究，王玉，长江丛刊，2018 年第 16 期。
275. 宋金元时期胶东地区的黄金与盐业生产，樊文礼，鲁东大学学报（哲学社会科学版），2018 年第 1 期。
276. “朝霞”“轻霞”竞风流——辽代纺织业发展探析，顾亚丽，草原文物，2018 年第 2 期。
277. 关于金代中都地区手工业的发展研究，孟祥华，赤子，2018 年第 8 期。

（八）货币

278. 辽代货币制度初探，杜海燕，内蒙古师范大学硕士学位论文，2018 年。
279. 关于金代钱币制度特征的探讨，可景洋，智富时代，2018 年第 4 期。
280. 金朝钱币鉴赏——关于金代铸钱历史之我见，可景洋，智富时代，2018 年第 5 期。
281. 关于金代货币的流通情况的探讨，高铁民，赤子，2018 年第 14 期。
282. 关于金朝交钞制度的研究，高松，赤子，2018 年第 29 期。
283. 契丹文钱币“[illegible]”的相关问题研究，隋志刚，赤峰学院学报（汉文哲学社会科学版），2018 年第 9 期。
284. 宋辽金元时期压胜钱文物价值探究，权莎，重庆师范大学硕士学位论文，2018 年。

六　民族

（一）契丹族

285. 契丹族起源问题探析，刘凌淞，开封教育学院学报，2018 年第 3 期。
286. 契丹族消亡探析，贾秀梅，文物鉴定与鉴赏，2018 年第 19 期。
287. 唐与契丹关系研究，马艾鸿，安徽大学博士学位论文，2018 年。
288. 敦煌莫高窟壁画中的髡发人物，李金娟，敦煌研究，2018 年第 1 期。
289. 察哈尔右翼前旗契丹干尸成因探析，张彦霞、赵兴明、赵国材，集宁师范学院学报，2018 年第 2 期。
290. 云南保山蒋家想来辽宁寻亲，张昕，辽宁日报，2018 年 8 月 16 日 T15 版。

（二）女真族

291. 金之先出靺鞨氏，李秀莲，哈尔滨学院学报，2018 年第 2 期。
292. 女真族迅速发展的原因探究，吴荣政，佛山科学技术学院学报（社会科学版），2018 年第 6 期。
293. 物化之神：完颜氏家族的神“影”和家族神庙，杨田，湖北民族学院学报（哲学社会科学版），2018 年第 1 期。
294. 马亚川讲述的女真萨满神话，高荷红，满语研究，2018 年第 2 期。

（三）渤海

295. 金代渤海人猛安谋克考述，王峤，民族史研究（第十四辑），中央民族大学出版社，2018 年。

（四）奚族

296. 承德地区奚族历史研究三题，余晓枫，河北民族师范学院学报，2018 年第 4 期。
297. 安史之乱后奚族与唐朝的关系，王丽娟，内蒙古大学学报（哲学社会科学版），2018 年第 4 期。

（五）其他民族和部族

298. 宋金时期西北吐蕃史事杂考——以卢甘、木波为中心，李瑾文，西北师范大学硕士学位论文，2018 年。

（六）民族关系

299. 金代东京路少数民族分布格局的变化，马业杰，辽宁工程技术大学学报（社会科学版），2018 年第 4 期。

（七）民族政策

300. 试论辽代“民族分治”的治安思想，林丽群，佳木斯职业学院学报，2018 年第 1 期。
301. 辽朝对阻卜各部的治理述论，田晓雷、王万志，中国边疆史地研究，2018 年第 1 期。
302. 浅析金代的民族政策与民族融合，祖岳，黑龙江史志，2018 年第 5 期。

（八）民族融合

303. 金代社会汉化的具体表现及汉化对金政权的影响，倪雪梅，赤子，2018 年第 10 期。

七 人物

（一）帝后

304. 再论淳钦后与耶律倍的母子关系——兼考韩知古被俘入辽的时间，郑军帅、高美，辽宁工程技术大学学报（社会科学版），2018 年第 3 期。
305. 告诉你不一样的萧太后，卢立业、贾知梅，辽宁日报，2018 年 8 月 16 日 T16 版。
306. 试论辽朝太后萧绰在澶渊之盟中的作用与影响，陈景涛、张园园，殷都学刊，2018 年第 4 期。
307. 欲觅知音少 弦断有谁听？——金朝海陵王与其知己大臣萧裕关系解读，张舰戈，文化学刊，2018 年第 3 期。
308. 简析论金章宗对女真文化的复兴政策，关璐莹，中国民族博览，2018 年第 12 期。
309. 试论金卫绍王完颜永济的执政得失，李俊，辽宁工程技术大学学报（社会科学版），2018 年第 5 期。

（二）其他人物

310. 浅谈耶律倍为何成为“让国皇帝”，袁成，赤峰学院学报（汉文哲学社会科学版），2018 年第 6 期。
311. 耶律余睹史迹初探，赵福静，内蒙古大学硕士学位论文，2018 年。
312. 耶律大石北奔可敦城原因分析，段立婷，戏剧之家，2018 年第 15 期。
313. 辽朝韩德让赐名赐姓考论，冯科，内蒙古民族大学学报（社会科学版），2018 年第 1 期。
314. 辽南京留守耶律和鲁斡、耶律淳父子崇佛史事考，尤李，平顶山学院学报，2018 年第 4 期。

315. 贪残专恣的胡沙虎，杨岭，当代检察官，2018 年第 6 期。
316. 浅析大宋使臣洪皓与完颜希尹的交往活动，蒋洋杰，佳木斯职业学院学报，2018 年第 3 期。
317. 金朝修建燕京汴京宫城指挥家辽阳渤海张浩，刘肃勇，辽宁省博物馆馆刊（2017），辽海出版社，2018 年。
318. 金源文宗赵秉文交游活动述考——兼论赵秉文与金末文坛建设，于东新、魏华倩，殷都学刊，2018 年第 1 期。
319. 金代儒士郝天挺，施亮，海内与海外，2018 年第 4 期。
320. 红袄军初代首领杨安儿研究，曹文瀚，（台湾）史学汇刊（37 期），2018 年 12 月。
321. 金元易代白华、白朴的政治态度与内心世界，张建伟、刘文朝，中北大学学报（社会科学版），2018 年第 4 期。
322. 刘祁生平与治学活动寻绎，刘山青、王海生，山西广播电视大学学报，2018 年第 4 期。
323. 行身立志 卓尔不群——金元刘祁学习思想形成过程探析，刘山青，名作欣赏：评论版（中旬），2018 年第 12 期。

八 元好问

（一）生平

324. 一代宗师：元好问，晏选军，文史知识，2018 年第 7 期。
325. 元好问“学诗自警”价值发微，胡传志，忻州师范学院学报，2018 年第 6 期。
326. 元好问交游活动及其唱和赠答诗研究，潘东平，内蒙古民族大学硕士学位论文，2018 年。
327. 论元好问的家国情怀——以元氏家国诗为中心，冯大北、张秀春，忻州师范学院学报，2018 年第 6 期。
328. 元好问与应县木塔，邵连城，朔州日报，2018 年 10 月 20 日第 3 版。
329. 元好问文学活动与诗歌生成研究——以南渡前及三乡时期为例，潘东平，牡丹，2018 年第 6 期。
330. 2000—2015 年元好问文学理论研究考察，于东新，内蒙古民族大学学报（社会科学版），2018 年第 4 期。
331. 新起点，新期待：元好问研究展望，胡传志，名作欣赏：鉴赏版（上旬），2018 年第 11 期。

（二）作品

332. 元好问涉梦诗探析，段少华，忻州师范学院学报，2018 年第 6 期。
333. 浅论元好问羁管山东六年诗歌艺术特色，宗昊，大众文艺，2018 年第 6 期。
334. 从元好问的《论诗三十首》看中国古代文论批评文体的民族特色，戴婷婷，青年时代，2018 年第 11 期。
335. 评元好问《论诗三十首》之二十四，张蕾，学园，2018 年第 18 期。
336. 论《唐诗鼓吹》对李商隐的独特定位——以《论诗三十首》为补充，李欢，黑龙江工业学院学报（综合版），2018 年第 8 期。

337. 试析中国古典诗歌中的情趣和理趣——以《同儿辈赋未开海棠》为例，徐方亮，语文教学通讯·D刊（学术刊），2018年第4期。
338. 元好问诗歌语言风格研究，杨茜茜，镇江高专学报，2018年第1期。
339. 元好问诗歌创作与诗学理论，张蕾，牡丹，2018年第15期。
340. 再读元好问与《雁丘词》，王永红，商情，2018年第31期。
341. 版本对比与文本细读对词作研究的意义——以《摸鱼儿·雁丘辞》为中心，郭勇，三峡论坛（三峡文学·理论版），2018年第5期。
342. 浅析元好问《鹧鸪天》词中的酒意象，高芝玲，名作欣赏：学术版（下旬），2018年第3期。
343. 浅析元好问豪放词风，陆丹，长安学刊，2018年第5期。
344. 论遗山词在民国词坛的接受，蔡晓伟、赵永源，忻州师范学院学报，2018年第6期。
345. 《遗山乐府》中元遗山的心态变迁，肖阳，文学教育（上），2018年第8期。
346. 论元好问的序跋文，胡传志，民族文学研究，2018年第5期。
347. 元遗山碑志文研究，陈媛，兰州大学硕士学位论文，2018年。
348. 元好问借碑存史的书写策略，李贵银，历史教学（高校版），2018年第8期。
349. 元好问《续夷坚志》“作意”辨正，元伟，北京社会科学，2018年第11期。
350. 再论元好问《续夷坚志》的五条“佚文”，孙建权，西部史学（第一辑），西南师范大学出版社，2018年。

九 社会

（一）社会习俗

351. 从《奉使契丹二十八首》中看辽代社会生活，吴琼，黑河学刊，2018年第2期。
352. 浅议鹿与契丹社会，李智裕，辽金历史与考古（第九辑），科学出版社，2018年。
353. 契丹族的生育习俗，王伟、夏晨光，文物鉴定与鉴赏，2018年第8期。
354. 多元民族文化影响下的三国故事体系考察——以桃园三结义与契丹青牛白马祭天地为中心，杨波、史小军，文化遗产，2018年第2期。
355. 从真容偶像看佛教对辽代丧葬习俗的影响，于博，北方文物，2018年第2期。
356. 契丹人“尚武”精神研究，李碧瑶，中国社会科学报，2018年7月5日第7版。
357. “骨咄”新考——对内陆亚洲物质交流的一个考察，邱轶皓，社会科学战线，2018年第2期。
358. 金代教化问题研究，孙凌晨，吉林大学博士学位论文，2018年。
359. 金代射柳文化考述，孙连娣，石家庄铁道大学学报（社会科学版），2018年第2期。
360. 辽代马具饰探索，包玉良，内蒙古师范大学硕士学位论文，2018年。

（二）姓氏、婚姻、家庭、家族与宗族

361. 辽朝“人名”视域下的文化映像——以石刻文字为中心，张国庆，地域文化研究，2018年第5期。
362. 金朝婚礼文化与尊老孝亲观念，赵永春、赵丽，地域文化研究，2018年第5期。

363. 浅析后族与辽朝中期社会发展关系，孙伟祥，宋史研究论丛（第 23 辑），科学出版社，2018 年。
364. 辽圣宗时期剌只撒古鲁家族权力的变化，钟宇强，辽宁工程技术大学学报（社会科学版），2018 年第 2 期。
365. 关于辽代外戚汉姓萧氏由来问题的探讨，都兴智，地域文化研究，2018 年第 3 期。
366. 辽代契汉通婚的态势与影响略论，常志永，兰州学刊，2018 年第 11 期。
367. 辽代剌只撒古鲁家族兴衰研究，钟宇强，哈尔滨师范大学硕士学位论文，2018 年。
368. 辽代韩知古家族成员的寿命及影响因素，马昊，辽宁工程技术大学学报（社会科学版），2018 年第 3 期。
369. 辽朝名门——王处直家族，李道新，辽宁省博物馆馆刊（2017），辽海出版社，2018 年。
370. 女真完颜家族的崛起，李秀莲，哈尔滨学院学报，2018 年第 3 期。
371. 浅谈宋金元时期的临猗陈氏家族，文红武，文物世界，2018 年第 2 期。
372. 金元汪古马氏家族先祖史的书写与认同，马晓林，文史，2018 年第 4 期。
373. 从金元到明清：山西汉人世侯家族研究，裴孟华，山西大学硕士学位论文，2018 年。

（三）妇女

374. 辽代契丹女性形象研究，袁昭昭，西北民族大学硕士学位论文，2018 年。
375. 辽代女性的社会关系探究，张敏，赤峰学院学报（汉文哲学社会科学版），2018 年第 8 期。
376. 宋金辽西夏时期的女性参政情况初探，王茜，吉林人大，2018 年第 5 期。
377. 宋辽金时期女子的化妆文化与消费，徐金翠，长春日报，2018 年 3 月 13 日第 7 版。

（四）捺钵

378. 考古学视阈下的辽代捺钵制度研究，路辰，山东理工大学学报（社会科学版），2018 年第 4 期。
379. 辽代捺钵研究中图像资料的价值与局限性，张敏，保定学院学报，2018 年第 3 期。
380. 谈契丹四时捺钵研究中图像资料的运用，张敏，唐山师范学院学报，2018 年第 1 期。
381. 辽代诸帝春捺钵地略考，高福顺、梁维，赤峰学院学报（汉文哲学社会科学版），2018 年第 3 期。

（五）衣食住行

382. 从《辽史》中记载的禁行事项看辽代社会生活，闫献冰，文物鉴定与鉴赏，2018 年第 16 期。
383. 辽宋金元时期文姬归汉主题绘画服饰研究，李国锦，北京服装学院硕士学位论文，2018 年。
384. 辽代带具初探，侯璇，吉林大学硕士学位论文，2018 年。
385. 金代女真族女性服饰对汉族女性服饰的影响，杜雪、谢静，设计，2018 年第 19 期。
386. 齐国王墓出土冠服研究，赵昕，文物天地，2018 年第 9 期。
387. 晋南金墓砖雕图案上的乐舞伎服饰研究，张慧，湖北文理学院学报，2018 年第 4 期。
388. 契丹民族饮食习俗探究——以朝阳地区出土的辽代文物为例，王冬冬，辽金历史与考古（第九辑），科学出版社，2018 年。

389. 中原茶文化对契丹饮茶习俗的影响，胡畔，赤峰学院学报（汉文哲学社会科学版），2018 年第 9 期。
390. 辽代契丹人酒器造型探究，佟月，明日风尚，2018 年第 18 期。
391. 契丹人发明了火锅，张昕，辽宁日报，2018 年 8 月 16 日 T18 版。
392. 迁都燕京后中原文化对金代饮食结构的影响，李思宇，辽宁工程技术大学学报（社会科学版），2018 年第 2 期。
393. 《金史》所见“海葱”考，刘壮壮，农业考古，2018 年第 4 期。
394. 内蒙古辽墓壁画所见生活器物研究，特日格乐，内蒙古大学硕士学位论文，2018 年。
395. 早期交椅的一种特殊形制及其演变——以岩山寺壁画中的一件交椅为例，万炜，装饰，2018 年第 2 期。

十 文化

（一）概论

396. 契丹辽文化中渤海因素的考古学观察，彭善国、孙旸，边疆考古研究（第 24 辑），科学出版社，2018 年。
397. 试论多元一体的金代文化，于春雷，赤子，2018 年第 32 期。
398. 金代文化对多元一体的中华文化的积极促进作用分析，李奕轶，赤子，2018 年第 29 期。
399. 吉林省西部辽金文化景观综述，孙立梅，白城师范学院学报，2018 年第 1 期。
400. 辽宁是辽金文化的心脏，陈琳琳、赵雪，辽宁日报，2018 年 8 月 16 日 T02 版。
401. 浅析辽代契丹族文化，姜艳芳，黑河学院学报，2018 年第 7 期。
402. 沈阳地区辽代文化遗存概说，王德朋，兰台世界，2018 年第 9 期。
403. 沈阳地区辽代文化遗存开发策略研究，王德朋，辽宁经济，2018 年第 4 期。
404. 金代辽海地区士人与地域文化的发展，王万志，宋史研究论丛（第二十二辑），科学出版社，2018 年。
405. 奉国寺辽代特色文化创意产品设计方法与案例研究，沈晓东、奚纯、赵兵兵、何兰，辽宁工业大学学报（社会科学版），2018 年第 4 期。
406. 基于奉国寺的文化创意产品创新设计研究，李长兴、沈晓东、杨帆，大众文艺，2018 年第 7 期。
407. 文化变迁视野下文化的保护与发展——以云南施甸县木榔村契丹文化为例，李显富，遵义师范学院学报，2018 年第 1 期。
408. 辽塔文创产品设计开发的“感性策略”，刘兆龙、部红合、张巍，沈阳大学学报（社会科学版），2018 年第 4 期。
409. 金代收藏行为分析，符海朝，王曾瑜先生八秩祝寿文集，科学出版社，2018 年。

（二）儒学

410. 金末儒学性质再辨析，刘成群，安徽大学学报（哲学社会科学版），2018 年第 1 期。

411. 金人对孟子夏夷民本理念的承续弘扬，狄宝心，陕西师范大学学报（哲学社会科学版），2018年第1期。
412. 金元时期关学的学术面向，常新，中国哲学史，2018年第3期。
413. 金人王若虚的孟子学初探，高俊，焦作大学学报，2018年第2期。
414. 王若虚的汉宋孟学批评管窥，高俊，兰州工业学院学报，2018年第5期。
415. 王若虚的“辨惑”体，王永，光明日报，2018年6月18日第5版。
416. 考古视角下儒家孝道礼仪观探析——以晋南、晋东南金代墓葬砖雕壁画为例，孙连娣，辽宁教育行政学院学报，2018年第4期。

（三）教育与科举

417. 辽代殿试考辨，王昕，文史哲，2018年第1期。
418. 略论金代的历史教育，李良玉，廊坊师范学院学报（社会科学版），2018年第1期。
419. 宋金时期沂莒地区教育发展研究，王皓妍，西北大学硕士学位论文，2018年。
420. 金代女真官学研究：基于从大定到承安年间的考察，丛汇聪，东北师范大学硕士学位论文，2018年。
421. 金代私学教育特点及类型分析，牛莹，赤子，2018年第2期。
422. 金朝“龙虎榜”考论，王峤，黑龙江社会科学，2018年第4期。
423. 金朝进士群体在女真皇族教育中的儒家文化功能，姚雯雯，贵州民族研究，2018年第2期。
424. 金代卫绍王朝进士群体研究，张宝珅，辽宁大学硕士学位论文，2018年。
425. 金人《登科记》勾沉，薛瑞兆，学术交流，2018年第10期。
426. 元代石刻中的金代登科信息，薛瑞兆，内江师范学院学报，2018年第1期。
427. 以抄袭与造假而编织的一代进士名录（一）——对李桂芝先生《辽金科举研究·金朝进士名录》“比较”的回应，薛瑞兆，内江师范学院学报，2018年第7期。
428. 以抄袭与造假而编织的一代进士名录（二）——对李桂芝先生《辽金科举研究·金朝进士名录》“比较”的回应，薛瑞兆，内江师范学院学报，2018年第9期。
429. 以抄袭与造假而编织的一代进士名录（三）——对李桂芝先生《辽金科举研究·金朝进士名录》“比较”的回应，薛瑞兆，内江师范学院学报，2018年第11期。

（四）史学

430. 辽金少数民族的史学批评及其意义，吴凤霞，史学集刊，2018年第3期。
431. 辽金元三朝史学批评的主旨与气概，吴凤霞，北方文物，2018年第2期。
432. 金代史官考，牛润珍、高珊，史学史研究，2018年第2期。

（五）语言文字

433. 契丹文字的千年迷雾，陈俊达，中华遗产，2018年第2期。
434. 从契丹语借词看契丹与外族的文化接触，夏小超，内蒙古大学硕士学位论文，2018年。
435. 《辽史·国语解》词汇与蒙古语读音相近字对比研究，吉日嘎拉，赤峰学院学报（汉文哲学社会科学版），2018年第5期。

436.《董解元西厢记》的语言时代补证，张海媚，河南理工大学学报（社会科学版），2018 年第 1 期。
437.《儒门事亲》词汇研究，郭淳，云南师范大学硕士学位论文，2018 年。
438. “札兀惕·忽里”的契丹文还原，唐均，语言学研究，2018 年第 2 期。
439. 关于几个契丹大字的拟音，张少珊，北方文物，2018 年第 3 期。
440. 契丹大字《耶律祺墓志铭》研究，玲玲，内蒙古大学硕士学位论文，2018 年。
441. 神木县花石崖女真文题刻考释，孙伯君，中央民族大学学报（哲学社会科学版），2018 年第 6 期。

（六）艺术

442. 金代佛教艺术论纲，王德朋，辽金历史与考古（第九辑），科学出版社，2018 年。
443. 金代女真功臣墓葬艺术研究——以乌古论窝论家族墓葬为中心，张鹏，美术研究，2018 年第 5 期。
444. 从文派到书派——金代“国朝文派”文学思潮下的书法审美走向，刘超，书法研究，2018 年第 3 期。
445. 论金代墓志书体、书风及其演变，王守民，中国书法，2018 年第 4 期。
446. 宋辽时期民间画师的际遇——以壁画中的“叉手”礼为中心，郑承燕，内蒙古艺术学院学报，2018 年第 4 期。
447. 辽代绘画元素引入插画设计探究，暴佳琦，陕西师范大学硕士学位论文，2018 年。
448. 辽宁义县奉国寺壁画保存状态勘察与制作工艺分析，周鹏程，西北大学硕士学位论文，2018 年。
449. 断篇与序章——金代山水画研究，白家峰，中国美术学院硕士学位论文，2018 年。
450. 山西觉山寺舍利塔壁画研究，刘晓婷，内蒙古大学硕士学位论文，2018 年。
451. 岩山寺壁画图像溯源，高鲁燕，太原理工大学硕士学位论文，2018 年。
452. 山西金代寺庙壁画与彩塑研究——以崇福寺弥陀殿、岩山寺文殊殿为中心，池波，内蒙古大学硕士学位论文，2018 年。
453. 岩山寺文殊殿壁画配景山水研究，高媛，湖北美术学院硕士学位论文，2018 年。
454. 契丹族墓室壁画中的儒家文化研究，李彩英、高永利，贵州民族研究，2018 年第 4 期。
455. 图式的形成——河北宣化下八里辽代壁画墓群中一组特殊形象的研究，李孟彧，中央美术学院硕士学位论文，2018 年。
456. 宝山辽墓壁画研究——以《寄锦图》等四幅壁画为例，李慧，南京师范大学硕士学位论文，2018 年。
457. 辽代壁画中鹰猎题材研究，史前龙，艺术评鉴，2018 年第 13 期。
458. 浅析辽代墓室壁画与契丹文化，刘丽娜，文物鉴定与鉴赏，2018 年第 8 期。
459. 古代北方契丹游牧民族壁画装饰艺术内涵研究，孟春荣、李熙瑶，艺术与设计（理论），2018 年第 7 期。
460. 辽代契丹人墓葬壁画的“启门图”探析——以宝山 1 号辽墓为例，葛华廷，北方文物，2018 年第 3 期。

461. 甘肃地区宋金元代砖雕墓壁画研究，牛姣，西北师范大学硕士学位论文，2018 年。
462. 稷山金代段氏墓中的“妇人启门”砖雕图像研究，尚丽娟，美术观察，2018 年第 1 期。
463. 河南宋金墓葬“半启门”图像研究，常婉茹，河南大学硕士学位论文，2018 年。
464. 宋金叙事性绘画浅析：以文姬归汉和昭君出塞为例，李振西，中国艺术研究院硕士学位论文，2018 年。
465. 大同华严寺辽代彩塑纹饰类型及特点研究，刘冬，当代旅游，2018 年第 6 期。
466. 大同华严寺薄伽教藏殿辽代彩塑服饰研究，王婷，文物鉴定与鉴赏，2018 年第 10 期。
467. 大同华严寺辽代塑像服饰特点，李元杰，文物鉴定与鉴赏，2018 年第 13 期。
468. 辽代佛教音乐史料探析——有关中国古代音乐文化的拾遗与补充，刘琳、王红箫，艺术百家，2018 年第 5 期。
469. 北京云居寺辽塔（石经幢）散乐图像的考察——兼谈契丹—辽时期的琵琶与三弦，张杨，当代音乐，2018 年第 3 期。
470. 辽懿州塔伎乐砖雕图像学探析——兼谈契丹（辽）寺观乐舞，杨育新，乐府新声（沈阳音乐学院学报），2018 年第 1 期。
471. 契丹辽乐舞音乐文化的传承与研究，魏世夫，赤峰学院学报（汉文哲学社会科学版），2018 年第 10 期。
472. 契丹游牧民族装饰图案构成浅析，范嘉、冬冬、孟春荣，建筑与文化，2018 年第 8 期。
473. 山西新绛县出土金元砖雕的音乐学研究，邢志向，艺术评鉴，2018 年第 5 期。
474. 生死同乐 山西金代戏曲砖雕艺术，文明，2018 年第 3 期。
475. 甘肃清水宋（金）墓画像砖艺术特点探析，张玉平，天水师范学院学报，2018 年第 6 期。

（七）体育

476. 辽代节庆体育活动源起及其文化特征，苏楠，体育科技文献通报，2018 年第 2 期。
477. 北魏、金、元记射碑中的射远之戏，周思成，文史知识，2018 年第 4 期。
478. 金代博弈活动的初步研究——以考古材料为中心，叶帅，黑龙江民族丛刊，2018 年第 4 期。

（八）图书、印刷

479. 金代文化政策对图书出版的影响，李彦龙、王韫，神州，2018 年第 6 期。
480. 金王若虚《尚书义粹》版本源流新探，马振君，古籍整理研究学刊，2018 年第 1 期。

十一　文学

（一）综论

481. 金代文学多元文化共融现象形成的原因分析，高铁民，赤子，2018 年第 16 期。
482. 金代地域文学编年研究，杨洁，中南民族大学硕士学位论文，2018 年。
483. 民族融合视域下金代皇族涉佛文学创作，孙宏哲，黑龙江民族丛刊，2018 年第 1 期。
484. 熊岳王氏家族左右金代文坛，张晓丽、陈琳琳，辽宁日报，2018 年 8 月 16 日 T14 版。

485. 关于金代“赤壁”主题题画文学的探讨，郭薇，古籍整理研究学刊，2018 年第 2 期。

（二）诗

486. 辽代契丹人诗歌文学特色刍议，刘德刚、夏晨光，文物鉴定与鉴赏，2018 年第 1 期。
487. 金代山水诗的道教意象及其文学生成，孙兰，东方论坛（青岛大学学报），2018 年第 6 期。
488. 金代南渡诗人山水诗探析，刘福燕，辽宁工程技术大学学报（社会科学版），2018 年第 2 期。
489. 论金代挽诗的悲剧意识及消解途径，贾君琪，汉江师范学院学报，2018 年第 5 期。
490. 论金代偈颂诗的诗法与禅机，孙宏哲，内蒙古民族大学学报（社会科学版），2018 年第 6 期。
491. 金代重阳诗研究，王洋，辽宁师范大学硕士学位论文，2018 年。
492. 周昂对金代中期诗坛尖新潮流的反思与超越，欧风偃，宿州教育学院学报，2018 年第 6 期。
493. 王若虚的诗论取向及其意义，方颜玮，苏州大学学报（哲学社会科学版），2018 年第 3 期。
494. 入金宋人的文化心理与诗歌创作，熊丰，曲阜师范大学硕士学位论文，2018 年。
495. 隐逸文化的淳化与深化——论金元全真诗词的隐逸观，郭中华，中华文化论坛，2018 年第 4 期。
496. 金元全真诗词的意境分析，郭中华，湖北职业技术学院学报，2018 年第 3 期。
497. 论金元全真诗词的宗教伦理思想，郭中华，河南科技大学学报（社会科学版），2018 年第 4 期。
498. 白沟情结的承续与嬗变——浅析宋元时期的白沟诗，黄雅兰、黄梅，长江丛刊，2018 年第 3 期。
499. 金元诗歌讲与练——和韦苏州《秋斋独宿》，中华活页文选（高二、高三年级版），2018 年第 2 期。

（三）词

500. 两宋之际豪放词派承传的北折与南还——兼论金初蔡松年的转枢作用，黄成蔚，湖北社会科学，2018 年第 2 期。
501. 论王寂词对东坡词之承继，王馨薇，（台湾）问学（第 22 期），2018 年 7 月。
502. 金元灾害词谫论，陈家愉，贵州文史丛刊，2018 年第 2 期。
503. 金元词“类曲”风格及文化考察，李春丽，职大学报，2018 年第 4 期。
504. 金元俳谐词中的文人仕进心态观照，徐继英，短篇小说（原创版），2018 年第 8Z 期。
505. 全真北宗词研究，刘文江，华侨大学硕士学位论文，2018 年。
506. 金元全真词的几种特殊词体，倪博洋，民族艺林，2018 年第 3 期。
507. 金元全真诗词中的社会伦理思想探析，郭中华，太原理工大学学报（社会科学版），2018 年第 3 期。
508. 论金元全真诗词和合文化的思想内涵，郭中华，中华文化论坛，2018 年第 9 期。
509. 《全金元词》马钰《神光灿》词辨正，伏蒙蒙，古籍整理研究学刊，2018 年第 4 期。
510. 陈廷焯金元词的认识及变化析论，李春丽，中国韵文学刊，2018 年第 2 期。
511. 金元文集序跋中的词学研究，罗嘉华，暨南大学硕士学位论文，2018 年。

（四）散文

512. 党怀英佚作四则辑校，吕冠南，内江师范学院学报，2018 年第 1 期。
513. 论金代民族文化背景下王若虚《文辨》的散文批评，张桐，民族文学研究，2018 年第 1 期。
514. 金遗民散文研究，李冬梅，吉林大学硕士学位论文，2018 年。

（五）戏剧

515. 图像史学视野下的陇右地区宋金戏曲画像砖，霍志军，中国古代小说戏剧研究丛刊（第 14 辑），甘肃人民出版社，2018 年。
516. 从晋南出土金元音乐砖雕看杂剧戏曲的兴起与发展，冯晓琴，艺术教育，2018 年第 11 期。
517. 宋金杂剧的音乐体制及其对戏曲成熟的推动作用，王俊德，艺术评鉴，2018 年第 24 期。
518. 圣俗之变：山西宋金元神庙戏台形制与地方社会之关系，李仁伟，装饰，2018 年第 7 期。
519. “圣”与“俗”的博弈——再论山西宋金元时期神庙戏台的形制演变，李仁伟，艺术评论，2018 年第 8 期。
520. “戏头”辨，任彤、曹飞，戏剧（中央戏剧学院学报），2018 年第 2 期。
521. 金元杂剧中的汴梁现象研究，李榕，山西师范大学硕士学位论文，2018 年。
522. 金院本在燕赵间兴起之蠡测，赵忠富，大舞台，2018 年第 1 期。
523. 论金元两代草原文化对“西厢故事”的介入，马会，前沿，2018 年第 5 期。

十二　宗教

（一）概论

524. 阿保机时代宗教与政治关系研究，李鹏，黑龙江民族丛刊，2018 年第 2 期。
525. 鞍山地区辽代景教源流探析，李刚，辽金历史与考古（第九辑），科学出版社，2018 年。
526. 金元汪古马氏的景教因素新探——显灵故事与人名还原，马晓林，十至十三世纪东亚史的新可能性：首届中日青年学者辽宋西夏金元史研讨会论文集，中西书局，2018 年。

（二）萨满教

527. 女真人原始宗教信仰在征伐战争中的作用，刘智博，边疆经济与文化，2018 年第 4 期。

（三）佛教

528. 十一世纪中国北方广泛流行的华严禅典籍与人物，王颂，世界宗教文化，2018 年第 4 期。
529. 辽金崇佛与云冈石窟的修缮，宣林，山西大同大学学报（社会科学版），2018 年第 2 期。
530. 延安宋金石窟僧伽造像内涵探析——以清凉山第 11 窟和石泓寺第 7 窟僧伽造像为中心，石建刚、万鹏程，艺术设计研究，2018 年第 3 期。
531. 延安宋金石窟工匠及其开窟造像活动考察——以题记所见工匠题名为核心，石建刚、袁继民，丝绸之路研究集刊（第三辑），商务印书馆，2018 年。

532. 延安宋金石窟地藏造像的考察与研究，石建刚、杨军，敦煌研究，2018 年第 6 期。
533. 延安地区宋金石窟典型造像，张华、王蕾，收藏，2018 年第 5 期。
534. 论辽代菩萨戒的流行，彭瑞花，宗教学研究，2018 年第 1 期。
535. 论金代佛教的历史渊源，王德朋，兰州学刊，2018 年第 8 期。
536. 辽金佛经刊刻与流传，赵静，中国出版，2018 年第 21 期。
537. 中世纪丝绸之路上的思想传播——辽契丹藏、黑水城西夏文书、杭州飞来峰、元敦煌版《六字大明》初探，杜潇，跨文化对话，2018 年第 2 期。
538. 湮灭之人与其不朽之业：在女真金代占领下的中国北方刊印《赵城藏》，张德伟、赵凌云，汉语佛学评论（第六辑），上海古籍出版社，2018 年。
539. 《金藏》雕造诸问题新考，陈浩东，法音，2018 年第 3 期。
540. 力空法师与《赵城金藏》——以国家图书馆所藏档案为中心，杨学勇、林世田，中国佛学（总第 43 期），社会科学文献出版社，2018 年。
541. 十一世纪中国北方广泛流行的华严禅典籍与人物，王颂，世界宗教文化，2018 年第 4 期。
542. 碑志所见辽代僧尼的圆寂与安葬，张振军，辽金历史与考古（第九辑），科学出版社，2018 年。
543. 辽南京、金中都佛寺补正，尤李，佛学研究，2018 年第 2 期。
544. 续於无常：金代山东灵岩寺的起伏兴衰，李如钧，（台湾）史学汇刊（第 37 期），2018 年 12 月。
545. 金佛光明——刘雍收藏的辽代金铜造像，刘雍，游艇，2018 年第 4 期。

（四）道教

546. 全真文化的内涵及其当代价值，刘迎，唐都学刊，2018 年第 4 期。
547. 王重阳入道时间及早期道号考，宋福利，新乡学院学报，2018 年第 2 期。
548. 试论王重阳对时代精神的融摄与金元全真旨趣的形成，高丽杨，中华文化论坛，2018 年第 9 期。
549. 马钰清净无为修道哲学思想探析，王晓真、刘伟，人文天下，2018 年第 7 期。
550. 侯善渊思想浅析，山田俊，中国本土宗教研究（第一辑），社会科学文献出版社，2018 年。
551. 宋金砖雕墓中的全真道教——从晋南宋金砖雕墓戏台的位置谈起，张丽洁，文物世界，2018 年第 3 期。
552. 金元全真派高道甘肃陇东传道事迹考述，吴华锋，甘肃广播电视大学学报，2018 年第 6 期。
553. 论金元全真道的神仙谱系，李远国，全真道研究，2018 年第 1 期。
554. 金元全真道神仙体系中“六御”身份考，耿纪朋，全真道研究，2018 年第 1 期。
555. 钱穆论全真教——以《金元统治下之新道教》为探索中心，梁淑芳，全真道研究，2018 年第 1 期。
556. 早期全真道的醮仪度亡及其社会功能初探，周建强，华夏文化，2018 年第 4 期。
557. 金元时期山西道派研究，王永永，山西师范大学硕士学位论文，2018 年。
558. 金元大道教史新考，赵建勇，道教学刊，2018 年第 2 期。
559. 历史、文化与权力视野中的太一道，杨亮，河南科技学院学报（社会科学版），2018 年第 9 期。

十三　科学技术・医学

560. 辽代存目医籍考，杨向真，中华医史杂志，2018 年第 1 期。
561. 金代医者研究，李进欣，渤海大学硕士学位论文，2018 年。
562. 宋金元时期儿科学成就与特点研究，寿松亭，北京中医药大学硕士学位论文，2018 年。
563. 宋金元时期失眠中医病因病机的研究，王义安，长春中医药大学硕士学位论文，2018 年。
564. 金元时期中医古籍肿瘤防治认知源流述要，孙静宜、李泉旺、胡凯文、花宝金、朴炳奎、庞博，北京中医药，2018 年第 12 期。
565. 金元四大家论治痞满特点浅析，陈俊良、赵云燕，河北中医，2018 年第 5 期。
566. 金元四大家从气机论治水肿思路探析，舒莹映，刘燕红，江苏中医药，2018 年第 7 期。
567. 金元四大家从“火”论消渴病机理论研究，王仁和、石岩，辽宁中医杂志，2018 年第 8 期。
568. 金元四大家消渴类方药分析之新见，吴清原、郝征，天津中医药，2018 年第 1 期。
569. 羌防剂：宋金元时代解表方剂的创新，李德顺，湖北中医药大学学报，2018 年第 6 期。
570. 从寒温之争论述伤寒、温病的学术研究概况，潘冰，中国乡村医药，2018 年第 21 期。
571. 从寒凉到温补——河间一脉学术思想流变研究，叶青，光明中医，2018 年第 7 期。
572. 《儒门事亲》情志疗法与现代心理学的比较，孟悦、桑珠，西藏医药，2018 年第 3 期。
573. 金代医学家李东垣的养生观，白素菊，长寿，2018 年第 6 期。
574. 金代医学家李东垣的养生观，白素菊，益寿宝典，2018 年第 24 期。
575. 金元四大家——刘完素，甄雪燕，中国卫生，2018 年第 6 期。
576. 刘完素开通玄府法在诊治疾病中的应用，张再康、盖红肖，中医药学报，2018 年第 2 期。

十四　历史地理

（一）概论

577. 辽宋金时期京津冀地区城市空间形态与群体格局，王茂华、王曾瑜，河南师范大学学报（哲学社会科学版），2018 年第 6 期。

（二）地方行政建置

578. 金元兴替之际益都李氏“山东行省”建制考，宁波，隋唐辽宋金元史论丛（第八辑），上海古籍出版社，2018 年。
579. 辽代州县体制的形成及演变，杨军，学习与探索，2018 年第 1 期。
580. 考古学视角下的辽中京道建置考补，任冠，故宫博物院院刊，2018 年第 2 期。
581. 辽代黄龙府设置沿革考，孙文政，北方文物，2018 年第 4 期。
582. 沈州与东丹国，都兴智，社会科学战线，2018 年第 9 期。
583. 辽代沈阳曾设乐郊县，吴限，辽宁日报，2018 年 3 月 25 日第 4 版。
584. 女真制度的积淀与转化对金初路制确立的影响，孙佳、陈桃，长春教育学院学报，2018 年第

1 期。

585. 金朝兵马都总管府路性质新探——以其安置民户、督导经济、平决府州县的职能为中心，孙佳，东北师范大学学报（哲学社会科学版），2018 年第 4 期。

586. 金熙宗以后多重路制的司法分工与互动，孙佳，史学集刊，2018 年第 4 期。

587. 金代婆速路探析，吴晓杰，河北北方学院学报（社会科学版），2018 年第 3 期。

588. 伪齐滑州升府事辨正，刘康瑞，历史地理（第三十八辑），上海人民出版社，2018 年。

589.《辽史 · 地理志》“武安州”条释疑，葛华廷，辽金历史与考古（第九辑），科学出版社，2018 年。

590. 金代钧州建制考，徐国恒，许昌学院学报，2018 年第 9 期。

591. 金代平水县相关问题考辨，李琼、仝建平，史志学刊，2018 年第 4 期。

（三）都城

592. 辽代五京布局特征研究，刘晋华，东北师范大学硕士学位论文，2018 年。

593. 辽中京城的形制与沿革研究，任冠，内蒙古社会科学（汉文版），2018 年第 2 期。

594. 辽中京大定府的建设与空间构造——11 至 13 世纪东亚都城史研究的可能性，久保田和男，十至十三世纪东亚史的新可能性：首届中日青年学者辽宋西夏金元史研讨会论文集，中西书局，2018 年。

595. “东京”辽阳与中原来往密切，张晓丽，辽宁日报，2018 年 8 月 16 日 T11 版。

596. 金初上京新城琐议，葛华廷，辽金历史与考古（第九辑），科学出版社，2018 年。

597. 建都序曲——金中都，吴文涛，前线，2018 年第 1 期。

598. 广衢连城墉 金中都的街巷与城垣，侯海洋，北京日报，2018 年 9 月 20 日第 17 版。

（四）城址

599. 辽宁地区辽金时期城址初步研究，王雪百，吉林大学硕士学位论文，2018 年。

600. 辽代中京道的城市聚落系统，任冠，河南师范大学学报（哲学社会科学版），2018 年第 3 期。

601. 辽代降圣州、永安县及龙化县考，李鹏、张宪功，中国历史地理论丛，2018 年第 1 期。

602. 辽代祺州城建在康平，傅淞巍，辽宁日报，2018 年 3 月 29 日第 13 版。

603. 金桓州考，陈耀全，寻根，2018 年第 3 期。

（五）长城

604. 金长城管理机构设置沿革考（Ⅰ）：金东北路与临潢府路，孙文政，河北地质大学学报，2018 年第 2 期。

605. 金长城管理机构设置沿革考（Ⅱ）：金西北路与西南路，孙文政，河北地质大学学报，2018 年第 3 期。

（六）山川

606. 辽代木叶山地望研究述评，王禹浪、王俊铮，满族研究，2018 年第 1 期。

607. 契丹族源与木叶山方位的考古学考辨，张景明、马宏滨，青海民族研究，2018 年第 3 期。
608. 金元时期北运河河道蠡测——基于楼字村落地名的历史地理研究，陈喜波，运河学研究（第 1 辑），社会科学文献出版社，2018 年。

（七）交通

609. 马卫集《动物之自然属性》中的契丹“都城”——兼谈辽代的东西交通路线，康鹏，十至十三世纪东亚史的新可能性：首届中日青年学者辽宋西夏金元史研讨会论文集，中西书局，2018 年。
610. 党项西夏：宋辽与亚欧大陆贸易枢纽，刘肃勇，中国社会科学报，2018 年 7 月 19 日第 8 版。
611. 辽西走廊在辽代正式形成，卢立业，辽宁日报，2018 年 8 月 16 日 T09 版。
612. 幽州东北古北口路新考，李栋国，河北民族师范学院学报，2018 年第 4 期。
613. 金代的交通与城镇经济发展，麻铃，现代交际，2018 年第 18 期。
614. 金代瓷器海运港口的考古学观察，吴敬、石玉兵、潘晓暾，考古，2018 年第 10 期。
615. 宋元时期北方地区海港体系的考古学观察，吴敬，社会科学，2018 年第 6 期。

十五　考古

（一）综述

616. 北京平谷区辽、金、元时期考古发现与研究，申红宝，文物鉴定与鉴赏，2018 年第 10 期。

（二）帝陵

617. 名山伴帝陵 中国唯一，田勇，辽宁日报，2018 年 8 月 16 日 T12 版。
618. 魂归母腹——辽祖陵营建理念探微，刘阳，文物春秋，2018 年第 4 期。
619. 辽祖陵黑龙门遗址发掘报告，中国社会科学院考古研究所、内蒙古第二工作队内蒙古自治区文物考古研究所，考古学报，2018 年第 2 期。
620. 医巫闾山辽代帝陵考古取得重要收获，万雄飞、苏军强、周大利、张壮，中国文物报，2018 年 9 月 21 日第 8 版。

（三）墓葬

621. 北京市密云区金代石棺墓发掘简报，北京市文物研究所，北方文物，2018 年第 2 期。
622. 河北隆化县孙志沟墓葬清理简报，河北省文物研究所、承德市文物局、隆化县文物保管所，北方文物，2018 年第 4 期。
623. 宣化唐—辽代墓葬研究，刘坤，吉林大学硕士学位论文，2018 年。
624. 尖草坪区东张村金代墓群发掘简报，太原市文物考古研究所，文物世界，2018 年第 3 期。
625. 山西汾西郝家沟金代纪年壁画墓发掘简报，山西省考古研究所、汾西县文物旅游局，文物，2018 年第 2 期。
626. 大同和平社辽金墓群发掘简报，大同市考古研究所，文物世界，2018 年第 5 期。

627. 大同地区金元道士墓研究，王彦玉、李孜宣，四川文物，2018 年第 6 期。
628. 孝养家食养生戏养神——记山西省稷山县马村的宋金墓群，梁冬，老同志之友（下半月），2018 年第 4 期。
629. 赤峰地区辽代墓葬研究，刘畅，辽宁师范大学硕士学位论文，2018 年。
630. 赤峰宁城县福峰山辽代墓葬，赤峰市博物馆、宁城县文物局，草原文物，2018 年第 1 期。
631. 民族文化交融的印证——契丹古墓考古发掘服装细节问题分析，冯宪，科学生活，2018 年第 7 期。
632. 察哈尔右翼前旗契丹干尸成因探析，张彦霞、赵兴明、赵国材，集宁师范学院学报，2018 年第 2 期。
633. 医巫闾山辽代帝陵考古取得重要收获，辽宁省文物考古研究院、锦州市文物考古研究所、北镇市文物处，中国文物报，2018 年 9 月 21 日第 8 版。
634. 辽宁北镇市辽代耶律弘礼墓发掘简报，辽宁省文物考古研究所、锦州市文物考古研究所、北镇市文物管理处，考古，2018 年第 4 期。
635. 辽宁北票馒头沟辽墓清理简报，陈金梅，辽金历史与考古（第九辑），科学出版社，2018 年。
636. 朝阳龙城区出土的辽代石棺——兼谈辽代朝阳地区佛教的发展，赵海杰、陈金梅，辽金历史与考古（第九辑），科学出版社，2018 年。
637. 朝阳地区辽墓的考古学研究，孙宏，辽宁师范大学硕士学位论文，2018 年。
638. 山东地区宋金墓葬研究，孙鑫莹，首都师范大学硕士学位论文，2018 年。
639. 试论金代晋南地区戏曲砖雕墓的形式美，苏航，文艺生活（中旬刊），2018 年第 8 期。
640. 河南地区宋金墓葬雕砖研究，王励为，天津师范大学硕士学位论文，2018 年。
641. 宋辽时期墓室悬镜功能考——兼论“引魂升天”母题在宋辽墓室中的图像呈现，张凯，中原文物，2018 年第 3 期。
642. 宋辽金时期墓葬装饰灯檠初探，夏天，中国国家博物馆馆刊，2018 年第 11 期。
643. 宋金壁画墓“开芳宴”图像人物身份再思考，张玉琴，中央民族大学硕士学位论文，2018 年。
644. 宋金元壁画墓中墓主夫妇图像的流变及象征意义再思，黄小钰，北京文博文丛，2018 年第 1 期。
645. 探析墓葬图像中“寝”的象征——以宋辽金元墓室壁画中的《侍寝图》为中心，易晴，美术学研究（第 6 辑），东南大学出版社，2018 年。
646. 甘肃宋金砖雕彩绘墓色彩研究，吴思佳，中国包装，2018 年第 11 期。
647. 造境与幻像——甘肃清水宋（金）时期仿木构墓葬空间的多层象征意义探析，张玉平，天水师范学院学报，2018 年第 5 期。
648. Mass spectrometry identification of the liquor contained in the plum vase excavated from Jurou Li's Grave of the Jin Dynasty（1115 – 1234 CE）in Xi'an，Shannxi，China，Zhanyun Zhu，Chunlei Yu，Yifei Miao，Zhiyong Lu，Junchang Yang，*Heritage Science*，2018，Vol. 6（1）.

（四）遗址

649. 北京市延庆区大庄科辽代矿冶遗址群水泉沟冶铁遗址，北京市文物研究所、北京科技大学科技史与文化遗产研究院、北京大学考古文博学院、延庆区文化委员会，考古，2018 年第 6 期。

650. 天津市蓟州区下闸村辽代水井的发掘，天津市文化遗产保护中心、蓟州区文物保护管理所，北方文物，2018 年第 2 期。
651. 辽上京皇城和宫城城门遗址浅析，汪盈、董新林，华夏考古，2018 年第 6 期。
652. 以小型低成本无人机进行大型考古遗址航测的新探索——以赤峰辽中京遗址为例，李松阳、王藏博、徐怡涛，遗产与保护研究，2018 年第 11 期。
653. 教来河下游前敖包营子区辽金遗址调查与研究，宋家兴，长江丛刊，2018 年第 19 期。
654. 巴新铁路库伦四家子考古发掘简报，张秀杰、包海平、其其格，东方藏品，2018 年第 11 期。
655. 河北崇礼太子城发现一处金代行宫遗址，文物鉴定与鉴赏，2018 年第 1 期。
656. 崇礼区太子城村古城址是金代的吗——对《河北崇礼太子城发现一处金代行宫遗址》年代与性质的商榷，冯永谦，中国文物报，2018 年 7 月 27 日第 6 版。
657. 河北临城山下金代窑址发掘简报，河北邢窑博物馆，文物，2018 年第 8 期。
658. 辽代契丹贵族墓地守冢人居住遗存和祭祀遗存初探，赵晓刚，辽金历史与考古（第九辑），科学出版社，2018 年。
659. 吉林安图宝马城揭露金代长白山神庙遗址，赵俊杰、常天骄、李恬欣、张宛玉，中国文物报，2018 年 3 月 22 日第 8 版。
660. 长白山金代皇家神庙遗址复原研究，王薇，吉林建筑大学硕士学位论文，2018 年。
661. 吉林省梨树县城楞子城址的调查与思考，聂卓慧，草原文物，2018 年第 2 期。
662. 吉林大安尹家窝堡遗址的发掘，辽金西夏研究（2014—2015），中国文史出版社，2018 年。
663. 城四家子城址 2015—2016 年考古发掘与认识，梁会丽、孟庆旭、魏佳明，辽金西夏研究（2014—2015），中国文史出版社，2018 年。
664. 关于半拉城的报道严重失实，宋德辉，辽金西夏研究（2014—2015），中国文史出版社，2018 年。
665. 吉林省查干湖西南岸春捺钵遗址 2016 年调查简报，武松、王春委、冯恩学，地域文化研究，2018 年第 1 期。
666. 2015 年度磐石八面佛遗址考古发掘报告，吉林省文物考古研究所、磐石市文物管理所，边疆考古研究（第 24 辑），科学出版社，2018 年。
667. 哈尔滨阿城东川冶铁遗址初步考察研究，李延祥、佟路明、赵永军，边疆考古研究（第 23 辑），科学出版社，2018 年。
668. 黑龙江哈尔滨市李家马架子遗址发掘简报，黑龙江省文物考古研究所，北方文物，2018 年第 4 期。
669. 黑龙江宾县王朝珠遗址发掘简报，黑龙江省文物考古研究所、黑龙江大学考古学系，北方文物，2018 年第 4 期。
670. 辽宁省凌海市大刘台山遗址金代遗存发掘简报，徐政、刘潼、张壮，辽金历史与考古（第九辑），科学出版社，2018 年。
671. 叶县文集遗址金代瓷器窖藏坑 JC3 发掘简报，河南省文物局南水北调文物保护办公室、河南省文物考古研究院、平顶山市文物管理局、叶县文物管理局，中原文物，2018 年第 2 期。
672. 安徽首次发现宋金瓷窑，中国收藏，2018 年第 8 期。
673. 安徽淮北烈山窑遗址，陈超，大众考古，2018 年第 7 期。

674. 安徽萧县萧窑遗址群 2014 年田野考古调查简报，安徽省文物考古研究所、萧县博物馆，考古与文物，2018 年第 6 期。

675. 俄罗斯滨海地区石灰石帽形山城址调查，（俄）Ю. F. 尼基京著，杨振福译，辽金历史与考古（第九辑），科学出版社，2018 年。

十六　文物

（一）建筑、寺院、佛塔

676. 北京西山八大水院，王雪莲，中国图书评论，2018 年第 1 期。

677. 晋冀豫唐至宋金歇山建筑遗存山面构造做法类型学研究，周至人，西南交通大学硕士学位论文，2018 年。

678. 山西宋金建筑大木作发展演变研究，韩晓兴，太原理工大学硕士学位论文，2018 年。

679. 昙花一现——宋辽金时期的花塔建筑，陈坚，中华文化画报，2018 年第 8 期。

680. 北京银山塔林研究，丁莹，北京建筑大学硕士学位论文，2018 年。

681. 宣化辽墓与阁院寺：密教仪轨影响下的符号体系和神圣空间，陈捷、张昕，美术研究，2018 年第 6 期。

682. 从阁院寺文殊殿看辽初寺庙建筑特色，李向玲，中华建设，2018 年第 7 期。

683. 兴文塔的建筑特色与艺术价值，李向玲，中华建设，2018 年第 5 期。

684. 基于数字化技术的万部华严经塔建筑形制研究，贾洋，内蒙古工业大学硕士学位论文，2018 年。

685. 试解庆州白塔、庆陵以及庆州城的神异密码，钱德海，文物鉴定与鉴赏，2018 年第 6 期。

686. 辽金时期的沈阳地区景观概况研究，张健、李一霖，沈阳建筑大学学报（社会科学版），2018 年第 5 期。

687. 辽代白塔——契丹宗教建筑艺术的经典范例，地图，2018 年第 4 期。

688. 不看辽塔 枉来辽宁，卢立业，辽宁日报，2018 年 8 月 16 日 T03 版。

689. 千年辽塔静待更多懂它的人，张昕，辽宁日报，2018 年 8 月 28 日第 11 版。

690. 朝阳北塔：讲述千年不衰的佛教故事，阚湛，中国民族报，2018 年 7 月 24 日第 8 版。

691. 应该到“千年国宝”奉国寺看看，赵雪、张晓丽，辽宁日报，2018 年 8 月 16 日 T13 版。

692. 奉国寺大雄殿建筑艺术初探，陆国斌，艺术工作，2018 年第 5 期。

693. 浅析崇兴寺双塔构造特点及建造工艺，张阿荔，居舍，2018 年第 1 期。

694. 锦州大广济寺塔建筑研究，李佳星，艺术品鉴，2018 年第 35 期。

695. 黄花滩塔构造特点及建造年代，孙航、杨春辉，辽金历史与考古（第九辑），科学出版社，2018 年。

696. 内蒙古地区辽代佛塔研究，王芳，艺术品鉴，2018 年第 30 期。

697. 太原地区金代建筑分析，苑杰，文物世界，2018 年第 4 期。

698. 平遥文庙大成殿金代重建浅析，郭兴平，文物世界，2018 年第 5 期。

699. 晋中地区宋金时期木构建筑中斜面梁栿成因解析，周淼、胡石、朱光亚，建筑学报，2018 年第 2 期。

700. 晋东南地区新见的“下卷昂”实例：坪上汤帝庙西朵殿，崔金泽，中国文化遗产，2018 年第 2 期。
701. 金代戏场建筑实例的调查与研究——以晋东南地区为中心，吴寄斯，西安建筑科技大学硕士学位论文，2018 年。
702. 辉耀千古的应县木塔，闻阔，中关村，2018 年第 9 期。
703. 应县木塔建筑设计分析（一），张毅捷、李寅、韩效，华中建筑，2018 年第 8 期。
704. 应县木塔建筑设计分析（二），张毅捷、何洋、韩效，华中建筑，2018 年第 9 期。

（二）碑刻、墓志

705. 宋金元公据碑整理与研究，王梦光，中国政法大学硕士学位论文，2018 年。
706. 《全金石刻文辑校》疑校九十例，薛莹辉、王玉亭，辽金历史与考古（第九辑），科学出版社，2018 年。
707. 阜新地区出土辽代契丹小字墓志综述，刘德刚、刘小红、石金民，辽金历史与考古（第九辑），科学出版社，2018 年。
708. 《兴中府尹银青改建三学寺□供给道□千人邑碑铭并序》考释，王志钢，辽宁工程技术大学学报（社会科学版），2018 年第 1 期。
709. 辽《妙行大师行状碑》考释，于秀丽、李宇峰，辽金历史与考古（第九辑），科学出版社，2018 年。
710. 辽代《刘承嗣墓志》考释，李玉君、张晓昂，辽宁师范大学学报（社会科学版），2018 年第 1 期。
711. 辽代韩椅墓志相关问题考释，冯璐、李宇峰，兰台世界，2018 年第 10 期。
712. 唐山发现的辽代许国公墓志铭考释，赵薇，文物鉴定与鉴赏，2018 年第 1 期。
713. 辽代耶律弘礼墓志考释，万雄飞、司伟伟，考古，2018 年第 6 期。
714. 辽《耶律宗政墓志》校勘考释，刘洋，辽宁省博物馆馆刊（2017），辽海出版社，2018 年。
715. 辽《王说墓志铭》考释——兼论辽中京为中晚期首都，李宇峰，辽宁省博物馆馆刊（2017），辽海出版社，2018 年。
716. 辽圣宗贵妃玄堂志铭献疑，康鹏，隋唐辽宋金元史论丛（第八辑），上海古籍出版社，2018 年。
717. 新出《大契丹国故后唐德妃伊氏玄堂志并铭》考释，刘喆，宁夏大学学报（人文社会科学版），2018 年第 2 期。
718. 辽代刘铸墓志考释，周峰，西夏研究，2018 年第 1 期。
719. 辽代《马审章墓志》考释，周峰，辽金历史与考古（第九辑），科学出版社，2018 年。
720. 辽《耶律善庆墓志》考释，胡娟、海勇，辽金历史与考古（第九辑），科学出版社，2018 年。
721. 辽《韩德源嫡妻李氏墓志》校补，王玉亭、葛华廷、陈颖，辽金历史与考古（第九辑），科学出版社，2018 年。
722. 辽《冯从顺墓志》考释，李广奇，辽金历史与考古（第九辑），科学出版社，2018 年。
723. 辽《无垢净光大陁罗尼法舍利经记》考释，杜晓敏，辽金历史与考古（第九辑），科学出版社，2018 年。

724. 安和尚塔志研究，杜恒永，艺术品鉴，2018 年第 6 期。
725. 北票市博物馆藏两经幢简介，齐伟、姜洪军，辽金历史与考古（第九辑），科学出版社，2018 年。
726. 唐宋辽时期河北发现经幢的初步研究，邢晨，河北师范大学硕士学位论文，2018 年。
727. 以“书”礼佛——法门寺博物馆所藏石刻探赜，张东升，文物鉴定与鉴赏，2018 年第 19 期。
728. 金代稷山段氏墓碑辑校，邓国军，国学，2018 年第 1 期。
729. 金代《丁家泉三教仙石洞记》考释——兼论延安清凉山仙石洞的营建，石建刚、万鹏程，宋史研究论丛（第 23 辑），科学出版社，2018 年。
730. 金代王琳墓铭考释，周峰，黑龙江社会科学，2018 年第 1 期。
731. 金代刘正墓铭考释，周峰，宋史研究论丛（第 23 辑），科学出版社，2018 年。
732. 金代郭周墓铭考释，周峰，北方文物，2018 年第 2 期。
733. 金代陈廙墓道表考释，周峰，哈尔滨师范大学社会科学学报，2018 年第 3 期。
734. 金代赵师古墓志考释，周峰，北京文博文丛，2018 年第 3 辑。
735. 金代《时立爱墓志考释》补释，汤艳杰，东方藏品，2018 年第 4 期。
736. 金代石宗璧墓志与北京通州之得名，鲁晓帆、龚向军，收藏家，2018 年第 9 期。
737. 金《张岐墓志》考释，都兴智，辽金历史与考古（第九辑），科学出版社，2018 年。

（三）官印、印章

738. 金代纪年万户印铜印解读，张米，文物天地，2018 年第 5 期。
739. 岫岩满族自治县满族博物馆馆藏金代官印，杨旭东、王立伟，辽金历史与考古（第九辑），科学出版社，2018 年。
740. 安徽师范大学博物馆藏金代官印，刘铮，文物，2018 年第 5 期。
741. 从金代“曷苏昆山谋克之印”到明代哈三千户所，李秀莲，地域文化研究，2018 年第 4 期。
742. 绥德县博物馆藏印考订，张清文、史一媛，文物鉴定与鉴赏，2018 年第 2 期。
743. 黑龙江出土金代官印的风格特征研究，常乐著，哈尔滨师范大学硕士学位论文，2018 年。
744. 金代九叠篆印艺术鉴赏，张立玫，文物天地，2018 年第 9 期。
745. 古印藏品中的精灵——契丹童子押印钮式初识，石宏斌，游艇，2018 年第 5 期。

（四）铜镜

746. 金代铜镜及款识赏析，勾海燕，文物天地，2018 年第 9 期。
747. 宋金时期人物故事镜，尹钊、李根、张继超，收藏，2018 年第 7 期。
748. 由朝阳博物馆的几件铜镜看辽历史文化，杨娜，文物鉴定与鉴赏，2018 年第 22 期。
749. 镜背万象：宝鸡地区馆藏宋金铜镜拾萃，崔睿华、王保平，收藏，2018 年第 1 期。
750. 本溪博物馆藏金代铜镜再认识，郭晶，辽金历史与考古（第九辑），科学出版社，2018 年。
751. 葫芦岛市博物馆馆藏金代铜镜简介，李乐，辽金历史与考古（第九辑），科学出版社，2018 年。
752. 一面“三瑞花镜”的年代断定及相关思考，徐沂蒙，赤峰学院学报（汉文哲学社会科学版），2018 年第 4 期。

753. 铜鉴上京:“金·源”展中的金代铜镜,付国静,收藏,2018 年第 3 期。
754. 双鱼纹大铜镜,张伟,黑龙江日报,2018 年 2 月 16 日第 2 版。
755. 关于金代双鱼纹镜的解读,倪雪梅,赤子,2018 年第 5 期。
756. 青岛市即墨区博物馆馆藏唐宋金时期铜镜赏析,姜保国,理财(收藏),2018 年第 12 期。
757. 董永孝义人物故事镜,尹钊、李根、张继超,收藏,2018 年第 9 期。

(五)陶瓷

758. 辽瓷的造型、装饰及美学艺术特征分析,崔想,艺术研究,2018 年第 4 期。
759. 辽代陶瓷的装饰研究,刁颖瑞,吉林大学硕士学位论文,2018 年。
760. 辽代陶瓷造型研究述评,张亚林、赵聪寐,陶瓷学报,2018 年第 4 期。
761. 辽代陶瓷造型的设计学分析,王鑫、赵聪寐,包装工程,2018 第 16 期。
762. 论辽代陶瓷中的伊斯兰文化元素——以七连环图案为例,付承章,草原文物,2018 年第 2 期。
763. 浅析辽代瓷器分期演变,崔想,明日风尚,2018 年第 8 期。
764. 北京龙泉务窑及辽代其他瓷窑的发掘与初步研究,王睿,考古、艺术与历史——杨泓先生八秩华诞纪念文集,文物出版社,2018 年。
765. 辽宁辽阳江官窑发掘的新收获,梁振晶、肖新奇,收藏,2018 年第 9 期。
766. 辽阳江官屯窑址的调查与发掘,肖新琦,辽宁省博物馆馆刊(2017),辽海出版社,2018 年。
767. 西京瓷路:大同出土辽金瓷器印迹,张丽,收藏,2018 年第 1 期。
768. 案上芳华:辽代的陶瓷文房用具,杨俊艳,收藏,2018 年第 6 期。
769. 辽代陶瓷器赏析,巴牧仁,文物鉴定与鉴赏,2018 年第 19 期。
770. 黑龙江省博物馆藏辽代陶瓷器管窥,佟强、杨永琴,文物天地,2018 年第 9 期。
771. 黑龙江省博物馆藏三彩陶瓷鉴赏,林笑滨,文物天地,2018 年第 9 期。
772. 辽代鸡冠壶研究,刘璐,中央美术学院硕士学位论文,2018 年。
773. 辽代陶瓷器皿鸡冠壶特征分析,李楠,遗产与保护研究,2018 年第 8 期。
774. 芍药牡丹相映红:辽代陶瓷上的牡丹与芍药纹,杨俊艳,收藏,2018 年第 4 期。
775. 辽代墓葬出土三彩器的佛教文化因素研究,王馨瑶,赤峰学院学报(汉文哲学社会科学版),2018 年第 1 期。
776. 辽三彩印花海棠式长盘浅析,高守雷、张童心,北方文物,2018 年第 2 期。
777. 辽代白瓷——溯源民族文化的延传与融合,贾忱扬,大众文艺,2018 年第 3 期。
778. 官字款镶金扣花口盘,李艳阳,内蒙古日报(汉),2018 年 4 月 24 日第 12 版。
779. 所谓辽代白釉划花黑彩瓷器的年代及相关问题,彭善国、高义夫,故宫博物院院刊,2018 年第 5 期。
780. 宋金时期介休洪山窑古陶瓷装饰艺术研究,刘小旦,晋中学院学报,2018 年第 6 期。
781. 新见鲁山窑陶瓷品种及其工艺成就,冯志刚、贾宁,收藏,2018 年第 1 期。
782. 鲁山段店窑,一代名窑浮出水面,陈硕,收藏,2018 年第 1 期。
783. 淄博窑宋金陶塑玩具印模及陶塑,胡秋莉、王滨,收藏,2018 年第 8 期。
784. 宋金元时期扒村窑瓷器赏析,张迪,收藏家,2018 年第 6 期。
785. 瓷画璧合的扒村窑瓷器,倘红,收藏,2018 年第 3 期。

786. 辽宁省博物馆藏辽墓出土耀州窑青瓷鱼龙形器功能小考，李晓艳、李慧净，辽金历史与考古（第九辑），科学出版社，2018 年。
787. 新见耀州窑青瓷撷英，魏超，收藏，2018 年第 1 期。
788. 碧玉妆成——宋金耀州窑青釉刻印花枕与孩儿枕，杜文，收藏家，2018 年第 7 期。
789. 宋金元磁州窑瓷器题乐府诗辑考，杨明璋，乐府学，2018 年第 1 期。
790. “枕语”古陶瓷枕鉴赏专题：文物枕史，李秋晨，收藏，2018 年第 6 期。
791. 磁州窑：金元陶瓷枕，武贞，收藏，2018 年第 6 期。
792. 黑白相生最幽宜——安阳博物馆藏磁州窑白地黑花瓷枕赏析，杨红梅，文物天地，2018 年第 8 期。
793. 唐宋民窑留佳句，霍华，书摘，2018 年第 1 期。
794. 宋金磁州窑彩绘装饰艺术研究，靳雅权，山东大学博士学位论文，2018 年。
795. 金代山西八义窑红绿彩瓷研究，范竞元，景德镇陶瓷大学硕士学位论文，2018 年。
796. 论金磁州窑红绿彩瓷对明清古彩瓷的影响，钱绎竹、马冀，美术教育研究，2018 年第 19 期。
797. 安徽柳孜运河遗址出土定窑系瓷器研究，解华顶、张海滨，中原文物，2018 年第 4 期。
798. 北方地区金元时期钧釉瓷器的考古学研究，徐潇，吉林大学硕士学位论文，2018 年。
799. 大同窑、浑源窑黑釉剔花器的比较研究，曾昭冬，文物天地，2018 年第 5 期。
800. 金代黑釉凸线纹罐鉴赏，王劲松，大众文艺，2018 年第 1 期。
801. 魏晋至宋金瓷瓶造型艺术研究，王飞凯，包装工程，2018 年第 12 期。
802. 宋金时期绞釉工艺浅析，杨喆，幸福生活指南，2018 年第 6 期。
803. 关中地区出土宋金元瓷器初步研究，杨子，复旦大学硕士学位论文，2018 年。
804. 山东出土宋金元瓷器初步研究，周瑞，吉林大学硕士学位论文，2018 年。
805. 河南浚县黄河故道出土白瓷的窑口归属，孟耀虎，文物天地，2018 年第 8 期。

（六）玉器

806. 草原游牧文化与中原传统文化碰撞下的辽代玉器——以辽墓中出土的玉鸟为例，高堧，收藏家，2018 年第 7 期。
807. 契丹、蒙古与西域玉雕——兼及新疆在中国玉雕传统西传过程中的特殊地位，许晓东，紫禁城，2018 年第 9 期。
808. 契丹、蒙古与西域玉雕——兼及新疆在中国玉雕传统西传过程中的特殊地位，许晓东，宋辽金元玉器研究学术研讨会论文集，科学出版社，2018 年。
809. 浅谈春水秋山玉，朱洁，收藏家，2018 年第 9 期。
810. 浅析金代玉器的使用和来源，白波，艺术研究（哈尔滨师范大学艺术学院学报），2018 年第 3 期。
811. 浅析金代玉器的艺术特点，姚金，艺术科技，2018 年第 11 期。
812. 金元玉器特征探析，夏文峰，收藏家，2018 年第 9 期。
813. 对首都博物馆馆藏三件宋、金、元玉器的科学研究，于平、黄雪寅、赵瑞廷，宋辽金元玉器研究学术研讨会论文集，科学出版社，2018 年。
814. 玉魁考释——从一件清宫流失的辽代玉器谈起，徐琳，宋辽金元玉器研究学术研讨会论文集，科学出版社，2018 年。
815. 辽代玉带，穆朝娜，宋辽金元玉器研究学术研讨会论文集，科学出版社，2018 年。
816. 驯鹘玉人像考，云希正，宋辽金元玉器研究学术研讨会论文集，科学出版社，2018 年。
817. 浅析辽代玉器，成昕，宋辽金元玉器研究学术研讨会论文集，科学出版社，2018 年。
818. 宋辽金元禽鸟纹玉器赏析，杨进萍，宋辽金元玉器研究学术研讨会论文集，科学出版社，2018 年。
819. 宋辽金时期玉飞天特点分析，徐春苓，宋辽金元玉器研究学术研讨会论文集，科学出版社，2018 年。
820. 佛塔遗址出土宋辽金时期玉器初步研究，臧天杰、张倩，宋辽金元玉器研究学术研讨会论文集，科学出版社，2018 年。
821. 契丹玉器认知，于宝东、吴春雨，宋辽金元玉器研究学术研讨会论文集，科学出版社，2018 年。
822. 内蒙古敖汉旗张家营子村辽墓出土的胡人乐舞饮酒献宝玉带具考，刘云辉、刘思哲，宋辽金元玉器研究学术研讨会论文集，科学出版社，2018 年。
823. 辽陈国公主驸马合葬墓玉器初步研究，丁哲，宋辽金元玉器研究学术研讨会论文集，科学出版社，2018 年。
824. 试论俏色“春水”“秋山”玉的皮色真伪和年代问题，谷娴子，宋辽金元玉器研究学术研讨会论文集，科学出版社，2018 年。
825. 试析辽代玉器所受金银器之深刻影响，吴沫，宋辽金元玉器研究学术研讨会论文集，科学出版社，2018 年。
826. 宋辽金元玉器研究学术研讨会小结，宋辽金元玉器研究学术研讨会论文集，科学出版社，2018 年。
827. 若干金朝宫廷（制造册宝所）玉项饰的考证与鉴赏，林振山、林嘉木，文物鉴定与鉴赏，2018 年第 10 期。

（七）石雕、石棺、石函

828. 辽代墓葬石刻的常见题材刍议——以鞍山地区辽墓画像石为例，王立伟，辽金历史与考古（第九辑），科学出版社，2018 年。
829. 山西长治县出土金代石棺，赵辉、刘岩，中国国家博物馆馆刊，2018 年第 6 期。

（八）丝绸

830. 宋辽时期丝绸纹样中球路纹的研究，刘叶宁，北京服装学院硕士学位论文，2018 年。
831. 金代丝织中的金锦，白波、何忠、赵盼超，文化月刊，2018 年第 8 期。

（九）金属器物

832. 再论辽代金银器的文化因素构成，王春燕，西部考古（第 15 辑），科学出版社，2018 年。
833. 内蒙古地区出土辽代黄金器物研究概述，石可、咏梅，山西大同大学学报（自然科学版），2018 年第 4 期。

834. 腰际风情——黑龙江省博物馆藏金代团花纹金带銙赏析，朱博，文物天地，2018 年第 9 期。
835. 从沙金到金沙——辽宁康平辽代契丹贵族墓群黄金面具发现始末，林栋，大众考古，2018 年第 12 期。
836. 察今知古——探析金代铜坐龙，李强，文物天地，2018 年第 9 期。
837. 辽上京博物馆馆藏辽代铜质文物研究，马超，赤峰学院学报（汉文哲学社会科学版），2018 年第 11 期。
838. 巴彦塔拉辽代遗址出土的铁器及相关问题研究，李明华，赤峰学院学报（汉文哲学社会科学版），2018 年第 10 期。
839. 吉林乾安后鸣字区遗址出土辽金时期金属遗物初探，李辰元、武松、冯恩学、李延祥，中原文物，2018 年第 6 期。

（十）其他文物

840. 陈旗乌兰丘发现 3 件辽代文物，辛颖，呼伦贝尔日报，2018 年 7 月 24 日第 1 版。
841. 辽代出土串珠类璎珞研究，李坤，中央民族大学硕士学位论文，2018 年。
842. 辽塔出土佛教文物研究，郝斌，内蒙古师范大学硕士学位论文，2018 年。
843. 浅析辽代契丹人的牡丹情怀，李悦，文物鉴定与鉴赏，2018 年第 17 期。
844. 小议宋金窑址中植毛骨刷的功能，贾帅，北京文博文丛，2018 年第 4 辑。

（十一）博物馆

845. 金源文化的魅力彰显——浅述哈尔滨市阿城区金上京历史博物馆现状，赵国华，中国民族美术，2018 年第 1 期。
846. 浅谈文物与空间、色彩的处理——以《神秘的契丹——辽代文物精品展》为例，卢浩全，大众文艺，2018 年第 11 期。
847. “大辽五京”再现契丹风云，滕玲，地球，2018 年第 10 期。
848. 大辽五京——内蒙古出土文物暨辽南京建城 1080 年展，收藏，2018 年第 11 期。
849. 契丹礼俗展示与利用研究：以乾安春捺钵文化体验园为例，杜飞，东北师范大学硕士学位论文，2018 年。
850. 辽宁需要一座辽金博物馆，卢立业、赵雪，辽宁日报，2018 年 8 月 16 日 T22 版。
851. “我在辽代的衣食住行”——辽宁省博物馆青少年精品教育课程简述，王璐，辽金历史与考古（第九辑），科学出版社，2018 年。
852. “铁骑帝国 契丹索迹”展览举要——兼谈博物馆在弘扬传统文化中的作用，王晓宁、齐伟，辽金历史与考古（第九辑），科学出版社，2018 年。

（十二）文物保护

853. 我国东北小型古城中的文物保护与镇区环境再塑——以辽金塔子城为例，单超，遗产与保护研究，2018 年第 9 期。
854. 保护利用完颜希尹家族墓地助力吉林振兴发展，周云波，吉林省社会主义学院学报，2018 年第 1 期。

855. 大同华严寺古建筑的保护与利用，庞尔亮，文物鉴定与鉴赏，2018 年第 13 期。
856. 浅析独乐寺观音阁的日常监测工作，赵智慧、高树影、卢蓬蓬，中国民族博览，2018 年第 4 期。
857. 现代科技与传统技艺结合的金属文物保护修复研究——以故宫博物院藏辽代金属面具为例，曲亮、高飞、刘建宇、何林、雷勇、税午阳，博物院，2018 年第 2 期。
858. 壁画保护技术在大同辽代壁画墓整体搬迁中的应用，侯晓刚，文物世界，2018 年第 6 期。
859. 赤峰市博物馆所藏壁画的保护修复，武晓怡，草原文物，2018 年第 1 期。
860. 辽宁奉国寺建筑壁画可溶盐调查与分析，魏瑞、刘成，文物鉴定与鉴赏，2018 年第 13 期。
861. 奉国寺殿宇驱赶蝙蝠方法纪实，刘俭，辽宁省博物馆馆刊（2017），辽海出版社，2018 年。
862. 辽金时期佛教麻织品彩画显现加固研究，李佳洁，陕西师范大学硕士学位论文，2018 年。
863. 辽墓出土铜丝网衣修复与复原报告，惠学军，辽宁省博物馆馆刊（2017），辽海出版社，2018 年。
864. 一件辽代鎏金银冠的科学保护修复，柏艺萌、郭松雪，辽宁省博物馆馆刊（2017），辽海出版社，2018 年。

索　　引

A

阿保机　8，48，50，52，54，57—59，64，147，154，173，206，209，214，219，220，309，375，382，384，386，413

B

巴林左旗林东镇　153，321
宝马城　140，359，364，419
北镇　4，310，334，338—340，418
壁画　7，12，13，32，39，40，67，97，106，122，127，129，135，156，193，289，292，295，303，328，329，342，384，385，400，403，408—411，417，418，427
兵马都总管府路　44，45，416
博弈　41，149，411，413

C

藏传　19，20，29，82—84，86—94，96—98，100，104，157，161，165，295，296，303
草原丝路　153，156，157
长白山神庙　39，146，364，419
长白山神庙遗址　39，146，364，419
陈述　3，48，54，62，63，201，203，218—246，248—261，263，394
陈寅恪　3，36，205，219，220，223，224，239，249—251，266，394
赤峰宁城县　5，418
崇礼　146，155，176，358，361，419
词头量化　280
《〈慈悲道场忏法〉西夏译文的复原与研究》　83，199
崔红芬　80—82，84，85，89，90，104，150，165，192，312

D

《大般涅槃经》　83，85，298，299
大广寺　373，382，387
大贺氏　48，49，52—54，56，58，60，61，236
党项　21，22，24，27—30，32，34，35，89，90，100，102，106，107，160，164，165，194，195，199，247，273—275，284，293，303—305，417

道教　62，63，66，67，149，412，414
帝陵布局　5
第十四届辽金契丹女真史学术研讨会　3，145，172，386
第四届契丹学国际研讨会　174
滇西　311
定窑　40，134，138，176，338，343，356，359，424
东丹国　15，17，415
东京道　135，136
董新林　5，153，154，157，321，393，419
段氏家族　41
对宋外交　148，309
多元一体　69，72，73，75，76，100，102，108，244，408

E

鄂尔多斯高原军事地理　301，401

F

罚金刑　161
佛教　6，7，12，13，19—21，24，25，27，29，31—34，43，62—66，68，79—84，86—100，104，106，136，137，140，149，150，155，157，160—162，165，166，192，193，199，214，289，292，294—299，303，310，312，401，406，410，411，413，414，418，420，423，426，427
佛教宗派　66
符牌　9，44，399
福峰山辽代墓葬　5，418
福巨城址　52，309，373，376，377，379，380，382
赋役　22，402

G

高丽使臣　45，401
古八部　48，52，53
故野利氏夫人墓志铭　160
顾颉刚　3，203，216，220—224，236，239
官赙　149，309
官牧　22，161
官牧体系　22，161
郭勇　5，406

H

海葱　47，408
汉城　230，321
汉传　84，95，97，100，161，292，295
好水川　23，164，167
郝家沟金代纪年壁画墓　39，417
黑河　11，12，23，282，283，406，408
黑龙门遗址　5，417
黑水城文献　19，24—26，29，30，33，79—86，88—90，93，97，100，102—104，107，162，163，171，291，298
黑水河流域　23

后族 7，10，16，17，51，53，55，120，148，343，394，397，407
花石崖女真文题刻 41，410
环境变迁 10，282
皇城 154，155，321，322，350—353，355，357，359，419
黄龙府 15，415
回鹘 9，10，21，32，34，35，43，51，57—60，82，92，94，100，101，105，106，108，148，155—157，179，180，209，212，274，400

J

继承制度 21，288
祭殿 156，334，339，340
迦陵频伽 33，292
节镇 8，398
界壕 23，145，157
借贷契约 305，306
金宝屯 146，328—330，383—387
金长城管理机构设置 47，416
金代科举 39，109—112
金代吏员 38，44，391，399
金代儒学 38，391，395
金刚亥母信仰 303
金源郡王 311
金属面具 135，427
进士 9，39，42，43，46，109，110，112—118，150，213，312，313，409
钧州 46，47，416

K

开教寺 64，373，379，382，385，387
康平张家窑林场 119，126，141，156，341
科尔沁 3，51，52，145，146，172—174，329，371—377，380，383，386，387
库莫奚 50—52，58

L

老哈河 51，52，145，173，309，372，385，386
乐日乐 4，7，396，399
李蔚 100，105，271—275
历史地理 15，18，21，23，36，103，106，138，141，146，151，167，187，282，415—417
辽滨塔 119，133，135，136，139
《辽城——中国北方草原城市的兴起》 187，188，190
辽代帝陵 5，141，154，156，334，339，340，417，418
辽代寺庙 373，380—382
辽海地域文化 312
《辽金历史与考古》 4—7，10，11，13，14，16，17，39，40，43，45，46，62，119，122，130，135—140
《辽金史论集》第十六辑 185
辽上京 6，15，17，67，102，153，154，156，157，189，321—323，

393，419，426
辽上京建城1100周年　153，157
《辽史补注》序　203，205，206，209
辽塔　6，13，14，95，133，134，136，138，140，310，408，411，420，426
辽兴宗　148，157，161，309
辽祖陵　5，6，153，154，156，157，340，417
刘凤翥　16，55，220，225，228，374，391，394
刘乃涛　5
刘铸墓志　4，421
龙化州　15，64，145，146，150，172，173，309，329，372—375，377，379，382，383，385—387

M

庙号　148，309
莫力庙苏木福巨嘎查　371
靺鞨　46，185，186，255，403
墨书题记　145，146，328，329，331，383—387
木叶山　15，17，51，309，377，416，417

N

捺钵制　8，179，359，407
内徙　311
女性谥号　311
女真　3，10，17，38，41—47，51，66，70，71，109，110，112—118，135，145，146，166，172，180，185，186，218—221，224，225，228，231，233，235，236，239，242—244，247，250—252，255，259—261，266，267，279，311，312，372—374，383，386，387，392，394，396，398，400，403，404，407，409，410，413—415
女真进士科　112—118

P

婆速路　44，416

Q

契丹后裔　17，228，229，236，238，257，258，311，393
契丹族源　15，50—52，236，385，417
契约　21，23，24，28，98，99，163，304—306，317
契约担保　304
迁都　42，211，309，348，408
乾陵玄宫　156，334，339
青牛白马　12，50，51，406
清远军　23
庆州白塔　7，310，420
榷场　21，98，101，103，104，107，203，213
群牧　44，213，399

S

萨满教　57，62—64，68，149，161，167，309，413
三教融合　149，312
上京道　15，102，135
上京会宁府　348
舍利佛塔　133
射柳　42，406
沈州城　119，120，122，139
石堡寨　164，167
史金波　19，20，26，27，29，45，86，91—93，96，164，166，171，172，180，193，198，225，239，242，246，258，261，262，304—306，317，318，400
世选制　8，52，54，55，71，309
守冢人　6，119，128，130，141，343，419
首科　110，111，118
枢密院　8，148，398
双州双城县　133
水月观音造像　289
寺院经济　28，66，97，162，401
俗字　291
宿卫司　4，395

T

塔湾舍利塔　122，136
太子城　140，146，147，155，176，358，359，361，419
剔刻划瓷　290
铁岭市　119，310
铜丝网络　131，135

W

外戚萧氏　11
完颜家族　46，407
完颜永济　46，404
汪盈　5，419
王琳墓铭　41，422
王明荪　187，188，190，191，239
卫绍王　46，150，312，404，409
文化认同　32，43，69，73—76，90
斡鲁朵　8，71，187，397
乌古论　41，410

X

西拉木伦河　52，64，145，173，372，385，386
西辽河流域　10，172，371，376，377，380
《西夏多元文化及其历史地位》　317
《西夏佛教文献研究论集》　84，192
西夏佛经　84，89，90，167
西夏古籍文字样本数据库　31，284
西夏汉官　21，294
西夏汉文书法　285
《西夏经济文书研究》　198，317
西夏试经　21
西夏文　19—22，24—37，79—94，97—100，105—108，161—167，

171，172，180，181，195，196，199，239，273—275，280，281，284—286，297—300，304—306，317，318，414
《西夏文大词典》 317，318
西夏文构件 31，286
西夏文献题记 300
西夏医药 21，25，26
西夏职官 21，180，288
夏州李氏政策 293
《现在贤劫千佛名经》 83，297
萧闛墓 5
萧陶隗 4，396
小胡族 35
兴庆府 92，155，160，164
行宫 146，147，155，176，212，359，419
许国公墓志铭 4，421

Y

盐池宴 57
杨志高 81，83，85，88，199
遥感考古 15，372，376
遥辇氏 48，49，52—54，56—59，309，385
耶律弘礼墓 4，310，418，421
耶律弘礼墓志 4，310，421
叶茂台辽墓 120，129，138
一国两制 69—78，147，257
医巫闾山 5，156，334，339，417，418
夷离堇 14，15，57—59，379，384，396
因俗而治 69—73，76，232
榆林窟 32，93，94，193，289，295

Z

张浩 46，405
张家窑林场长白山辽墓 341
张家窑林场辽墓 119，120，126，141，341
赵薇 4，421
正隆南征 46，398
正统观 14，72，75，150，232，273
中世纪都城 153，154，157
周峰 4，41，180，261，421，422
宗教信仰 21，43，51，57，62—64，67，68，92，95，97，149，157，165，228，279，300，413
族际通婚 312
祖陵 5，6，9，153，154，156，157，340，417